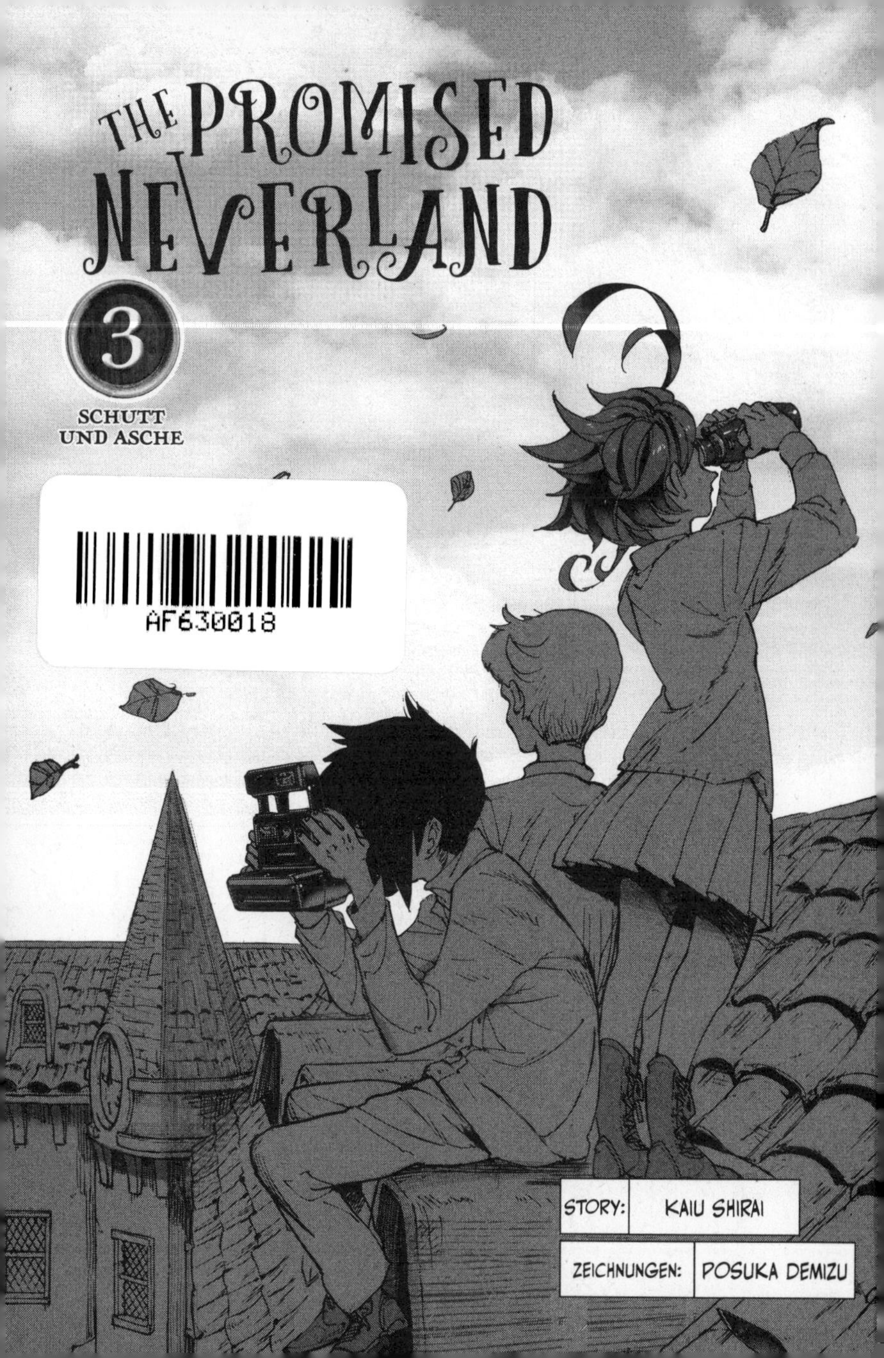
THE PROMISED NEVERLAND
3
SCHUTT UND ASCHE
STORY: KAIU SHIRAI
ZEICHNUNGEN: POSUKA DEMIZU

CHARAKTERE

EMMA

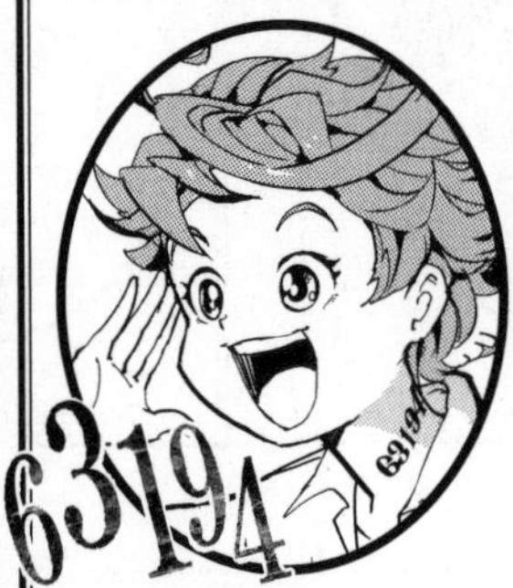

UNHEIMLICH SPORTLICH, MIT
SCHNELLER AUFFASSUNGSGABE.
EINE STIMMUNGSMACHERIN.

RAY

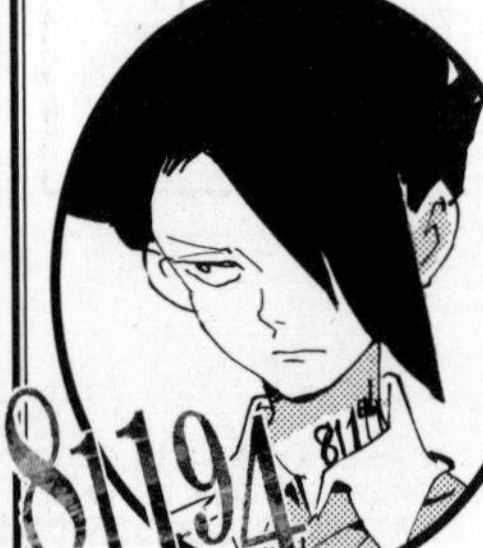

NUR DER KLUGE
UND BELESENE RAY KANN ES MIT
NORMANS INTELLEKT AUFNEHMEN

NORMAN

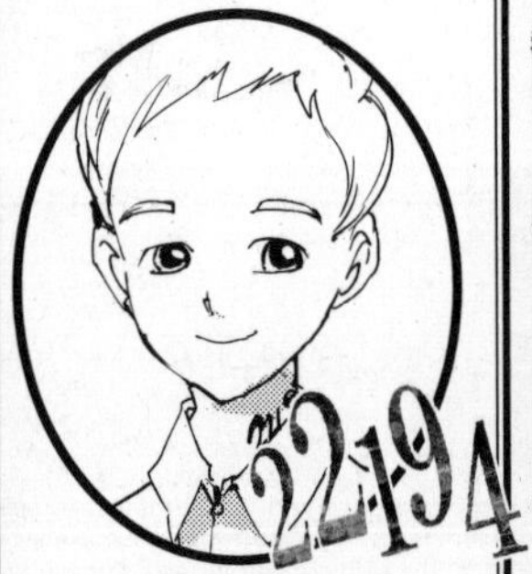

AUSGEZEICHNETER ANALYTIKER
MIT KÜHLEM VERSTAND. DAS
GENIE VON GRACE FIELD HOUSE.

KRONE

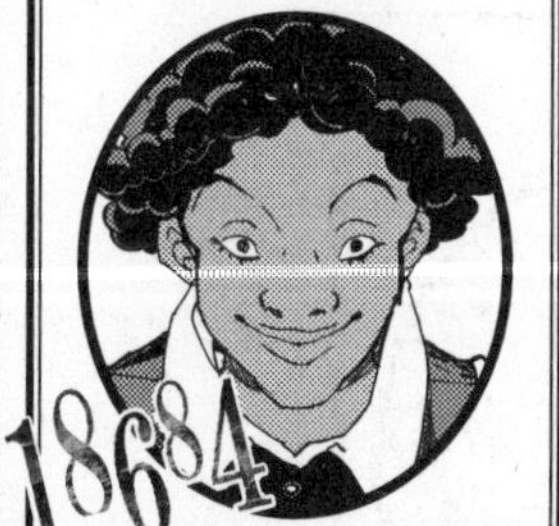

ISABELLAS GEHILFIN UND HANDLANGERIN DER MONSTER

ISABELLA

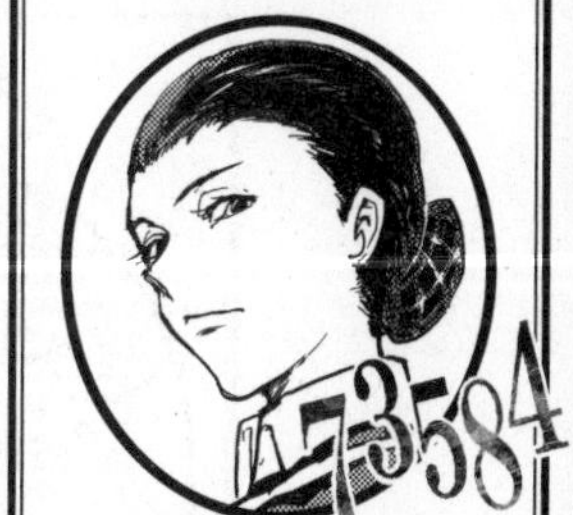

»MAMA« DER WAISENKINDER DES GRACE FIELD HOUSE

DON

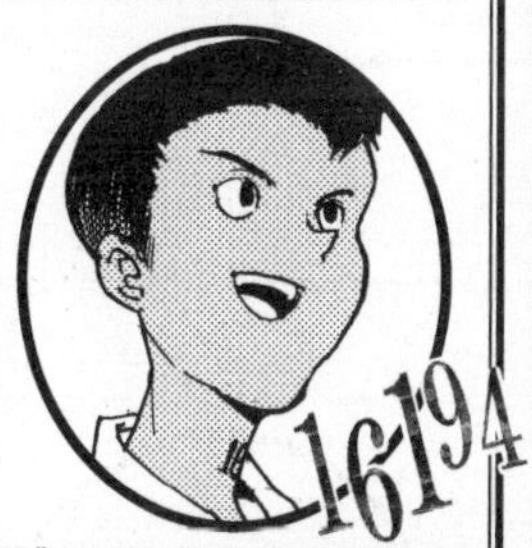

FRÖHLICHER, ÜBERMÜTIGER JUNGE, DER NICHT GUT VERLIEREN KANN

GILDA

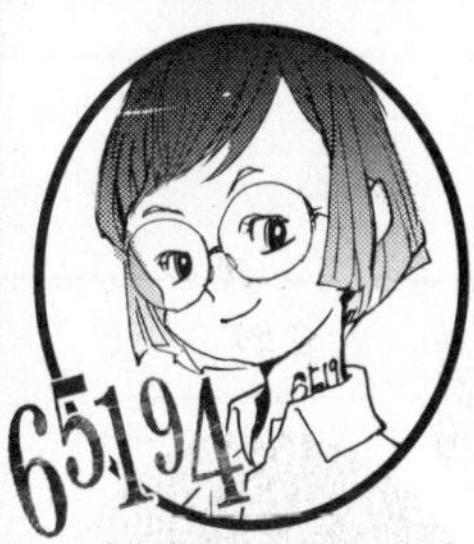

EIN MÄDCHEN, DAS SICH GERN HÜBSCH MACHT

WAS BISHER GESCHAH

IN »GRACE FIELD HOUSE« FÜHREN 38 WAISENKINDER MIT IHRER BETREUERIN ISABELLA, DIE SIE WIE EINE WIRKLICHE MUTTER LIEBEN, EIN GLÜCKLICHES LEBEN. EINES TAGES GEHEN DIE KINDER EMMA UND NORMAN ZUM TOR AM RANDE DER EINRICHTUNG, UM IHRER FREUNDIN CONNY ETWAS HINTERHERZUTRAGEN. ZU IHREM ENTSETZEN FINDEN SIE CONNY TOT VOR UND MÜSSEN DABEI ZUSEHEN, WIE IHR LEBLOSER KÖRPER VON RIESIGEN MENSCHENÄHNLICHEN MONSTERN FORTGESCHAFFT WIRD. DOCH DAS IST NOCH NICHT ALLES: SIE ERFAHREN, DASS IHRE »MAMA« DIE KINDER ALS NAHRUNG FÜR DIE MONSTER ZÜCHTET. UM NICHT NOCH MEHR BRÜDER UND SCHWESTERN ZU VERLIEREN, SCHMIEDEN EMMA UND NORMAN EINEN FLUCHTPLAN UND FANGEN AN, INFORMATIONEN ZU SAMMELN. SIE FINDEN HERAUS, DASS DIE MONSTER ES AUF DIE GEHIRNE DER KINDER ABGESEHEN HABEN. DIE WÖCHENTLICHEN TESTS IM WAISENHAUS DIENEN DAZU, DIESE GEHIRNE MÖGLICHST WEIT ZU ENTWICKELN. DIE BEIDEN WEIHEN RAY IN IHREN PLAN EIN UND BEREITEN ZUSAMMEN MIT IHM IHREN AUSBRUCH VOR.

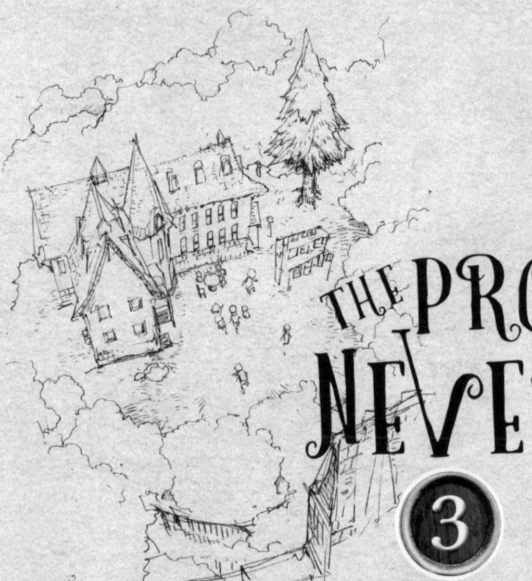

THE PROMISED NEVERLAND

3

SCHUTT UND ASCHE

Inhalt

Kapitel 17 Das geheime Zimmer und William Minerva 2 ~ 5

Kapitel 18 Entschluss ~ 25

Kapitel 19 Vorbei ~ 47

Kapitel 20 Gemeinsamer Kampf ~ 67

Kapitel 21 Offensichtliche Falle ~ 87

Kapitel 22 Futter ~ 111

Kapitel 23 Schutt und Asche ~ 131

Kapitel 24 Besichtigung 1 ~ 155

Kapitel 25 Besichtigung 2 ~ 175

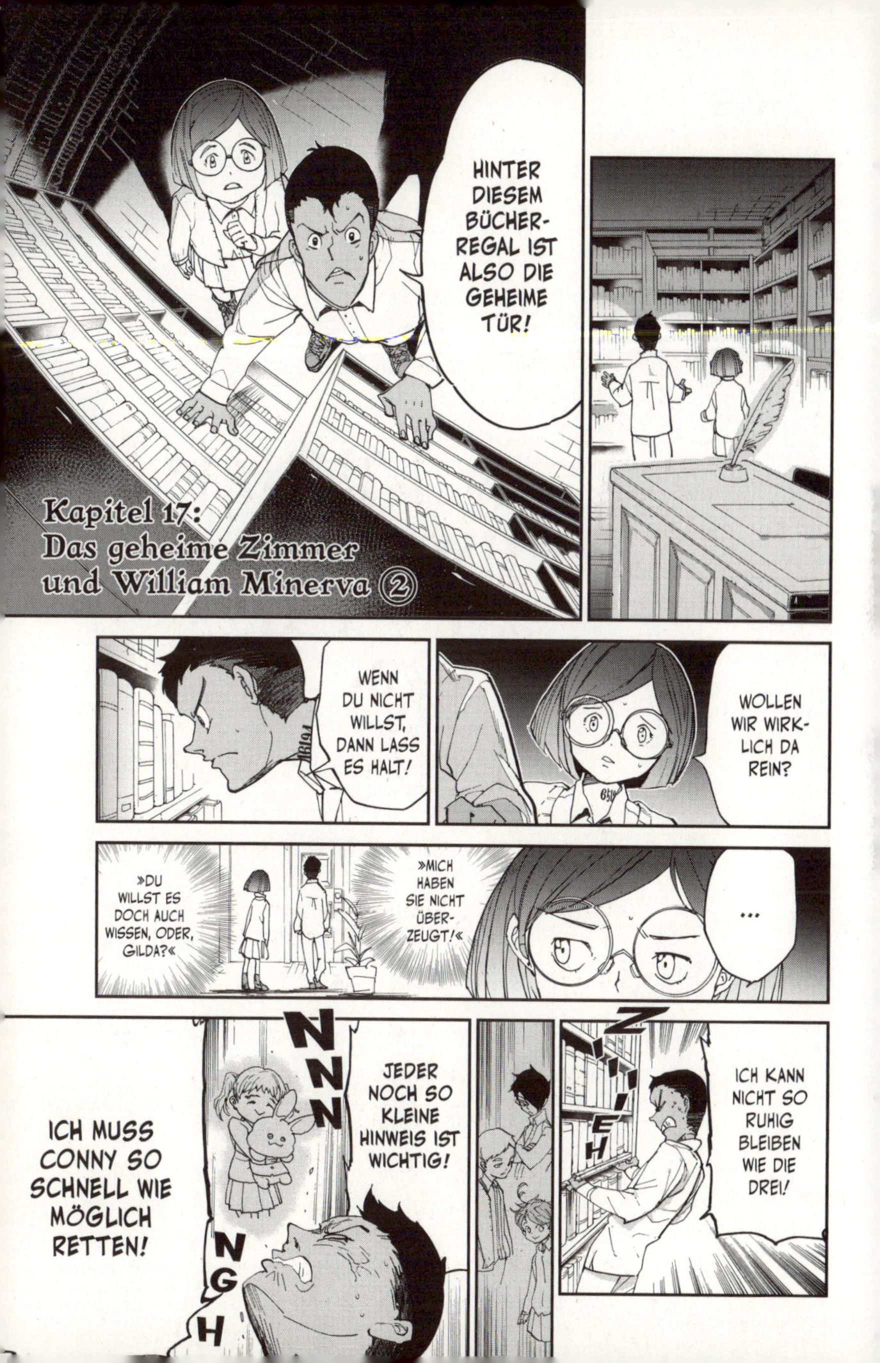
HINTER DIESEM BÜCHERREGAL IST ALSO DIE GEHEIME TÜR!
Kapitel 17: Das geheime Zimmer und William Minerva ②
WOLLEN WIR WIRKLICH DA REIN?
WENN DU NICHT WILLST, DANN LASS ES HALT!
...
»MICH HABEN SIE NICHT ÜBERZEUGT!«
»DU WILLST ES DOCH AUCH WISSEN, ODER, GILDA?«
ZIIIEH
ICH KANN NICHT SO RUHIG BLEIBEN WIE DIE DREI!
JEDER NOCH SO KLEINE HINWEIS IST WICHTIG!
NNN
NGH
ICH MUSS CONNY SO SCHNELL WIE MÖGLICH RETTEN!

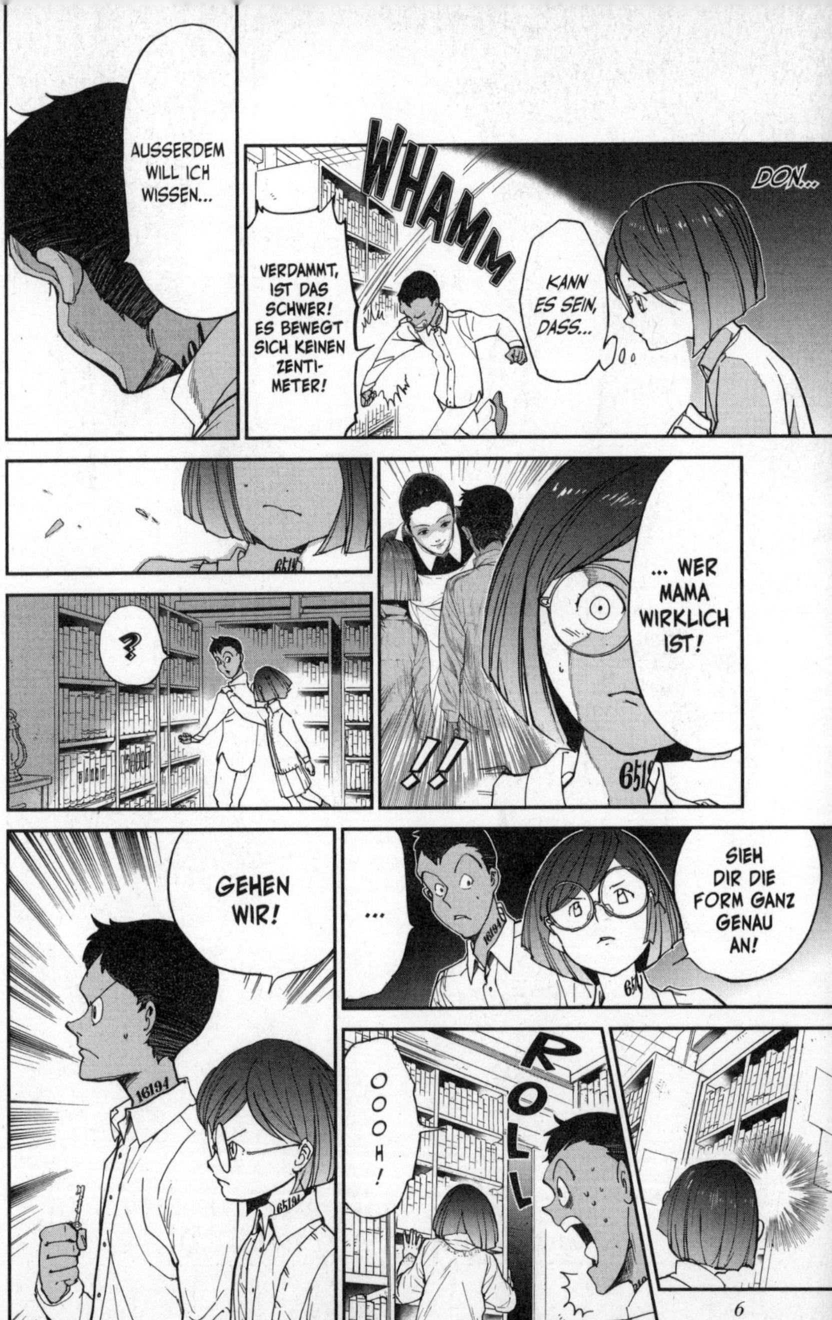

DON...
KANN ES SEIN, DASS...
WHAMM
VERDAMMT, IST DAS SCHWER! ES BEWEGT SICH KEINEN ZENTI-METER!
AUSSERDEM WILL ICH WISSEN...
... WER MAMA WIRKLICH IST!
!!
?
SIEH DIR DIE FORM GANZ GENAU AN!
...
GEHEN WIR!
ROLL
OOOH!

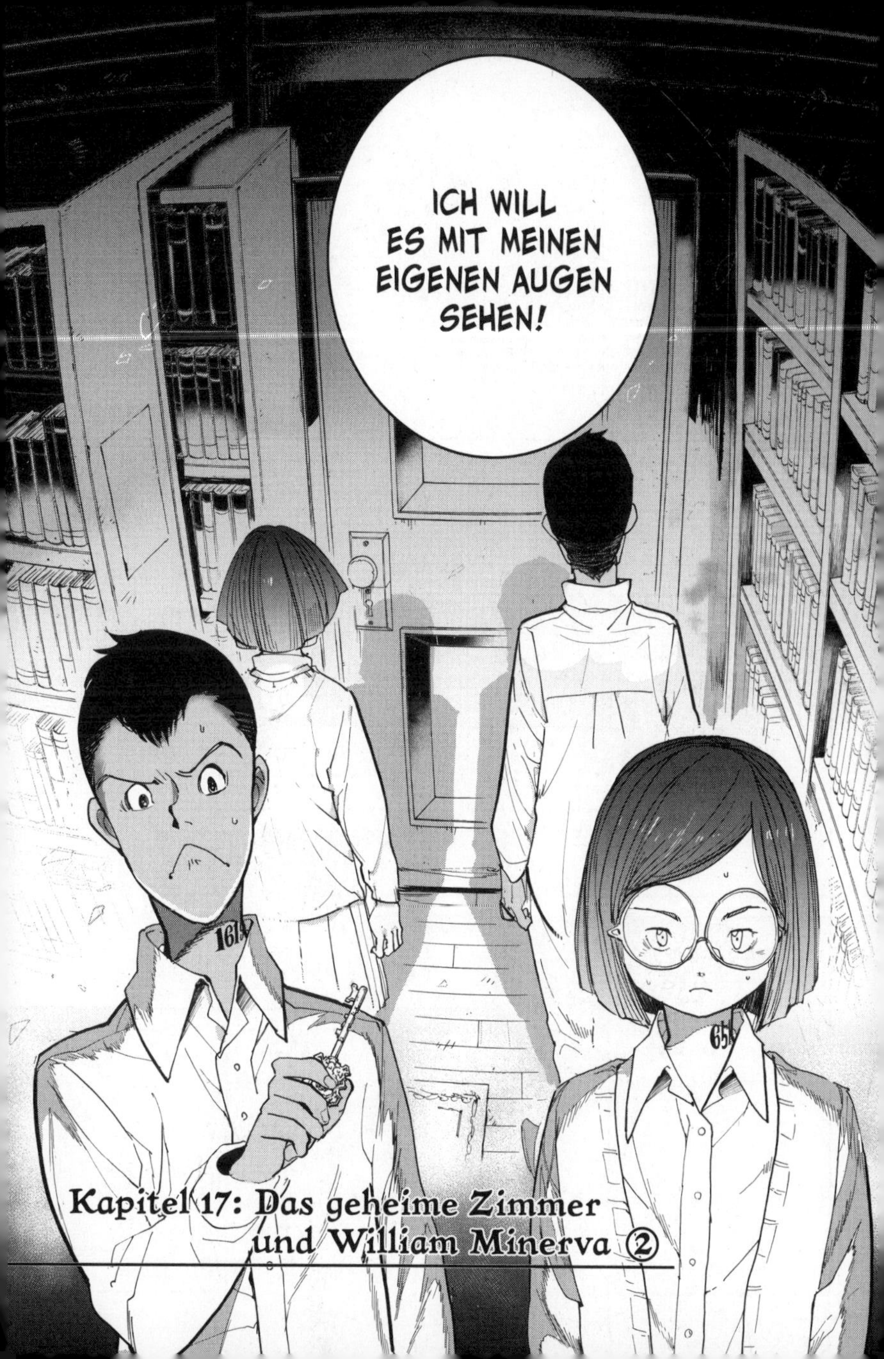

Kapitel 17: Das geheime Zimmer und William Minerva ②

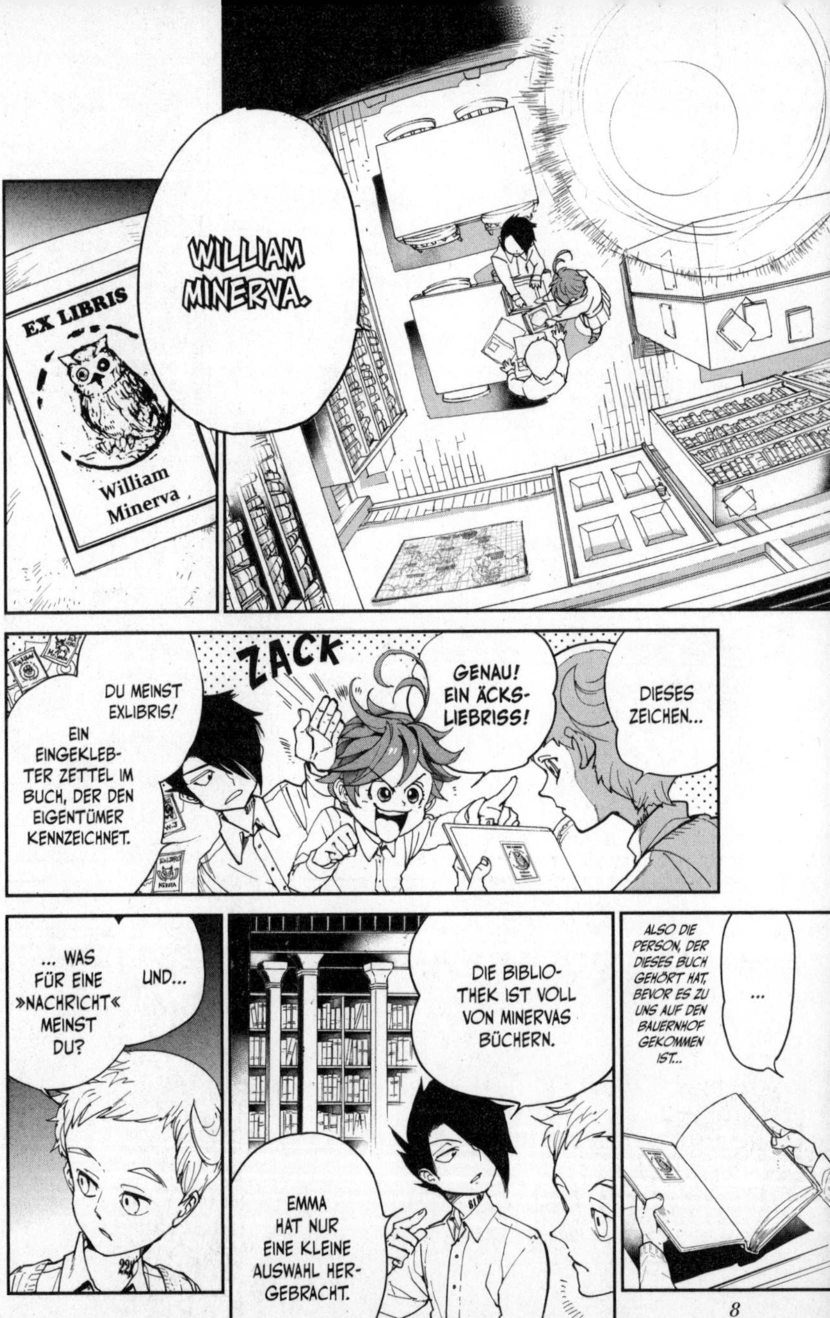
EX LIBRIS
William Minerva
WILLIAM MINERVA.
DIESES ZEICHEN...
GENAU! EIN ÄCKS-LIEBRISS!
ZACK
DU MEINST EXLIBRIS!
EIN EINGEKLEBTER ZETTEL IM BUCH, DER DEN EIGENTÜMER KENNZEICHNET.
ALSO DIE PERSON, DER DIESES BUCH GEHÖRT HAT, BEVOR ES ZU UNS AUF DEN BAUERNHOF GEKOMMEN IST...
...
DIE BIBLIOTHEK IST VOLL VON MINERVAS BÜCHERN.
EMMA HAT NUR EINE KLEINE AUSWAHL HERGEBRACHT.
UND...
... WAS FÜR EINE »NACHRICHT« MEINST DU?

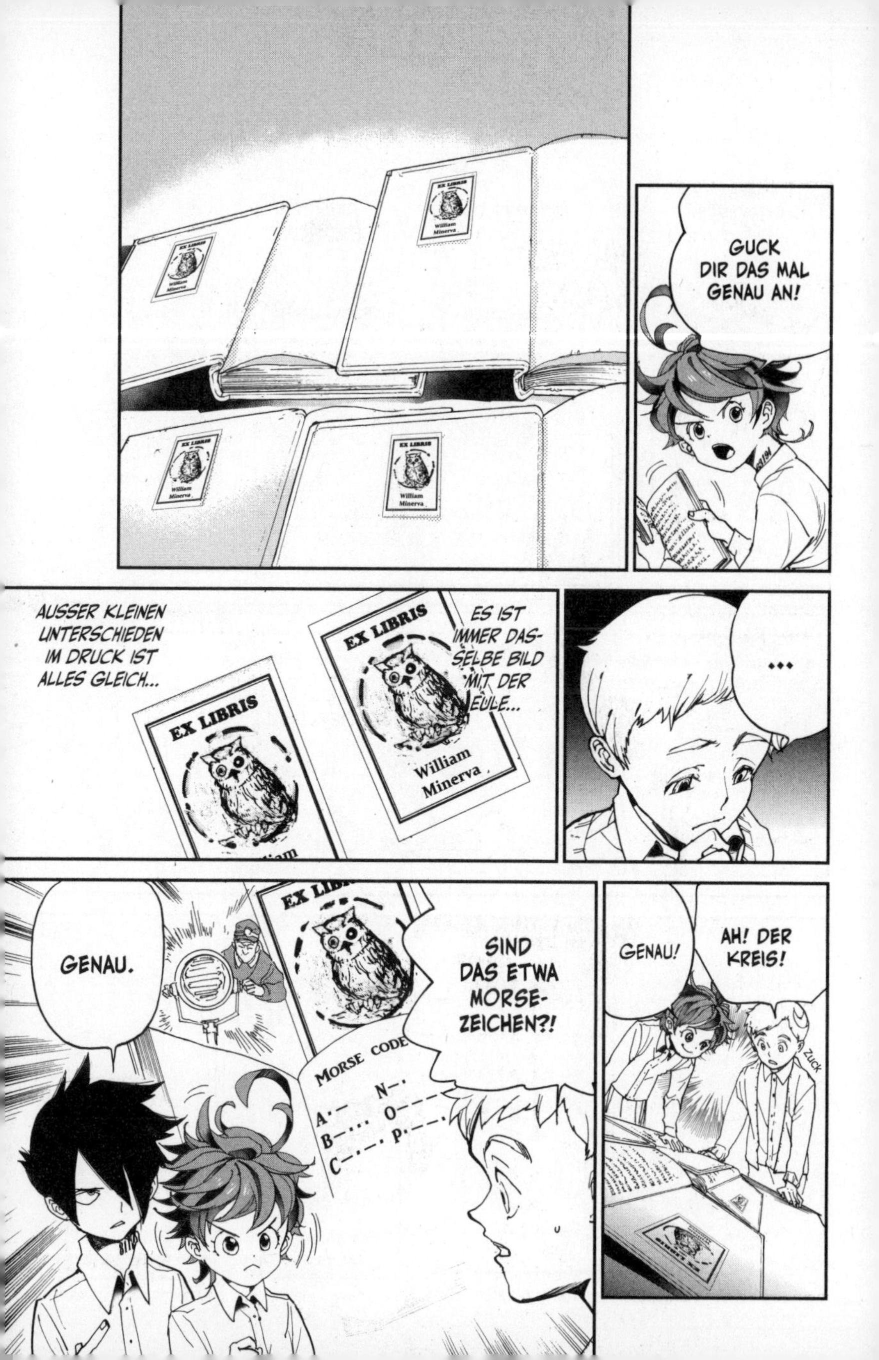
GUCK DIR DAS MAL GENAU AN!
EX LIBRIS
William Minerva
...
ES IST IMMER DASSELBE BILD MIT DER EULE...
AUSSER KLEINEN UNTERSCHIEDEN IM DRUCK IST ALLES GLEICH...
AH! DER KREIS!
GENAU!
ZUCK
SIND DAS ETWA MORSEZEICHEN?!
MORSE CODE
GENAU.

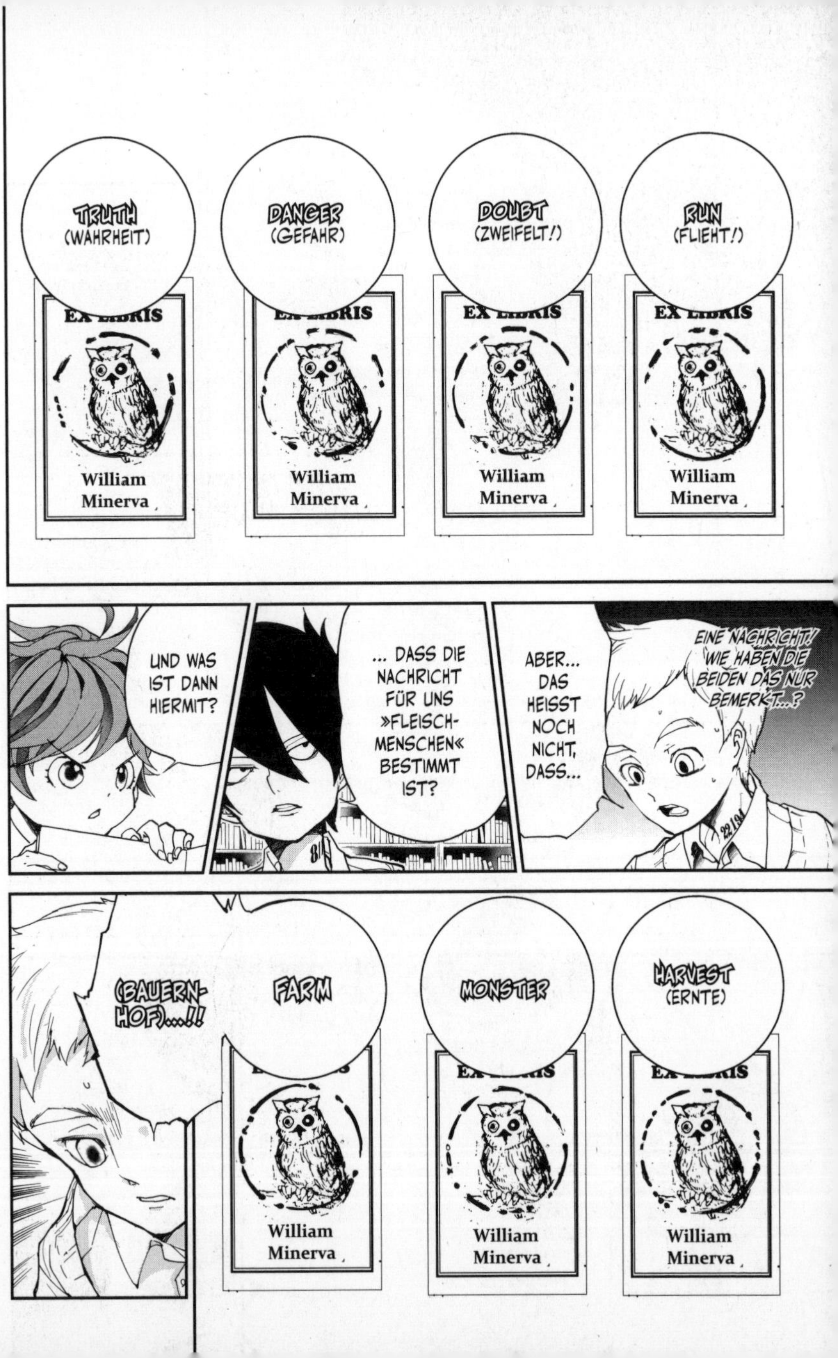
RUN
(FLIEHT!)
EX LIBRIS
William Minerva
DOUBT
(ZWEIFELT!)
EX LIBRIS
William Minerva
DANGER
(GEFAHR)
EX LIBRIS
William Minerva
TRUTH
(WAHRHEIT)
EX LIBRIS
William Minerva
EINE NACHRICHT! WIE HABEN DIE BEIDEN DAS NUR BEMERKT...?
ABER... DAS HEISST NOCH NICHT, DASS...
... DASS DIE NACHRICHT FÜR UNS »FLEISCHMENSCHEN« BESTIMMT IST?
UND WAS IST DANN HIERMIT?
HARVEST
(ERNTE)
EX LIBRIS
William Minerva
MONSTER
EX LIBRIS
William Minerva
FARM
William Minerva
(BAUERNHOF)...!!

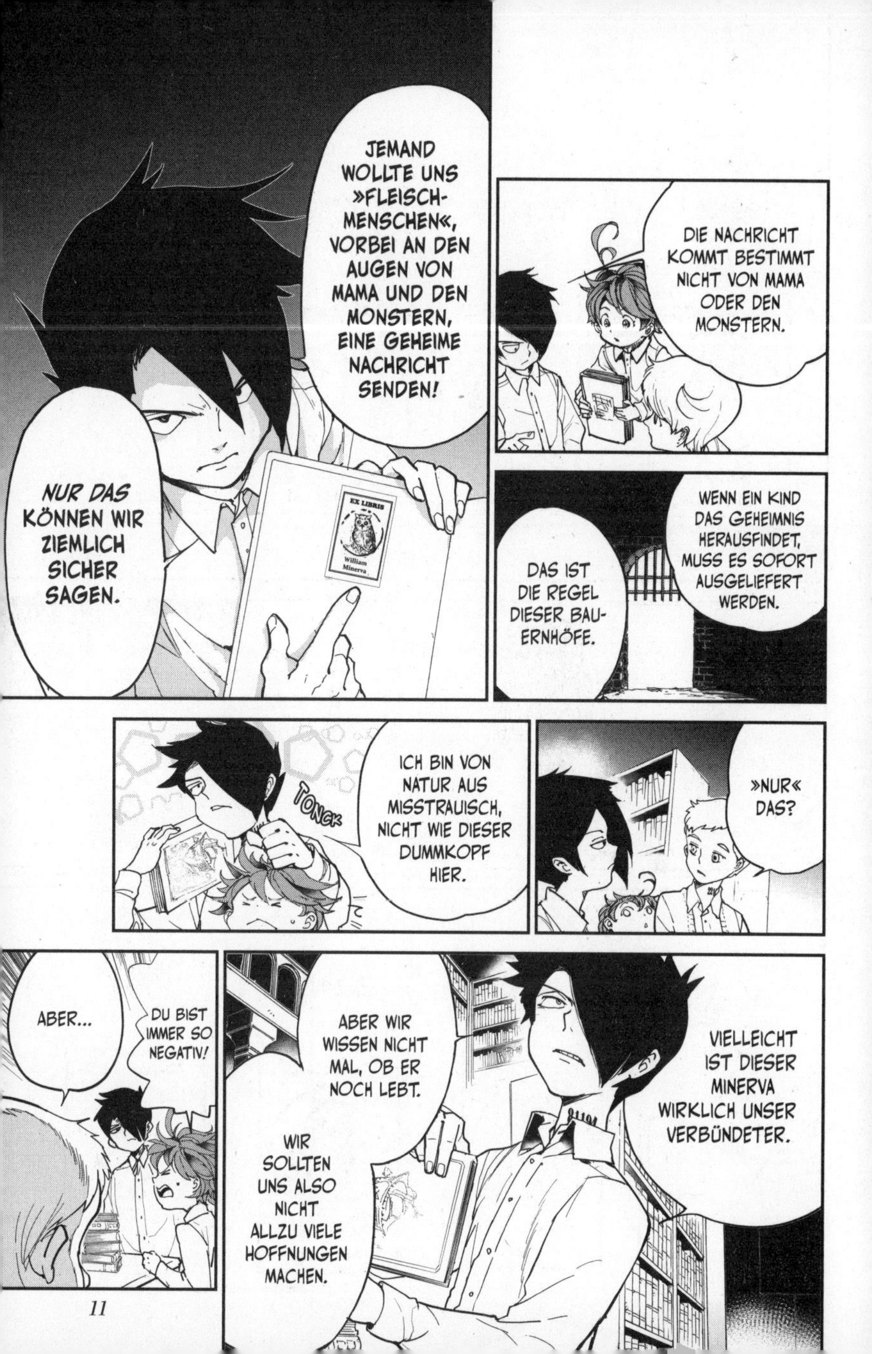

DIE NACHRICHT KOMMT BESTIMMT NICHT VON MAMA ODER DEN MONSTERN.
WENN EIN KIND DAS GEHEIMNIS HERAUSFINDET, MUSS ES SOFORT AUSGELIEFERT WERDEN.
DAS IST DIE REGEL DIESER BAUERNHÖFE.
JEMAND WOLLTE UNS »FLEISCHMENSCHEN«, VORBEI AN DEN AUGEN VON MAMA UND DEN MONSTERN, EINE GEHEIME NACHRICHT SENDEN!
EX LIBRIS
William Minerva
NUR DAS KÖNNEN WIR ZIEMLICH SICHER SAGEN.
»NUR« DAS?
ICH BIN VON NATUR AUS MISSTRAUISCH, NICHT WIE DIESER DUMMKOPF HIER.
TONCK
VIELLEICHT IST DIESER MINERVA WIRKLICH UNSER VERBÜNDETER.
ABER WIR WISSEN NICHT MAL, OB ER NOCH LEBT.
WIR SOLLTEN UNS ALSO NICHT ALLZU VIELE HOFFNUNGEN MACHEN.
ABER...
DU BIST IMMER SO NEGATIV!

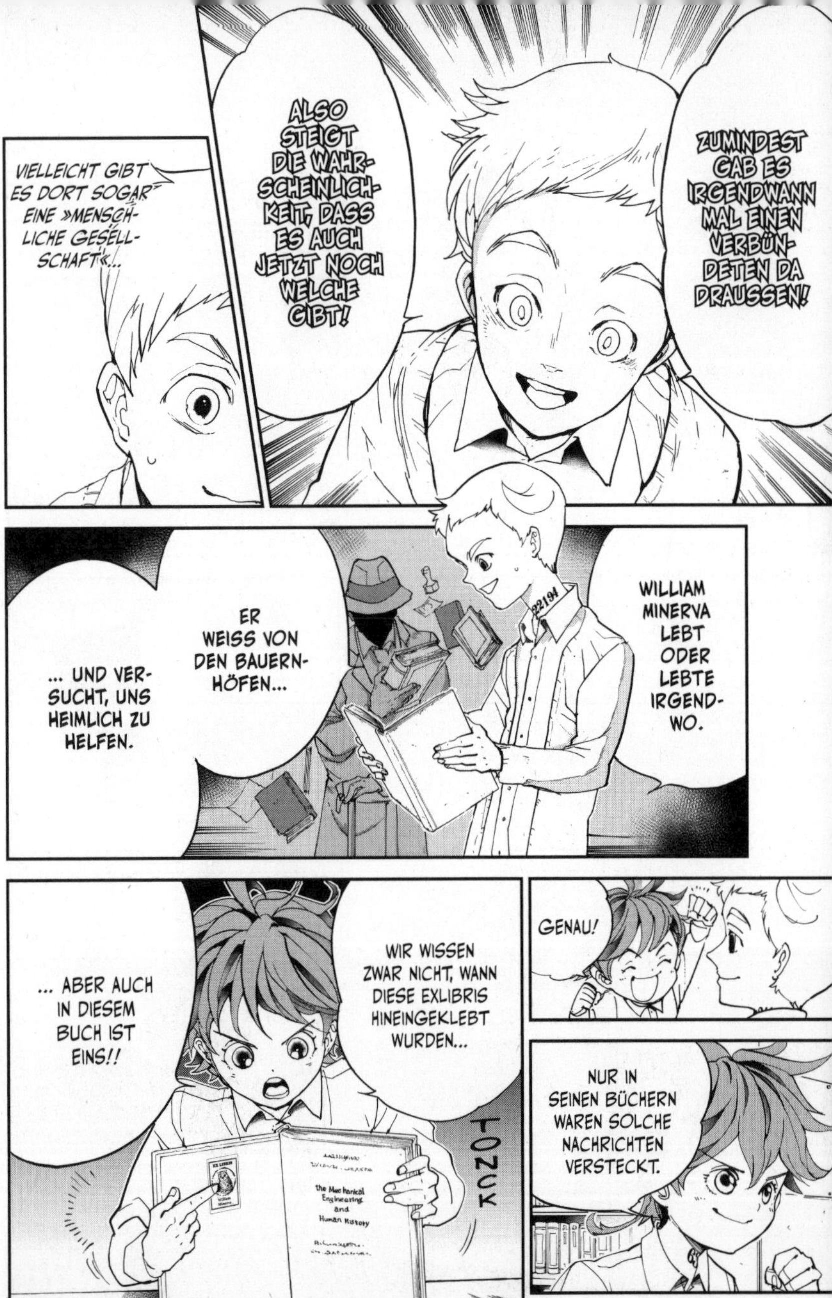
ZUMINDEST GAB ES IRGENDWANN MAL EINEN VERBÜNDETEN DA DRAUSSEN!
ALSO STEIGT DIE WAHRSCHEINLICHKEIT, DASS ES AUCH JETZT NOCH WELCHE GIBT!
VIELLEICHT GIBT ES DORT SOGAR EINE »MENSCHLICHE GESELLSCHAFT«...
WILLIAM MINERVA LEBT ODER LEBTE IRGENDWO.
ER WEISS VON DEN BAUERNHÖFEN...
... UND VERSUCHT, UNS HEIMLICH ZU HELFEN.
GENAU!
NUR IN SEINEN BÜCHERN WAREN SOLCHE NACHRICHTEN VERSTECKT.
WIR WISSEN ZWAR NICHT, WANN DIESE EXLIBRIS HINEINGEKLEBT WURDEN...
... ABER AUCH IN DIESEM BUCH IST EINS!!
TONCK

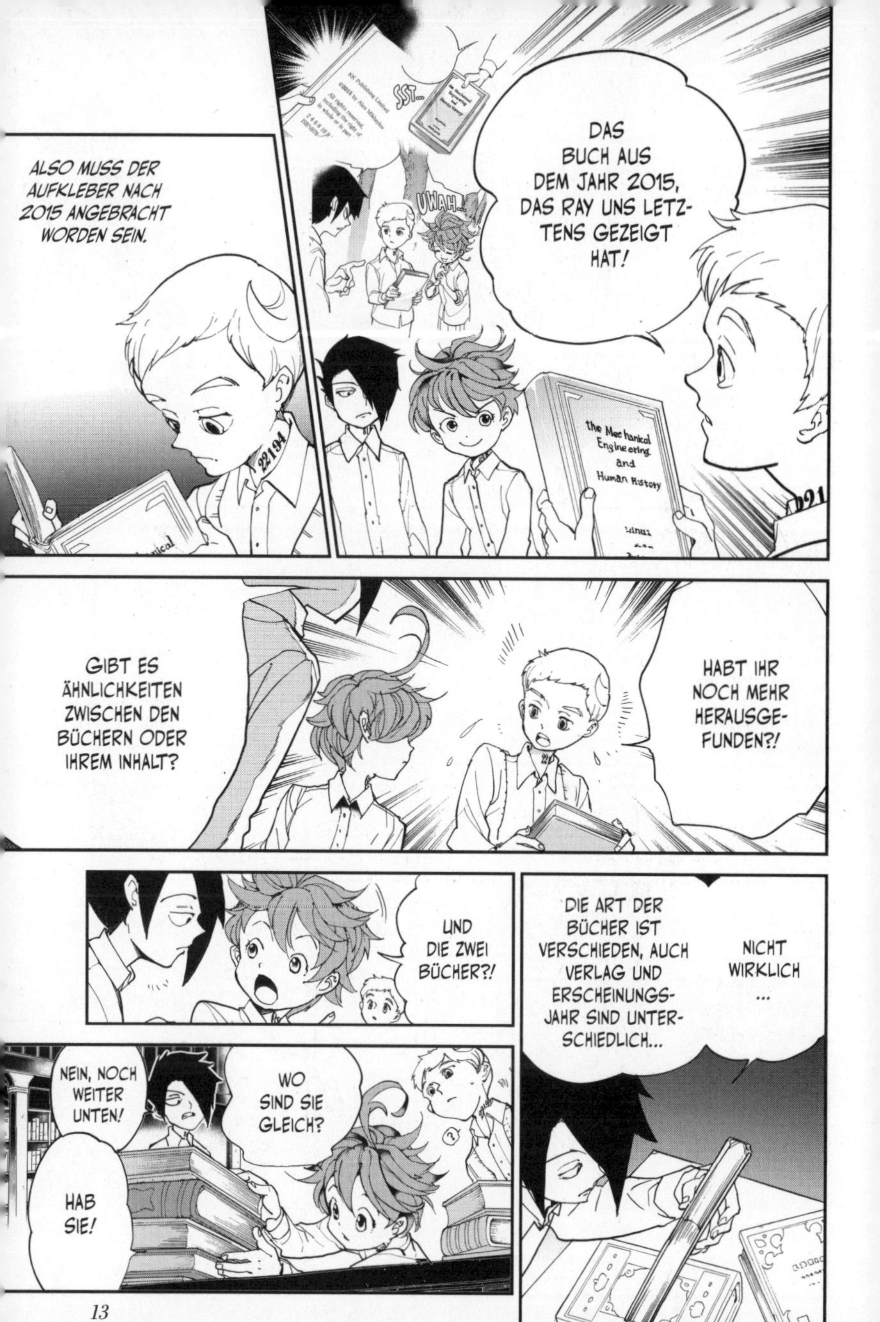
SST...
UWAH...
DAS BUCH AUS DEM JAHR 2015, DAS RAY UNS LETZTENS GEZEIGT HAT!
the Mechanical Engineering and Human History
D91
22194
ALSO MUSS DER AUFKLEBER NACH 2015 ANGEBRACHT WORDEN SEIN.
HABT IHR NOCH MEHR HERAUSGEFUNDEN?!
GIBT ES ÄHNLICHKEITEN ZWISCHEN DEN BÜCHERN ODER IHREM INHALT?
NICHT WIRKLICH ...
DIE ART DER BÜCHER IST VERSCHIEDEN, AUCH VERLAG UND ERSCHEINUNGSJAHR SIND UNTERSCHIEDLICH...
UND DIE ZWEI BÜCHER?!
WO SIND SIE GLEICH?
NEIN, NOCH WEITER UNTEN!
HAB SIE!

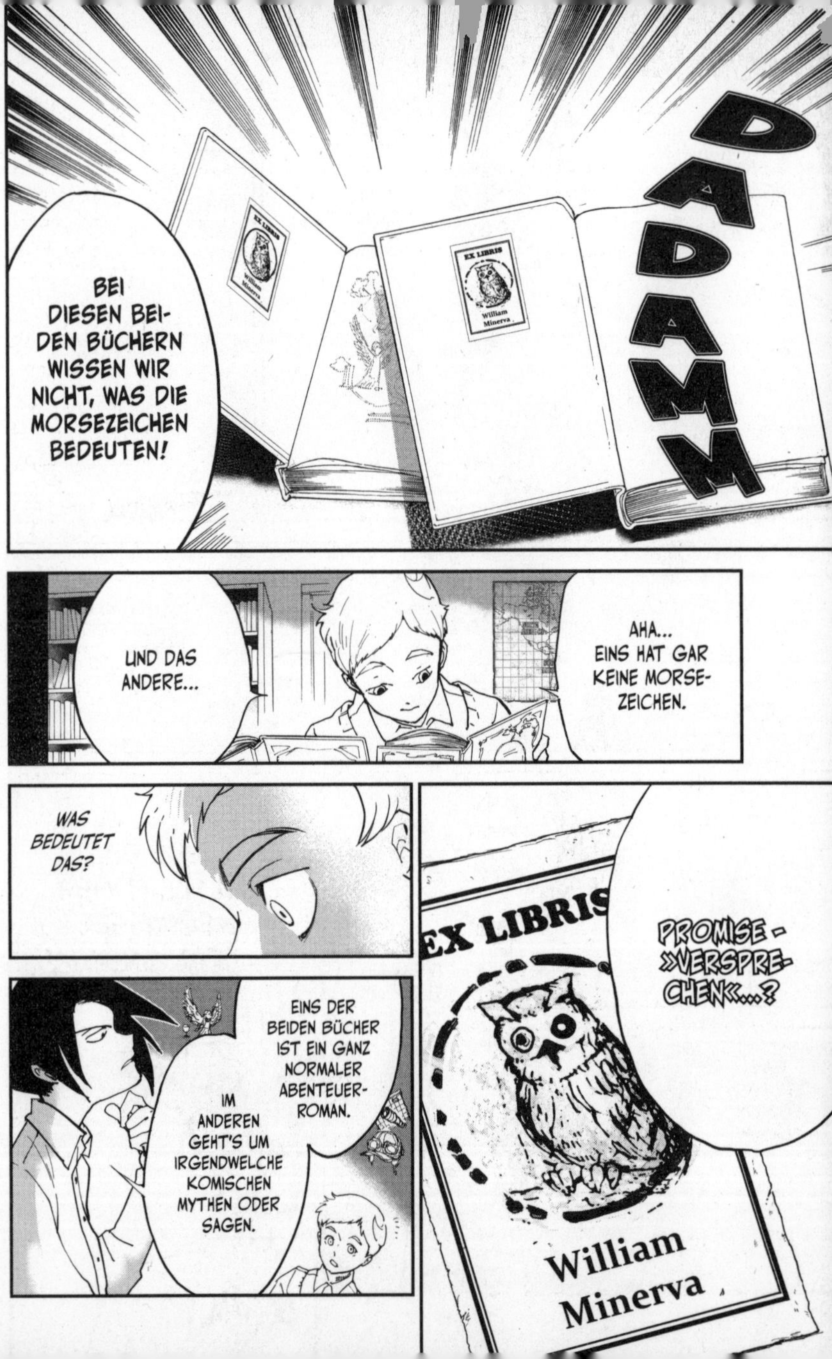
DADAMM
BEI DIESEN BEIDEN BÜCHERN WISSEN WIR NICHT, WAS DIE MORSEZEICHEN BEDEUTEN!
EX LIBRIS William Minerva
AHA... EINS HAT GAR KEINE MORSE-ZEICHEN.
UND DAS ANDERE...
EX LIBRIS William Minerva
PROMISE - »VERSPRE-CHEN«...?
WAS BEDEUTET DAS?
EINS DER BEIDEN BÜCHER IST EIN GANZ NORMALER ABENTEUER-ROMAN.
IM ANDEREN GEHT'S UM IRGENDWELCHE KOMISCHEN MYTHEN ODER SAGEN.

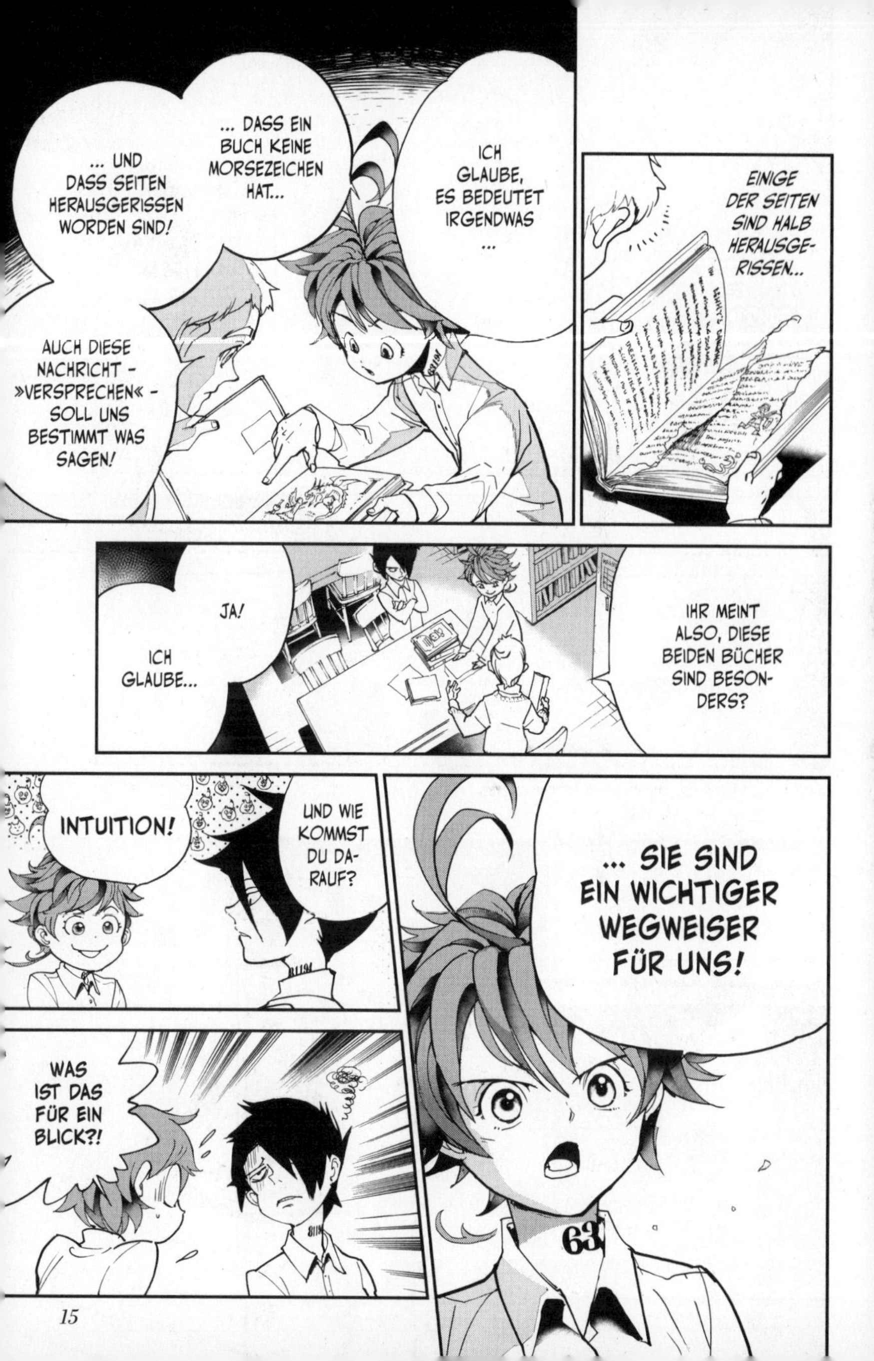
EINIGE DER SEITEN SIND HALB HERAUSGE-RISSEN...
ICH GLAUBE, ES BEDEUTET IRGENDWAS ...
... DASS EIN BUCH KEINE MORSEZEICHEN HAT...
... UND DASS SEITEN HERAUSGERISSEN WORDEN SIND!
AUCH DIESE NACHRICHT - »VERSPRECHEN« - SOLL UNS BESTIMMT WAS SAGEN!
IHR MEINT ALSO, DIESE BEIDEN BÜCHER SIND BESON-DERS?
JA!
ICH GLAUBE...
... SIE SIND EIN WICHTIGER WEGWEISER FÜR UNS!
UND WIE KOMMST DU DA-RAUF?
INTUITION!
WAS IST DAS FÜR EIN BLICK?!

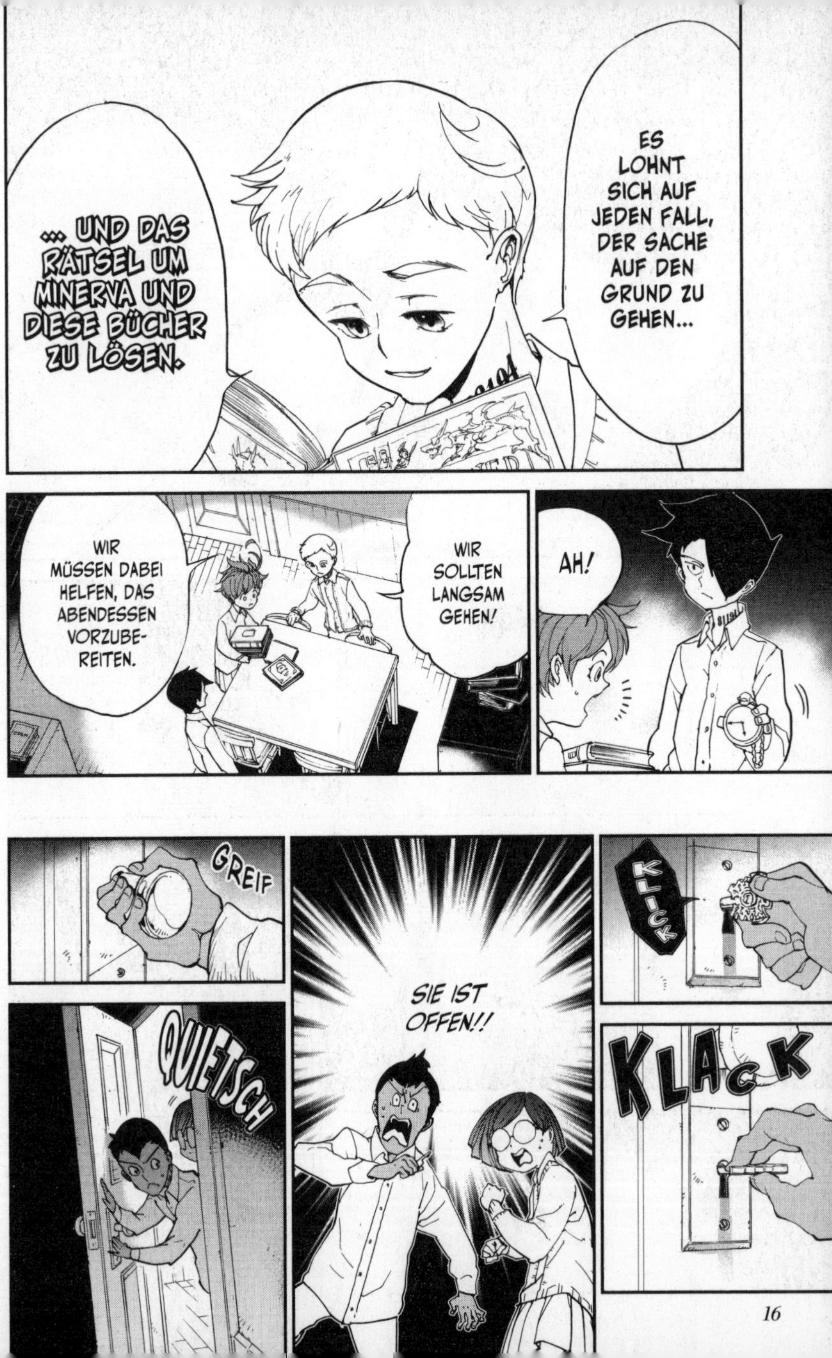

ES LOHNT SICH AUF JEDEN FALL, DER SACHE AUF DEN GRUND ZU GEHEN...
... UND DAS RÄTSEL UM MINERVA UND DIESE BÜCHER ZU LÖSEN.
AH!
WIR SOLLTEN LANGSAM GEHEN!
WIR MÜSSEN DABEI HELFEN, DAS ABENDESSEN VORZUBE-REITEN.
KLICK
GREIF
KLACK
SIE IST OFFEN!!
QUIETSCH

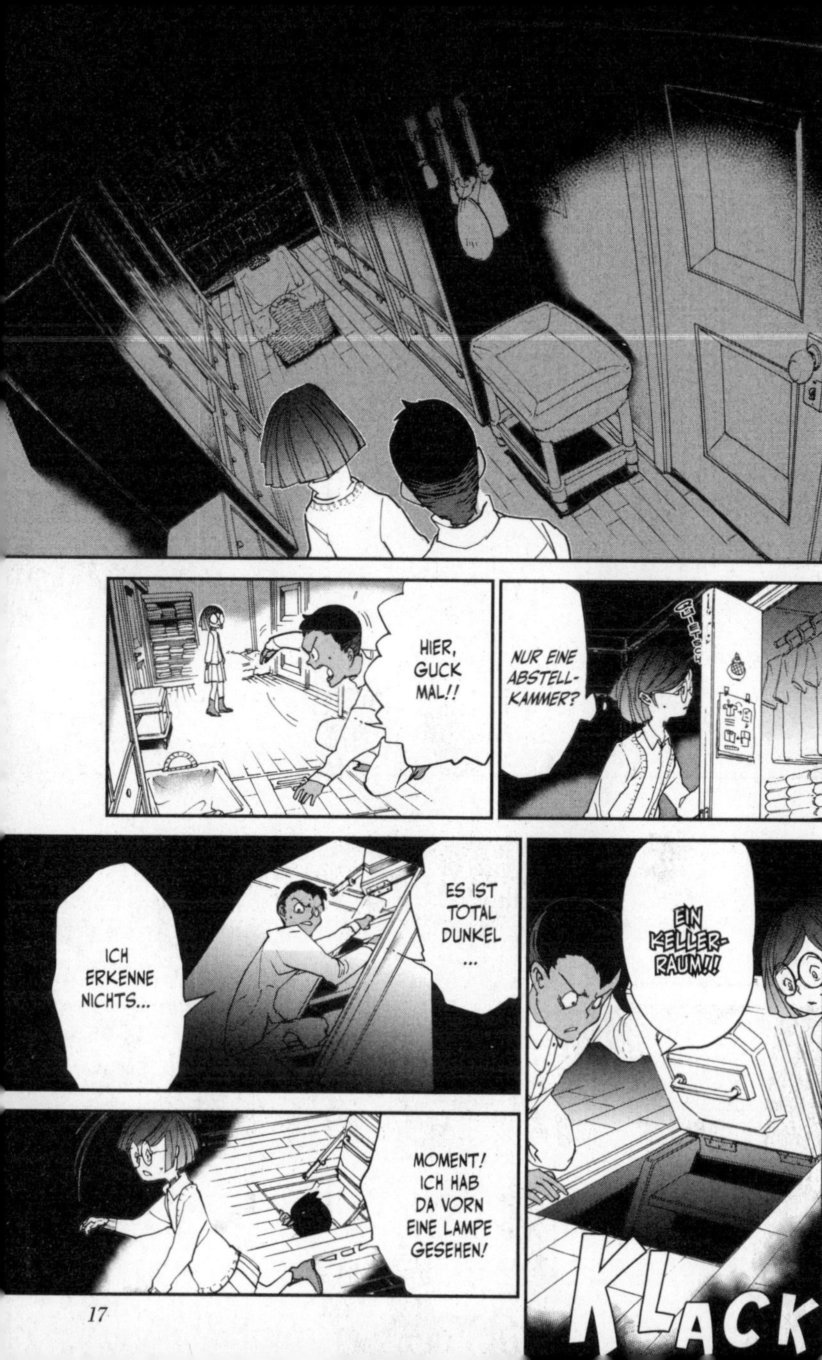
QUIETSCH
NUR EINE ABSTELL-KAMMER?
HIER, GUCK MAL!!
EIN KELLER-RAUM!!
ES IST TOTAL DUNKEL ...
ICH ERKENNE NICHTS...
MOMENT! ICH HAB DA VORN EINE LAMPE GESEHEN!
KLACK

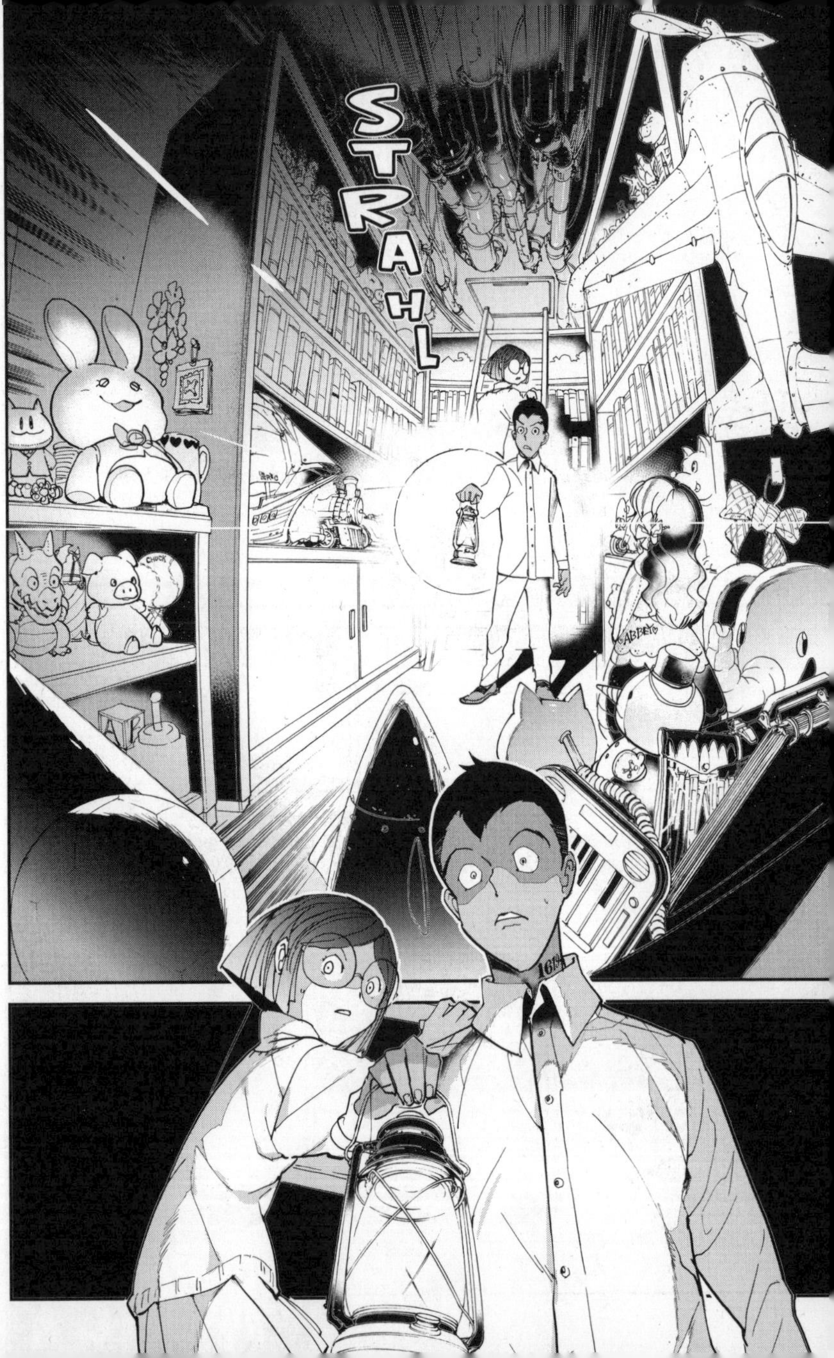
STRAHL
CHUCK
ABBEY

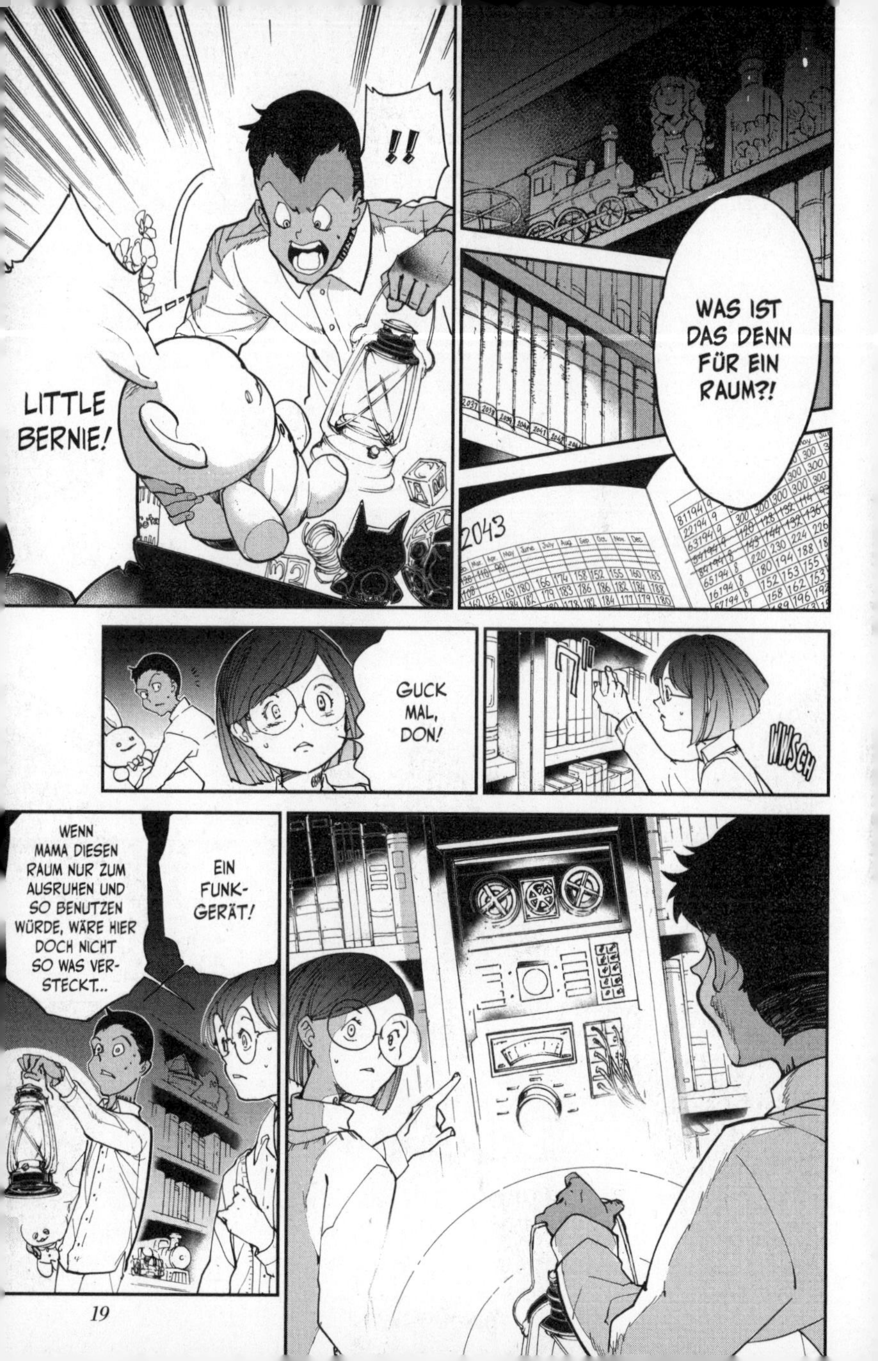
WAS IST DAS DENN FÜR EIN RAUM?!
!!
LITTLE BERNIE!
WWSCH
GUCK MAL, DON!
EIN FUNK-GERÄT!
WENN MAMA DIESEN RAUM NUR ZUM AUSRUHEN UND SO BENUTZEN WÜRDE, WÄRE HIER DOCH NICHT SO WAS VER-STECKT...

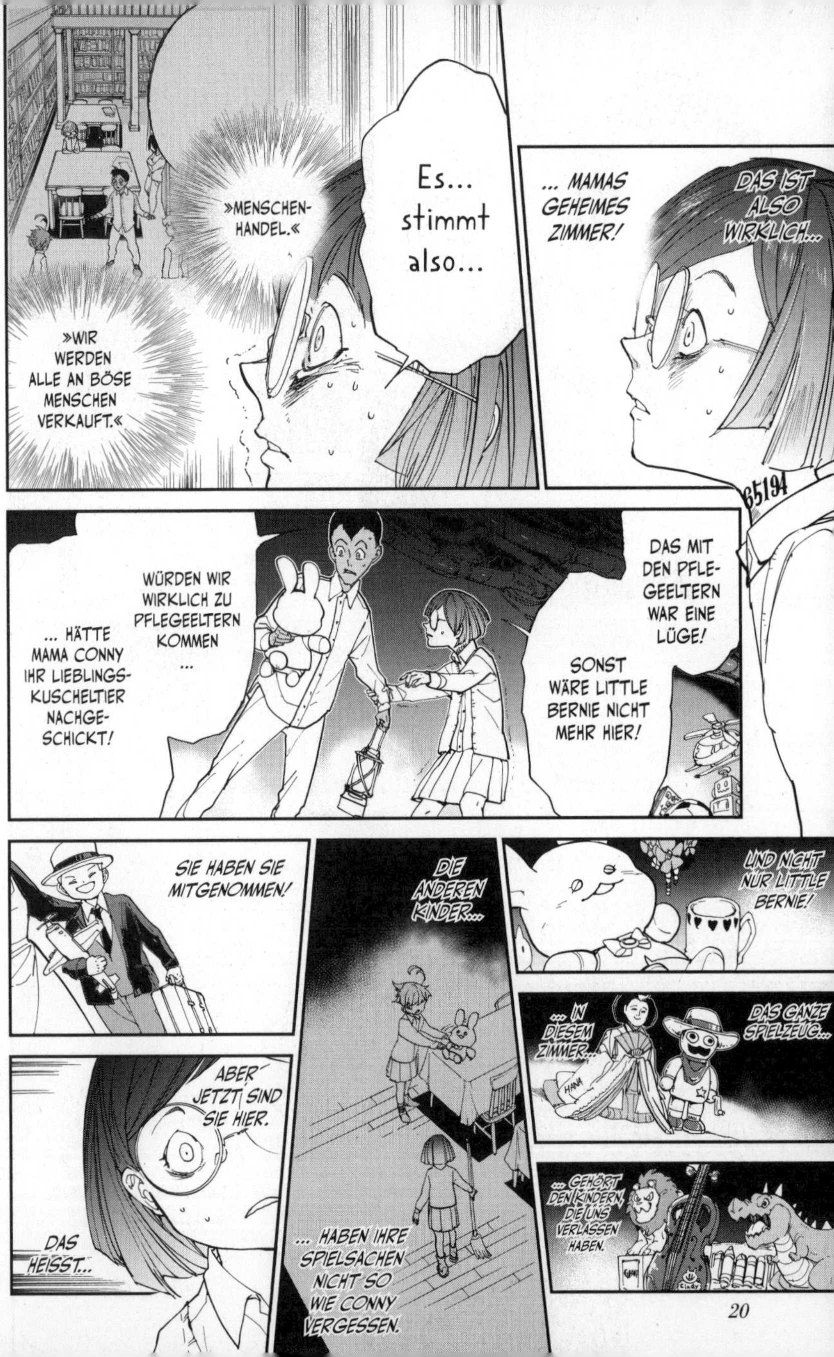
DAS IST ALSO WIRKLICH...
... MAMAS GEHEIMES ZIMMER!
Es... stimmt also...
»MENSCHEN-HANDEL.«
»WIR WERDEN ALLE AN BÖSE MENSCHEN VERKAUFT.«
65194
DAS MIT DEN PFLEGE-ELTERN WAR EINE LÜGE!
SONST WÄRE LITTLE BERNIE NICHT MEHR HIER!
WÜRDEN WIR WIRKLICH ZU PFLEGEELTERN KOMMEN ...
... HÄTTE MAMA CONNY IHR LIEBLINGS-KUSCHELTIER NACHGE-SCHICKT!
UND NICHT NUR LITTLE BERNIE!
DAS GANZE SPIELZEUG...
... IN DIESEM ZIMMER...
HANA
... GEHÖRT DEN KINDERN, DIE UNS VERLASSEN HABEN.
DIE ANDEREN KINDER...
... HABEN IHRE SPIELSACHEN NICHT SO WIE CONNY VERGESSEN.
SIE HABEN SIE MITGENOMMEN!
ABER JETZT SIND SIE HIER.
DAS HEISST...

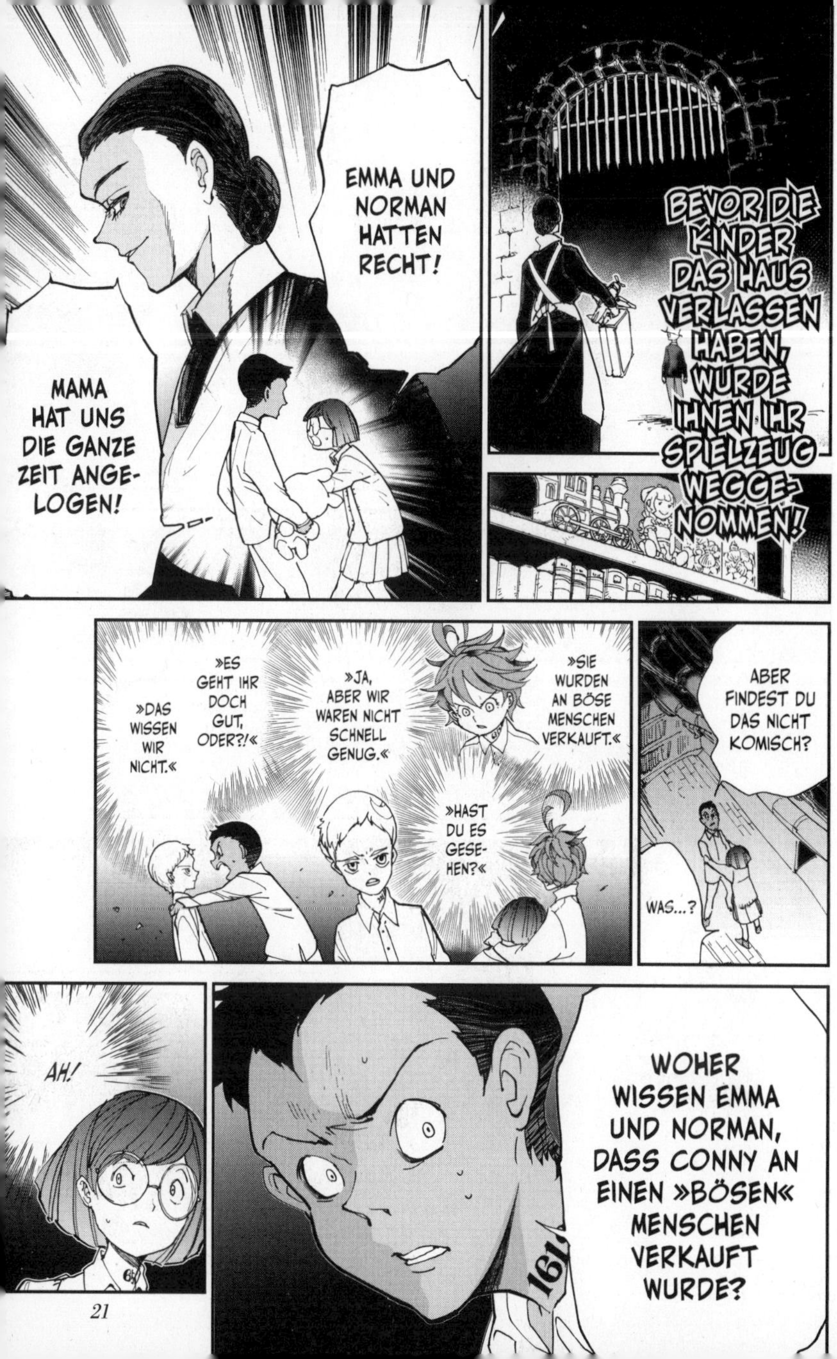

BEVOR DIE KINDER DAS HAUS VERLASSEN HABEN, WURDE IHNEN IHR SPIELZEUG WEGGE-NOMMEN!
EMMA UND NORMAN HATTEN RECHT!
MAMA HAT UNS DIE GANZE ZEIT ANGE-LOGEN!
ABER FINDEST DU DAS NICHT KOMISCH?
WAS...?
»SIE WURDEN AN BÖSE MENSCHEN VERKAUFT.«
»JA, ABER WIR WAREN NICHT SCHNELL GENUG.«
»ES GEHT IHR DOCH GUT, ODER?!«
»DAS WISSEN WIR NICHT.«
»HAST DU ES GESE-HEN?«
WOHER WISSEN EMMA UND NORMAN, DASS CONNY AN EINEN »BÖSEN« MENSCHEN VERKAUFT WURDE?
AH!

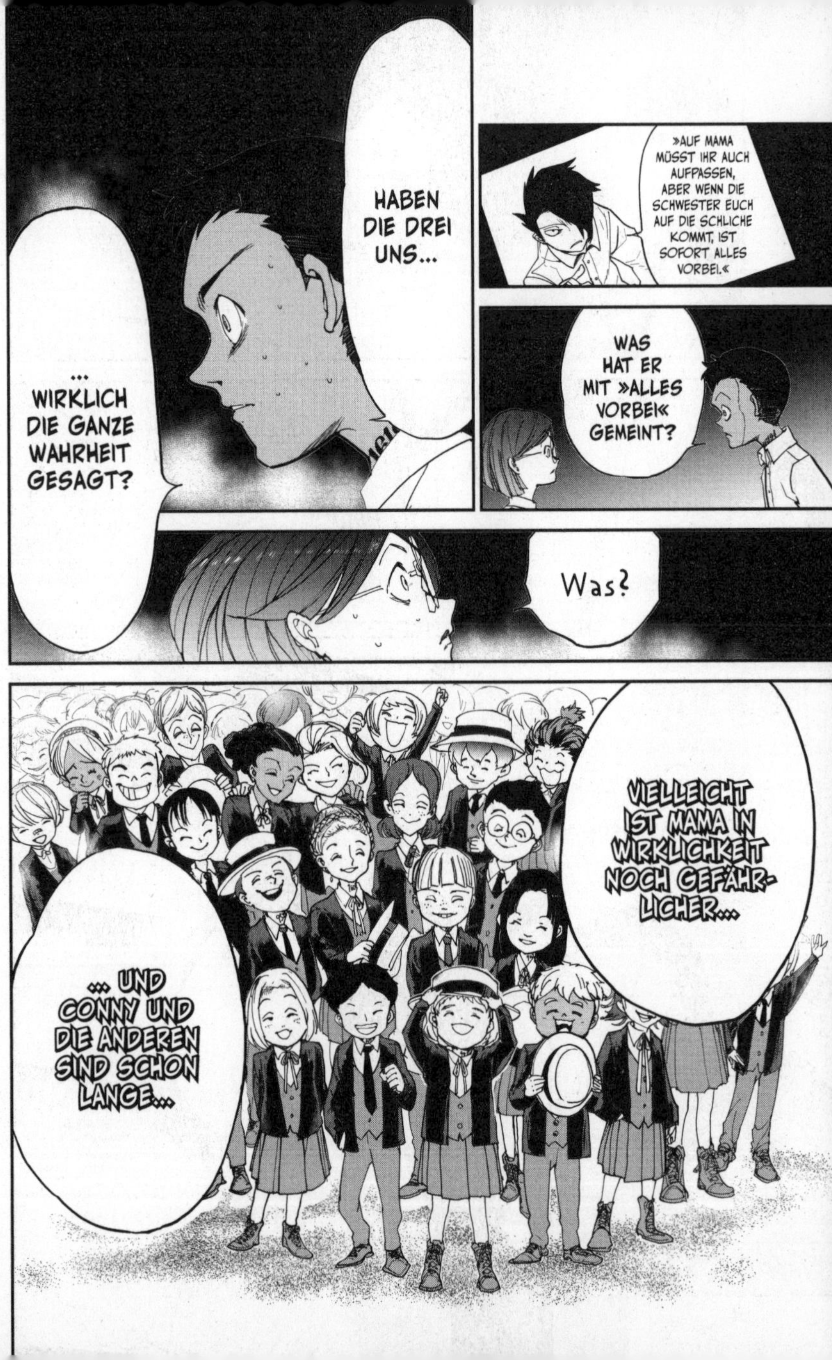
»AUF MAMA MÜSST IHR AUCH AUFPASSEN, ABER WENN DIE SCHWESTER EUCH AUF DIE SCHLICHE KOMMT, IST SOFORT ALLES VORBEI.«
WAS HAT ER MIT »ALLES VORBEI« GEMEINT?
HABEN DIE DREI UNS...
... WIRKLICH DIE GANZE WAHRHEIT GESAGT?
Was?
VIELLEICHT IST MAMA IN WIRKLICHKEIT NOCH GEFÄHR-LICHER...
... UND CONNY UND DIE ANDEREN SIND SCHON LANGE...

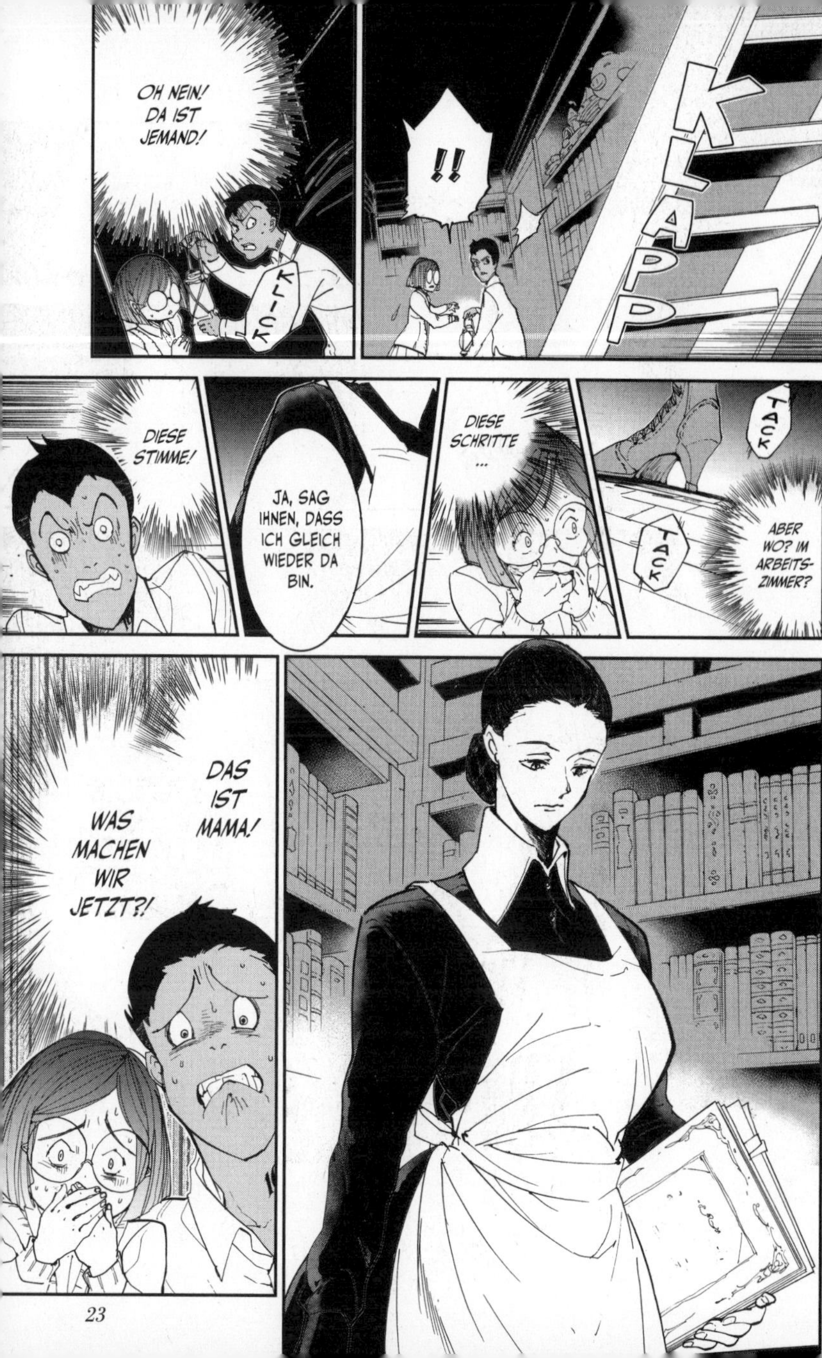
!!
KLAPP
OH NEIN! DA IST JEMAND!
KLICK
TACK
TACK
ABER WO? IM ARBEITS-ZIMMER?
DIESE SCHRITTE ...
JA, SAG IHNEN, DASS ICH GLEICH WIEDER DA BIN.
DIESE STIMME!
DAS IST MAMA!
WAS MACHEN WIR JETZT?!

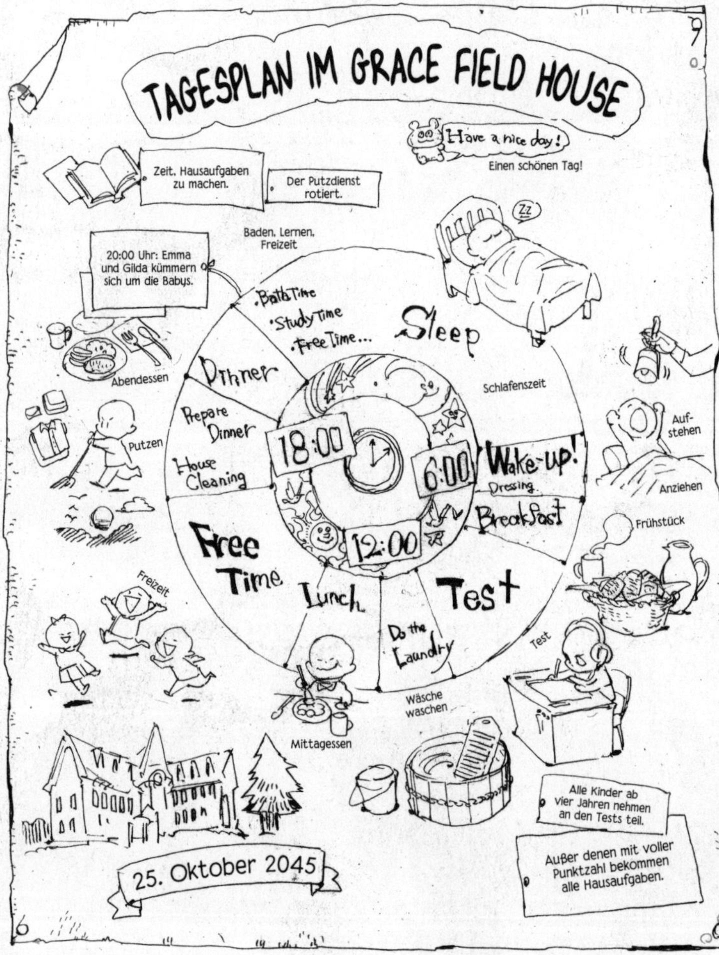
TAGESPLAN IM GRACE FIELD HOUSE
Have a nice day!
Einen schönen Tag!
Zeit, Hausaufgaben zu machen.
Der Putzdienst rotiert.
Baden, Lernen, Freizeit
20:00 Uhr: Emma und Gilda kümmern sich um die Babys.
·Bath Time
·Study Time
·Free Time...
Sleep
Schlafenszeit
Dinner
Abendessen
Prepare Dinner
House Cleaning
Putzen
18:00
6:00
12:00
Wake-up!
Dressing
Aufstehen
Anziehen
Breakfast
Frühstück
Free Time
Freizeit
Lunch
Mittagessen
Do the Laundry
Wäsche waschen
Test
Test
Alle Kinder ab vier Jahren nehmen an den Tests teil.
Außer denen mit voller Punktzahl bekommen alle Hausaufgaben.
25. Oktober 2045

Kapitel 18: Entschluss

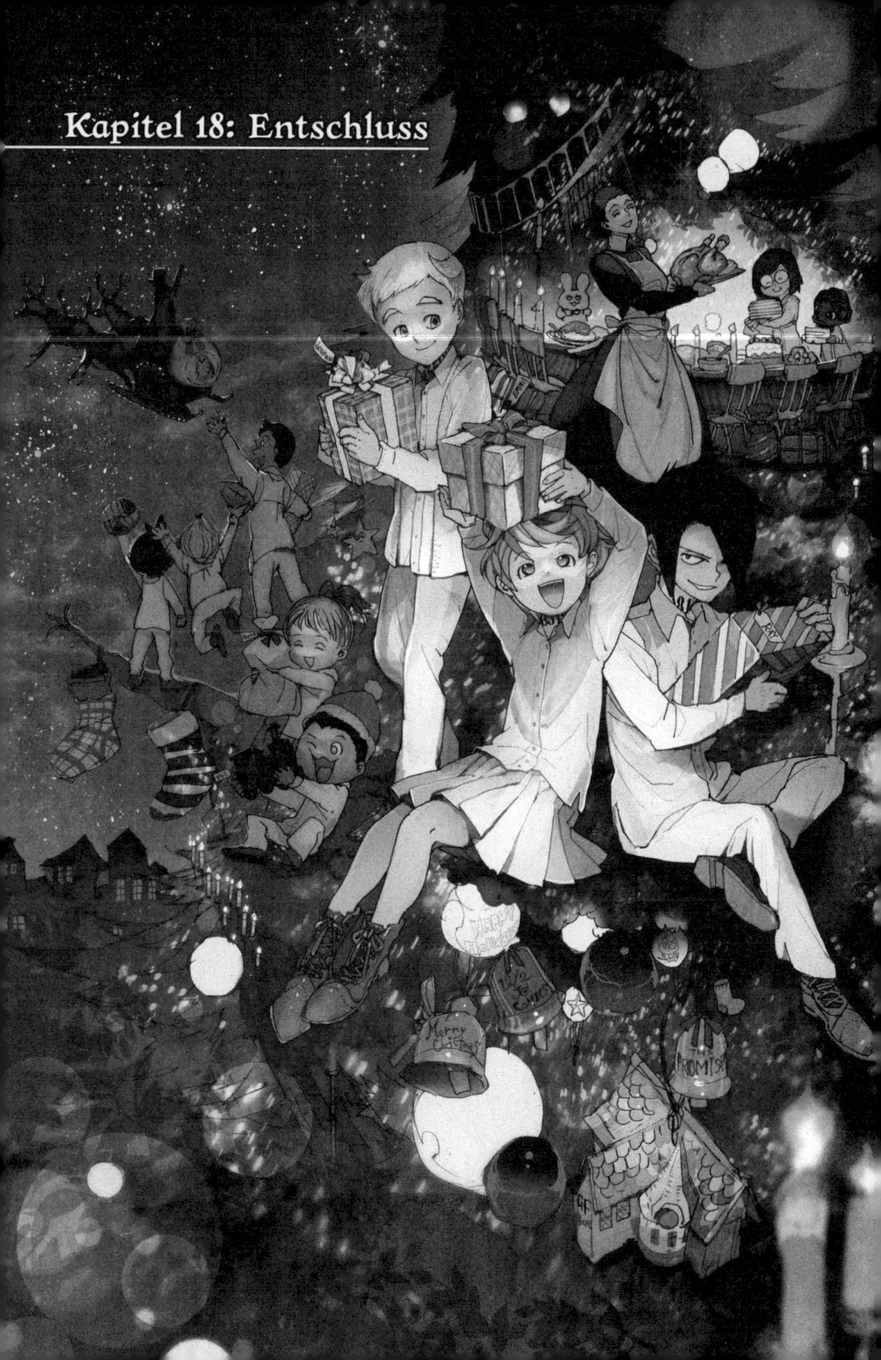

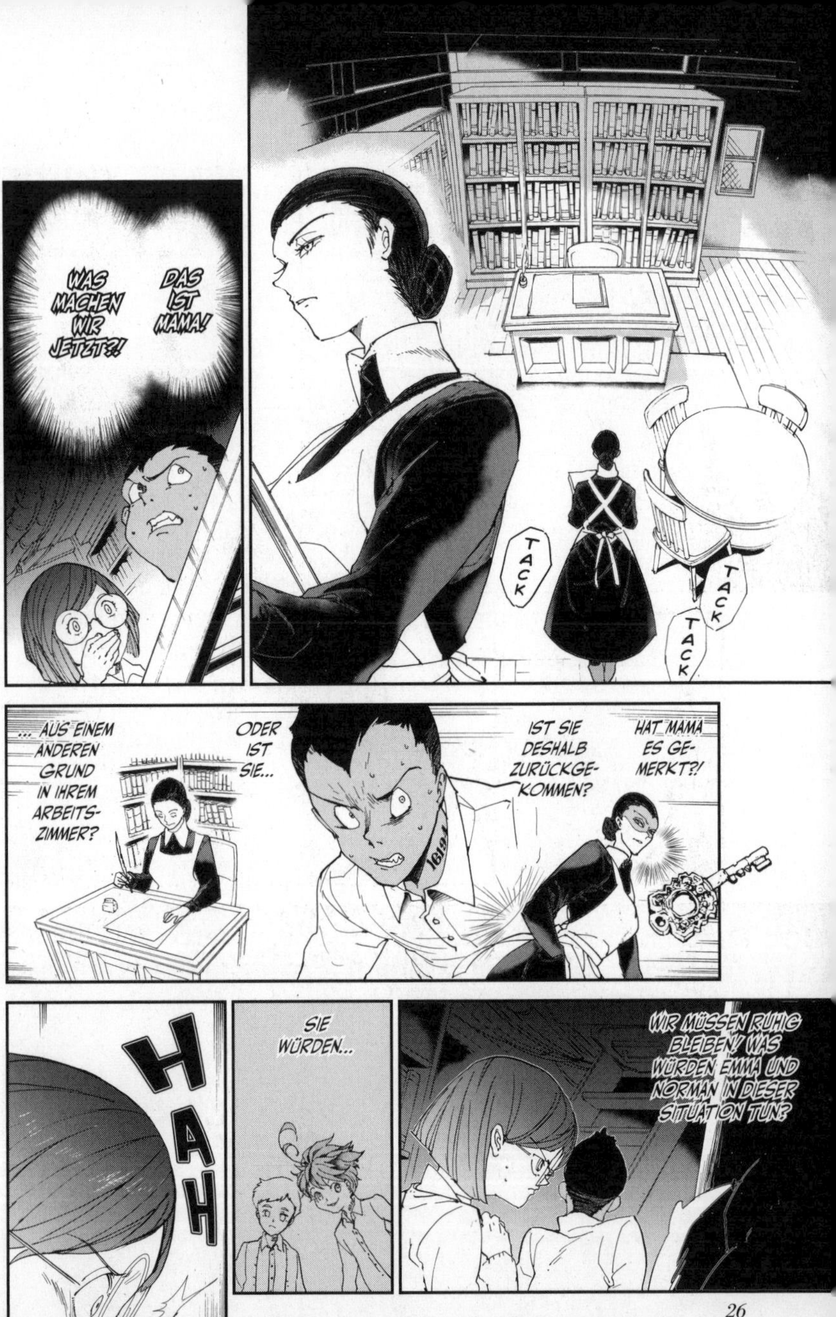
TACK
TACK
TACK
DAS IST MAMA!
WAS MACHEN WIR JETZT?!
HAT MAMA ES GEMERKT?!
IST SIE DESHALB ZURÜCKGEKOMMEN?
ODER IST SIE...
...AUS EINEM ANDEREN GRUND IN IHREM ARBEITSZIMMER?
WIR MÜSSEN RUHIG BLEIBEN! WAS WÜRDEN EMMA UND NORMAN IN DIESER SITUATION TUN?
SIE WÜRDEN...
HAH

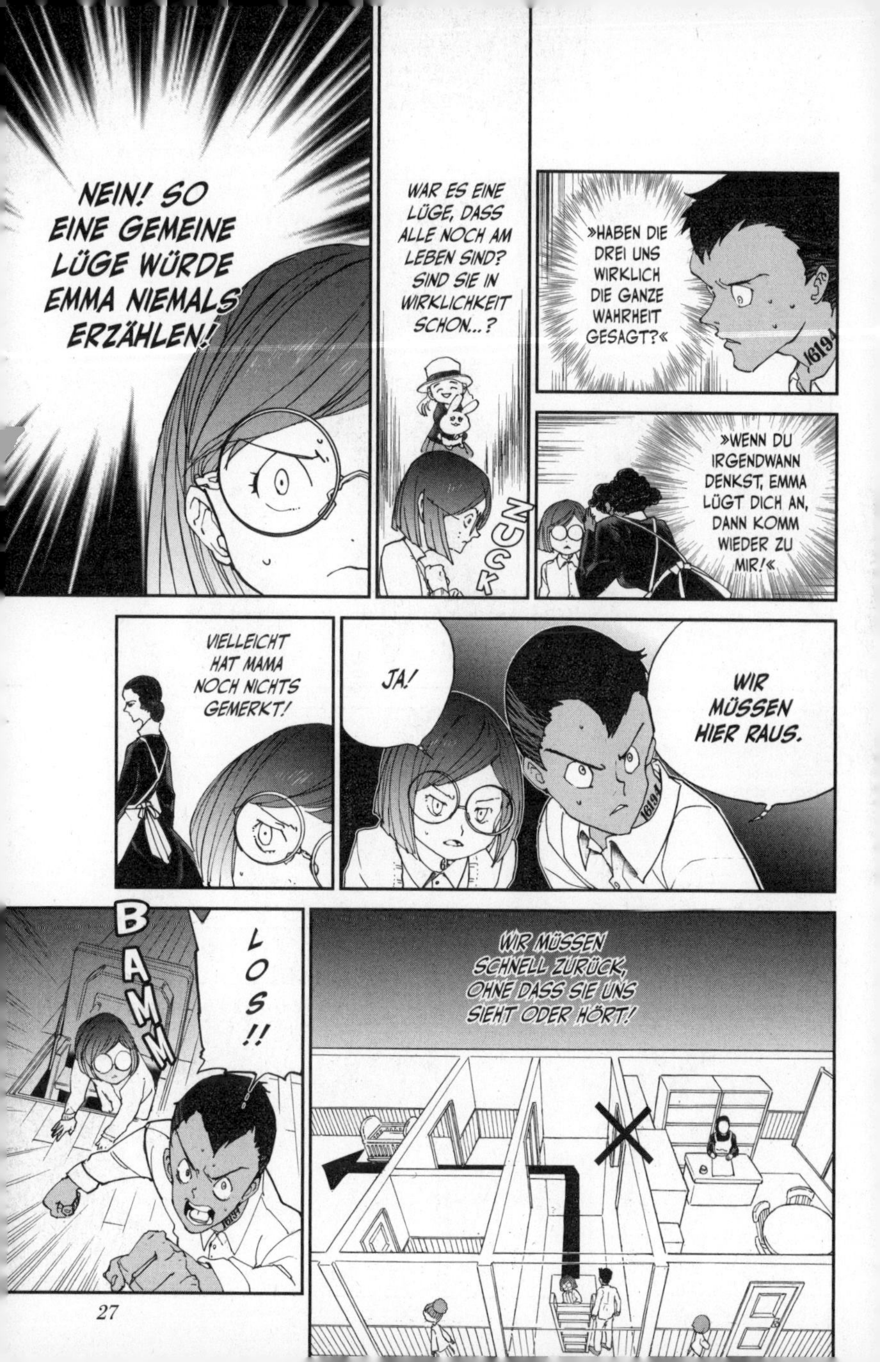
»HABEN DIE DREI UNS WIRKLICH DIE GANZE WAHRHEIT GESAGT?«
WAR ES EINE LÜGE, DASS ALLE NOCH AM LEBEN SIND? SIND SIE IN WIRKLICHKEIT SCHON...?
NEIN! SO EINE GEMEINE LÜGE WÜRDE EMMA NIEMALS ERZÄHLEN!
»WENN DU IRGENDWANN DENKST, EMMA LÜGT DICH AN, DANN KOMM WIEDER ZU MIR!«
ZUCK
WIR MÜSSEN HIER RAUS.
JA!
VIELLEICHT HAT MAMA NOCH NICHTS GEMERKT!
WIR MÜSSEN SCHNELL ZURÜCK, OHNE DASS SIE UNS SIEHT ODER HÖRT!
LOS!!
BAMM

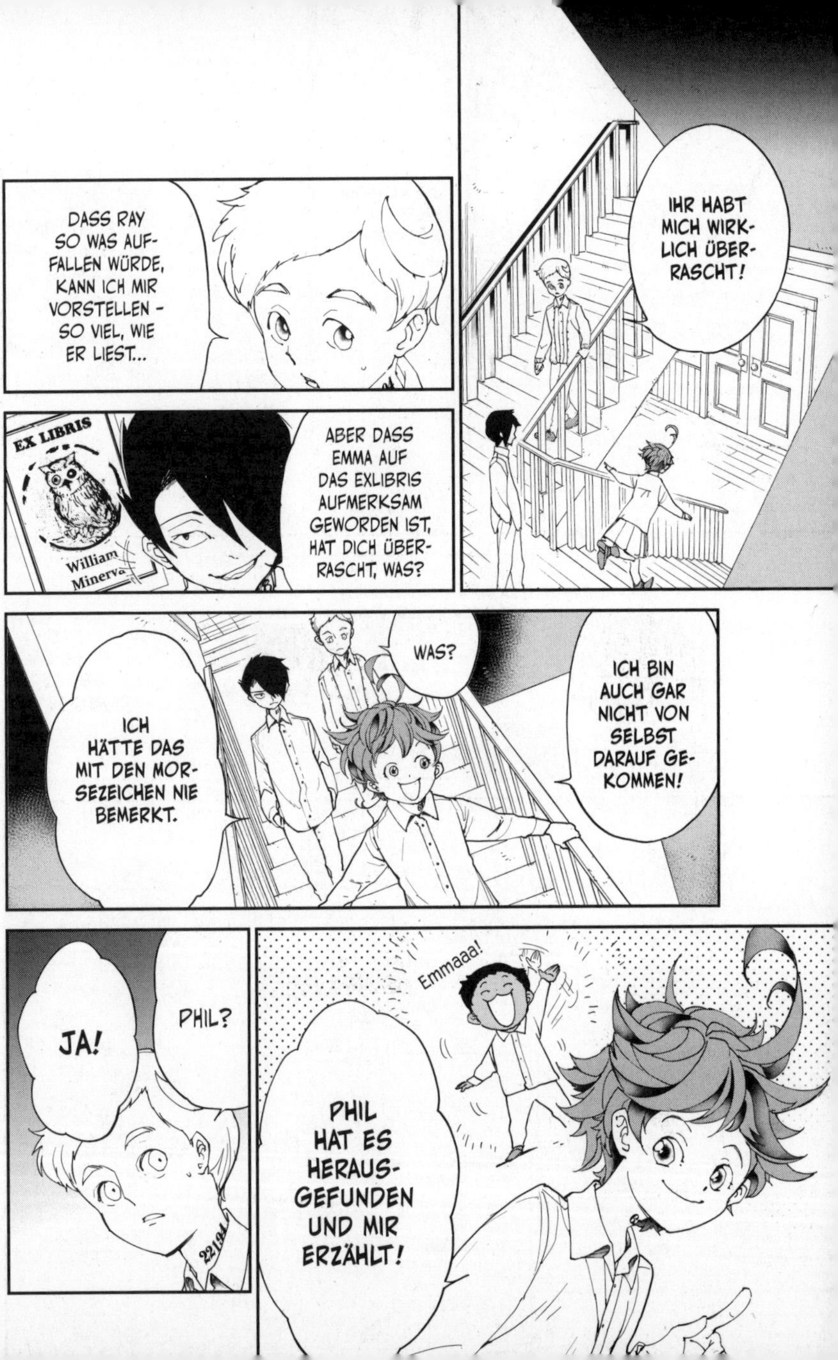
IHR HABT MICH WIRKLICH ÜBERRASCHT!
DASS RAY SO WAS AUFFALLEN WÜRDE, KANN ICH MIR VORSTELLEN - SO VIEL, WIE ER LIEST...
EX LIBRIS
William Minerva
ABER DASS EMMA AUF DAS EXLIBRIS AUFMERKSAM GEWORDEN IST, HAT DICH ÜBERRASCHT, WAS?
WAS?
ICH BIN AUCH GAR NICHT VON SELBST DARAUF GEKOMMEN!
ICH HÄTTE DAS MIT DEN MORSEZEICHEN NIE BEMERKT.
Emmaaa!
PHIL HAT ES HERAUSGEFUNDEN UND MIR ERZÄHLT!
PHIL?
JA!
22194

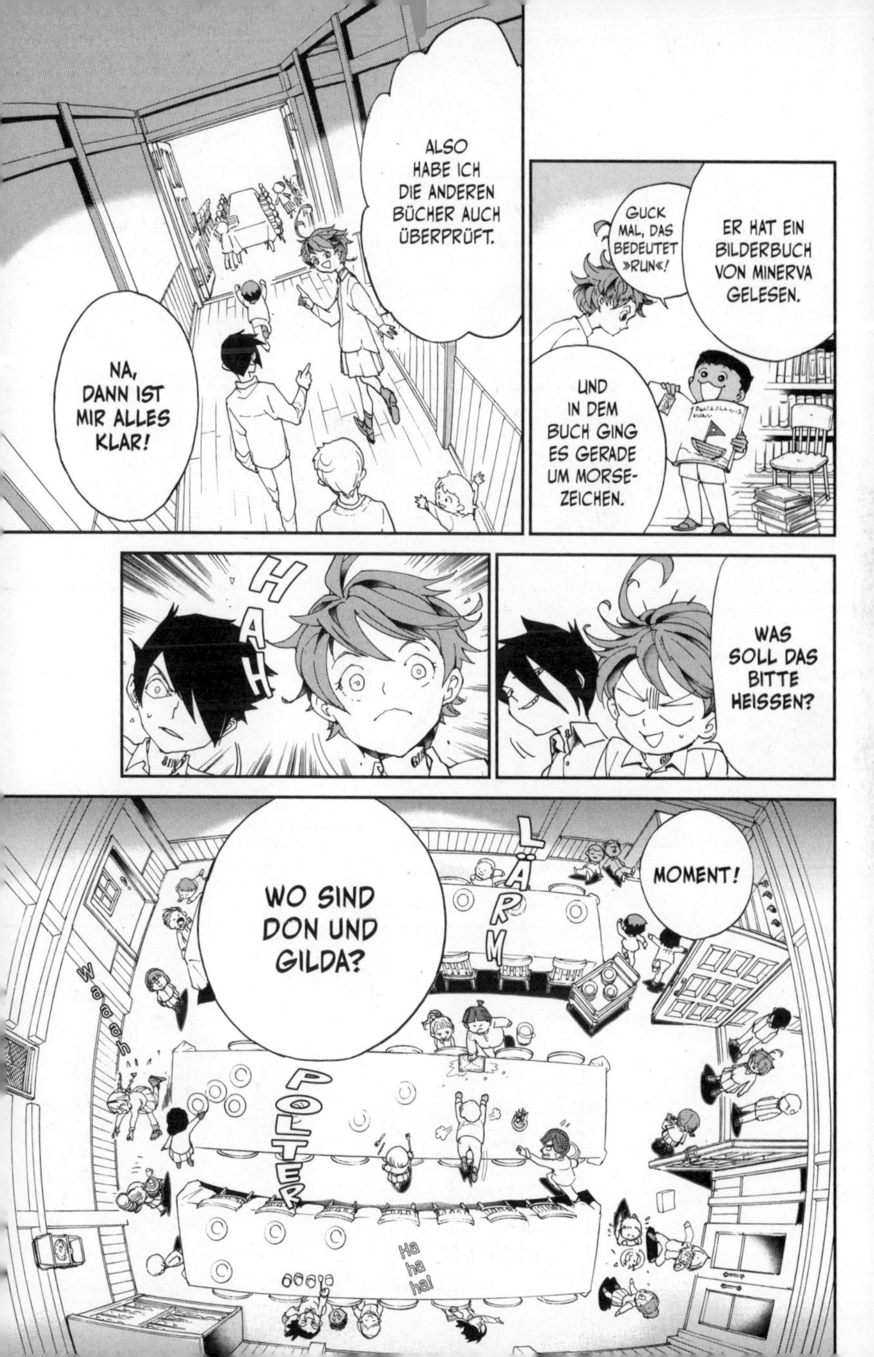
ER HAT EIN BILDERBUCH VON MINERVA GELESEN.
GUCK MAL, DAS BEDEUTET »RUN«!
UND IN DEM BUCH GING ES GERADE UM MORSE-ZEICHEN.
ALSO HABE ICH DIE ANDEREN BÜCHER AUCH ÜBERPRÜFT.
NA, DANN IST MIR ALLES KLAR!
WAS SOLL DAS BITTE HEISSEN?
HAH
MOMENT!
LÄRM
WO SIND DON UND GILDA?
POLTER
Ha ha ha!

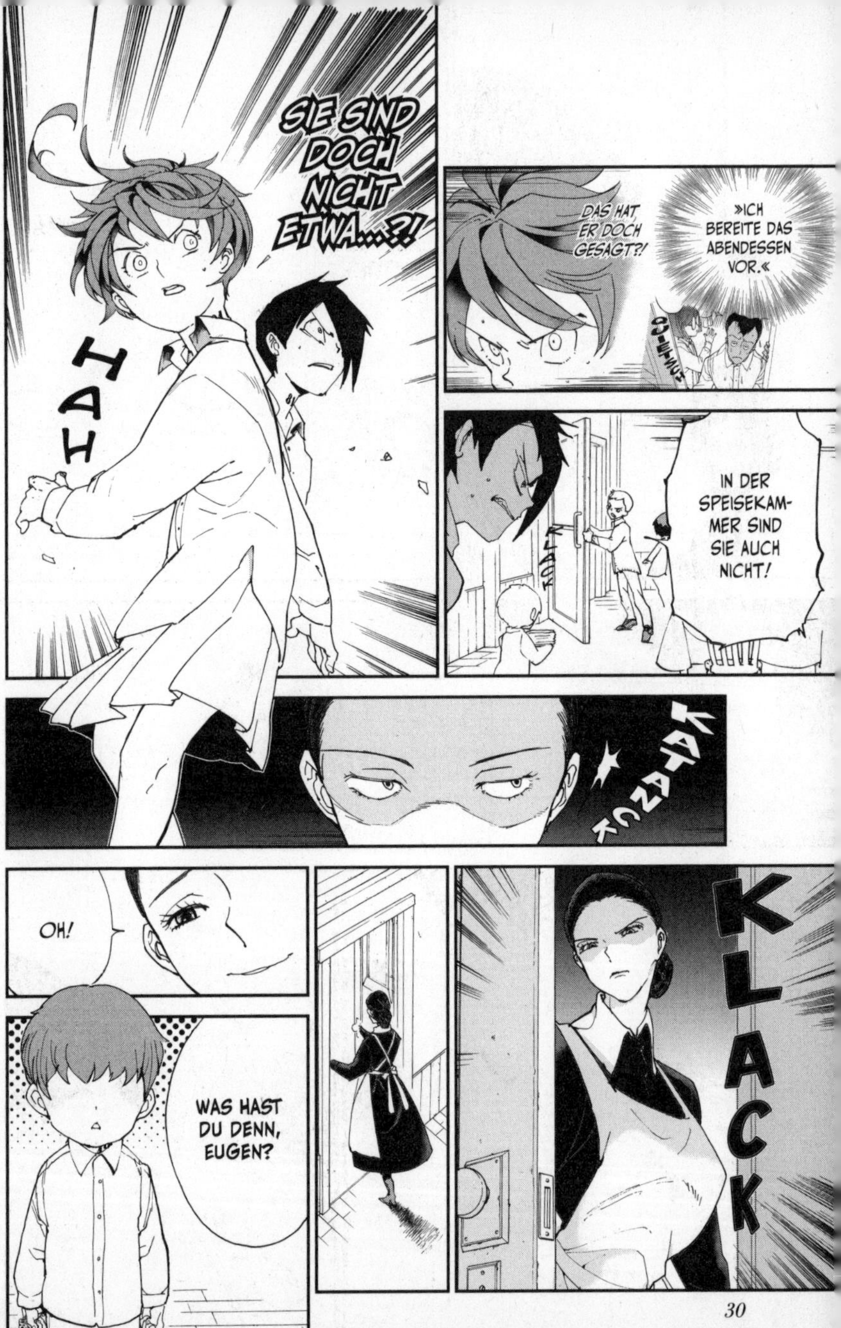

»ICH BEREITE DAS ABENDESSEN VOR.«
DAS HAT ER DOCH GESAGT?!
QUIETSCH
IN DER SPEISEKAMMER SIND SIE AUCH NICHT!
KLACK
SIE SIND DOCH NICHT ETWA...?!
HAH
KATANCK
KLACK
OH!
WAS HAST DU DENN, EUGEN?

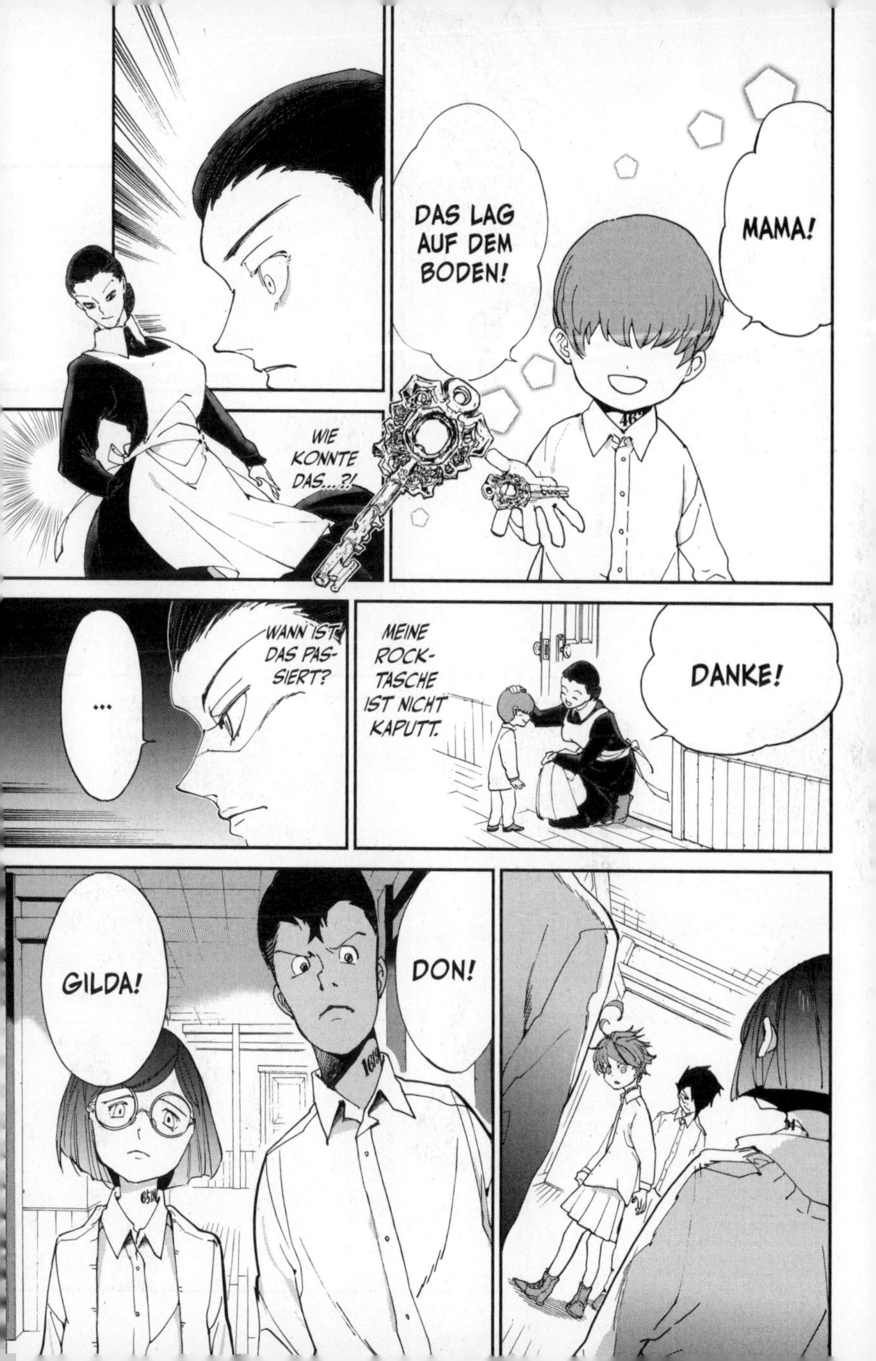
MAMA!
DAS LAG AUF DEM BODEN!
WIE KONNTE DAS...?!
DANKE!
MEINE ROCK-TASCHE IST NICHT KAPUTT.
WANN IST DAS PASSIERT?
...
DON!
GILDA!

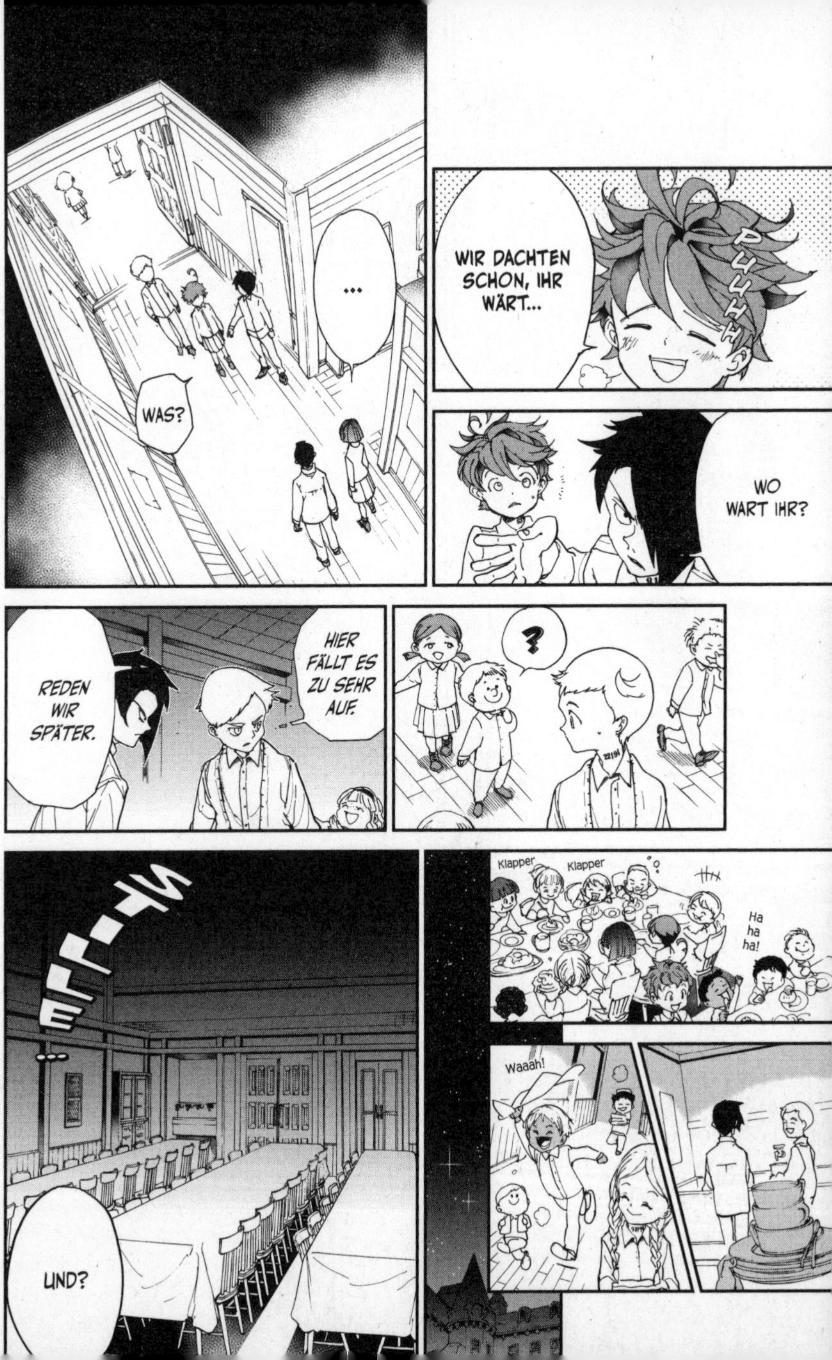
PUUHH
WIR DACHTEN SCHON, IHR WÄRT...
WO WART IHR?
...
WAS?
?
HIER FÄLLT ES ZU SEHR AUF.
REDEN WIR SPÄTER.
Klapper
Klapper
Ha ha ha!
Waaah!
STILLE
UND?

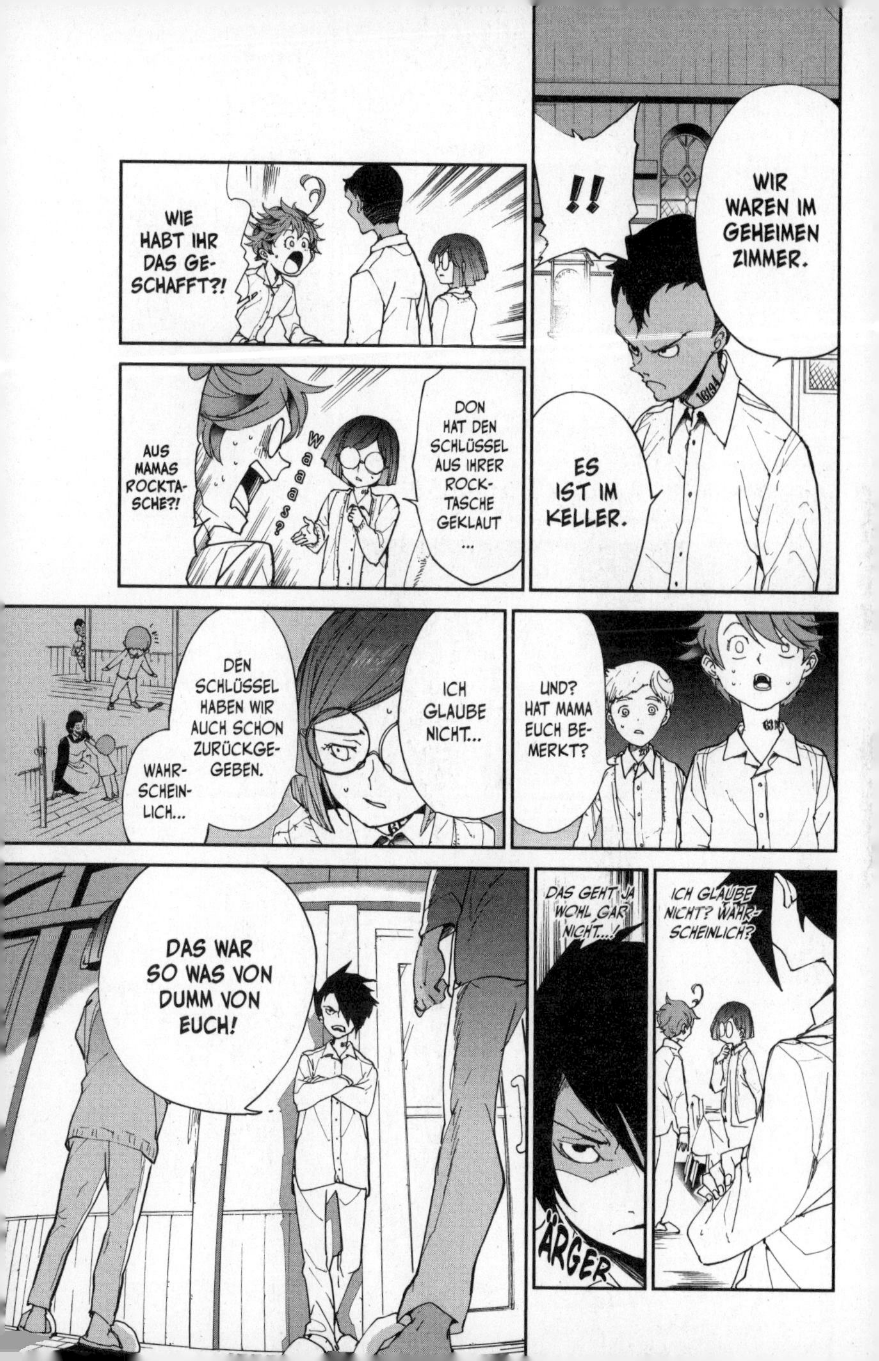
WIR WAREN IM GEHEIMEN ZIMMER.
!!
ES IST IM KELLER.
WIE HABT IHR DAS GE-SCHAFFT?!
DON HAT DEN SCHLÜSSEL AUS IHRER ROCK-TASCHE GEKLAUT ...
Waaas?
AUS MAMAS ROCKTA-SCHE?!
UND? HAT MAMA EUCH BE-MERKT?
ICH GLAUBE NICHT...
DEN SCHLÜSSEL HABEN WIR AUCH SCHON ZURÜCKGE-GEBEN.
WAHR-SCHEIN-LICH...
ICH GLAUBE NICHT? WAHR-SCHEINLICH?
DAS GEHT JA WOHL GAR NICHT...!
ÄRGER
DAS WAR SO WAS VON DUMM VON EUCH!

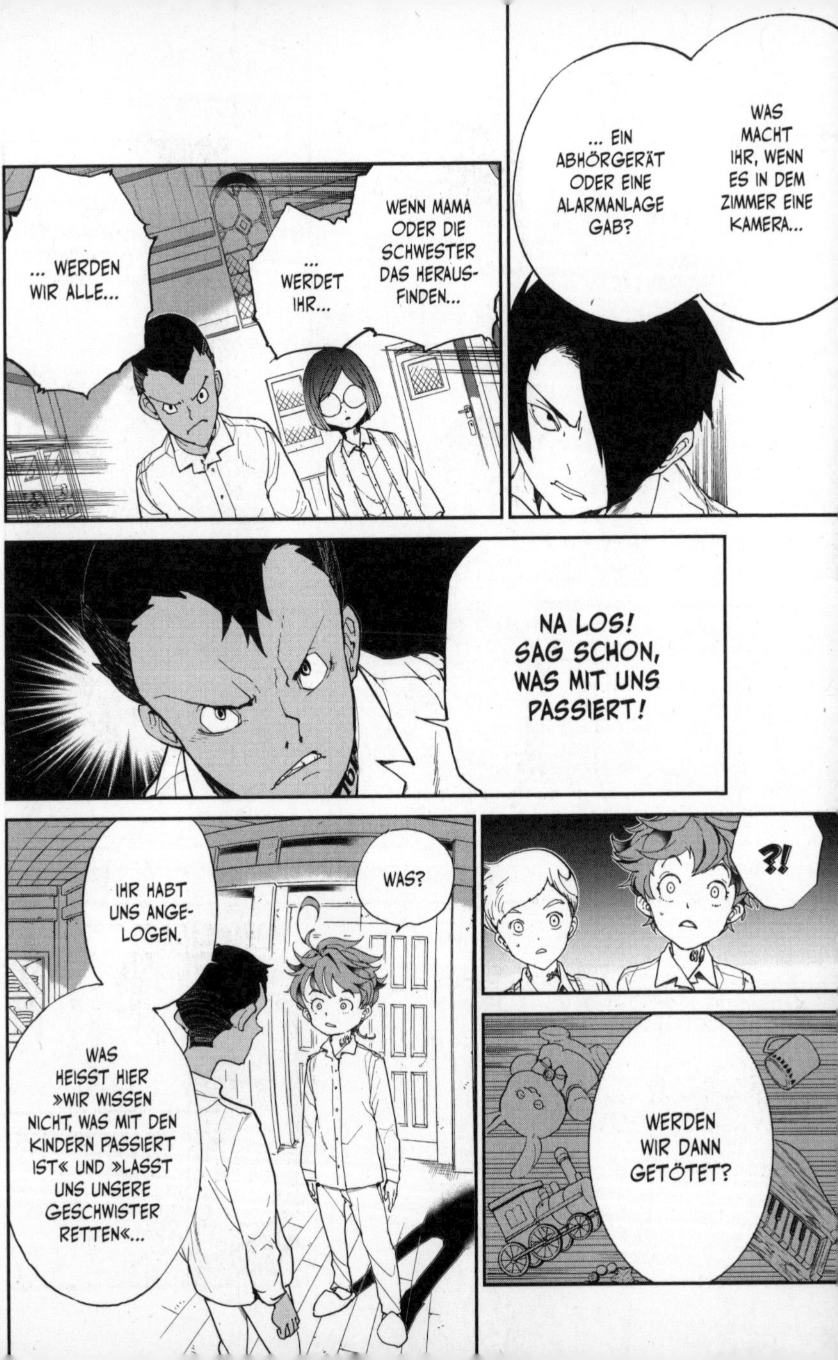

WAS MACHT IHR, WENN ES IN DEM ZIMMER EINE KAMERA...
... EIN ABHÖRGERÄT ODER EINE ALARMANLAGE GAB?
WENN MAMA ODER DIE SCHWESTER DAS HERAUS-FINDEN...
... WERDET IHR...
... WERDEN WIR ALLE...
NA LOS! SAG SCHON, WAS MIT UNS PASSIERT!
?!
WERDEN WIR DANN GETÖTET?
IHR HABT UNS ANGE-LOGEN.
WAS?
WAS HEISST HIER »WIR WISSEN NICHT, WAS MIT DEN KINDERN PASSIERT IST« UND »LASST UNS UNSERE GESCHWISTER RETTEN«...

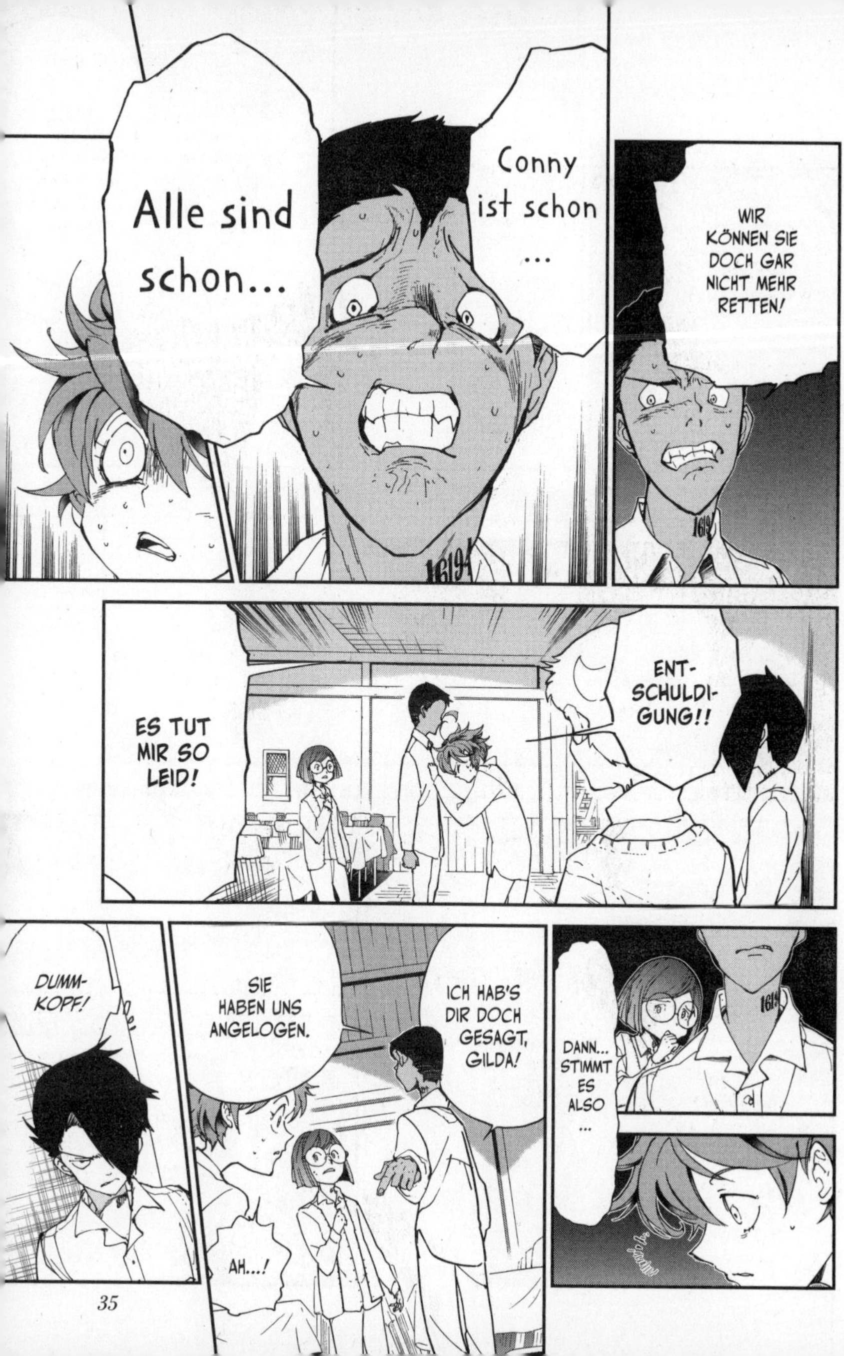
WIR KÖNNEN SIE DOCH GAR NICHT MEHR RETTEN!
Conny ist schon ...
Alle sind schon...
ENT-SCHULDI-GUNG!!
ES TUT MIR SO LEID!
DANN... STIMMT ES ALSO ...
ICH HAB'S DIR DOCH GESAGT, GILDA!
SIE HABEN UNS ANGELOGEN.
AH...!
DUMM-KOPF!

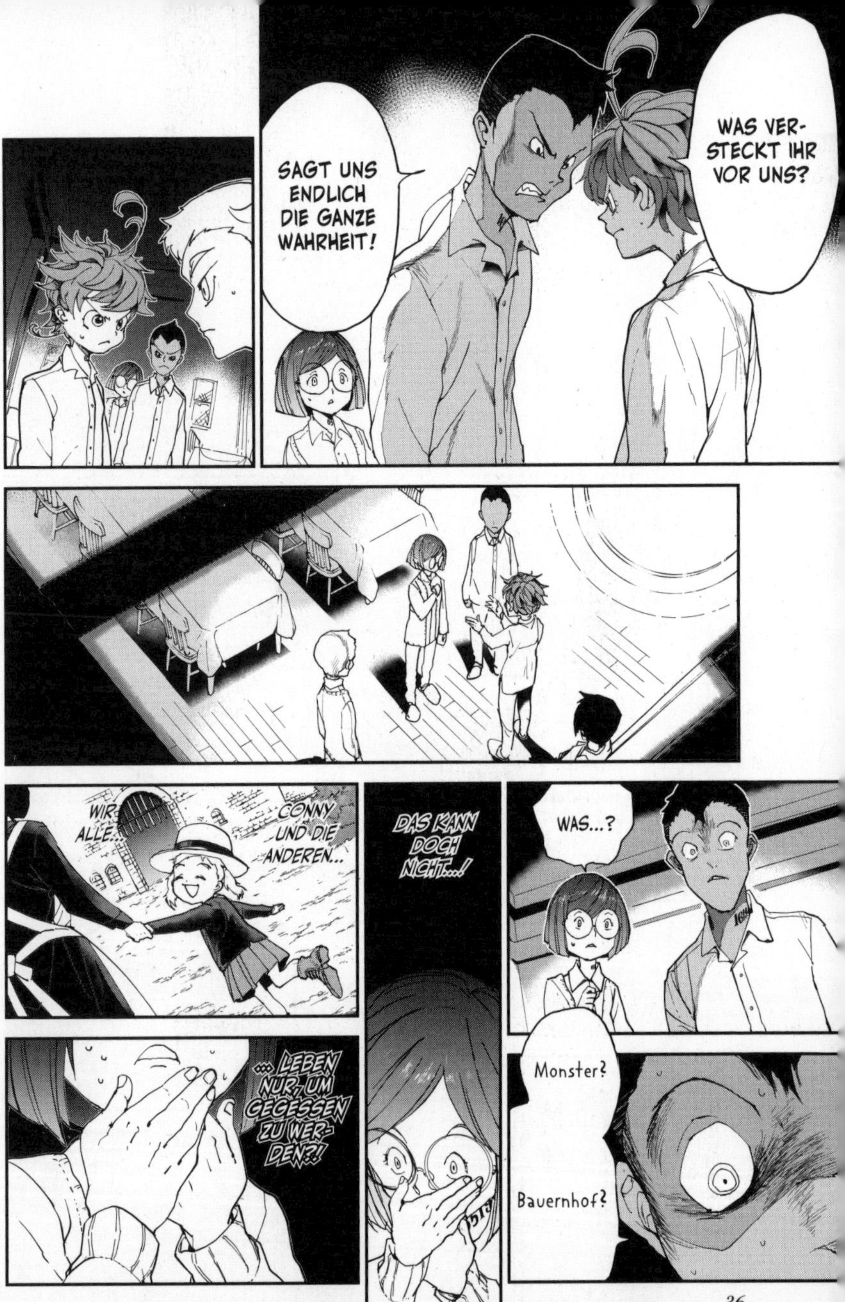
WAS VER-
STECKT IHR
VOR UNS?
SAGT UNS
ENDLICH
DIE GANZE
WAHRHEIT!
WAS...?
DAS KANN
DOCH
NICHT...!
CONNY
UND DIE
ANDEREN...
WIR
ALLE...
Monster?
Bauernhof?
...LEBEN
NUR, UM
GEGESSEN
ZU WER-
DEN?!

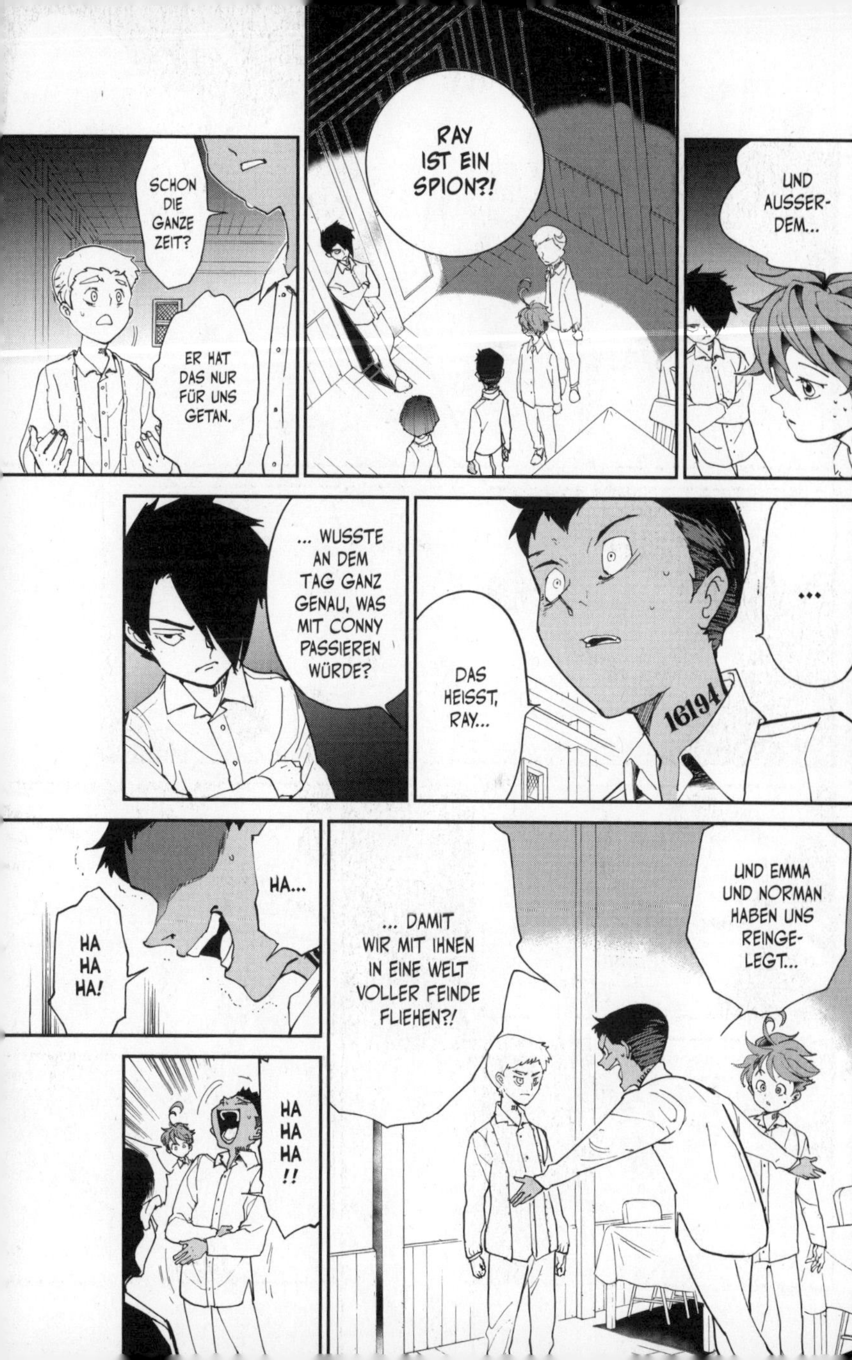
UND AUSSER-DEM...
RAY IST EIN SPION?!
SCHON DIE GANZE ZEIT?
ER HAT DAS NUR FÜR UNS GETAN.
...
DAS HEISST, RAY...
16194
... WUSSTE AN DEM TAG GANZ GENAU, WAS MIT CONNY PASSIEREN WÜRDE?
UND EMMA UND NORMAN HABEN UNS REINGE-LEGT...
... DAMIT WIR MIT IHNEN IN EINE WELT VOLLER FEINDE FLIEHEN?!
HA...
HA HA HA!
HA HA HA !!

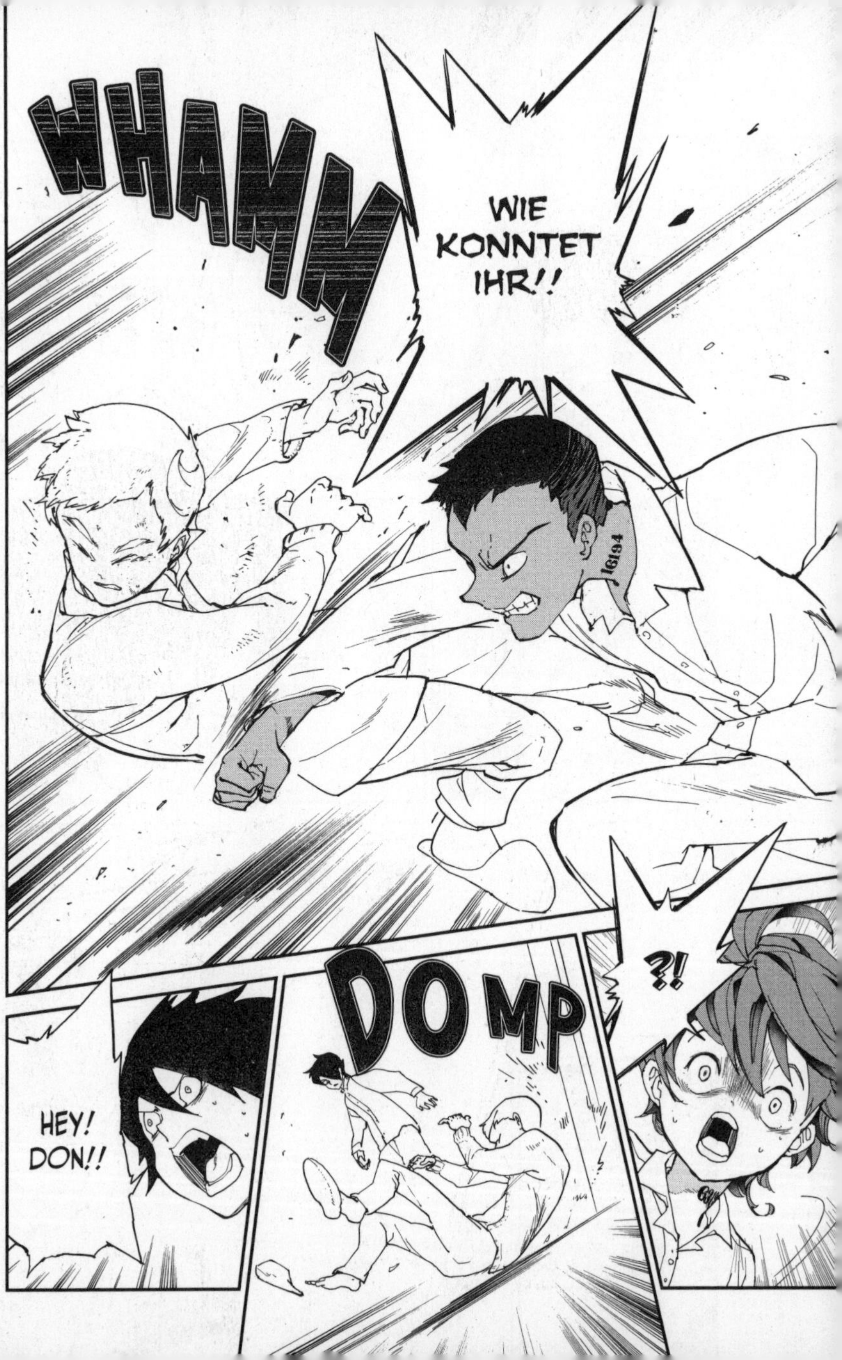
WHAMM
WIE KONNTET IHR!!
?!
DOMP
HEY! DON!!

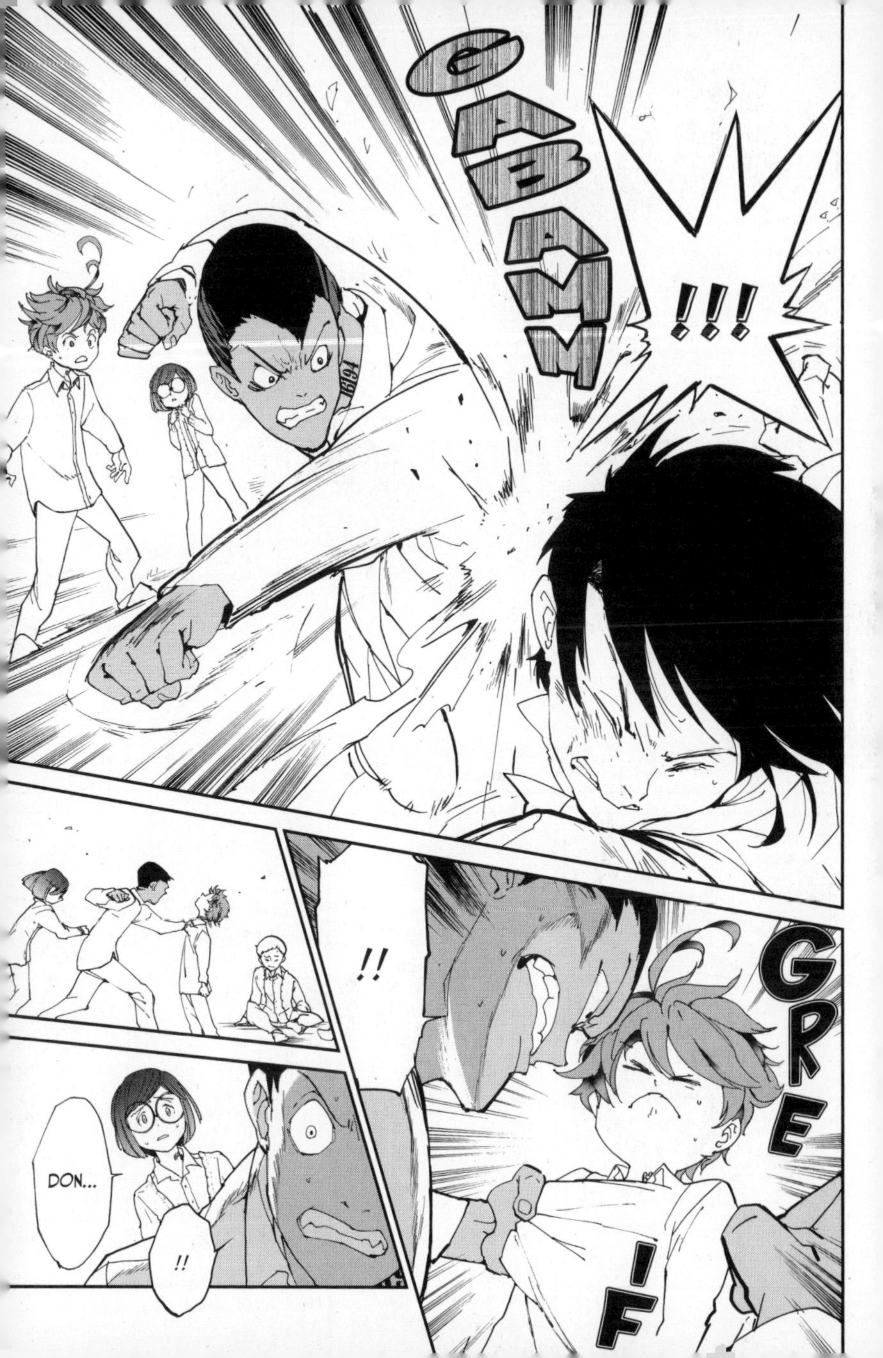
GABAMM
!!!
GREIF
!!
DON...
!!

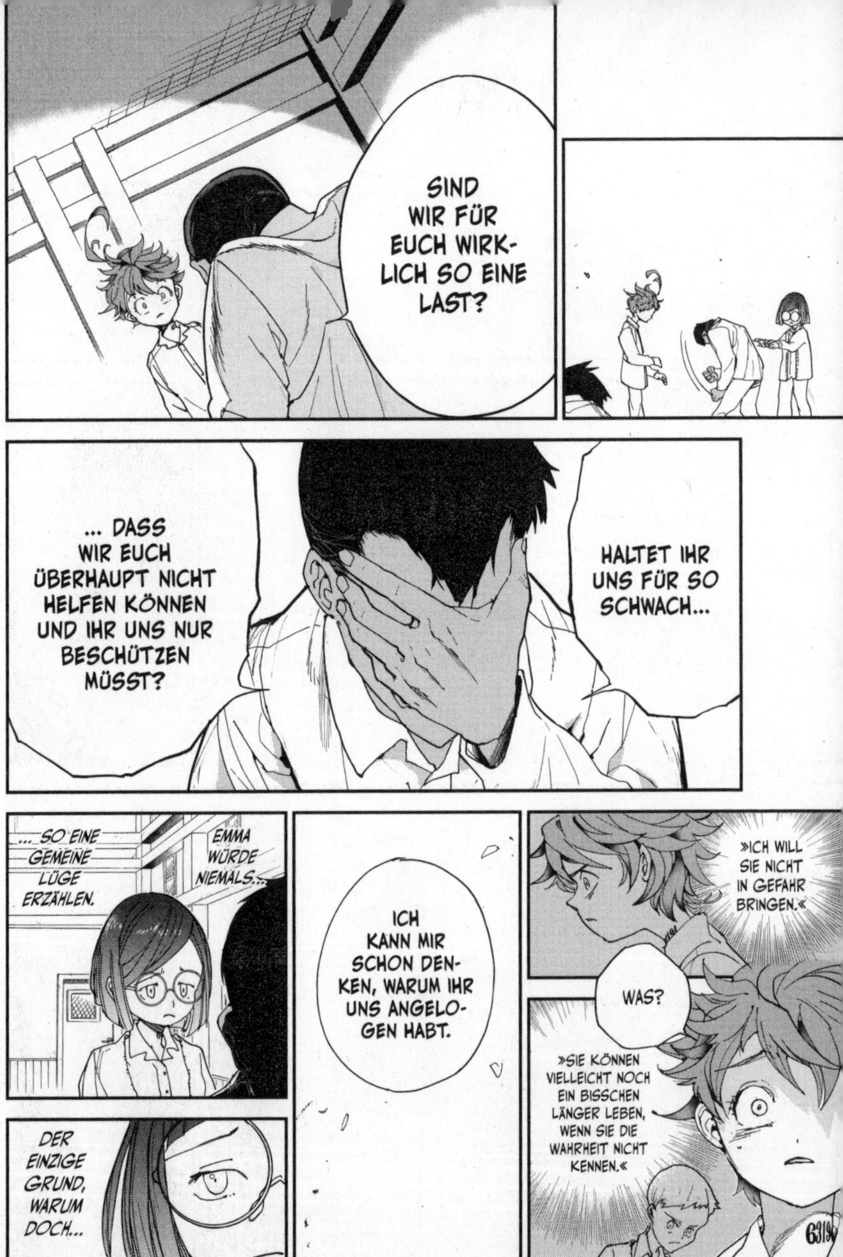
SIND WIR FÜR EUCH WIRKLICH SO EINE LAST?
HALTET IHR UNS FÜR SO SCHWACH...
... DASS WIR EUCH ÜBERHAUPT NICHT HELFEN KÖNNEN UND IHR UNS NUR BESCHÜTZEN MÜSST?
»ICH WILL SIE NICHT IN GEFAHR BRINGEN.«
WAS?
»SIE KÖNNEN VIELLEICHT NOCH EIN BISSCHEN LÄNGER LEBEN, WENN SIE DIE WAHRHEIT NICHT KENNEN.«
ICH KANN MIR SCHON DENKEN, WARUM IHR UNS ANGELOGEN HABT.
EMMA WÜRDE NIEMALS...
... SO EINE GEMEINE LÜGE ERZÄHLEN.
DER EINZIGE GRUND, WARUM DOCH...

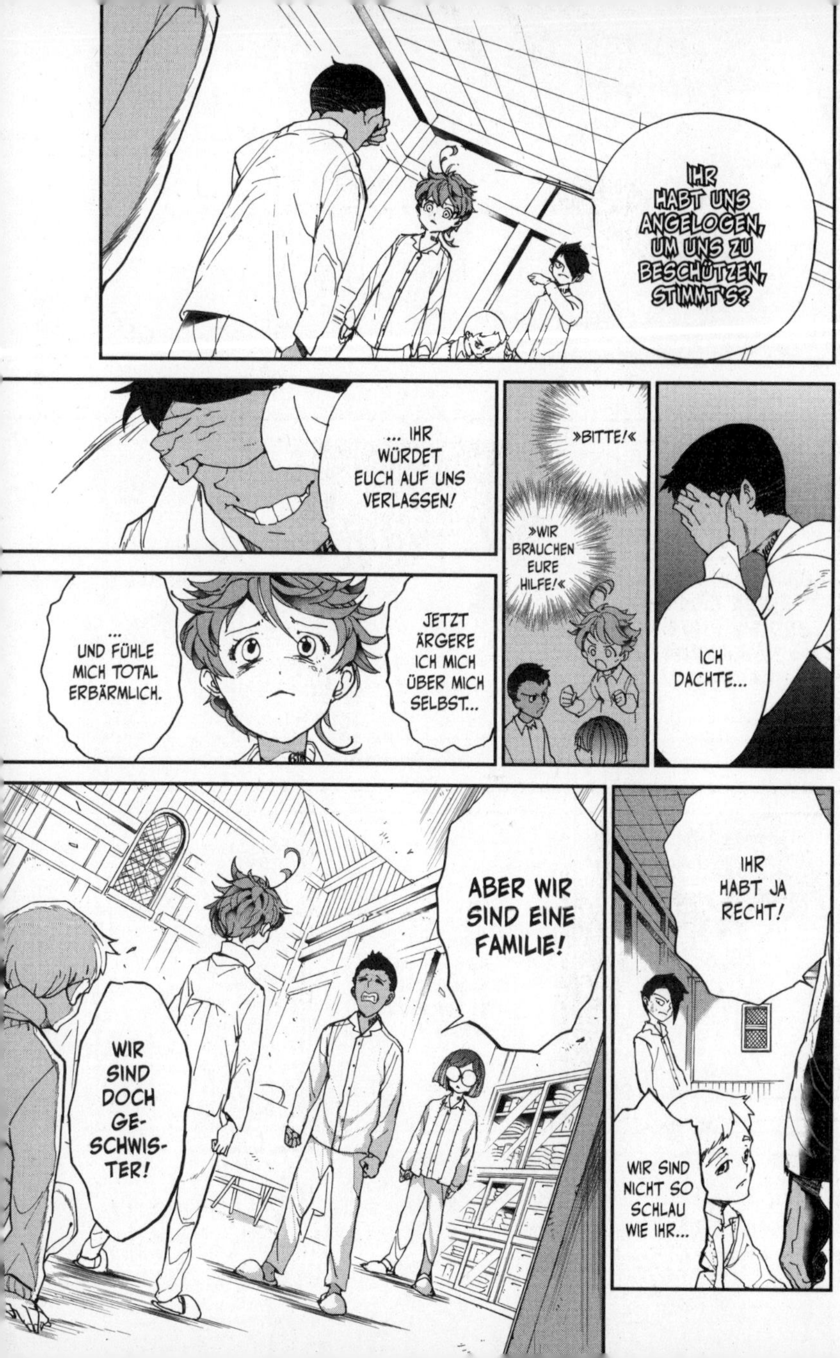
IHR HABT UNS ANGELOGEN, UM UNS ZU BESCHÜTZEN, STIMMT'S?
ICH DACHTE...
»BITTE!«
»WIR BRAUCHEN EURE HILFE!«
... IHR WÜRDET EUCH AUF UNS VERLASSEN!
JETZT ÄRGERE ICH MICH ÜBER MICH SELBST...
... UND FÜHLE MICH TOTAL ERBÄRMLICH.
IHR HABT JA RECHT!
WIR SIND NICHT SO SCHLAU WIE IHR...
ABER WIR SIND EINE FAMILIE!
WIR SIND DOCH GE-SCHWISTER!

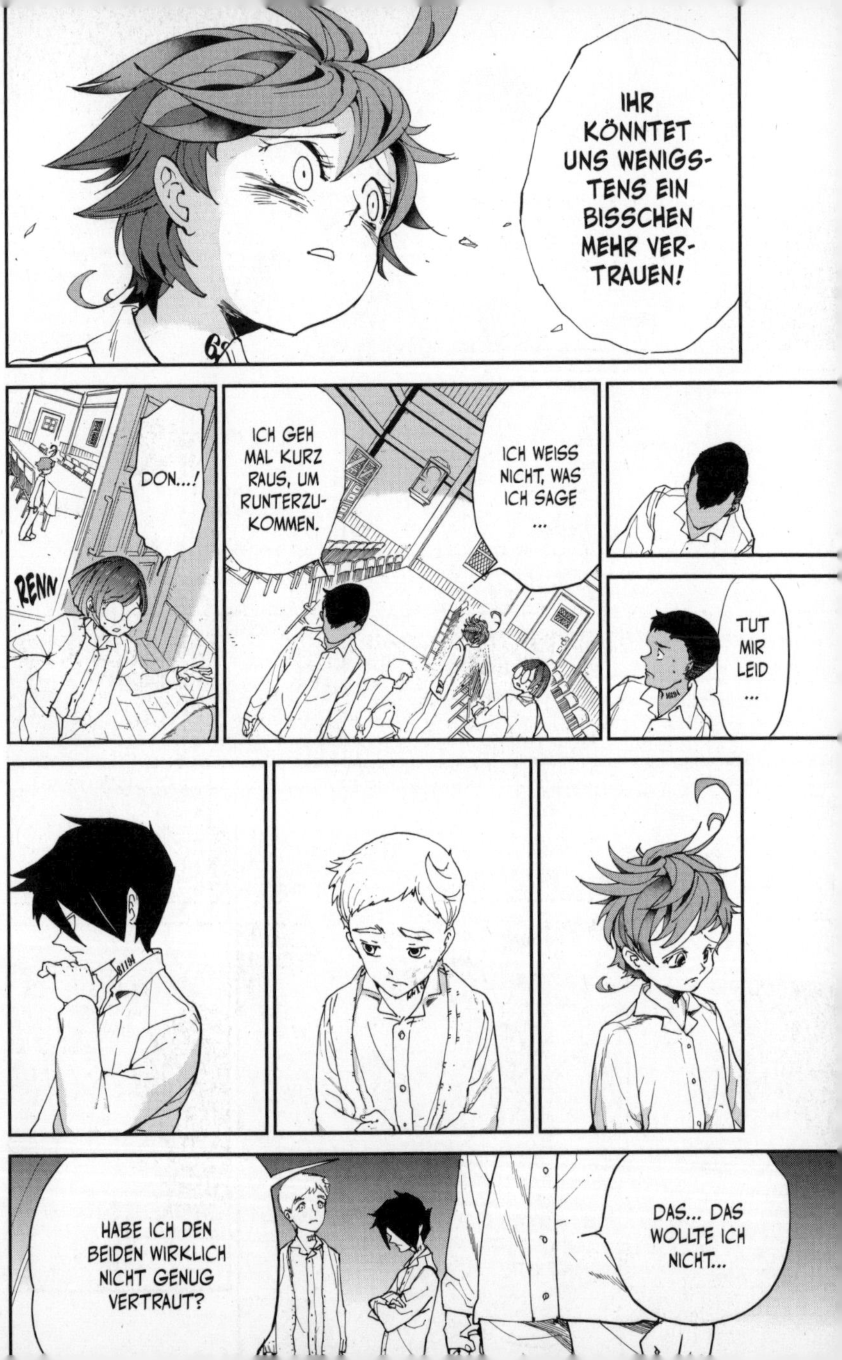
IHR KÖNNTET UNS WENIGS-TENS EIN BISSCHEN MEHR VER-TRAUEN!
TUT MIR LEID ...
ICH WEISS NICHT, WAS ICH SAGE ...
ICH GEH MAL KURZ RAUS, UM RUNTERZU-KOMMEN.
DON...!
RENN
DAS... DAS WOLLTE ICH NICHT...
HABE ICH DEN BEIDEN WIRKLICH NICHT GENUG VERTRAUT?

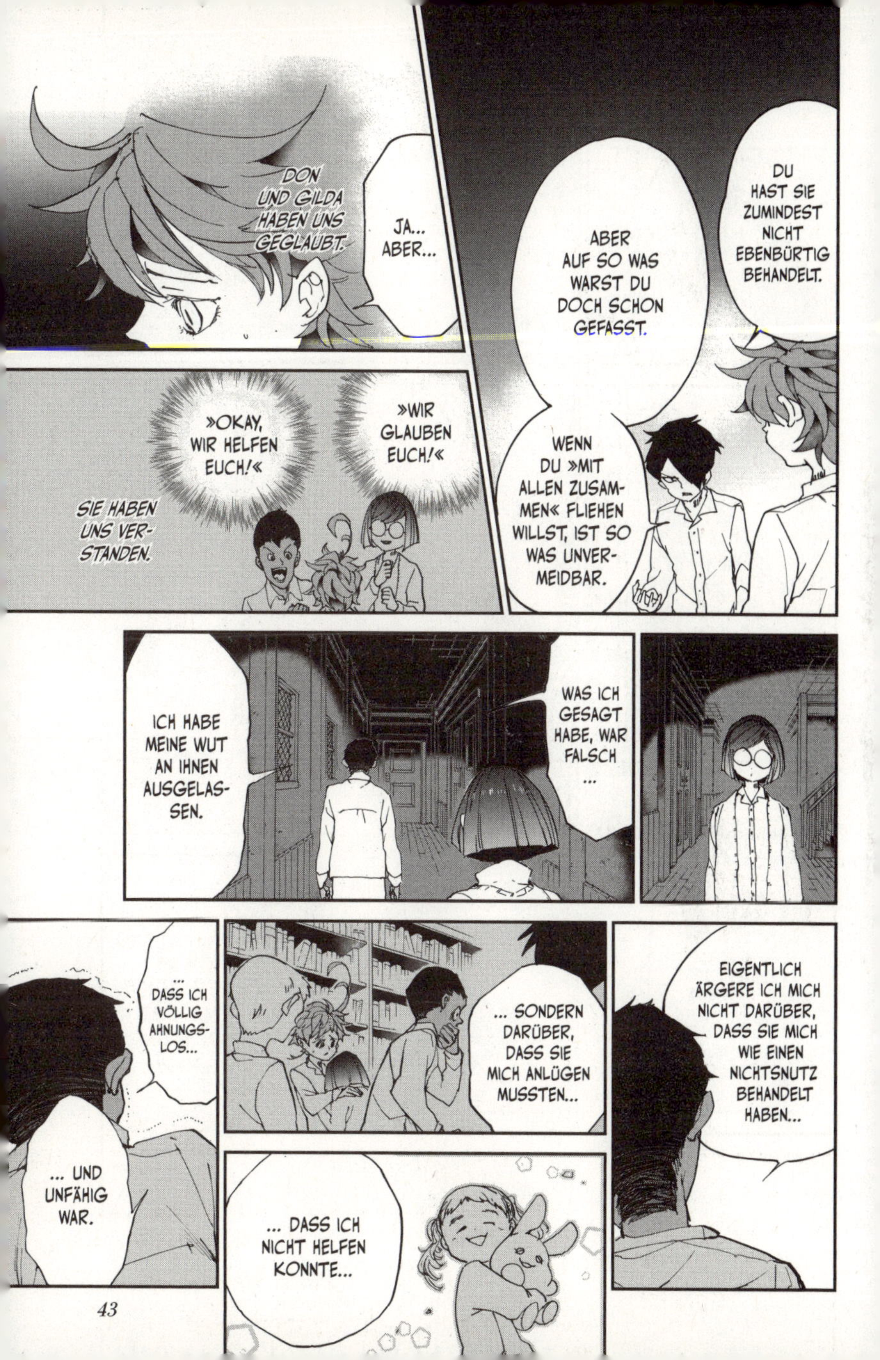
DU HAST SIE ZUMINDEST NICHT EBENBÜRTIG BEHANDELT.
ABER AUF SO WAS WARST DU DOCH SCHON GEFASST.
JA... ABER...
DON UND GILDA HABEN UNS GEGLAUBT.
WENN DU »MIT ALLEN ZUSAMMEN« FLIEHEN WILLST, IST SO WAS UNVERMEIDBAR.
»WIR GLAUBEN EUCH!«
»OKAY, WIR HELFEN EUCH!«
SIE HABEN UNS VERSTANDEN.
WAS ICH GESAGT HABE, WAR FALSCH ...
ICH HABE MEINE WUT AN IHNEN AUSGELASSEN.
EIGENTLICH ÄRGERE ICH MICH NICHT DARÜBER, DASS SIE MICH WIE EINEN NICHTSNUTZ BEHANDELT HABEN...
... SONDERN DARÜBER, DASS SIE MICH ANLÜGEN MUSSTEN...
... DASS ICH NICHT HELFEN KONNTE...
... DASS ICH VÖLLIG AHNUNGSLOS...
... UND UNFÄHIG WAR.

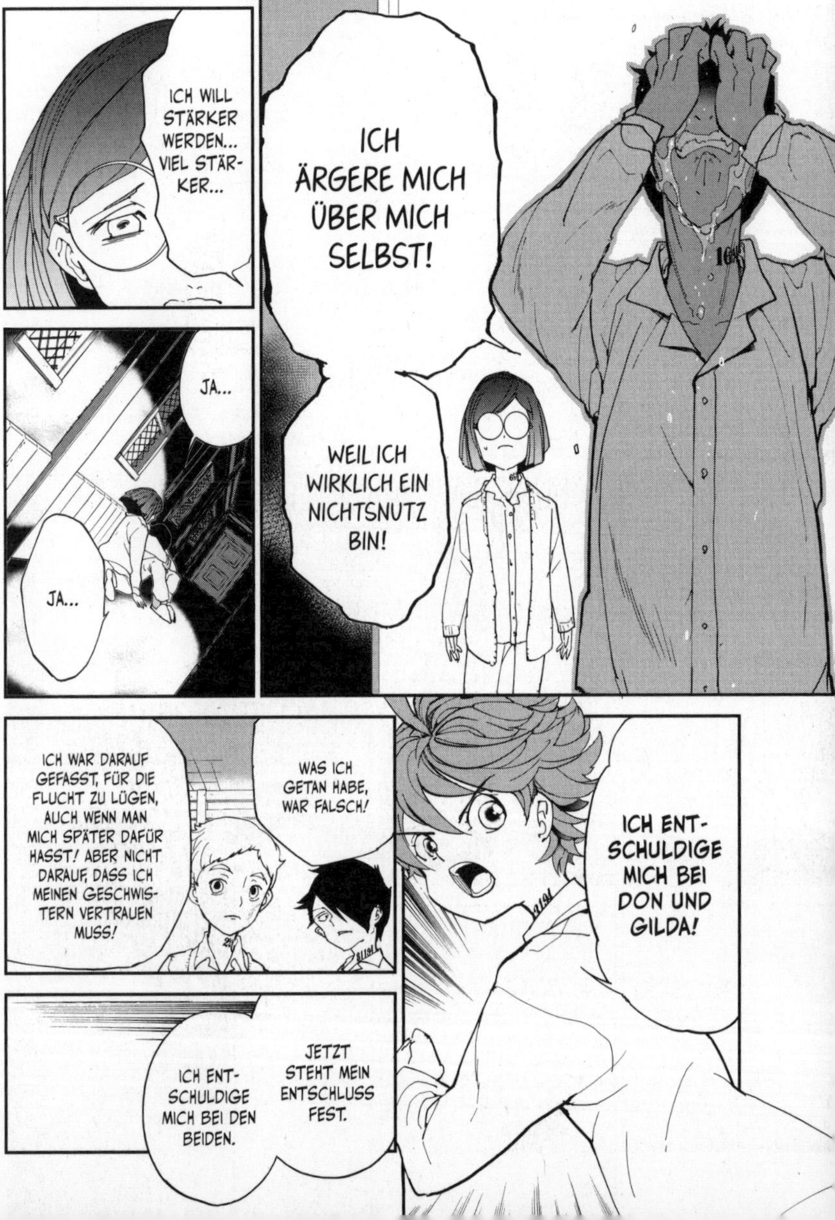
ICH ÄRGERE MICH ÜBER MICH SELBST!
WEIL ICH WIRKLICH EIN NICHTSNUTZ BIN!
ICH WILL STÄRKER WERDEN... VIEL STÄRKER...
JA...
JA...
ICH ENT-SCHULDIGE MICH BEI DON UND GILDA!
WAS ICH GETAN HABE, WAR FALSCH!
ICH WAR DARAUF GEFASST, FÜR DIE FLUCHT ZU LÜGEN, AUCH WENN MAN MICH SPÄTER DAFÜR HASST! ABER NICHT DARAUF, DASS ICH MEINEN GESCHWIS-TERN VERTRAUEN MUSS!
JETZT STEHT MEIN ENTSCHLUSS FEST.
ICH ENT-SCHULDIGE MICH BEI DEN BEIDEN.

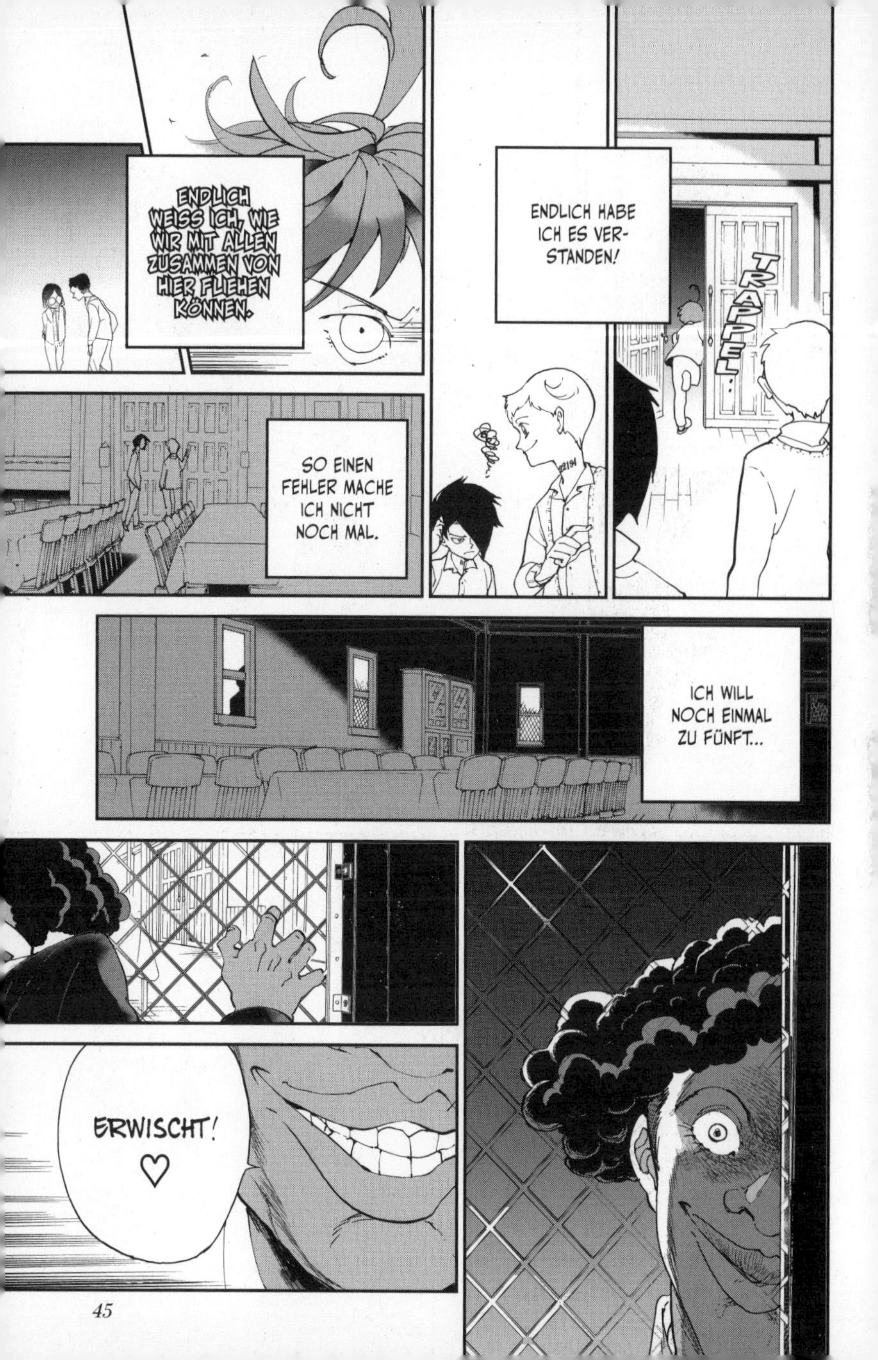
ENDLICH WEISS ICH, WIE WIR MIT ALLEN ZUSAMMEN VON HIER FLIEHEN KÖNNEN.
ENDLICH HABE ICH ES VER-STANDEN!
TRAPPEL
SO EINEN FEHLER MACHE ICH NICHT NOCH MAL.
ICH WILL NOCH EINMAL ZU FÜNFT...
ERWISCHT! ♡

ZEIT, ZU PUTZEN

Das tägliche Reinemachen wird von einem wechselnden Putzdienst erledigt.

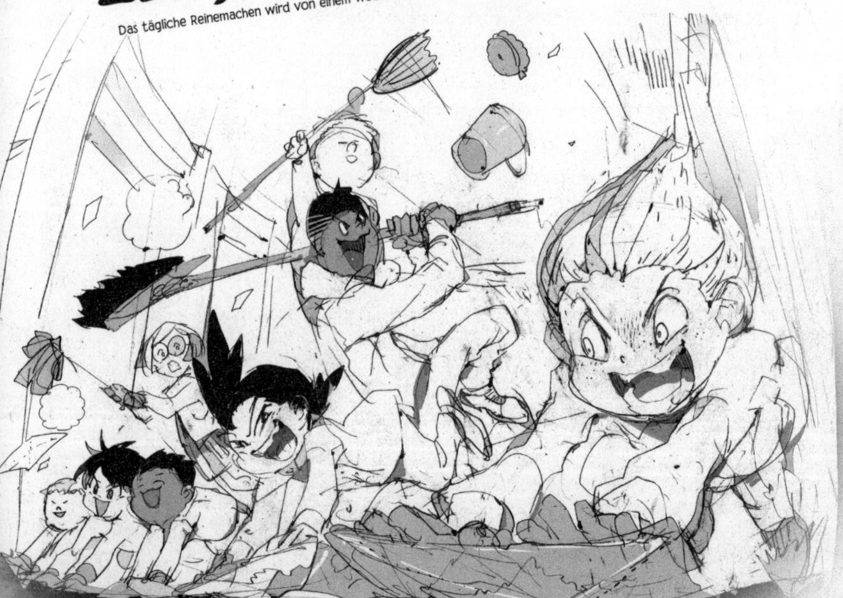

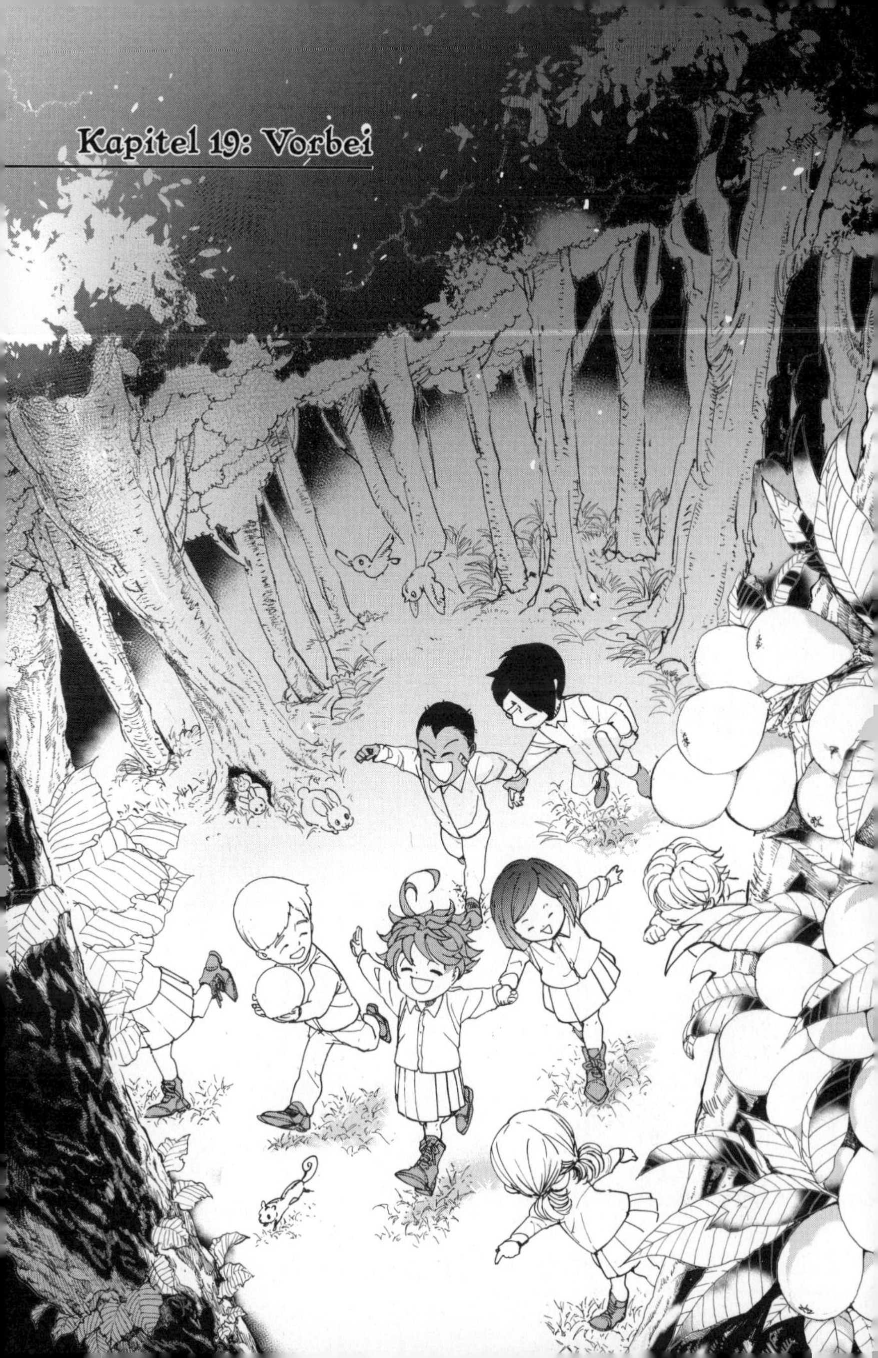
Kapitel 19: Vorbei

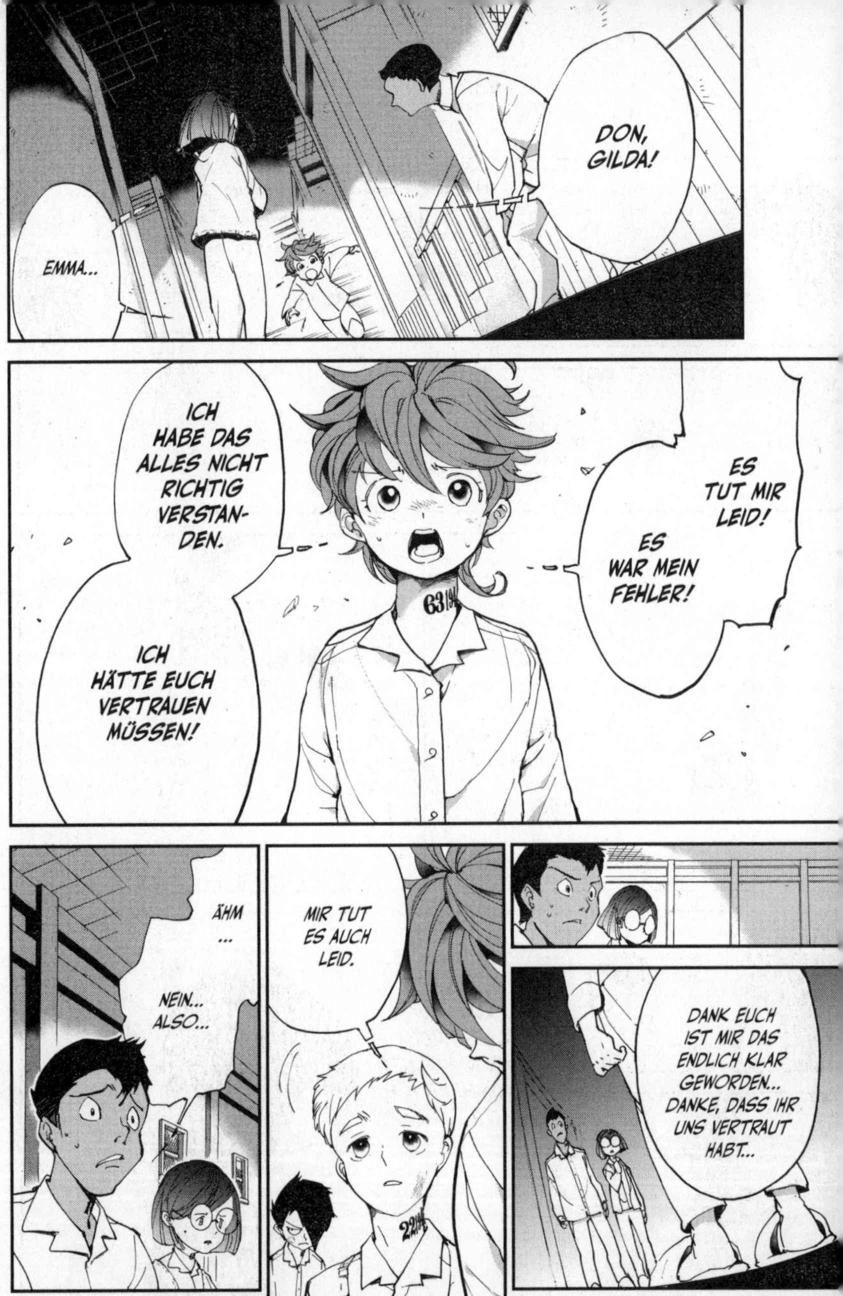
DON, GILDA!
EMMA...
ES TUT MIR LEID! ES WAR MEIN FEHLER!
ICH HABE DAS ALLES NICHT RICHTIG VERSTAN-DEN.
ICH HÄTTE EUCH VERTRAUEN MÜSSEN!
DANK EUCH IST MIR DAS ENDLICH KLAR GEWORDEN... DANKE, DASS IHR UNS VERTRAUT HABT...
MIR TUT ES AUCH LEID.
ÄHM ...
NEIN... ALSO...

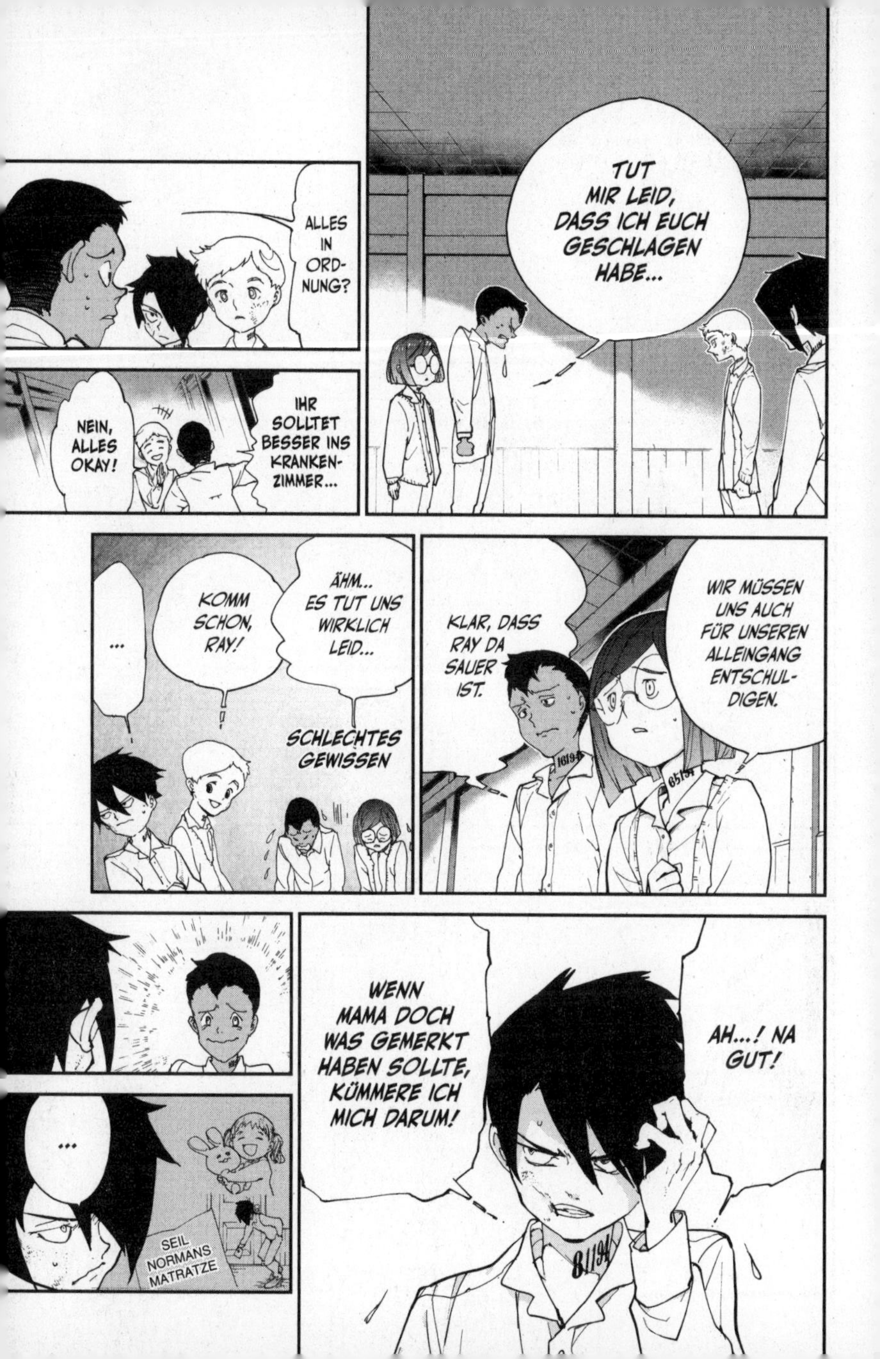
TUT MIR LEID, DASS ICH EUCH GESCHLAGEN HABE...
ALLES IN ORDNUNG?
IHR SOLLTET BESSER INS KRANKENZIMMER...
NEIN, ALLES OKAY!
WIR MÜSSEN UNS AUCH FÜR UNSEREN ALLEINGANG ENTSCHULDIGEN.
KLAR, DASS RAY DA SAUER IST.
ÄHM... ES TUT UNS WIRKLICH LEID...
KOMM SCHON, RAY!
...
SCHLECHTES GEWISSEN
AH...! NA GUT!
WENN MAMA DOCH WAS GEMERKT HABEN SOLLTE, KÜMMERE ICH MICH DARUM!
...
SEIL
NORMANS MATRATZE

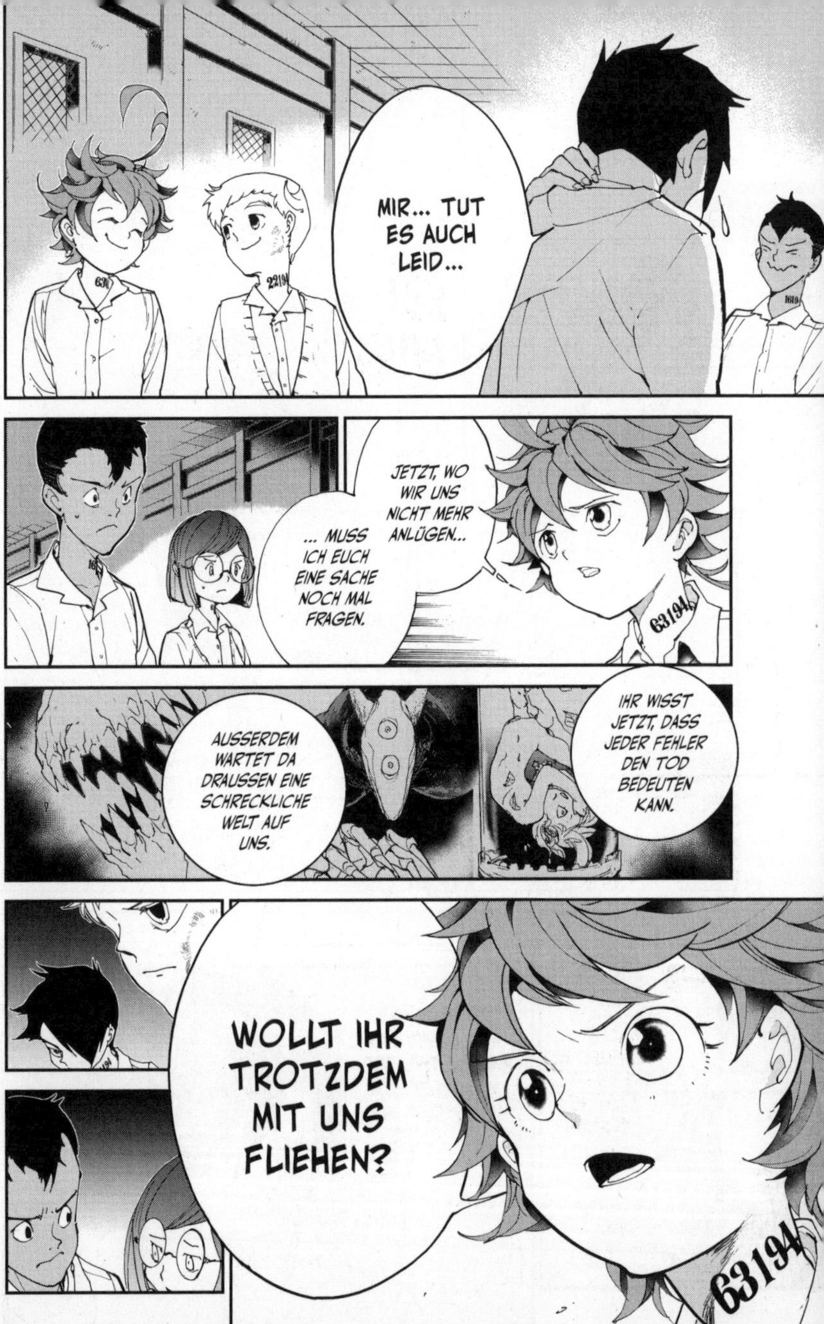
MIR... TUT ES AUCH LEID...
JETZT, WO WIR UNS NICHT MEHR ANLÜGEN...
... MUSS ICH EUCH EINE SACHE NOCH MAL FRAGEN.
IHR WISST JETZT, DASS JEDER FEHLER DEN TOD BEDEUTEN KANN.
AUSSERDEM WARTET DA DRAUSSEN EINE SCHRECKLICHE WELT AUF UNS.
WOLLT IHR TROTZDEM MIT UNS FLIEHEN?

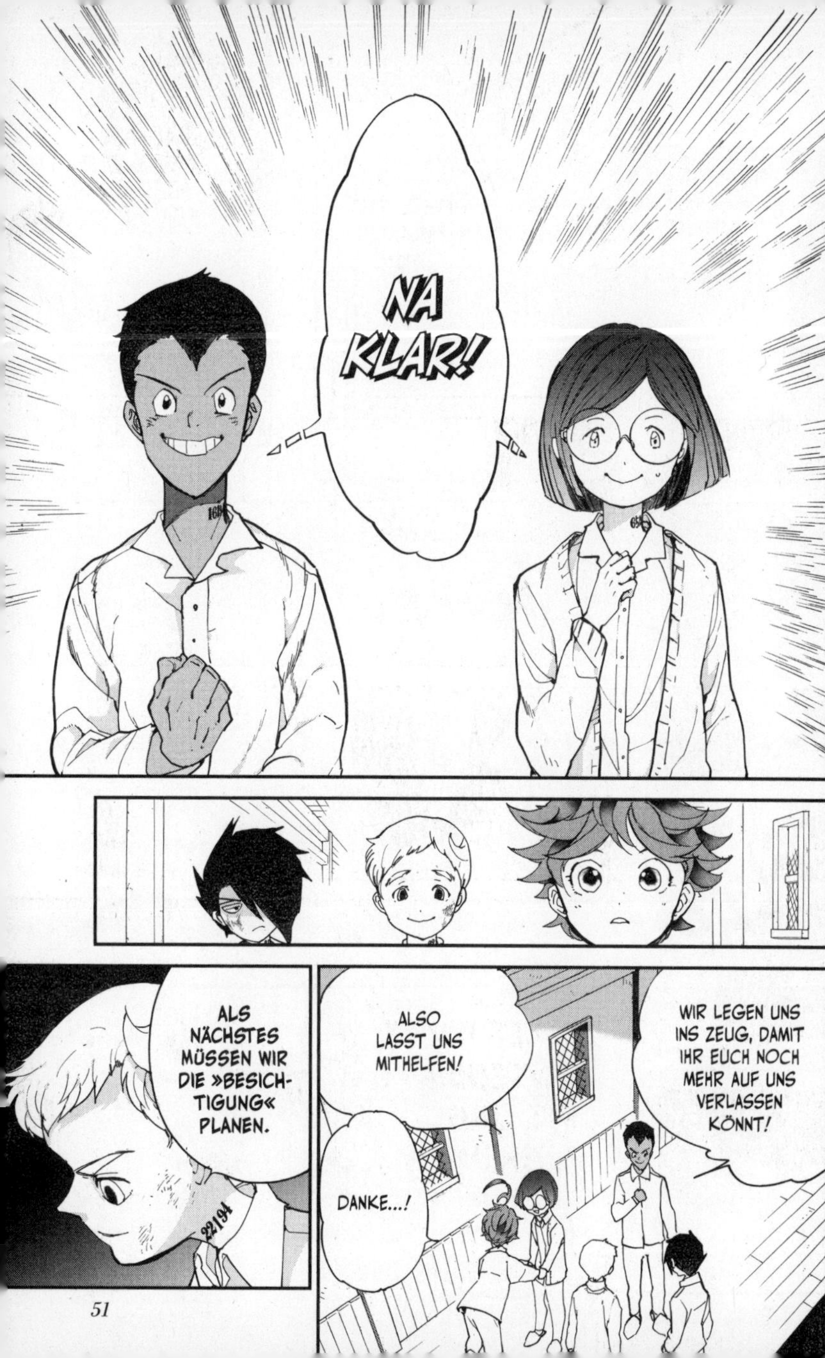
NA KLAR!
WIR LEGEN UNS INS ZEUG, DAMIT IHR EUCH NOCH MEHR AUF UNS VERLASSEN KÖNNT!
ALSO LASST UNS MITHELFEN!
DANKE...!
ALS NÄCHSTES MÜSSEN WIR DIE »BESICH-TIGUNG« PLANEN.

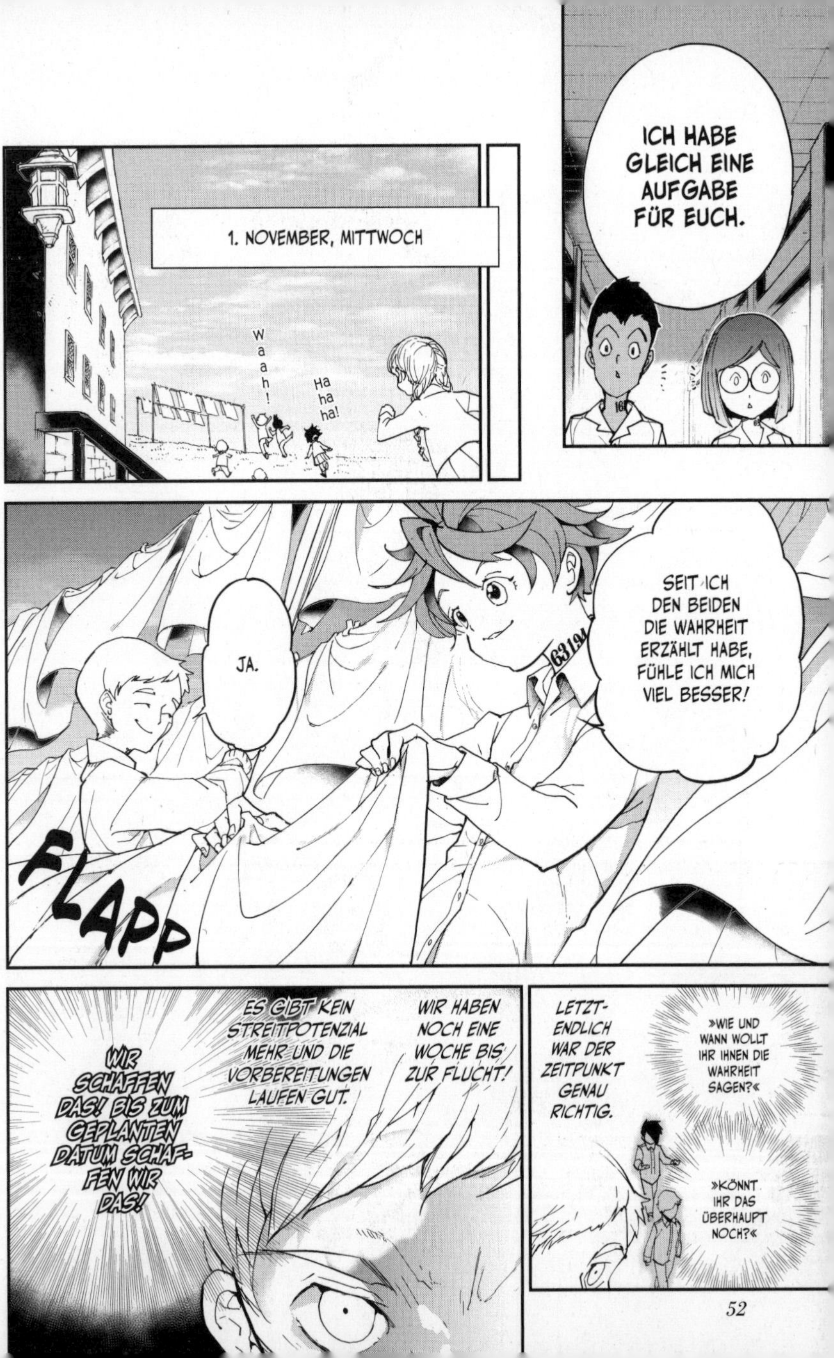
ICH HABE GLEICH EINE AUFGABE FÜR EUCH.
1. NOVEMBER, MITTWOCH
Ha ha ha!
Waah!
SEIT ICH DEN BEIDEN DIE WAHRHEIT ERZÄHLT HABE, FÜHLE ICH MICH VIEL BESSER!
JA.
FLAPP
»WIE UND WANN WOLLT IHR IHNEN DIE WAHRHEIT SAGEN?«
»KÖNNT IHR DAS ÜBERHAUPT NOCH?«
LETZT-ENDLICH WAR DER ZEITPUNKT GENAU RICHTIG.
WIR HABEN NOCH EINE WOCHE BIS ZUR FLUCHT!
ES GIBT KEIN STREITPOTENZIAL MEHR UND DIE VORBEREITUNGEN LAUFEN GUT.
WIR SCHAFFEN DAS! BIS ZUM GEPLANTEN DATUM SCHAF-FEN WIR DAS!

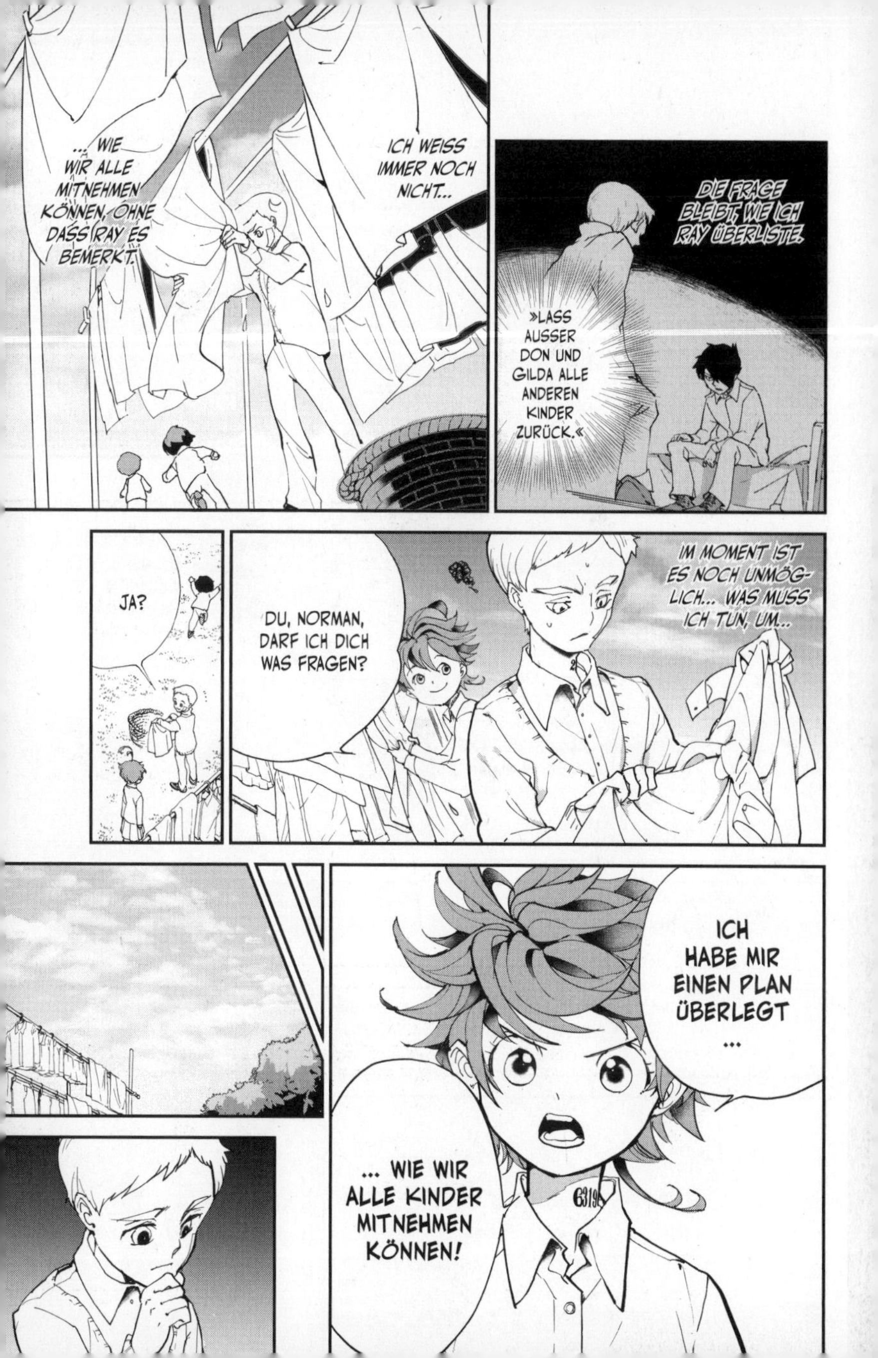

ICH WEISS IMMER NOCH NICHT...
... WIE WIR ALLE MITNEHMEN KÖNNEN, OHNE DASS RAY ES BEMERKT.
DIE FRAGE BLEIBT, WIE ICH RAY ÜBERLISTE.
»LASS AUSSER DON UND GILDA ALLE ANDEREN KINDER ZURÜCK.«
IM MOMENT IST ES NOCH UNMÖGLICH... WAS MUSS ICH TUN, UM...
DU, NORMAN, DARF ICH DICH WAS FRAGEN?
JA?
ICH HABE MIR EINEN PLAN ÜBERLEGT ...
... WIE WIR ALLE KINDER MITNEHMEN KÖNNEN!

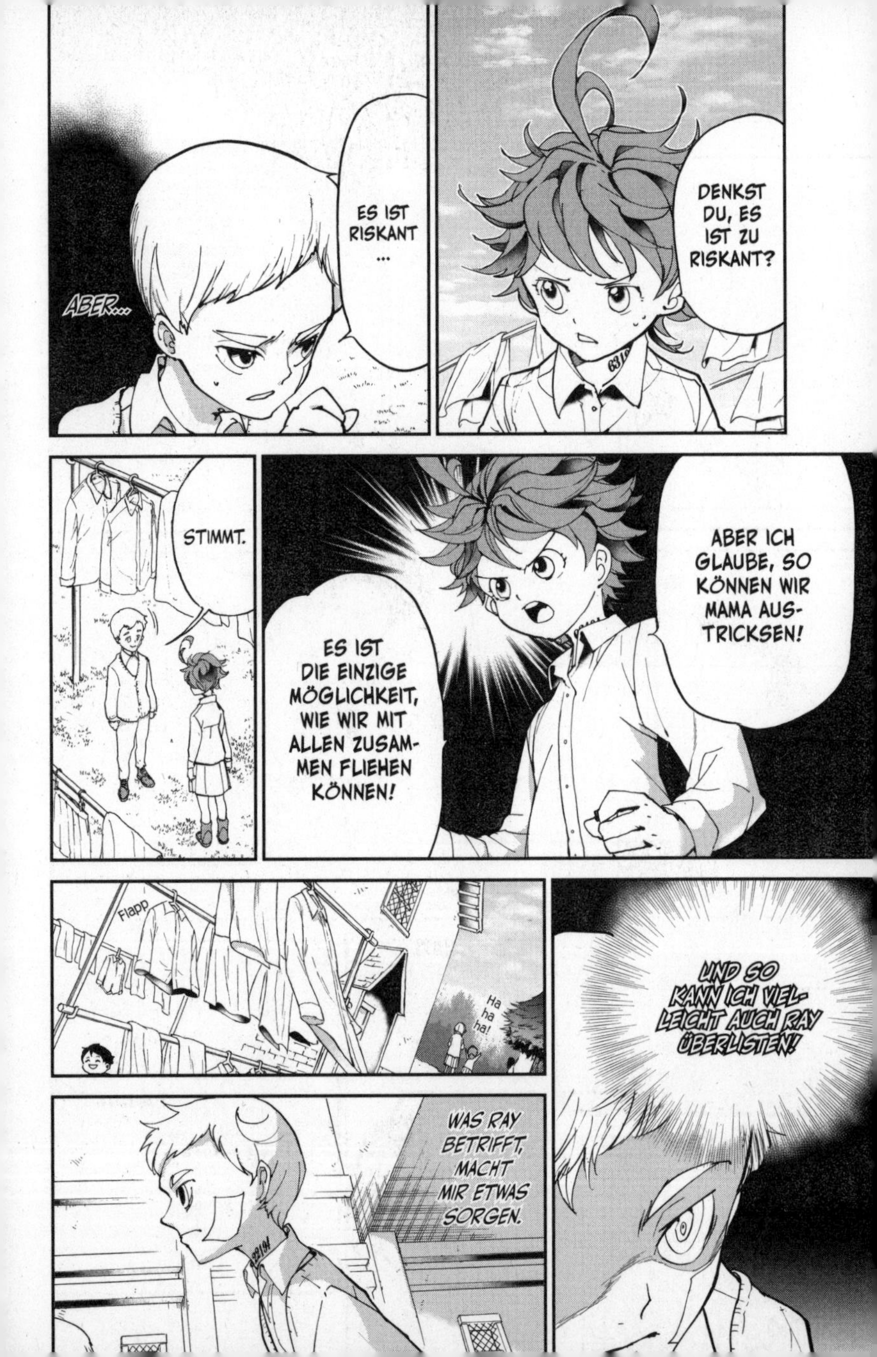
DENKST DU, ES IST ZU RISKANT?
ES IST RISKANT ...
ABER...
ABER ICH GLAUBE, SO KÖNNEN WIR MAMA AUS-TRICKSEN!
ES IST DIE EINZIGE MÖGLICHKEIT, WIE WIR MIT ALLEN ZUSAM-MEN FLIEHEN KÖNNEN!
STIMMT.
UND SO KANN ICH VIEL-LEICHT AUCH RAY ÜBERLISTEN!
Flapp
Ha ha ha!
WAS RAY BETRIFFT, MACHT MIR ETWAS SORGEN.

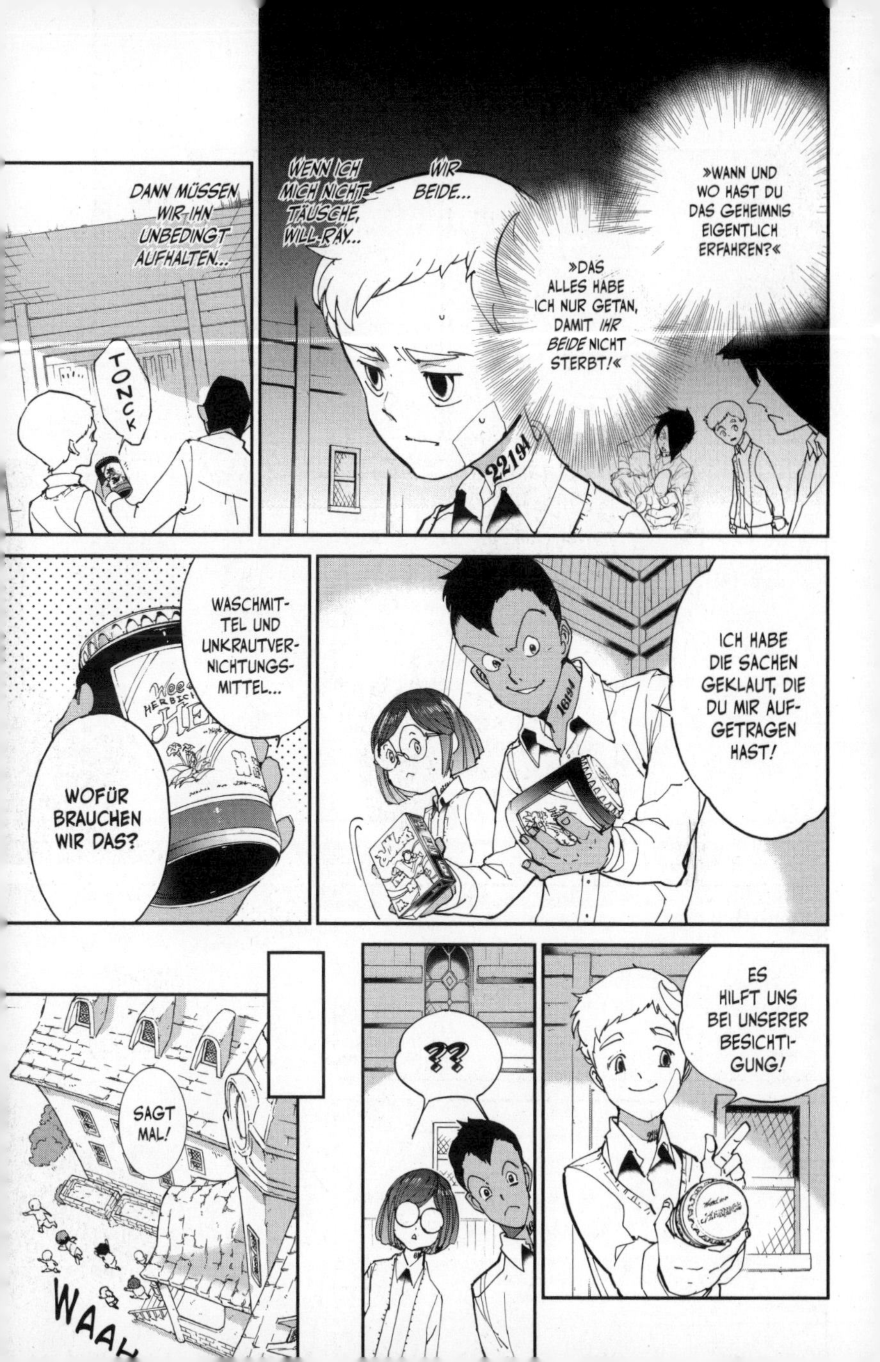

»WANN UND WO HAST DU DAS GEHEIMNIS EIGENTLICH ERFAHREN?«
»DAS ALLES HABE ICH NUR GETAN, DAMIT *IHR BEIDE* NICHT STERBT!«
WIR BEIDE...
WENN ICH MICH NICHT TÄUSCHE, WILL RAY...
22194
TONCK
DANN MÜSSEN WIR IHN UNBEDINGT AUFHALTEN...
ICH HABE DIE SACHEN GEKLAUT, DIE DU MIR AUFGETRAGEN HAST!
16194
WASCHMITTEL UND UNKRAUTVERNICHTUNGSMITTEL...
WOFÜR BRAUCHEN WIR DAS?
ES HILFT UNS BEI UNSERER BESICHTIGUNG!
??
SAGT MAL!
WAAH

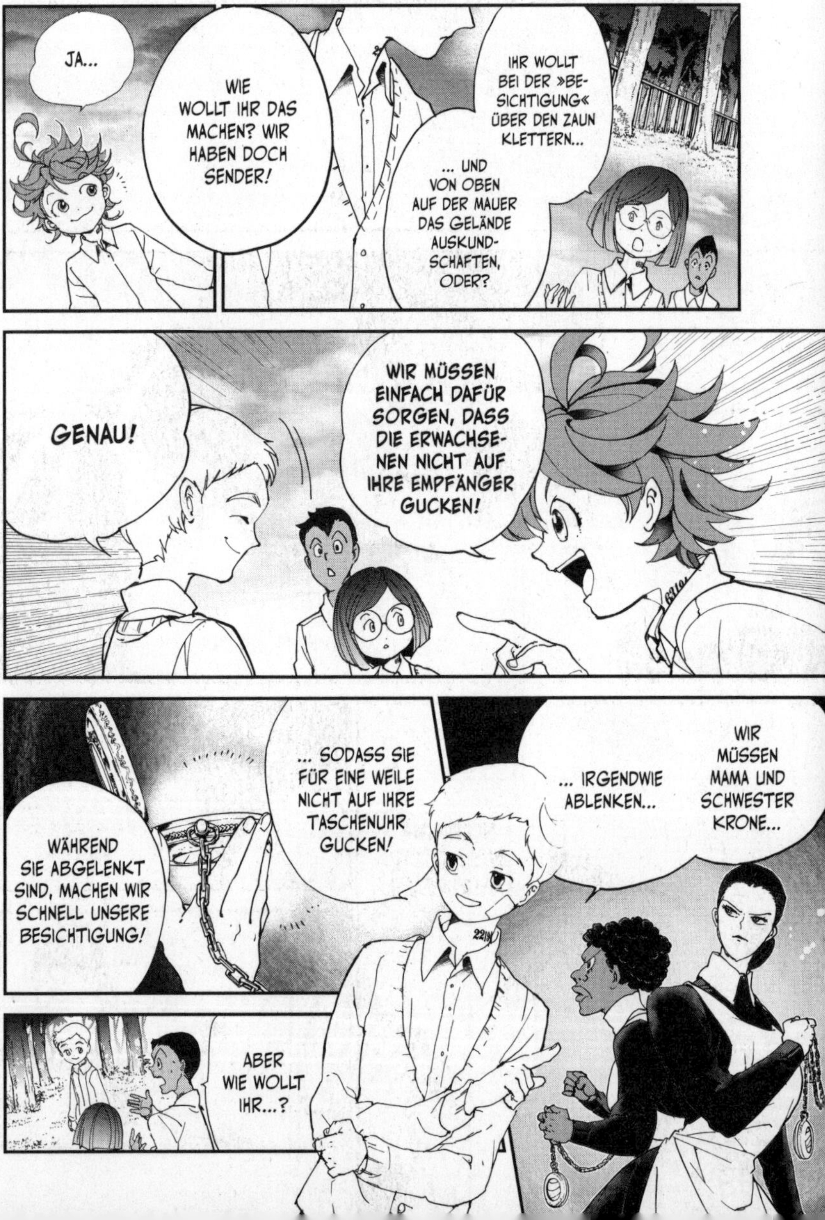
IHR WOLLT BEI DER »BESICHTIGUNG« ÜBER DEN ZAUN KLETTERN...
... UND VON OBEN AUF DER MAUER DAS GELÄNDE AUSKUNDSCHAFTEN, ODER?
WIE WOLLT IHR DAS MACHEN? WIR HABEN DOCH SENDER!
JA...
WIR MÜSSEN EINFACH DAFÜR SORGEN, DASS DIE ERWACHSENEN NICHT AUF IHRE EMPFÄNGER GUCKEN!
GENAU!
WIR MÜSSEN MAMA UND SCHWESTER KRONE...
... IRGENDWIE ABLENKEN...
... SODASS SIE FÜR EINE WEILE NICHT AUF IHRE TASCHENUHR GUCKEN!
WÄHREND SIE ABGELENKT SIND, MACHEN WIR SCHNELL UNSERE BESICHTIGUNG!
ABER WIE WOLLT IHR...?

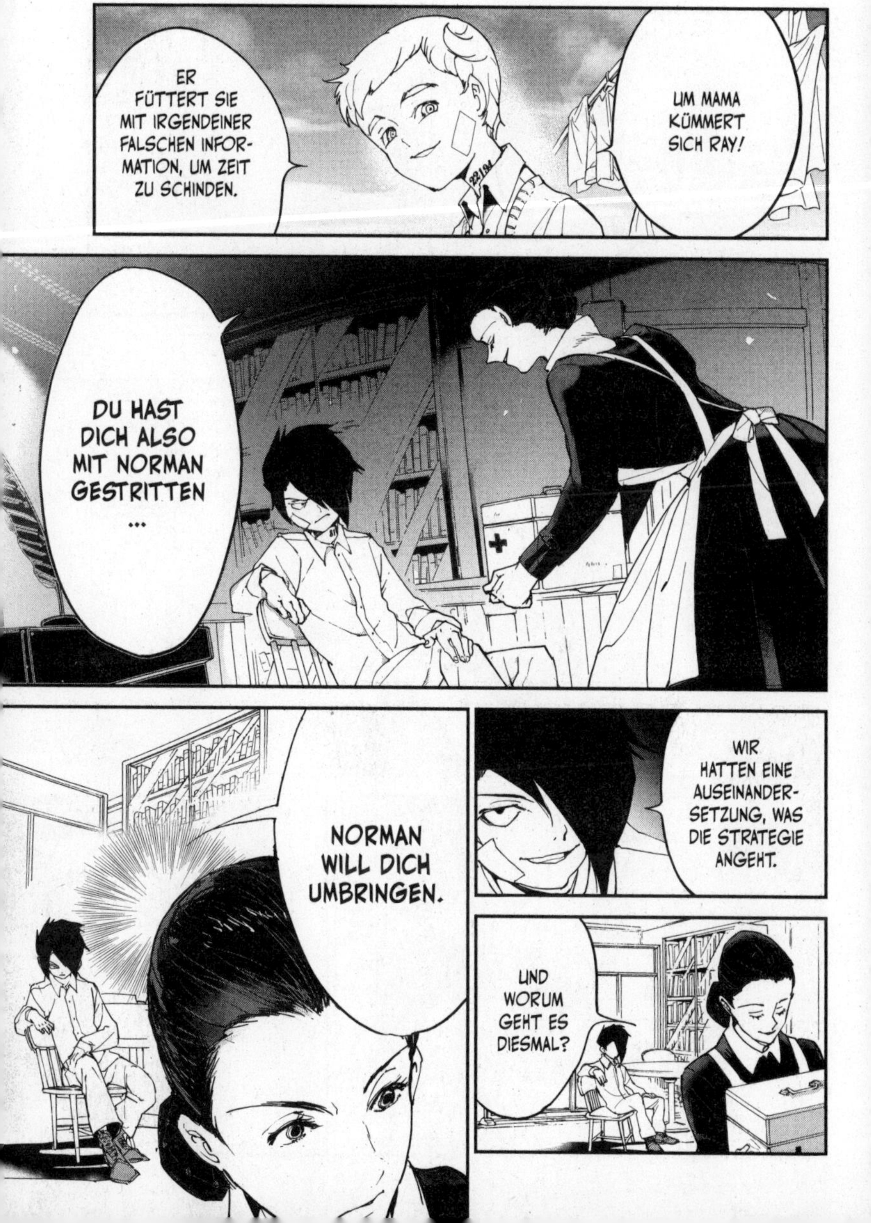
UM MAMA KÜMMERT SICH RAY!
ER FÜTTERT SIE MIT IRGENDEINER FALSCHEN INFORMATION, UM ZEIT ZU SCHINDEN.
DU HAST DICH ALSO MIT NORMAN GESTRITTEN …
WIR HATTEN EINE AUSEINANDERSETZUNG, WAS DIE STRATEGIE ANGEHT.
UND WORUM GEHT ES DIESMAL?
NORMAN WILL DICH UMBRINGEN.

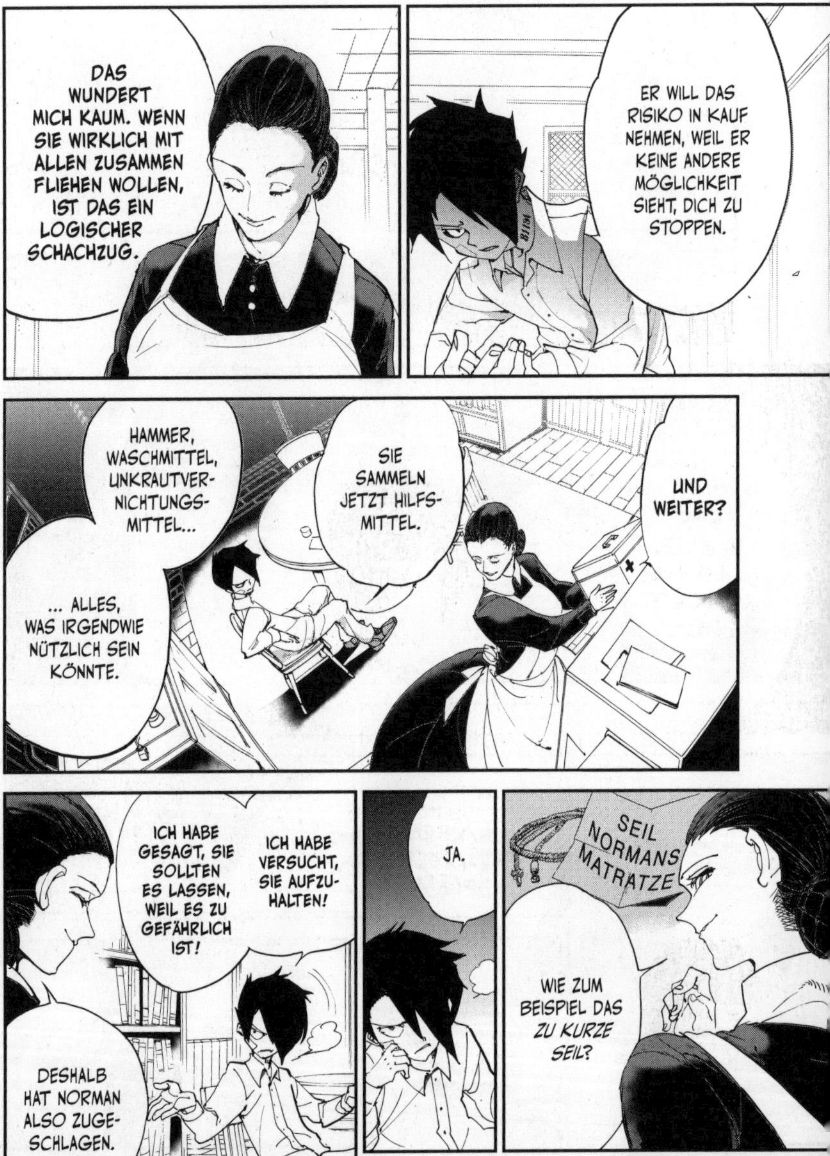
ER WILL DAS RISIKO IN KAUF NEHMEN, WEIL ER KEINE ANDERE MÖGLICHKEIT SIEHT, DICH ZU STOPPEN.
DAS WUNDERT MICH KAUM. WENN SIE WIRKLICH MIT ALLEN ZUSAMMEN FLIEHEN WOLLEN, IST DAS EIN LOGISCHER SCHACHZUG.
UND WEITER?
SIE SAMMELN JETZT HILFSMITTEL.
HAMMER, WASCHMITTEL, UNKRAUTVERNICHTUNGSMITTEL...
... ALLES, WAS IRGENDWIE NÜTZLICH SEIN KÖNNTE.
SEIL
NORMANS MATRATZE
WIE ZUM BEISPIEL DAS *ZU KURZE* SEIL?
JA.
ICH HABE VERSUCHT, SIE AUFZUHALTEN!
ICH HABE GESAGT, SIE SOLLTEN ES LASSEN, WEIL ES ZU GEFÄHRLICH IST!
DESHALB HAT NORMAN ALSO ZUGESCHLAGEN.

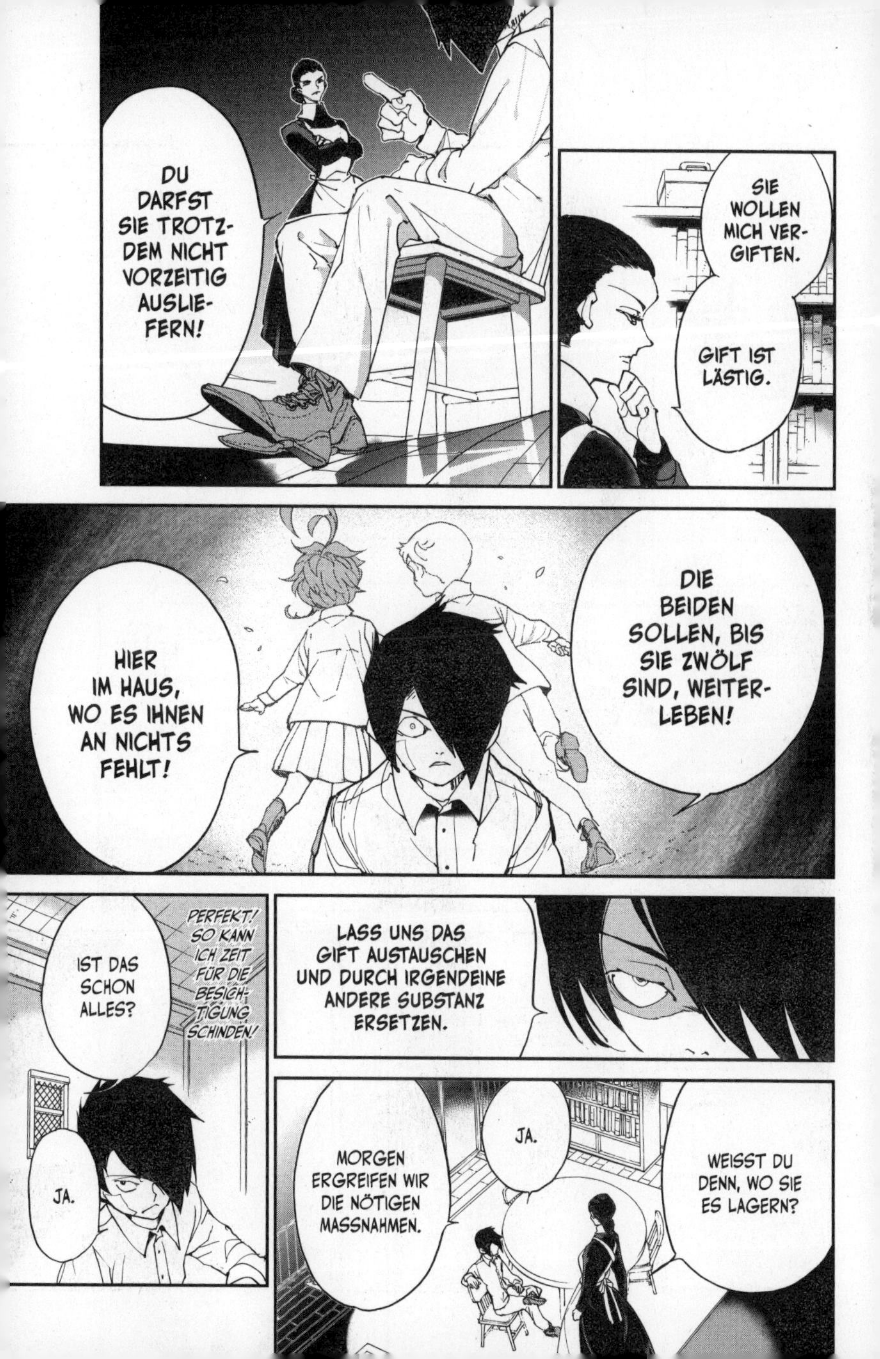
SIE WOLLEN MICH VERGIFTEN.
GIFT IST LÄSTIG.
DU DARFST SIE TROTZDEM NICHT VORZEITIG AUSLIEFERN!
DIE BEIDEN SOLLEN, BIS SIE ZWÖLF SIND, WEITERLEBEN!
HIER IM HAUS, WO ES IHNEN AN NICHTS FEHLT!
LASS UNS DAS GIFT AUSTAUSCHEN UND DURCH IRGENDEINE ANDERE SUBSTANZ ERSETZEN.
IST DAS SCHON ALLES?
PERFEKT! SO KANN ICH ZEIT FÜR DIE BESICHTIGUNG SCHINDEN!
WEISST DU DENN, WO SIE ES LAGERN?
JA.
MORGEN ERGREIFEN WIR DIE NÖTIGEN MASSNAHMEN.
JA.

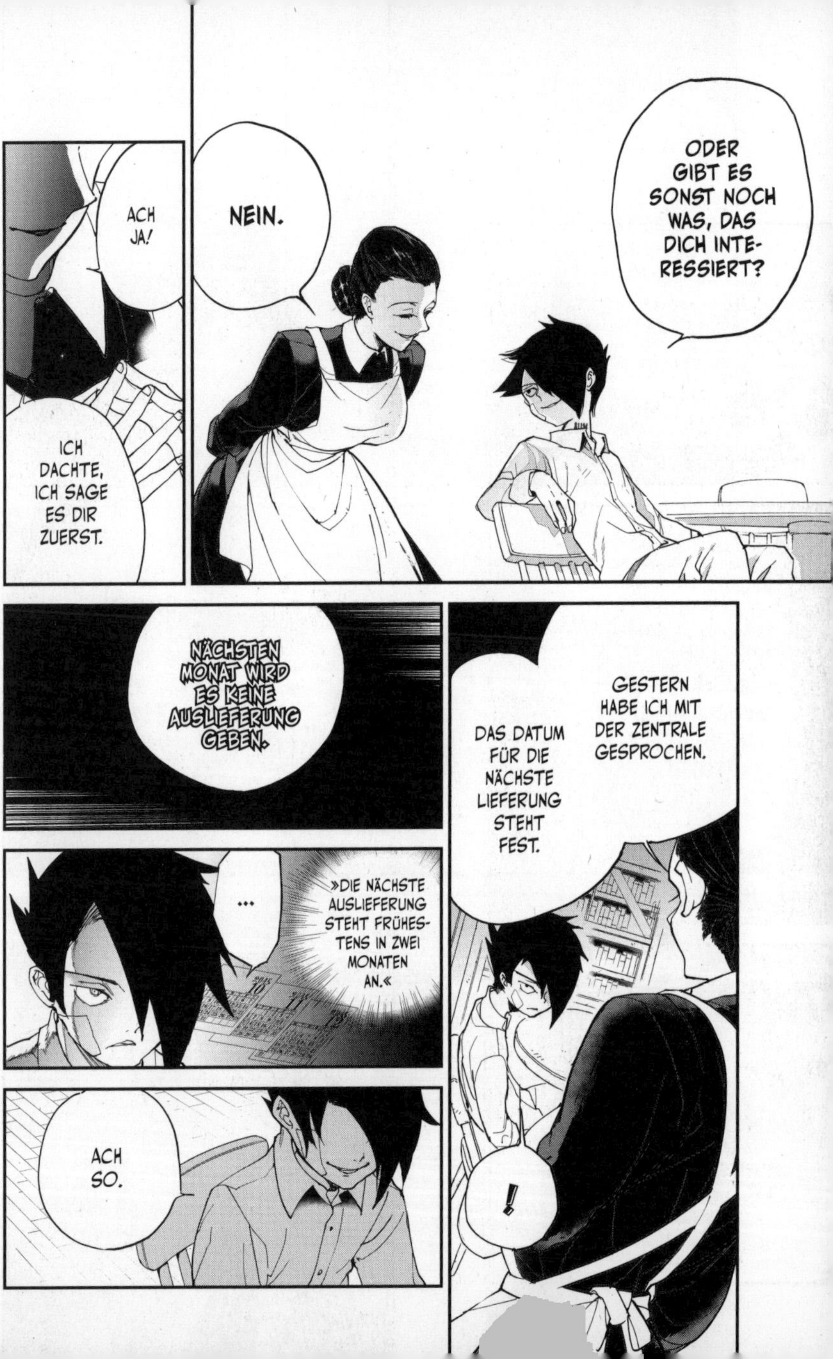

ODER GIBT ES SONST NOCH WAS, DAS DICH INTE-RESSIERT?
NEIN.
ACH JA!
ICH DACHTE, ICH SAGE ES DIR ZUERST.
GESTERN HABE ICH MIT DER ZENTRALE GESPROCHEN.
DAS DATUM FÜR DIE NÄCHSTE LIEFERUNG STEHT FEST.
NÄCHSTEN MONAT WIRD ES KEINE AUSLIEFERUNG GEBEN.
!
...
»DIE NÄCHSTE AUSLIEFERUNG STEHT FRÜHESTENS IN ZWEI MONATEN AN.«
ACH SO.

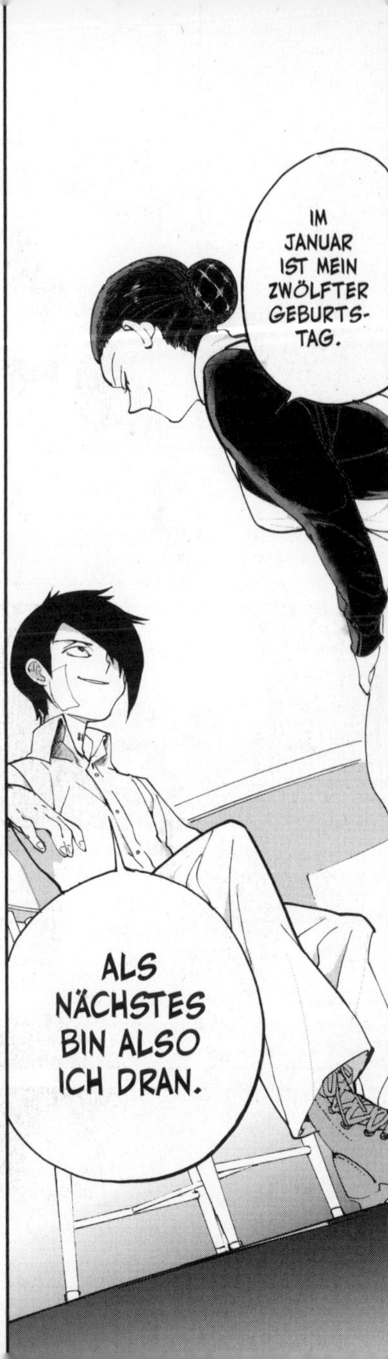
IM JANUAR IST MEIN ZWÖLFTER GEBURTSTAG.
ALS NÄCHSTES BIN ALSO ICH DRAN.

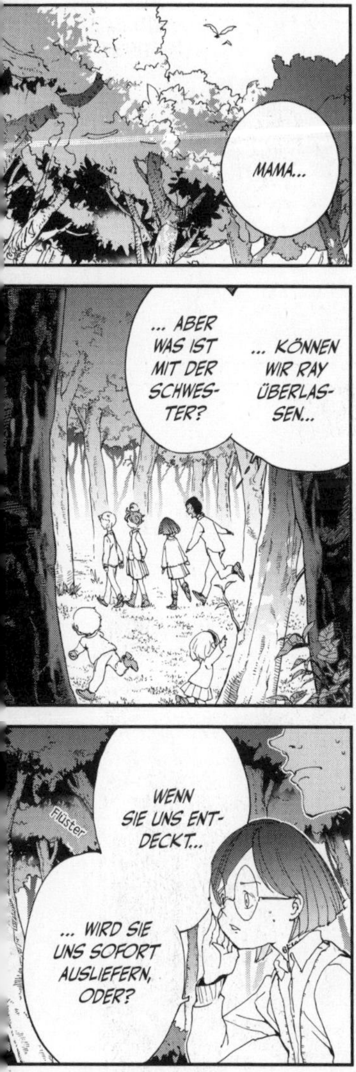
MAMA...
... KÖNNEN WIR RAY ÜBERLASSEN...
... ABER WAS IST MIT DER SCHWESTER?
Flüster
WENN SIE UNS ENTDECKT...
... WIRD SIE UNS SOFORT AUSLIEFERN, ODER?

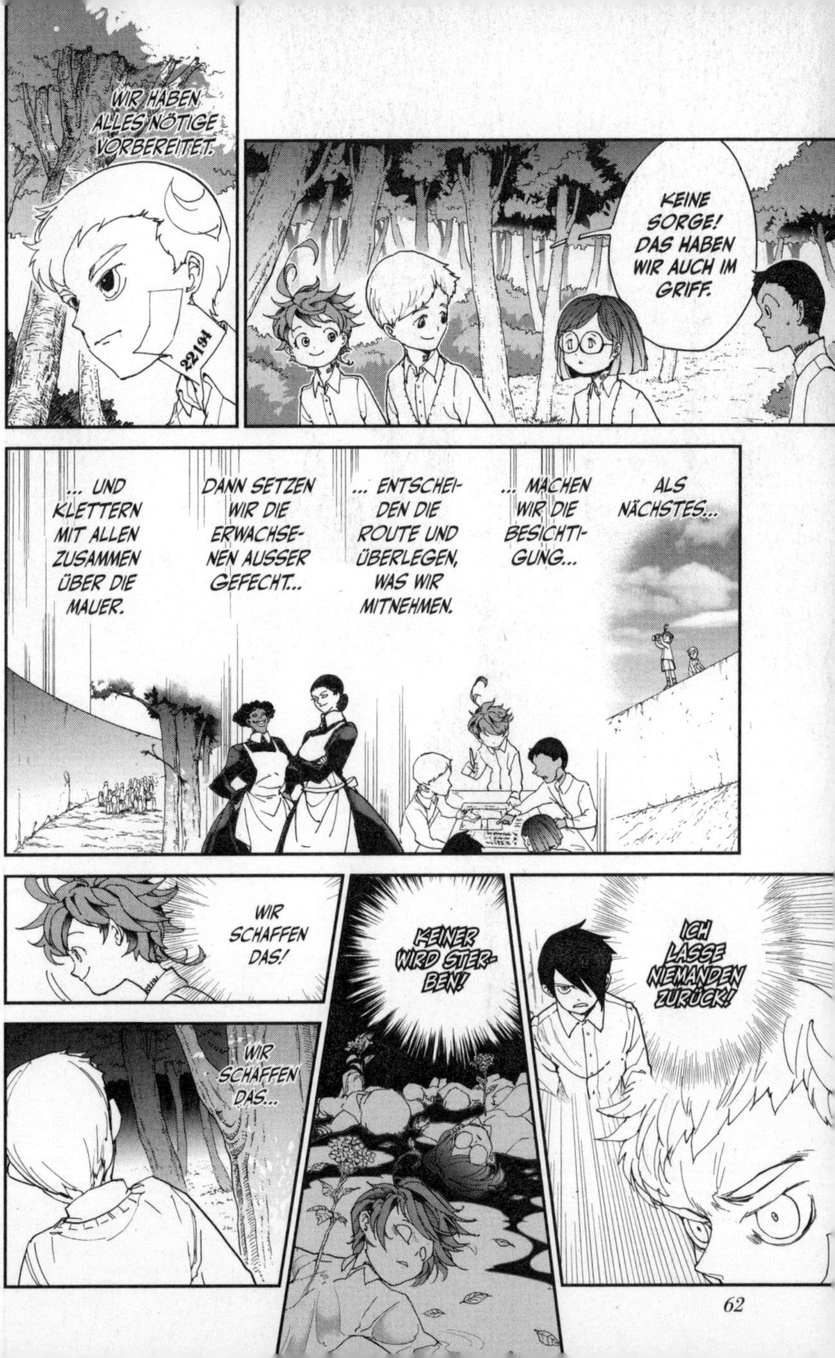
KEINE SORGE! DAS HABEN WIR AUCH IM GRIFF.
WIR HABEN ALLES NÖTIGE VORBEREITET.
ALS NÄCHSTES...
... MACHEN WIR DIE BESICHTIGUNG...
... ENTSCHEIDEN DIE ROUTE UND ÜBERLEGEN, WAS WIR MITNEHMEN.
DANN SETZEN WIR DIE ERWACHSENEN AUSSER GEFECHT...
... UND KLETTERN MIT ALLEN ZUSAMMEN ÜBER DIE MAUER.
ICH LASSE NIEMANDEN ZURÜCK!
KEINER WIRD STERBEN!
WIR SCHAFFEN DAS!
WIR SCHAFFEN DAS...

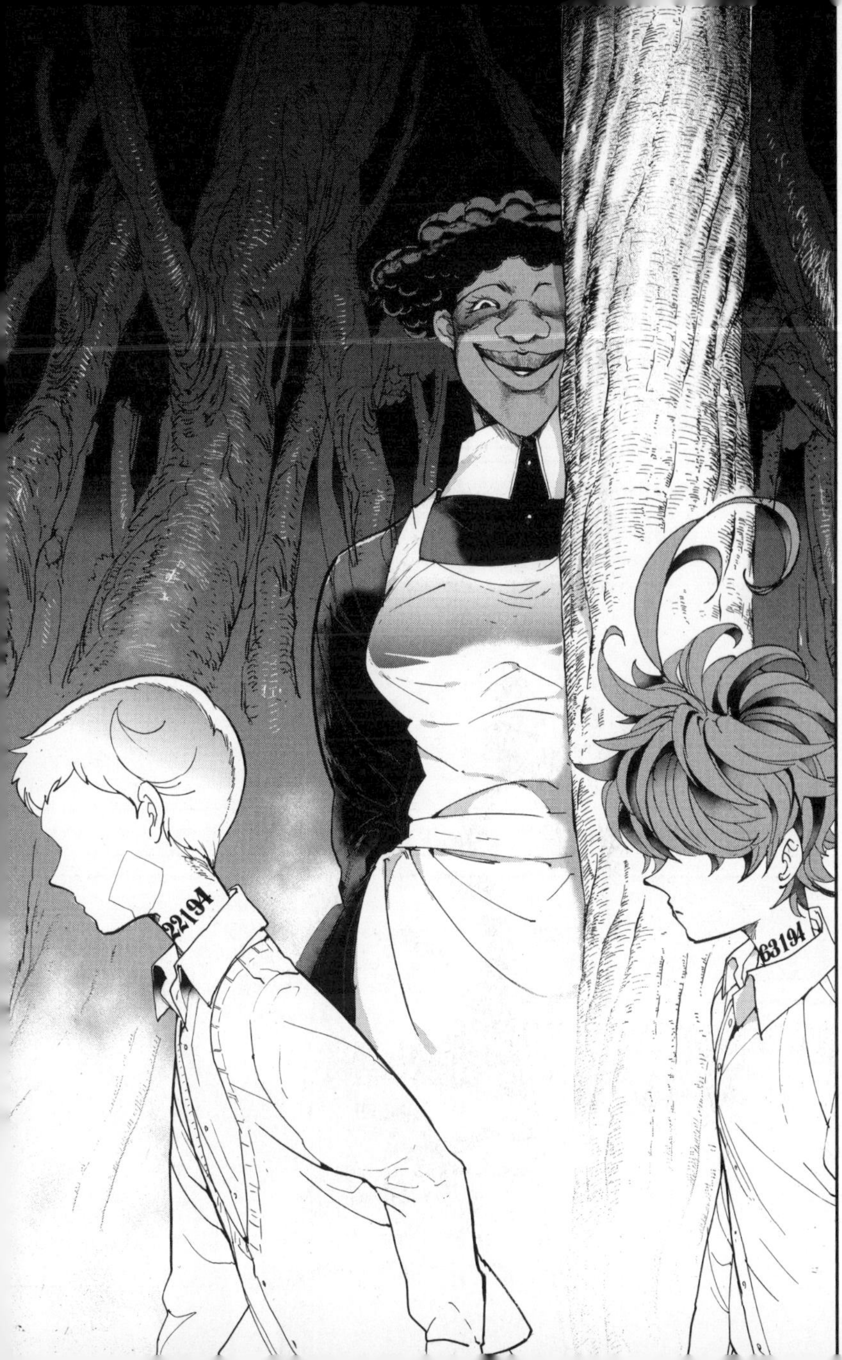
63194
22194

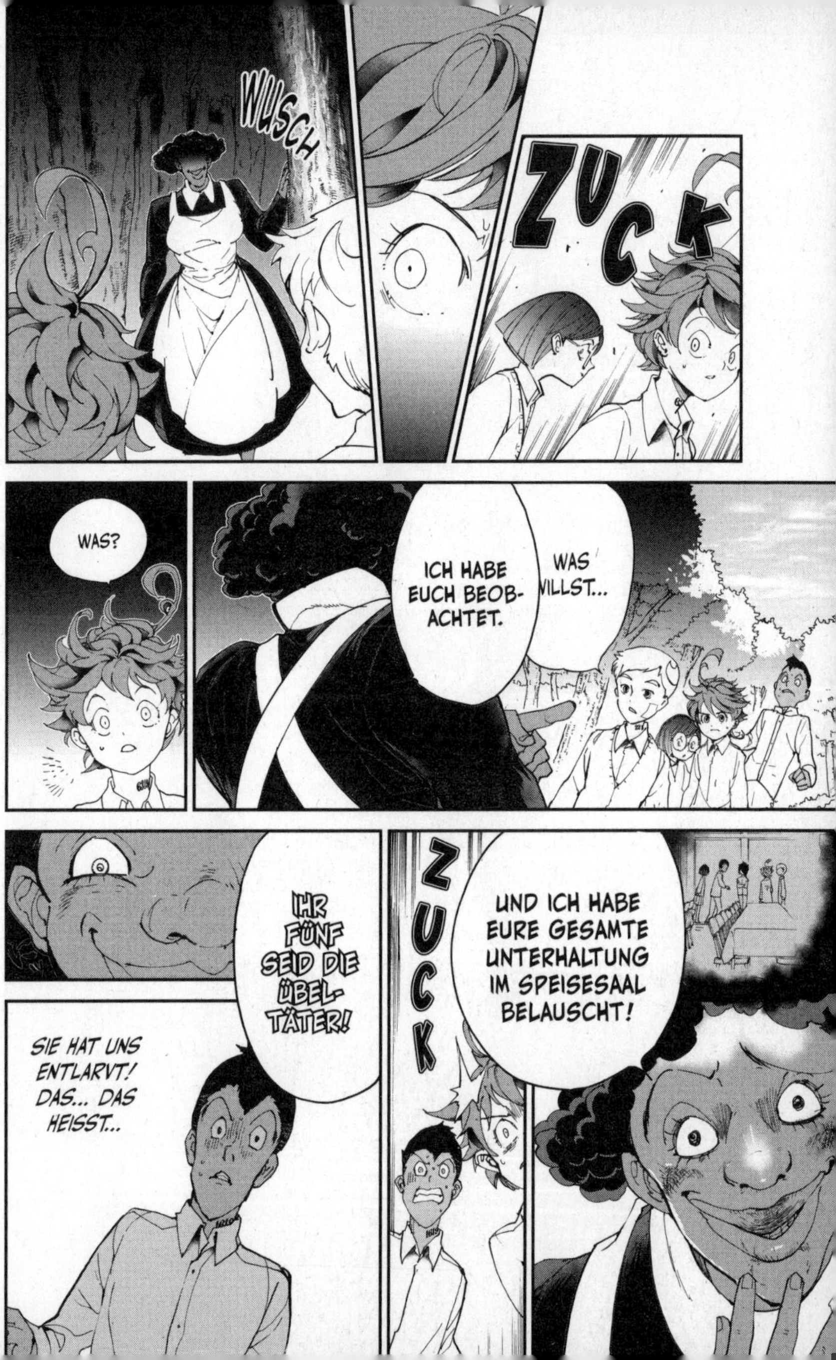
ZUCK
WUSCH
WAS WILLST...
ICH HABE EUCH BEOBACHTET.
WAS?
UND ICH HABE EURE GESAMTE UNTERHALTUNG IM SPEISESAAL BELAUSCHT!
ZUCK
IHR FÜNF SEID DIE ÜBELTÄTER!
SIE HAT UNS ENTLARVT! DAS... DAS HEISST...

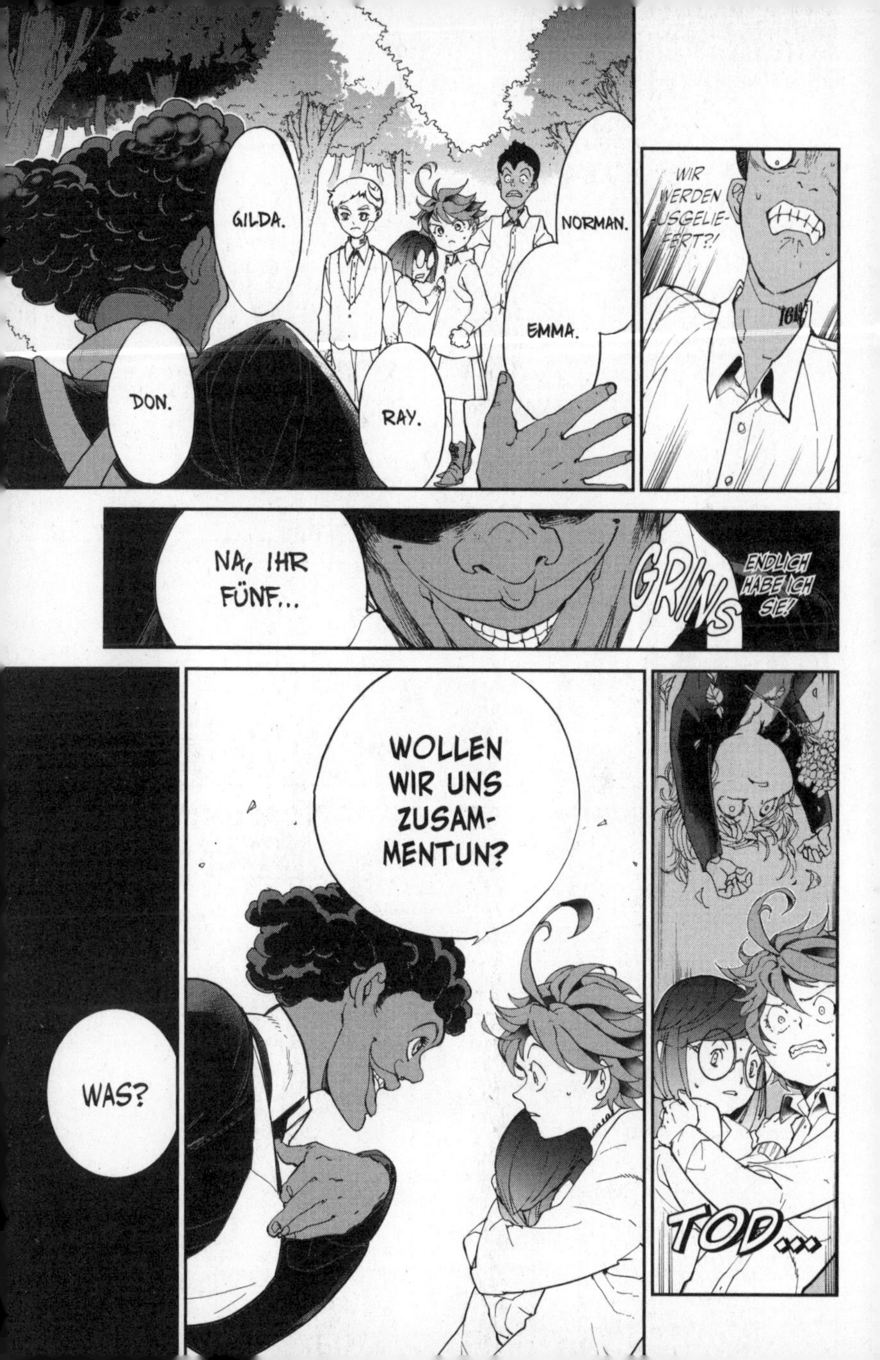
WIR WERDEN AUSGELIE-FERT?!
NORMAN.
GILDA.
EMMA.
RAY.
DON.
ENDLICH HABE ICH SIE!
GRINS
NA, IHR FÜNF...
TOD...
WOLLEN WIR UNS ZUSAM-MENTUN?
WAS?

Hinter den Kulissen von The Promised Neverland

002 take 0

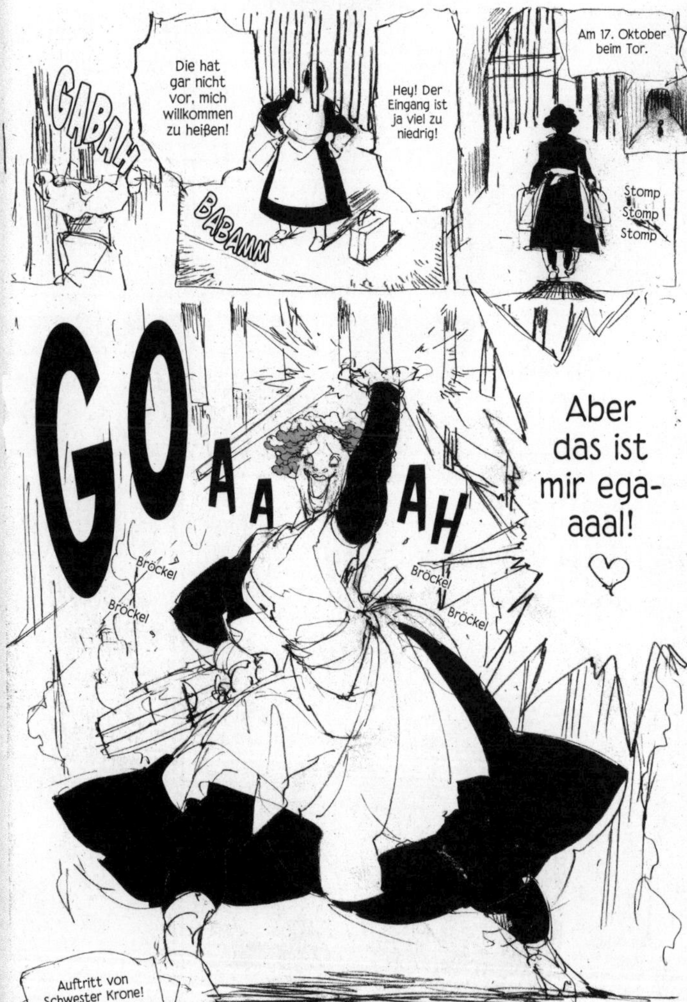

* DIESE VERSION VON SCHWESTER KRONES AUFTRITT IN BAND EINS GIBT ES AUCH.

Kapitel 20: Gemeinsamer Kampf

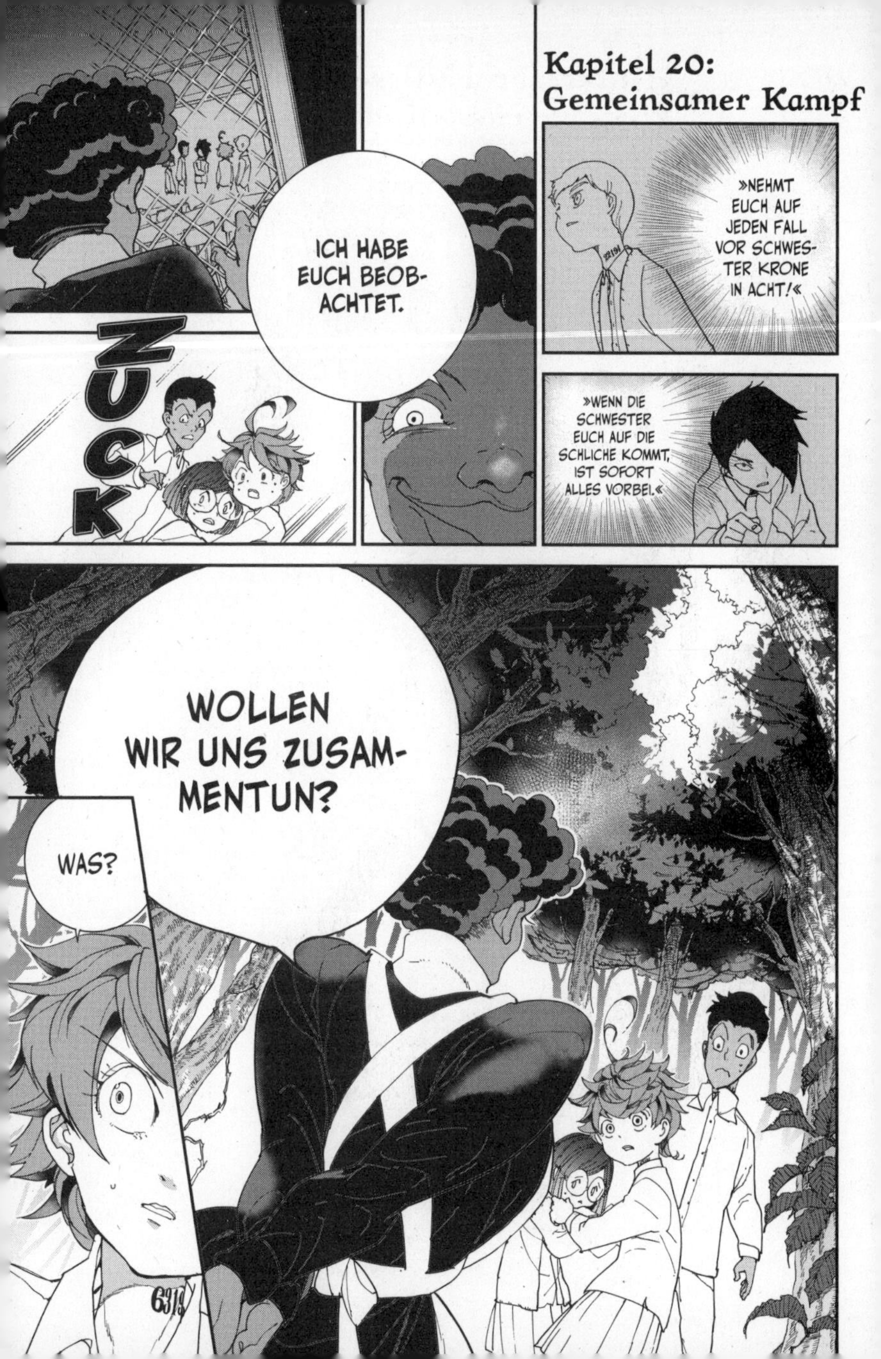

Kapitel 20: Gemeinsamer Kampf

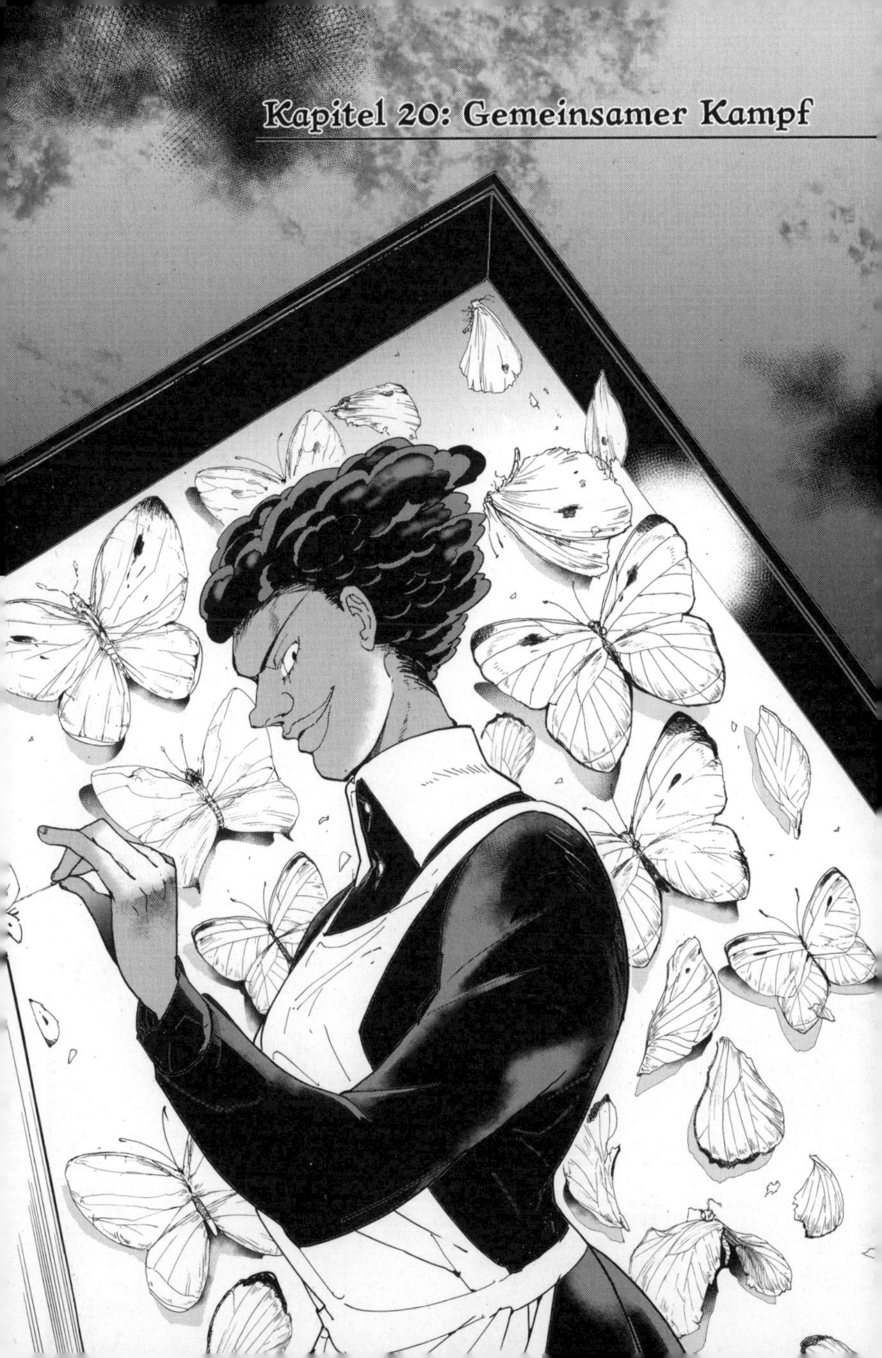

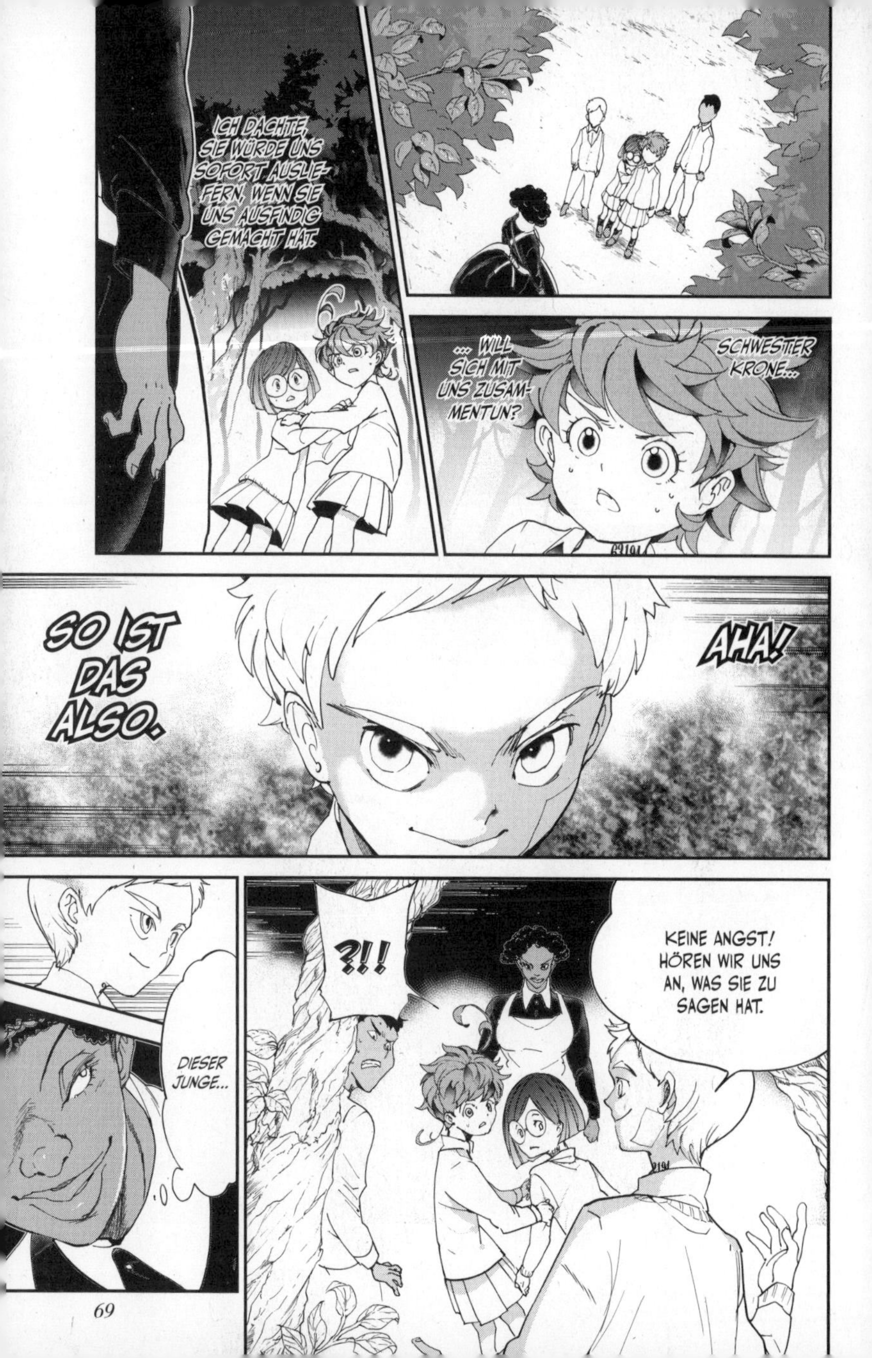
ICH DACHTE, SIE WÜRDE UNS SOFORT AUSLIEFERN, WENN SIE UNS AUSFINDIG GEMACHT HAT.
SCHWESTER KRONE...
... WILL SICH MIT UNS ZUSAMMENTUN?
AHA!
SO IST DAS ALSO.
KEINE ANGST! HÖREN WIR UNS AN, WAS SIE ZU SAGEN HAT.
?!!
DIESER JUNGE...

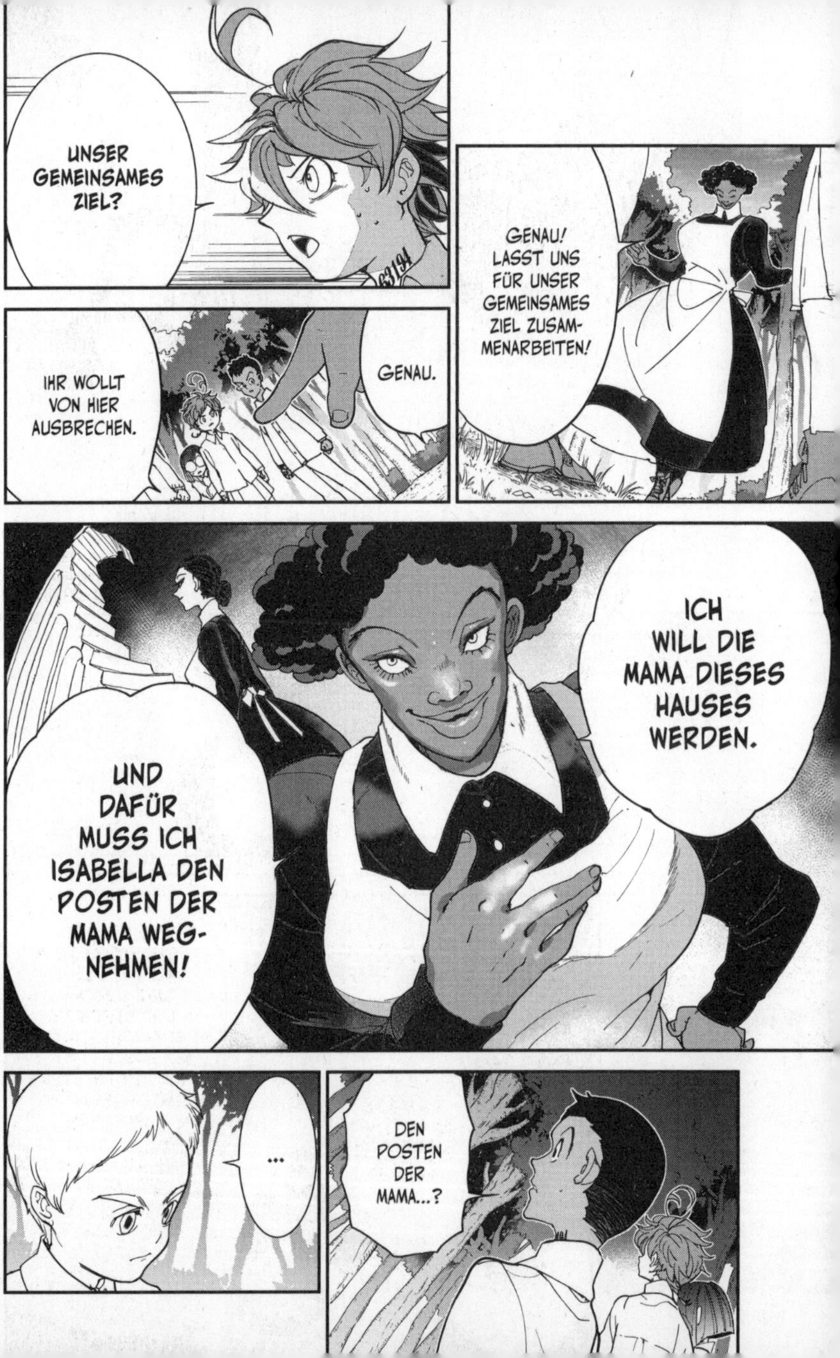
UNSER GEMEINSAMES ZIEL?
GENAU! LASST UNS FÜR UNSER GEMEINSAMES ZIEL ZUSAMMENARBEITEN!
GENAU.
IHR WOLLT VON HIER AUSBRECHEN.
ICH WILL DIE MAMA DIESES HAUSES WERDEN.
UND DAFÜR MUSS ICH ISABELLA DEN POSTEN DER MAMA WEGNEHMEN!
DEN POSTEN DER MAMA...?
...

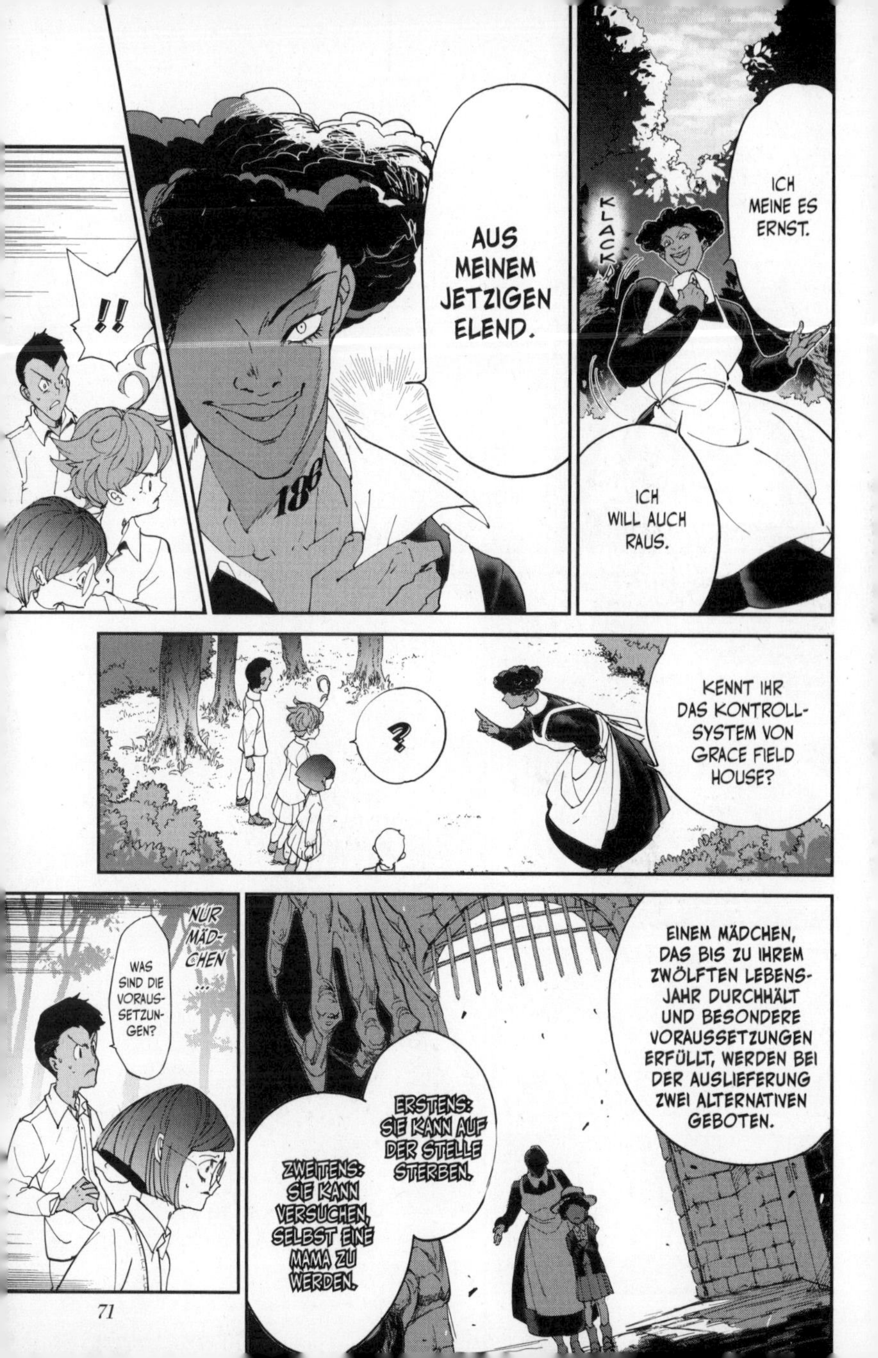
ICH MEINE ES ERNST.
KLACK
ICH WILL AUCH RAUS.
AUS MEINEM JETZIGEN ELEND.
!!
KENNT IHR DAS KONTROLL-SYSTEM VON GRACE FIELD HOUSE?
?
EINEM MÄDCHEN, DAS BIS ZU IHREM ZWÖLFTEN LEBENSJAHR DURCHHÄLT UND BESONDERE VORAUSSETZUNGEN ERFÜLLT, WERDEN BEI DER AUSLIEFERUNG ZWEI ALTERNATIVEN GEBOTEN.
ERSTENS: SIE KANN AUF DER STELLE STERBEN.
ZWEITENS: SIE KANN VERSUCHEN, SELBST EINE MAMA ZU WERDEN.
NUR MÄDCHEN ...
WAS SIND DIE VORAUSSETZUNGEN?

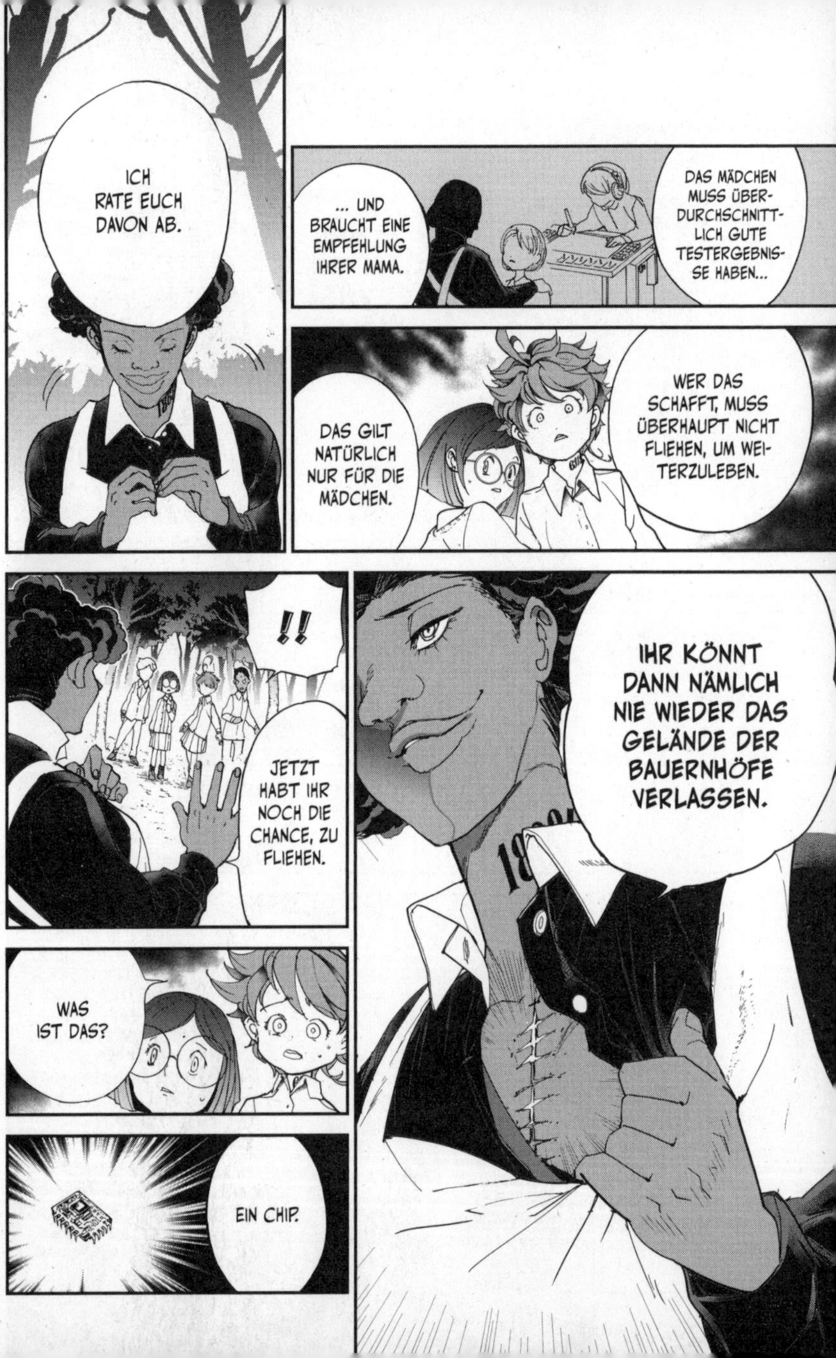
DAS MÄDCHEN MUSS ÜBER-DURCHSCHNITT-LICH GUTE TESTERGEBNIS-SE HABEN...
... UND BRAUCHT EINE EMPFEHLUNG IHRER MAMA.
WER DAS SCHAFFT, MUSS ÜBERHAUPT NICHT FLIEHEN, UM WEI-TERZULEBEN.
DAS GILT NATÜRLICH NUR FÜR DIE MÄDCHEN.
ICH RATE EUCH DAVON AB.
IHR KÖNNT DANN NÄMLICH NIE WIEDER DAS GELÄNDE DER BAUERNHÖFE VERLASSEN.
!!
JETZT HABT IHR NOCH DIE CHANCE, ZU FLIEHEN.
WAS IST DAS?
EIN CHIP.

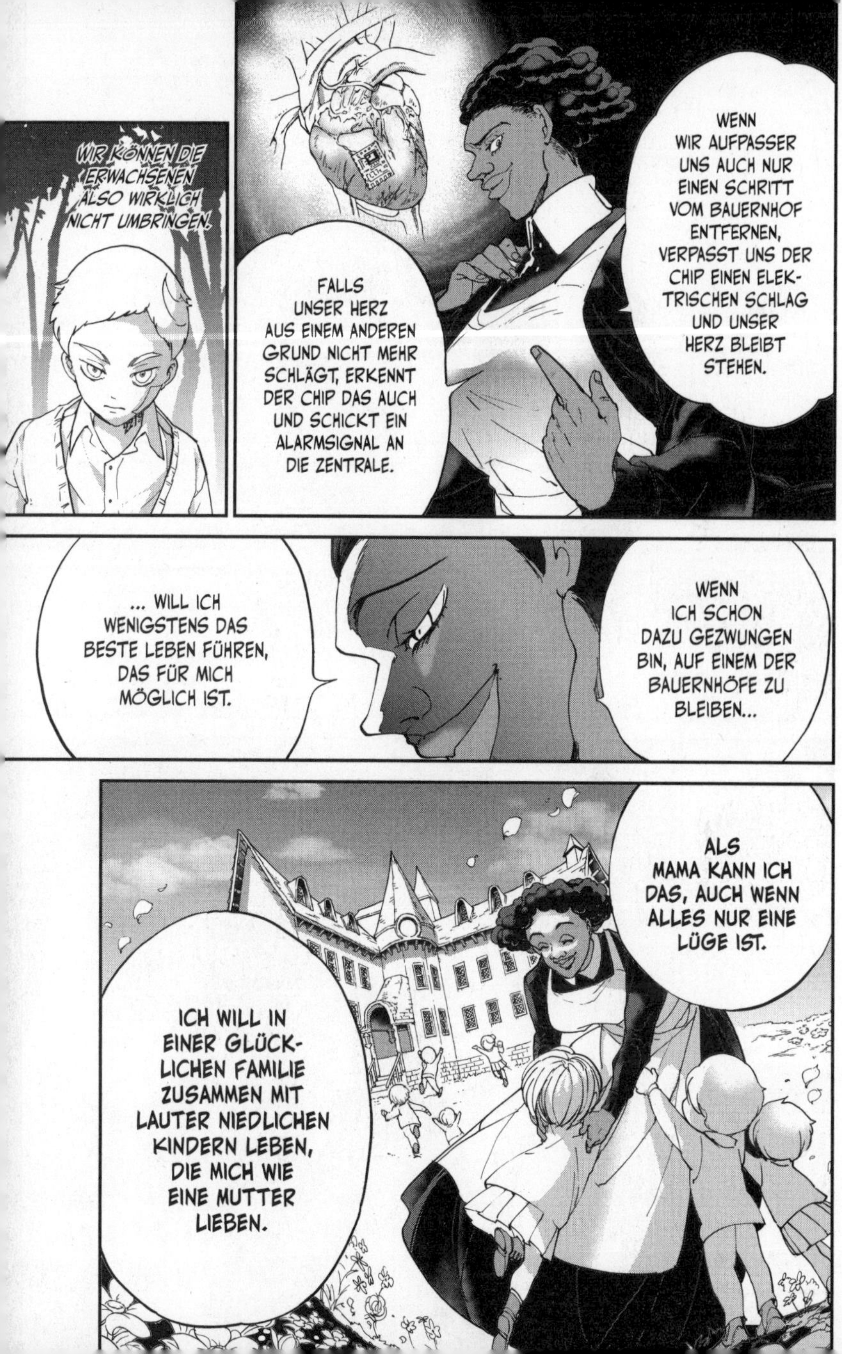
WENN WIR AUFPASSER UNS AUCH NUR EINEN SCHRITT VOM BAUERNHOF ENTFERNEN, VERPASST UNS DER CHIP EINEN ELEKTRISCHEN SCHLAG UND UNSER HERZ BLEIBT STEHEN.
FALLS UNSER HERZ AUS EINEM ANDEREN GRUND NICHT MEHR SCHLÄGT, ERKENNT DER CHIP DAS AUCH UND SCHICKT EIN ALARMSIGNAL AN DIE ZENTRALE.
WIR KÖNNEN DIE ERWACHSENEN ALSO WIRKLICH NICHT UMBRINGEN.
WENN ICH SCHON DAZU GEZWUNGEN BIN, AUF EINEM DER BAUERNHÖFE ZU BLEIBEN...
... WILL ICH WENIGSTENS DAS BESTE LEBEN FÜHREN, DAS FÜR MICH MÖGLICH IST.
ALS MAMA KANN ICH DAS, AUCH WENN ALLES NUR EINE LÜGE IST.
ICH WILL IN EINER GLÜCKLICHEN FAMILIE ZUSAMMEN MIT LAUTER NIEDLICHEN KINDERN LEBEN, DIE MICH WIE EINE MUTTER LIEBEN.

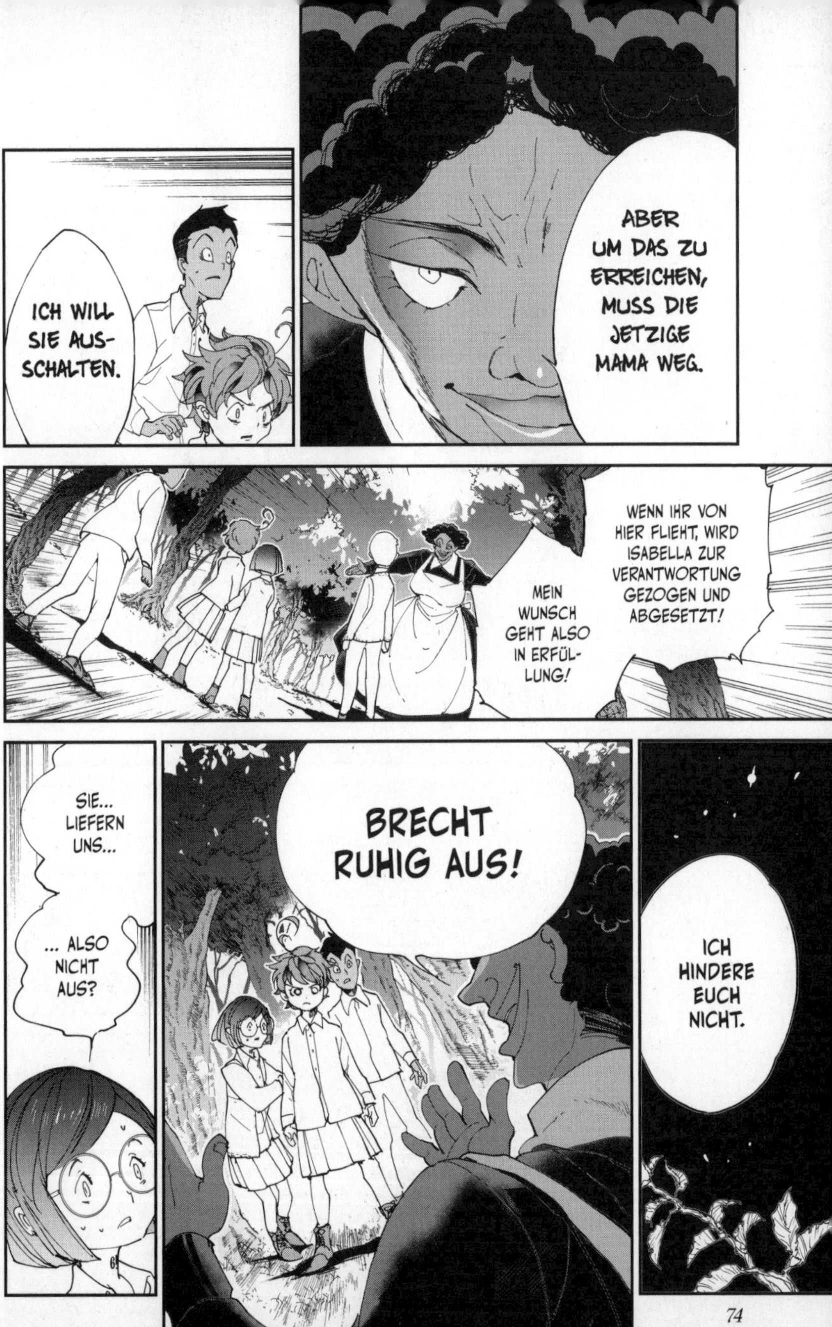
ABER UM DAS ZU ERREICHEN, MUSS DIE JETZIGE MAMA WEG.
ICH WILL SIE AUS-SCHALTEN.
WENN IHR VON HIER FLIEHT, WIRD ISABELLA ZUR VERANTWORTUNG GEZOGEN UND ABGESETZT!
MEIN WUNSCH GEHT ALSO IN ERFÜL-LUNG!
ICH HINDERE EUCH NICHT.
BRECHT RUHIG AUS!
SIE... LIEFERN UNS...
... ALSO NICHT AUS?

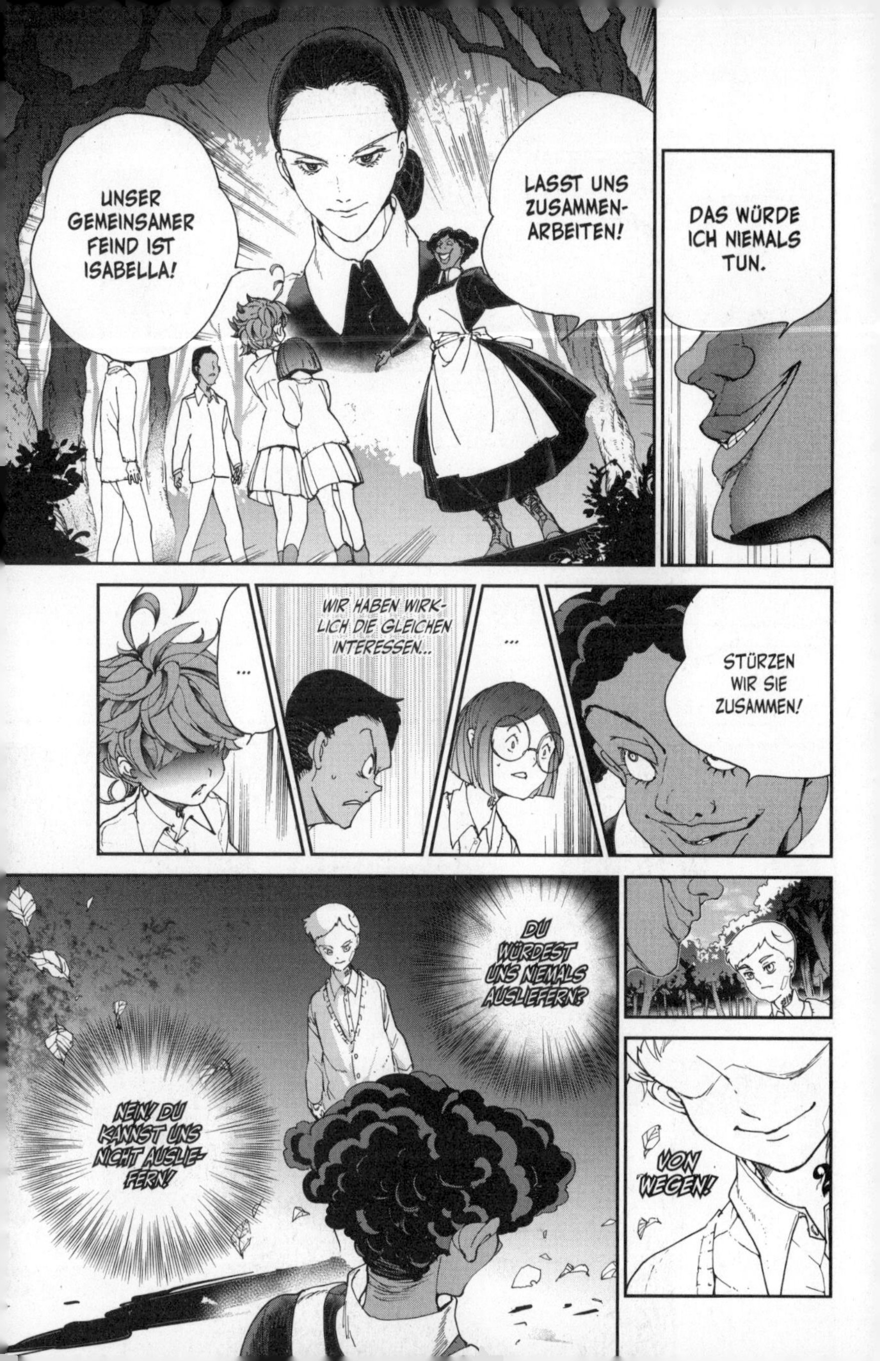
LASST UNS ZUSAMMEN-ARBEITEN!
UNSER GEMEINSAMER FEIND IST ISABELLA!
DAS WÜRDE ICH NIEMALS TUN.
STÜRZEN WIR SIE ZUSAMMEN!
...
WIR HABEN WIRK-LICH DIE GLEICHEN INTERESSEN...
...
DU WÜRDEST UNS NIEMALS AUSLIEFERN?
NEIN! DU KANNST UNS NICHT AUSLIE-FERN!
VON WEGEN!

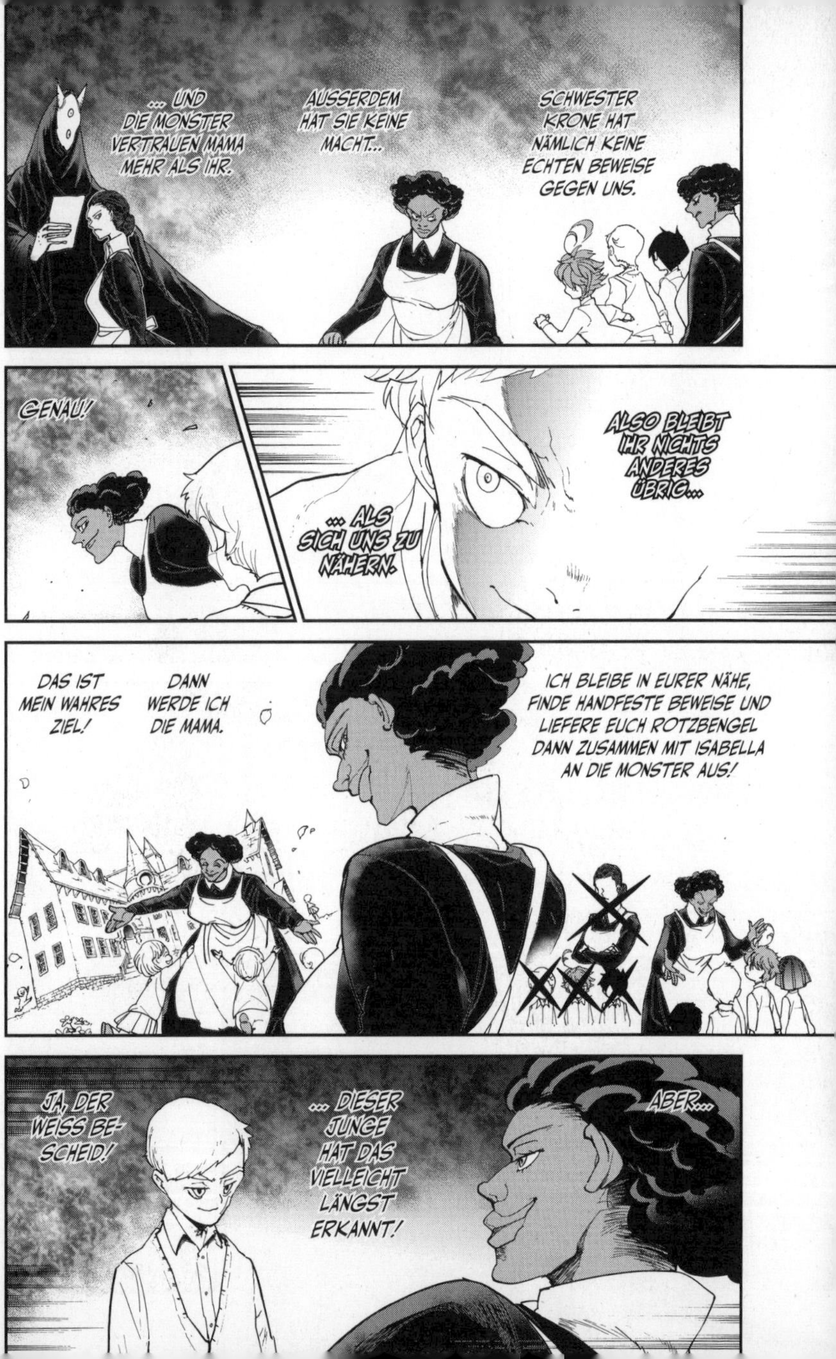
SCHWESTER KRONE HAT NÄMLICH KEINE ECHTEN BEWEISE GEGEN UNS.
AUSSERDEM HAT SIE KEINE MACHT...
... UND DIE MONSTER VERTRAUEN MAMA MEHR ALS IHR.
ALSO BLEIBT IHR NICHTS ANDERES ÜBRIG...
... ALS SICH UNS ZU NÄHERN.
GENAU!
ICH BLEIBE IN EURER NÄHE, FINDE HANDFESTE BEWEISE UND LIEFERE EUCH ROTZBENGEL DANN ZUSAMMEN MIT ISABELLA AN DIE MONSTER AUS!
DANN WERDE ICH DIE MAMA.
DAS IST MEIN WAHRES ZIEL!
ABER...
... DIESER JUNGE HAT DAS VIELLEICHT LÄNGST ERKANNT!
JA, DER WEISS BE-SCHEID!

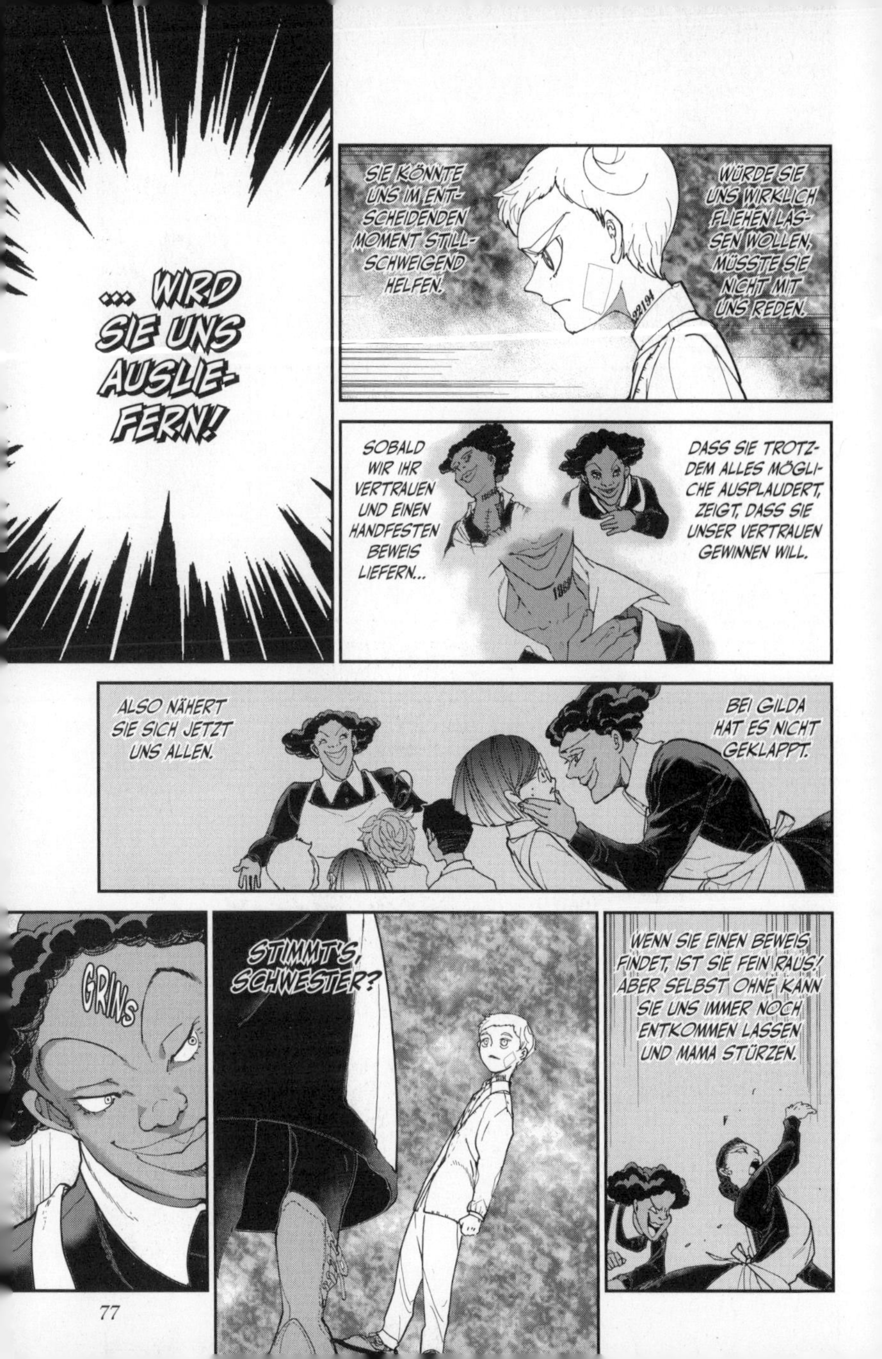

WÜRDE SIE UNS WIRKLICH FLIEHEN LASSEN WOLLEN, MÜSSTE SIE NICHT MIT UNS REDEN.
SIE KÖNNTE UNS IM ENTSCHEIDENDEN MOMENT STILLSCHWEIGEND HELFEN.
DASS SIE TROTZDEM ALLES MÖGLICHE AUSPLAUDERT, ZEIGT, DASS SIE UNSER VERTRAUEN GEWINNEN WILL.
SOBALD WIR IHR VERTRAUEN UND EINEN HANDFESTEN BEWEIS LIEFERN...
... WIRD SIE UNS AUSLIEFERN!
BEI GILDA HAT ES NICHT GEKLAPPT.
ALSO NÄHERT SIE SICH JETZT UNS ALLEN.
WENN SIE EINEN BEWEIS FINDET, IST SIE FEIN RAUS! ABER SELBST OHNE KANN SIE UNS IMMER NOCH ENTKOMMEN LASSEN UND MAMA STÜRZEN.
STIMMT'S, SCHWESTER?
GRINS

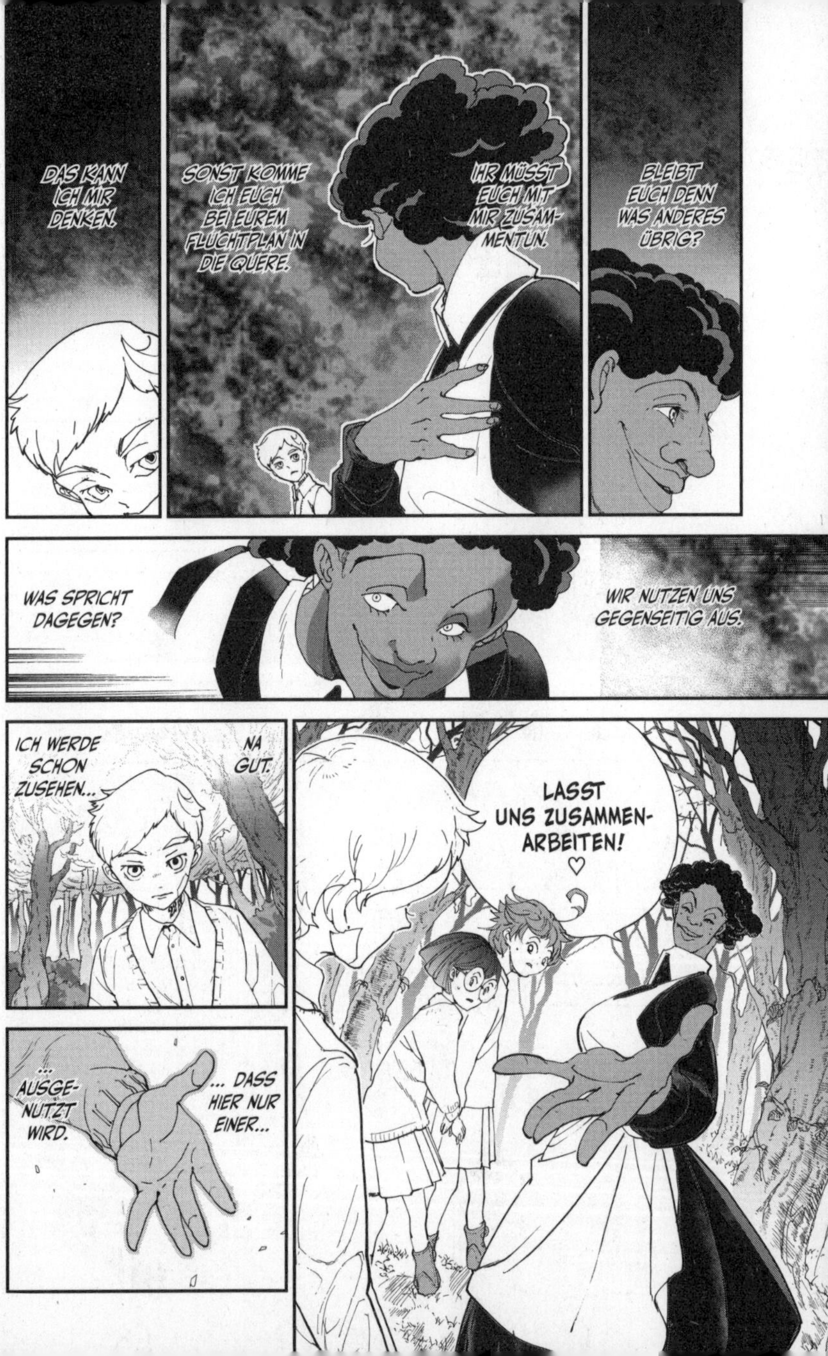
BLEIBT EUCH DENN WAS ANDERES ÜBRIG?
IHR MÜSST EUCH MIT MIR ZUSAMMENTUN.
SONST KOMME ICH EUCH BEI EUREM FLUCHTPLAN IN DIE QUERE.
DAS KANN ICH MIR DENKEN.
WIR NUTZEN UNS GEGENSEITIG AUS.
WAS SPRICHT DAGEGEN?
LASST UNS ZUSAMMEN-ARBEITEN! ♡
NA GUT.
ICH WERDE SCHON ZUSEHEN...
... DASS HIER NUR EINER...
... AUSGE-NUTZT WIRD.

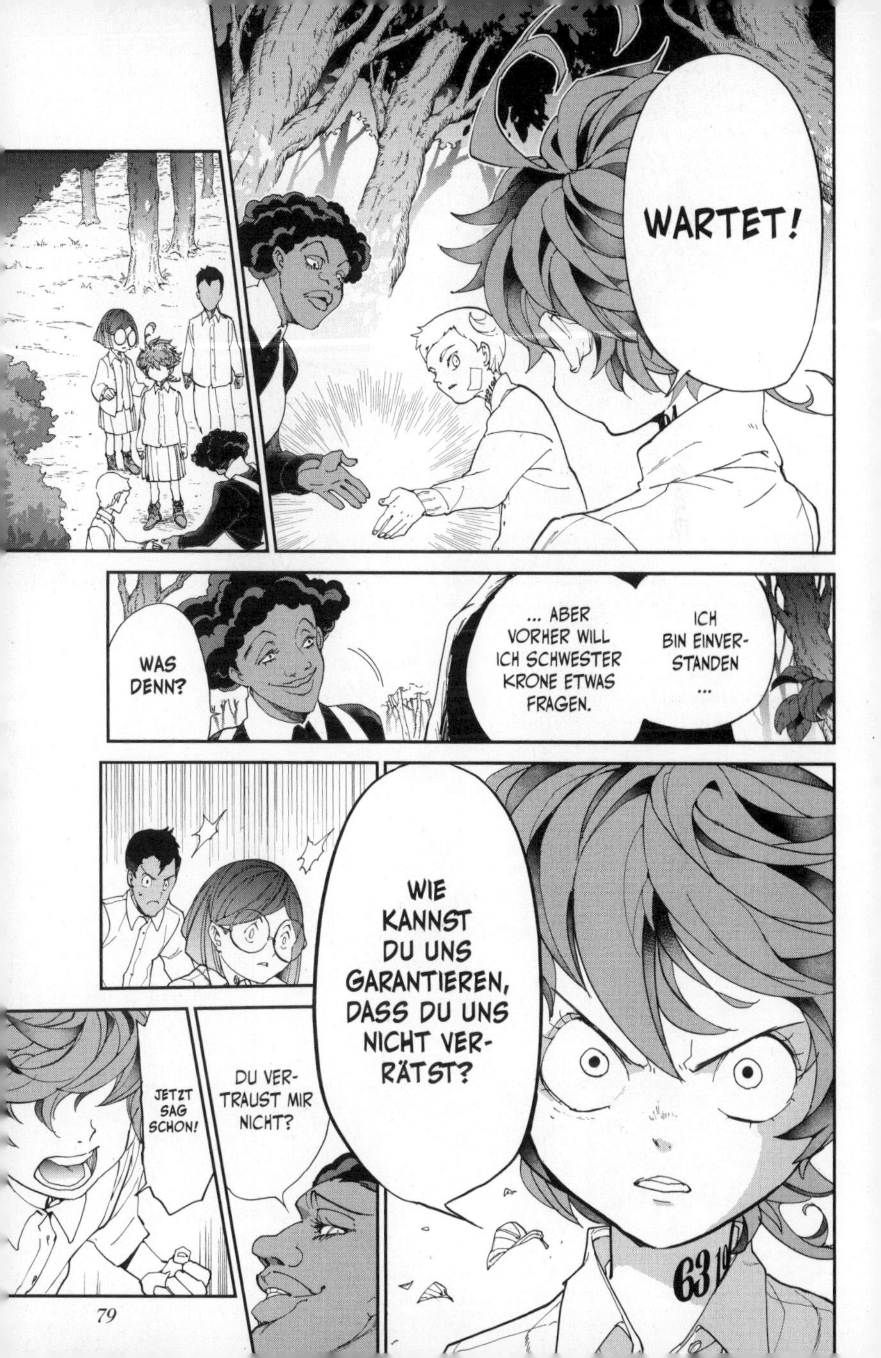
WARTET!
ICH BIN EINVERSTANDEN ...
... ABER VORHER WILL ICH SCHWESTER KRONE ETWAS FRAGEN.
WAS DENN?
WIE KANNST DU UNS GARANTIEREN, DASS DU UNS NICHT VERRÄTST?
DU VERTRAUST MIR NICHT?
JETZT SAG SCHON!

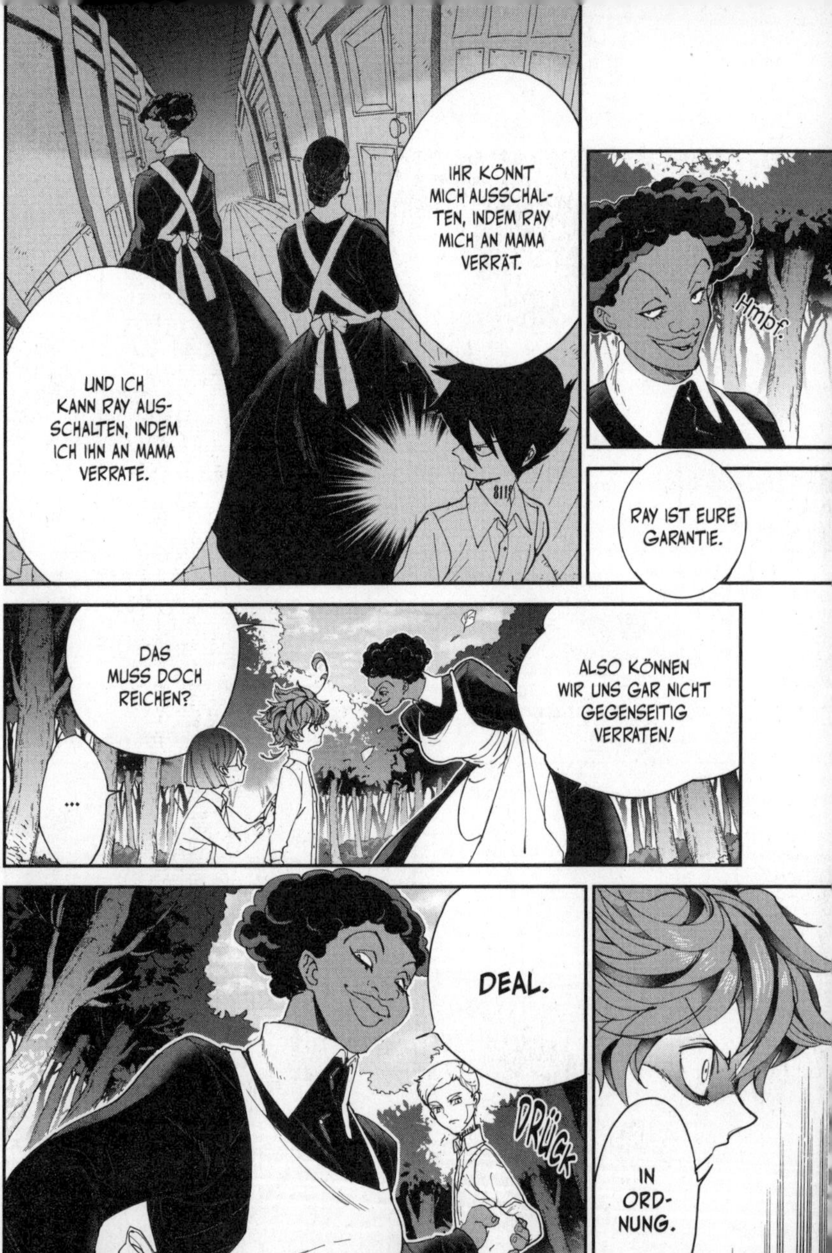
IHR KÖNNT MICH AUSSCHALTEN, INDEM RAY MICH AN MAMA VERRÄT.
UND ICH KANN RAY AUSSCHALTEN, INDEM ICH IHN AN MAMA VERRATE.
Hmpf.
RAY IST EURE GARANTIE.
ALSO KÖNNEN WIR UNS GAR NICHT GEGENSEITIG VERRATEN!
DAS MUSS DOCH REICHEN?
...
IN ORDNUNG.
DEAL.
DRÜCK

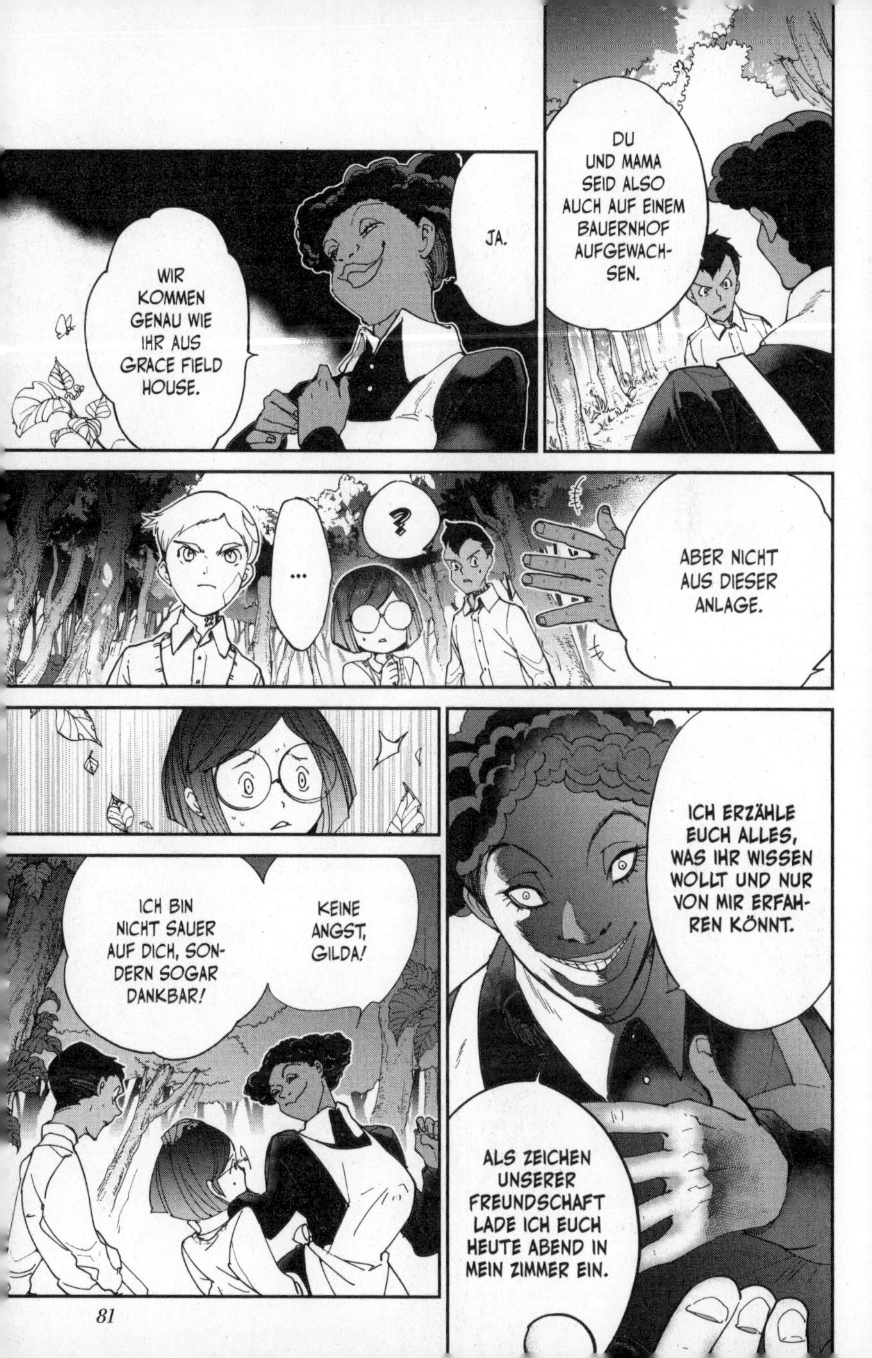
DU UND MAMA SEID ALSO AUCH AUF EINEM BAUERNHOF AUFGEWACHSEN.
JA.
WIR KOMMEN GENAU WIE IHR AUS GRACE FIELD HOUSE.
ABER NICHT AUS DIESER ANLAGE.
?
...
KEINE ANGST, GILDA!
ICH BIN NICHT SAUER AUF DICH, SONDERN SOGAR DANKBAR!
ICH ERZÄHLE EUCH ALLES, WAS IHR WISSEN WOLLT UND NUR VON MIR ERFAHREN KÖNNT.
ALS ZEICHEN UNSERER FREUNDSCHAFT LADE ICH EUCH HEUTE ABEND IN MEIN ZIMMER EIN.

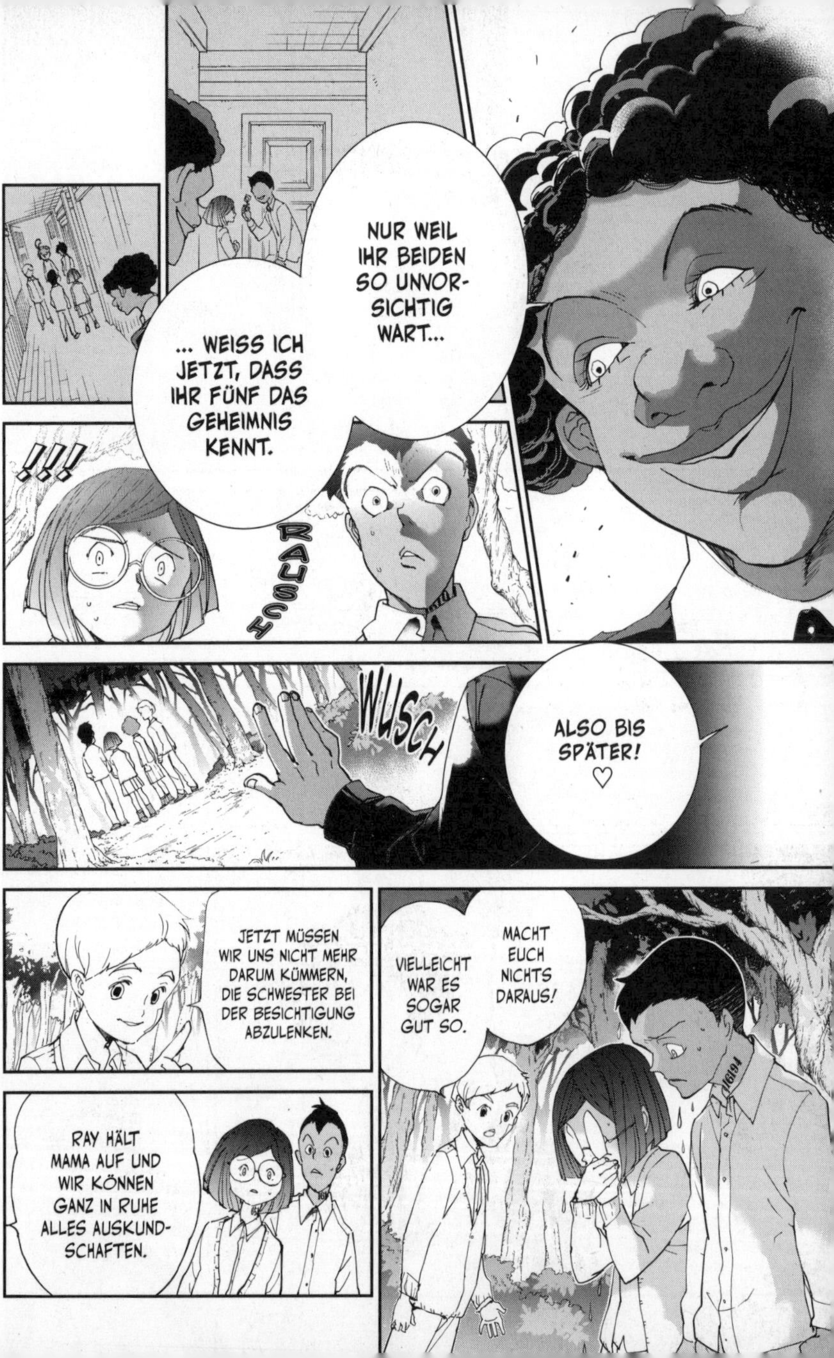
NUR WEIL IHR BEIDEN SO UNVORSICHTIG WART...
... WEISS ICH JETZT, DASS IHR FÜNF DAS GEHEIMNIS KENNT.
!!!
RAUSCH
ALSO BIS SPÄTER! ♡
WUSCH
MACHT EUCH NICHTS DARAUS!
VIELLEICHT WAR ES SOGAR GUT SO.
JETZT MÜSSEN WIR UNS NICHT MEHR DARUM KÜMMERN, DIE SCHWESTER BEI DER BESICHTIGUNG ABZULENKEN.
RAY HÄLT MAMA AUF UND WIR KÖNNEN GANZ IN RUHE ALLES AUSKUNDSCHAFTEN.

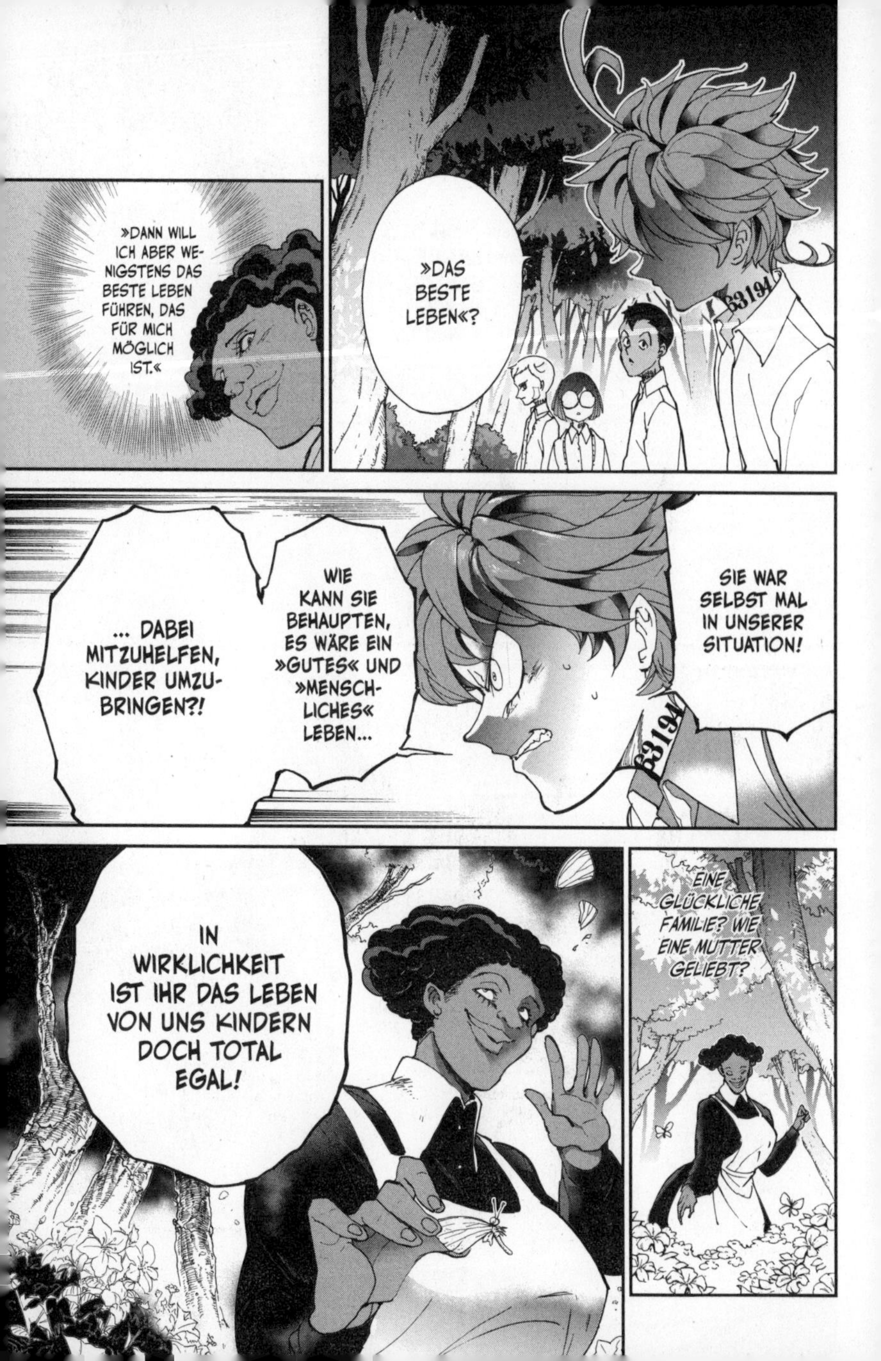
»DAS BESTE LEBEN«?
»DANN WILL ICH ABER WENIGSTENS DAS BESTE LEBEN FÜHREN, DAS FÜR MICH MÖGLICH IST.«
SIE WAR SELBST MAL IN UNSERER SITUATION!
WIE KANN SIE BEHAUPTEN, ES WÄRE EIN »GUTES« UND »MENSCHLICHES« LEBEN...
... DABEI MITZUHELFEN, KINDER UMZUBRINGEN?!
EINE GLÜCKLICHE FAMILIE? WIE EINE MUTTER GELIEBT?
IN WIRKLICHKEIT IST IHR DAS LEBEN VON UNS KINDERN DOCH TOTAL EGAL!
63194

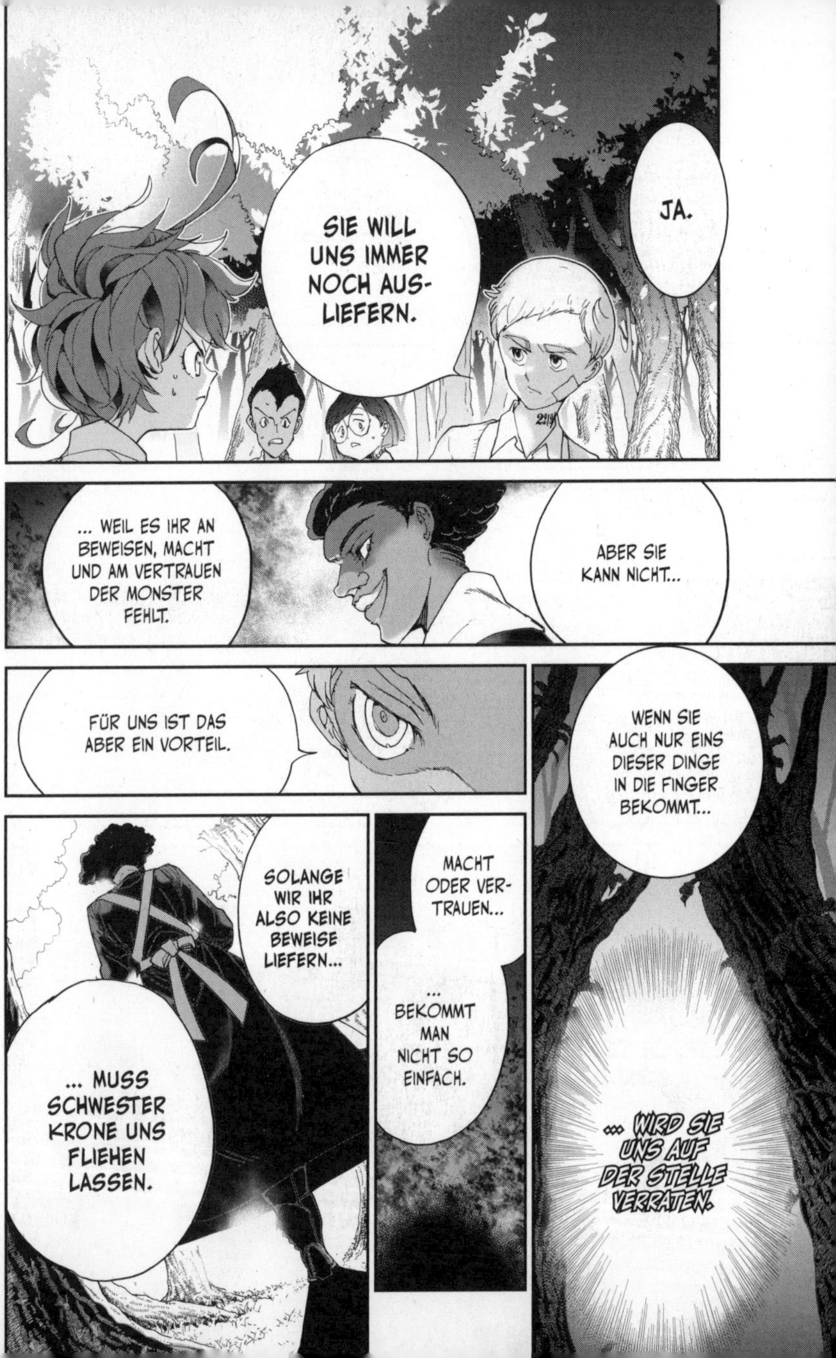
JA.
SIE WILL UNS IMMER NOCH AUS-LIEFERN.
ABER SIE KANN NICHT...
... WEIL ES IHR AN BEWEISEN, MACHT UND AM VERTRAUEN DER MONSTER FEHLT.
FÜR UNS IST DAS ABER EIN VORTEIL.
SOLANGE WIR IHR ALSO KEINE BEWEISE LIEFERN...
... MUSS SCHWESTER KRONE UNS FLIEHEN LASSEN.
MACHT ODER VER-TRAUEN...
... BEKOMMT MAN NICHT SO EINFACH.
WENN SIE AUCH NUR EINS DIESER DINGE IN DIE FINGER BEKOMMT...
... WIRD SIE UNS AUF DER STELLE VERRATEN.

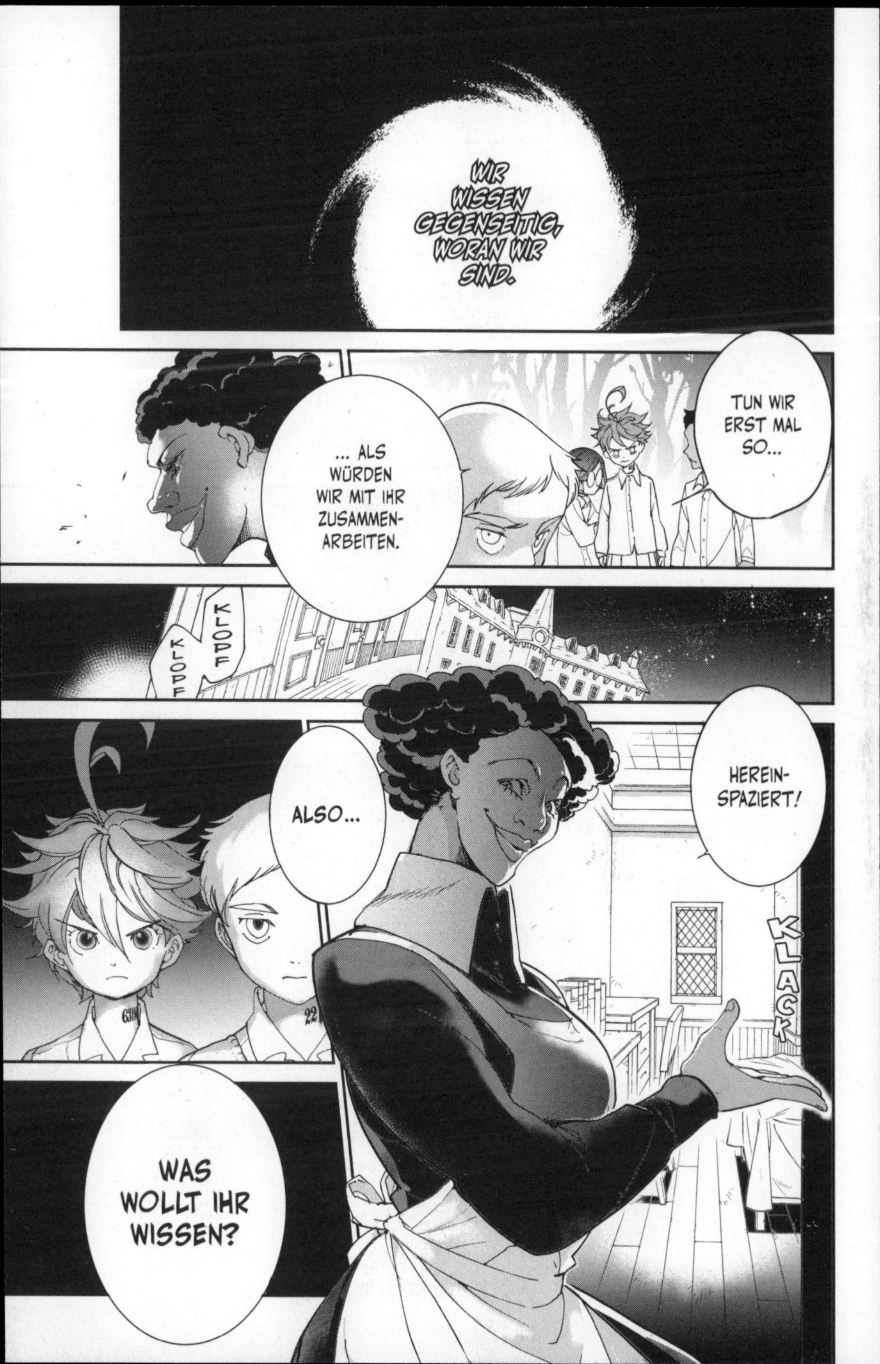
WIR WISSEN GEGENSEITIG, WORAN WIR SIND.
TUN WIR ERST MAL SO...
... ALS WÜRDEN WIR MIT IHR ZUSAMMEN-ARBEITEN.
KLOPF KLOPF
HEREIN-SPAZIERT!
KLACK
ALSO...
WAS WOLLT IHR WISSEN?

Hinter den Kulissen von The Promised Neverland

004

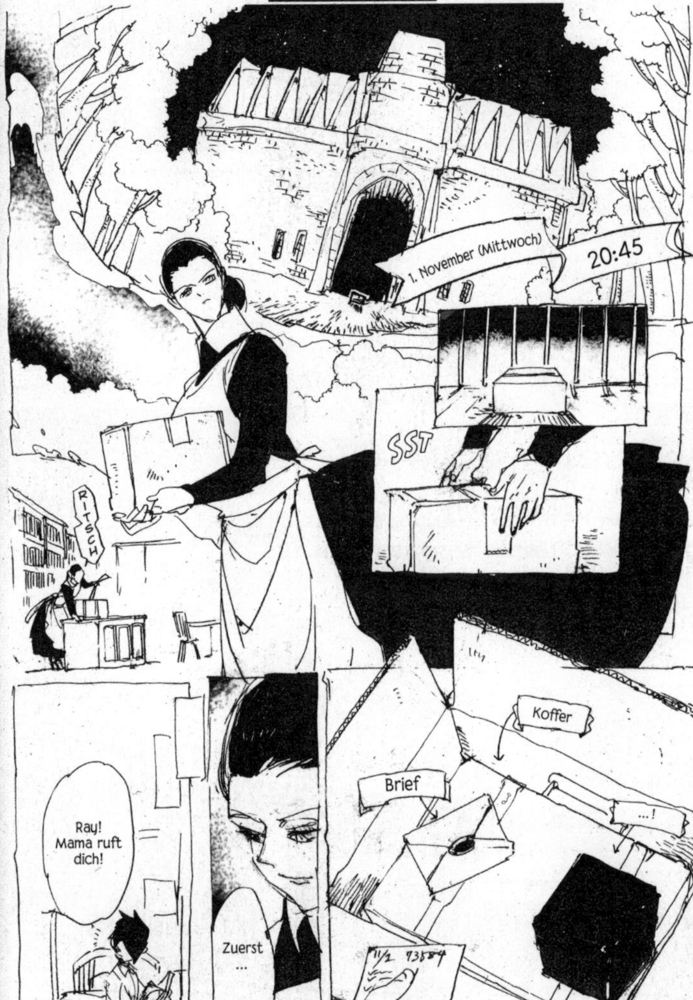

Kapitel 21: Offensichtliche Falle

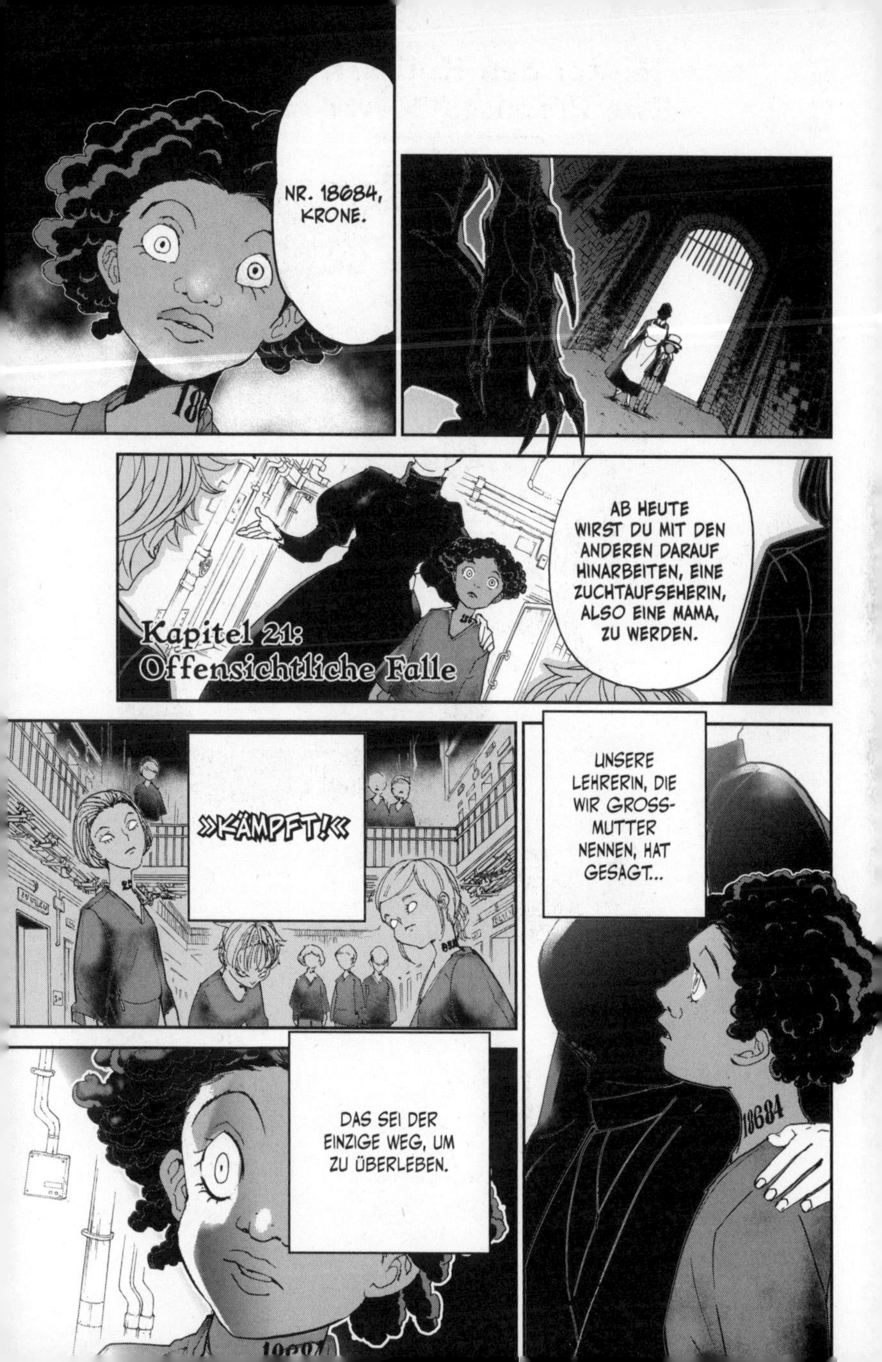

Kapitel 21: Offensichtliche Falle

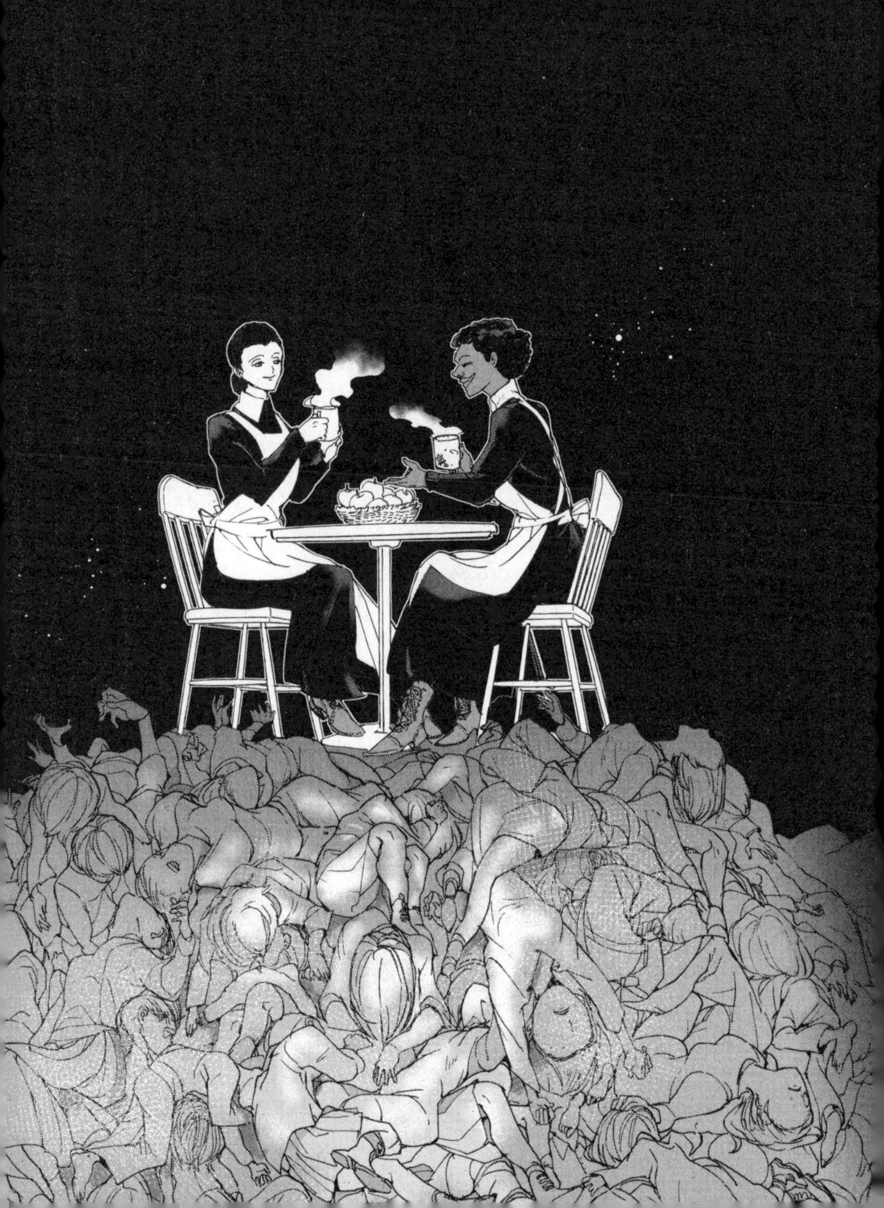

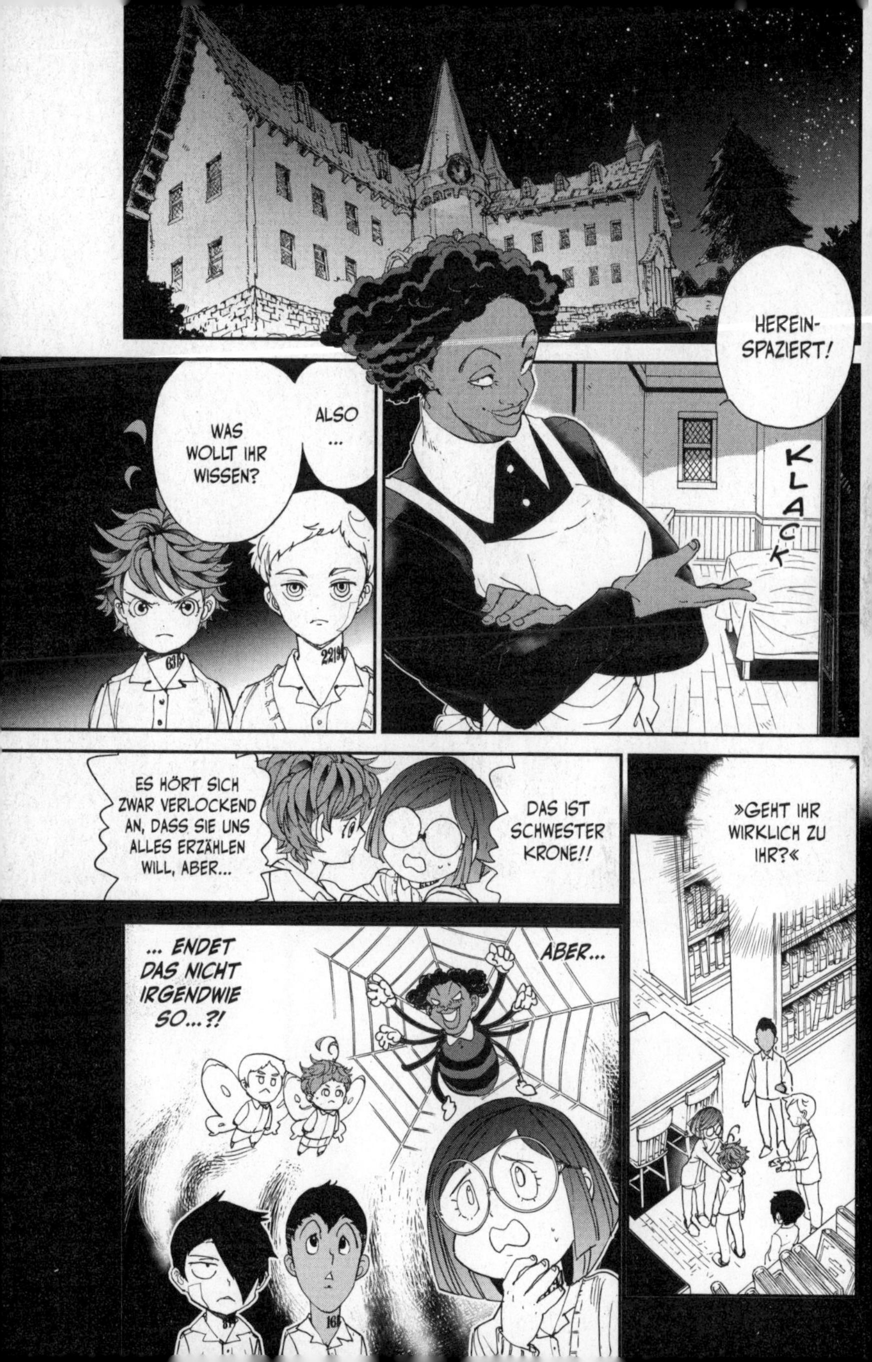
HEREIN-
SPAZIERT!
KLACK
ALSO …
WAS WOLLT IHR WISSEN?
»GEHT IHR WIRKLICH ZU IHR?«
DAS IST SCHWESTER KRONE!!
ES HÖRT SICH ZWAR VERLOCKEND AN, DASS SIE UNS ALLES ERZÄHLEN WILL, ABER …
ABER …
… ENDET DAS NICHT IRGENDWIE SO …?!

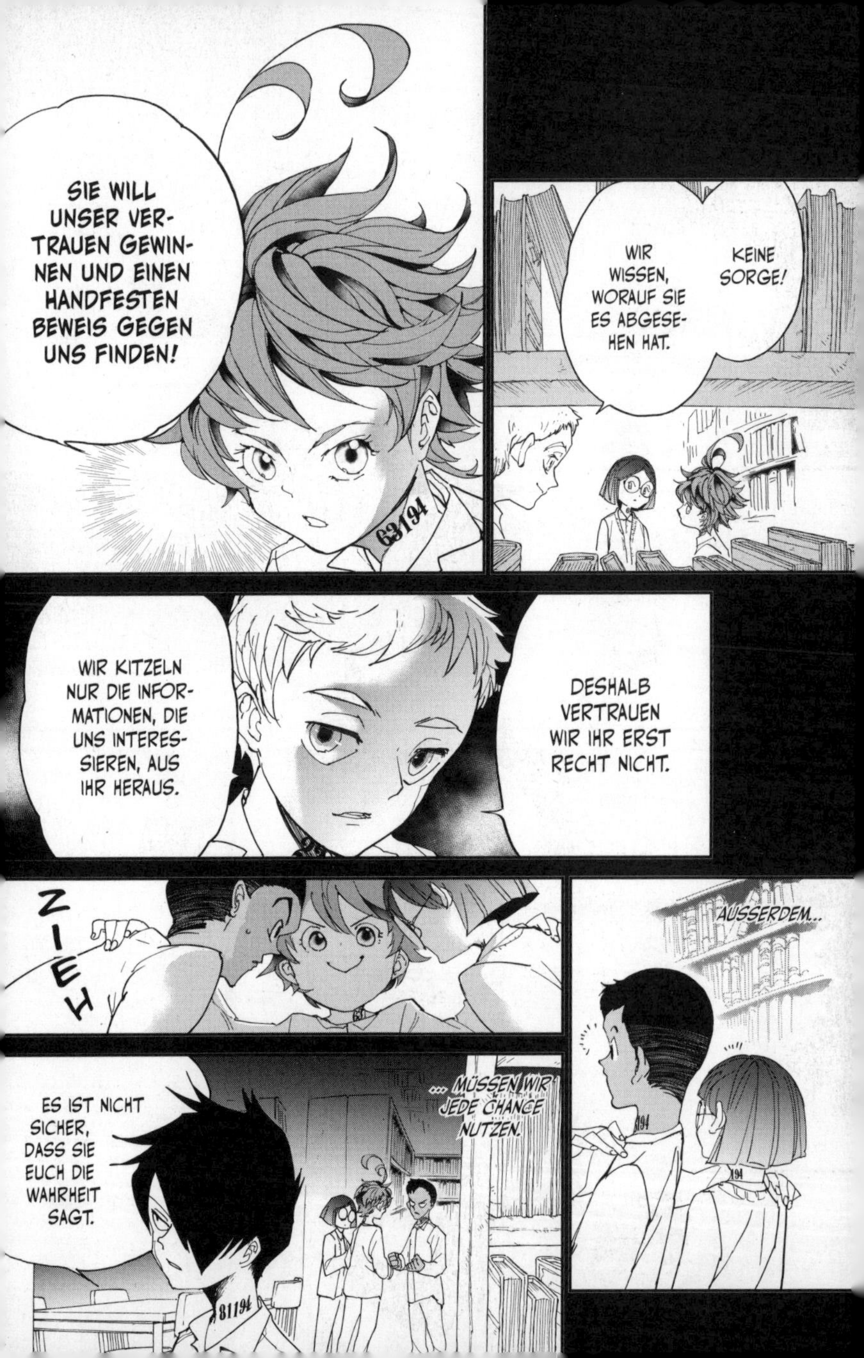
KEINE SORGE!
WIR WISSEN, WORAUF SIE ES ABGESEHEN HAT.
SIE WILL UNSER VERTRAUEN GEWINNEN UND EINEN HANDFESTEN BEWEIS GEGEN UNS FINDEN!
63194
DESHALB VERTRAUEN WIR IHR ERST RECHT NICHT.
WIR KITZELN NUR DIE INFORMATIONEN, DIE UNS INTERESSIEREN, AUS IHR HERAUS.
AUSSERDEM...
ZIEH
...MÜSSEN WIR JEDE CHANCE NUTZEN.
ES IST NICHT SICHER, DASS SIE EUCH DIE WAHRHEIT SAGT.
81194

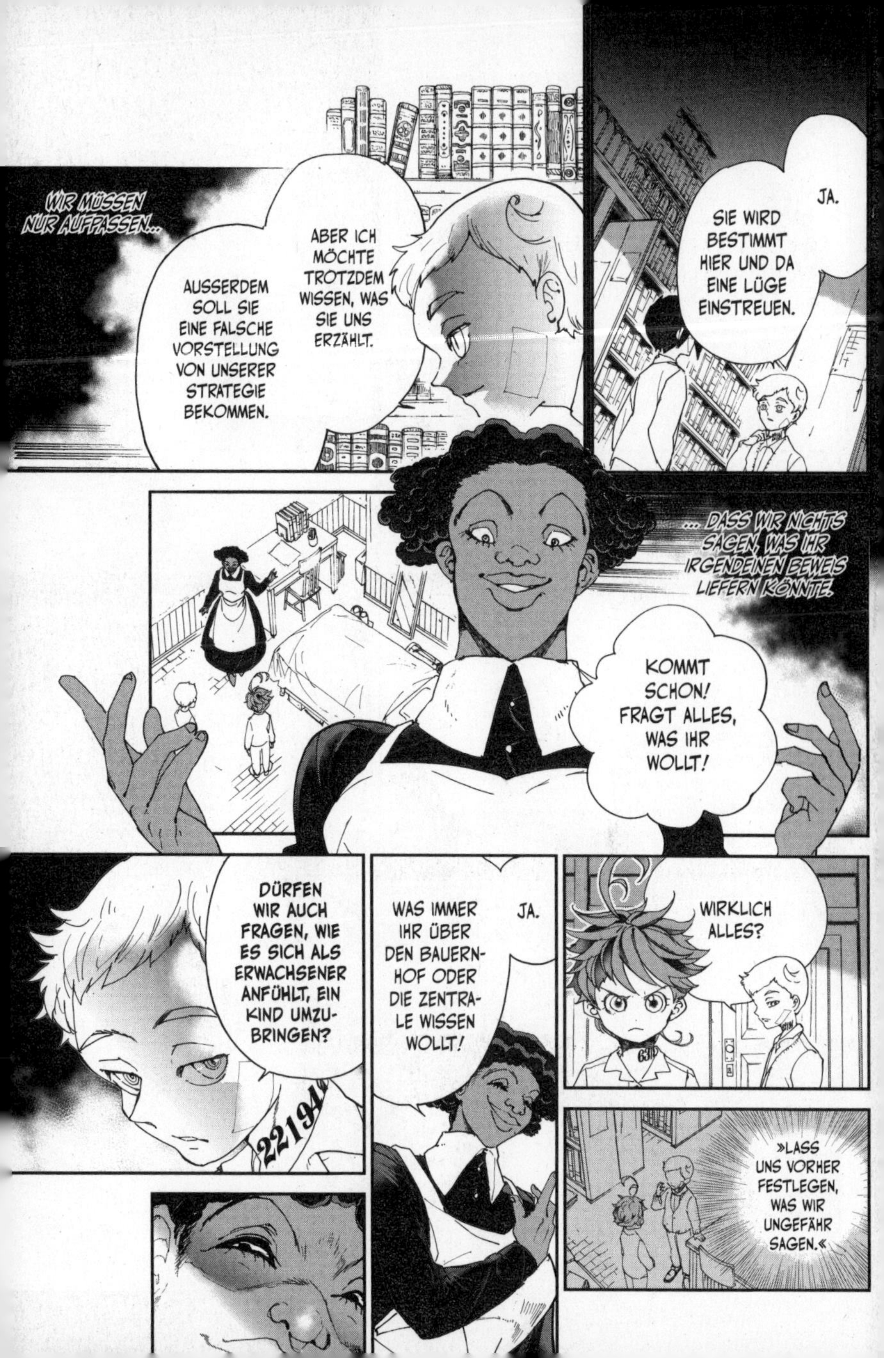

JA.
SIE WIRD BESTIMMT HIER UND DA EINE LÜGE EINSTREUEN.
ABER ICH MÖCHTE TROTZDEM WISSEN, WAS SIE UNS ERZÄHLT.
AUSSERDEM SOLL SIE EINE FALSCHE VORSTELLUNG VON UNSERER STRATEGIE BEKOMMEN.
WIR MÜSSEN NUR AUFPASSEN...
... DASS WIR NICHTS SAGEN, WAS IHR IRGENDEINEN BEWEIS LIEFERN KÖNNTE.
KOMMT SCHON! FRAGT ALLES, WAS IHR WOLLT!
WIRKLICH ALLES?
JA.
WAS IMMER IHR ÜBER DEN BAUERNHOF ODER DIE ZENTRALE WISSEN WOLLT!
DÜRFEN WIR AUCH FRAGEN, WIE ES SICH ALS ERWACHSENER ANFÜHLT, EIN KIND UMZUBRINGEN?
»LASS UNS VORHER FESTLEGEN, WAS WIR UNGEFÄHR SAGEN.«
22194

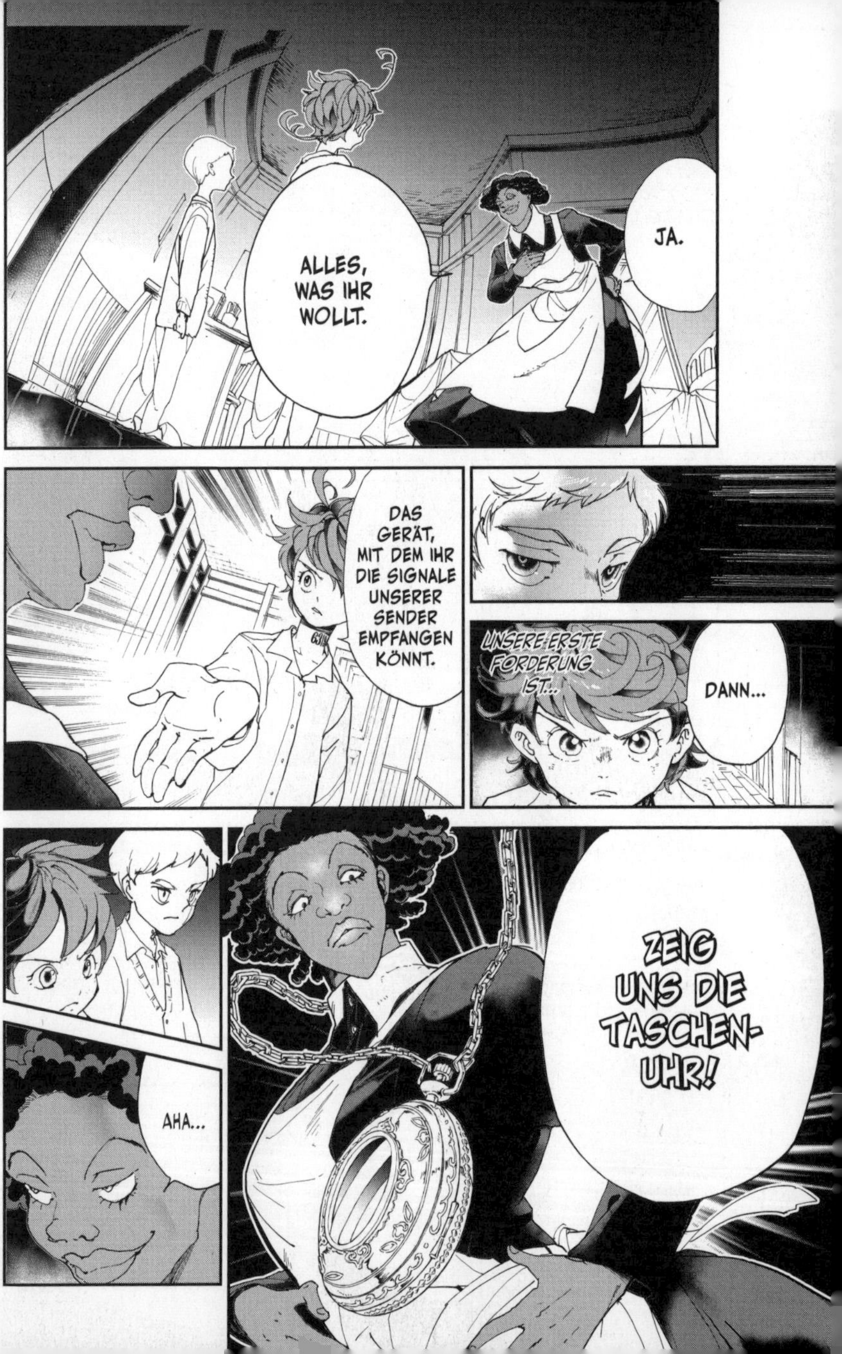
JA.
ALLES, WAS IHR WOLLT.
DAS GERÄT, MIT DEM IHR DIE SIGNALE UNSERER SENDER EMPFANGEN KÖNNT.
DANN...
UNSERE ERSTE FORDERUNG IST...
ZEIG UNS DIE TASCHEN-UHR!
AHA...

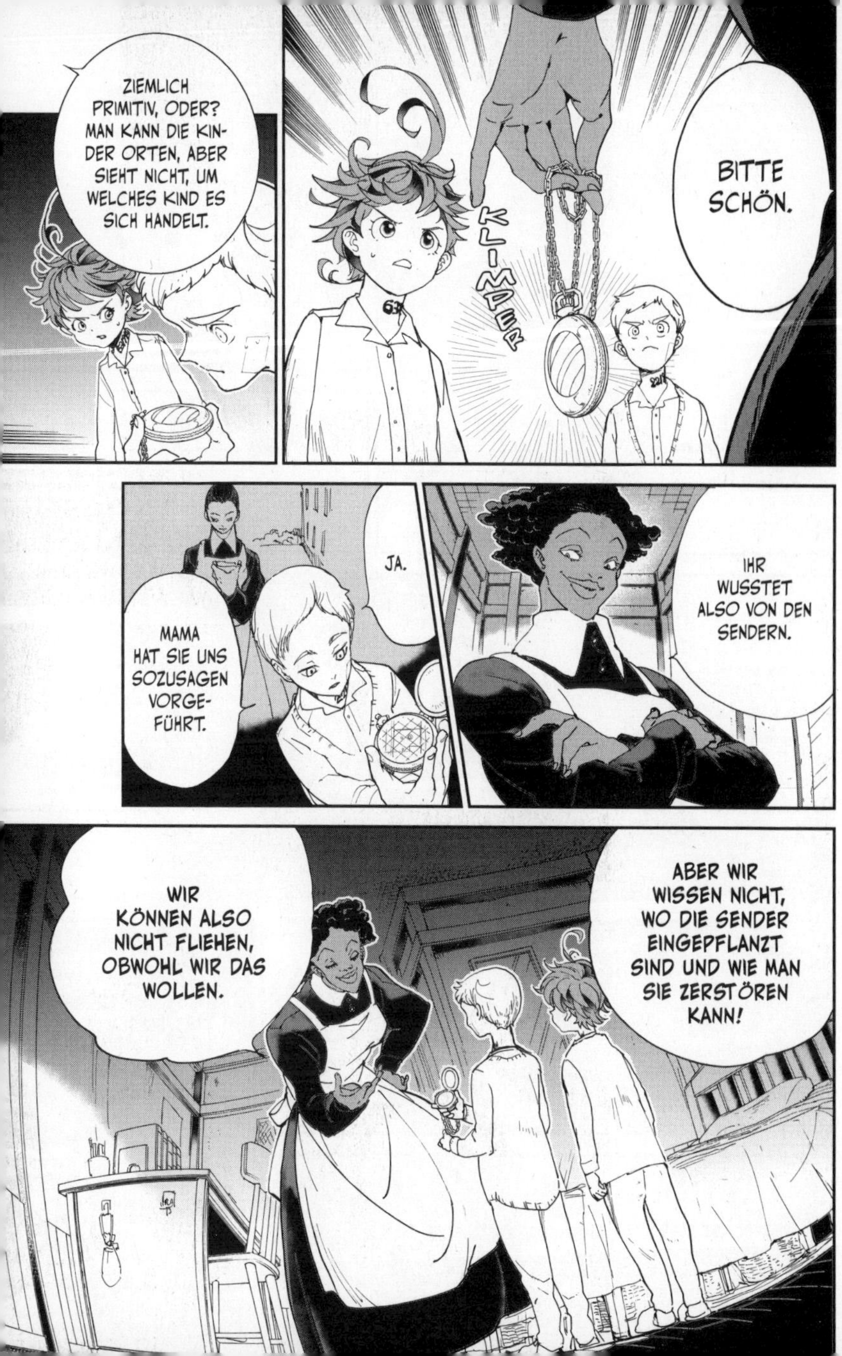
BITTE SCHÖN.
KLIMPER
ZIEMLICH PRIMITIV, ODER? MAN KANN DIE KINDER ORTEN, ABER SIEHT NICHT, UM WELCHES KIND ES SICH HANDELT.
IHR WUSSTET ALSO VON DEN SENDERN.
JA.
MAMA HAT SIE UNS SOZUSAGEN VORGEFÜHRT.
ABER WIR WISSEN NICHT, WO DIE SENDER EINGEPFLANZT SIND UND WIE MAN SIE ZERSTÖREN KANN!
WIR KÖNNEN ALSO NICHT FLIEHEN, OBWOHL WIR DAS WOLLEN.

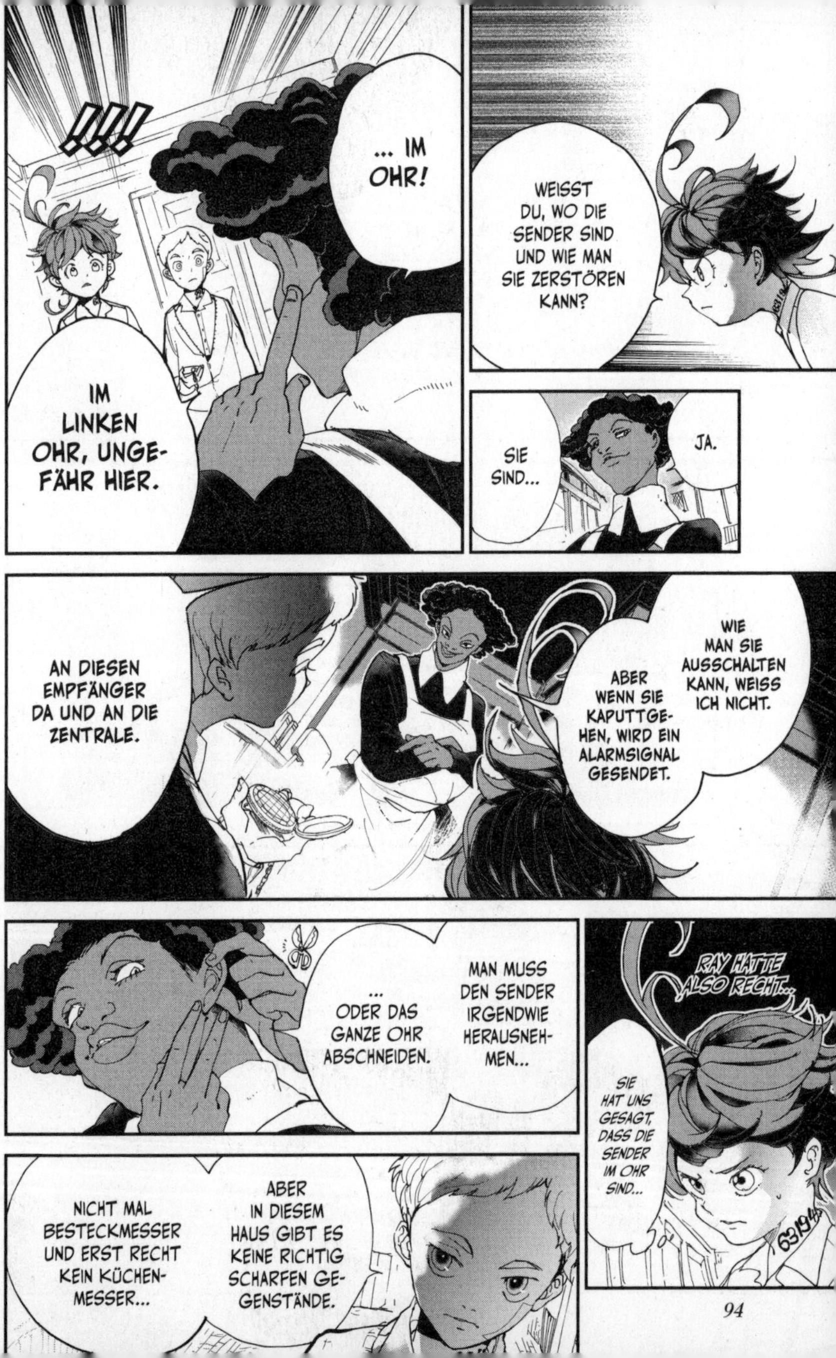
WEISST DU, WO DIE SENDER SIND UND WIE MAN SIE ZERSTÖREN KANN?
JA.
SIE SIND...
... IM OHR!
IM LINKEN OHR, UNGEFÄHR HIER.
WIE MAN SIE AUSSCHALTEN KANN, WEISS ICH NICHT.
ABER WENN SIE KAPUTTGEHEN, WIRD EIN ALARMSIGNAL GESENDET.
AN DIESEN EMPFÄNGER DA UND AN DIE ZENTRALE.
RAY HATTE ALSO RECHT...
SIE HAT UNS GESAGT, DASS DIE SENDER IM OHR SIND...
MAN MUSS DEN SENDER IRGENDWIE HERAUSNEHMEN...
... ODER DAS GANZE OHR ABSCHNEIDEN.
ABER IN DIESEM HAUS GIBT ES KEINE RICHTIG SCHARFEN GEGENSTÄNDE.
NICHT MAL BESTECKMESSER UND ERST RECHT KEIN KÜCHENMESSER...

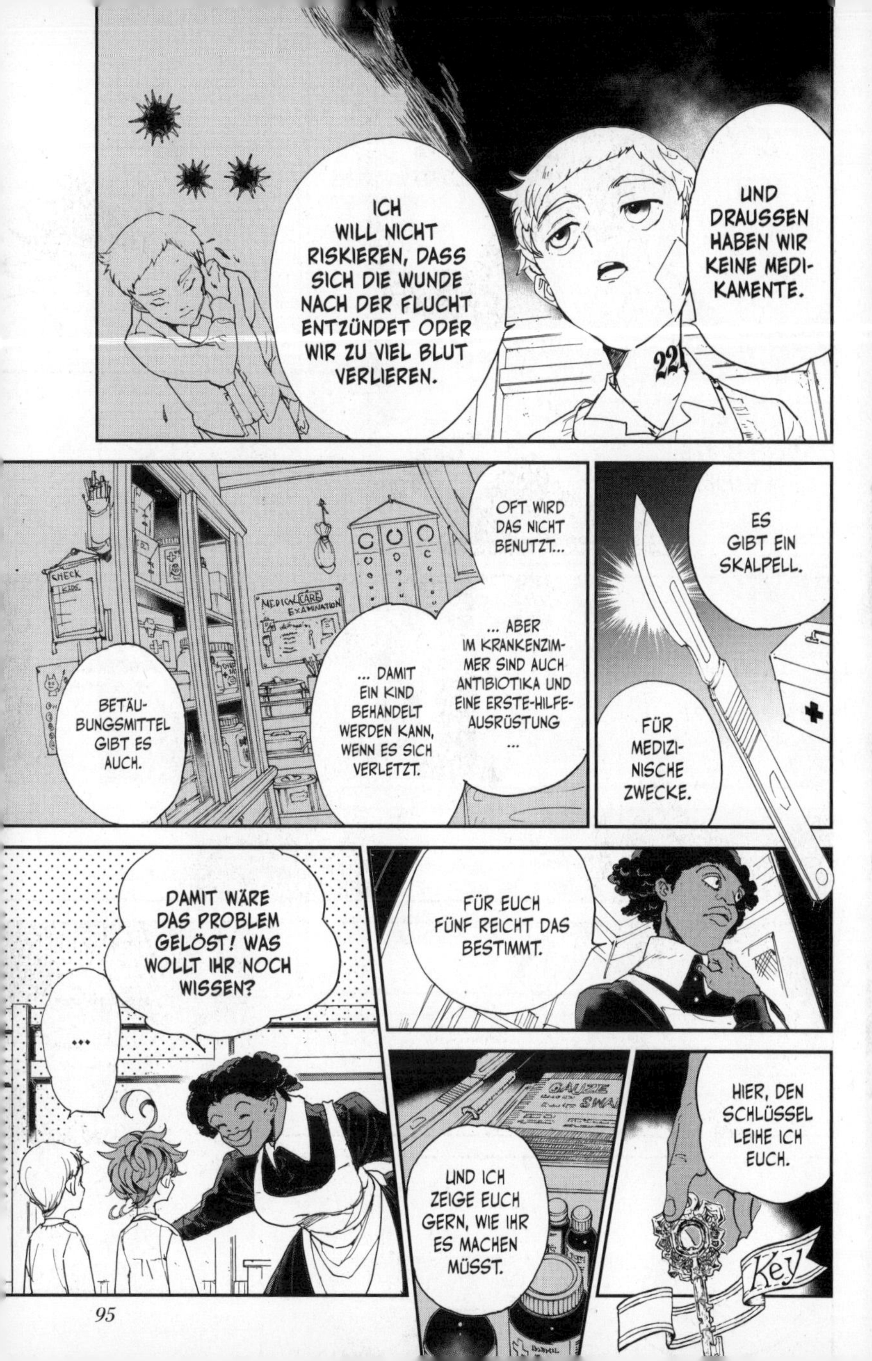
ICH WILL NICHT RISKIEREN, DASS SICH DIE WUNDE NACH DER FLUCHT ENTZÜNDET ODER WIR ZU VIEL BLUT VERLIEREN.
UND DRAUSSEN HABEN WIR KEINE MEDIKAMENTE.
ES GIBT EIN SKALPELL.
FÜR MEDIZINISCHE ZWECKE.
OFT WIRD DAS NICHT BENUTZT...
... ABER IM KRANKENZIMMER SIND AUCH ANTIBIOTIKA UND EINE ERSTE-HILFE-AUSRÜSTUNG ...
... DAMIT EIN KIND BEHANDELT WERDEN KANN, WENN ES SICH VERLETZT.
BETÄUBUNGSMITTEL GIBT ES AUCH.
CHECK KIDS
MEDICAL CARE EXAMINATION
FÜR EUCH FÜNF REICHT DAS BESTIMMT.
HIER, DEN SCHLÜSSEL LEIHE ICH EUCH.
UND ICH ZEIGE EUCH GERN, WIE IHR ES MACHEN MÜSST.
Key
DAMIT WÄRE DAS PROBLEM GELÖST! WAS WOLLT IHR NOCH WISSEN?
...

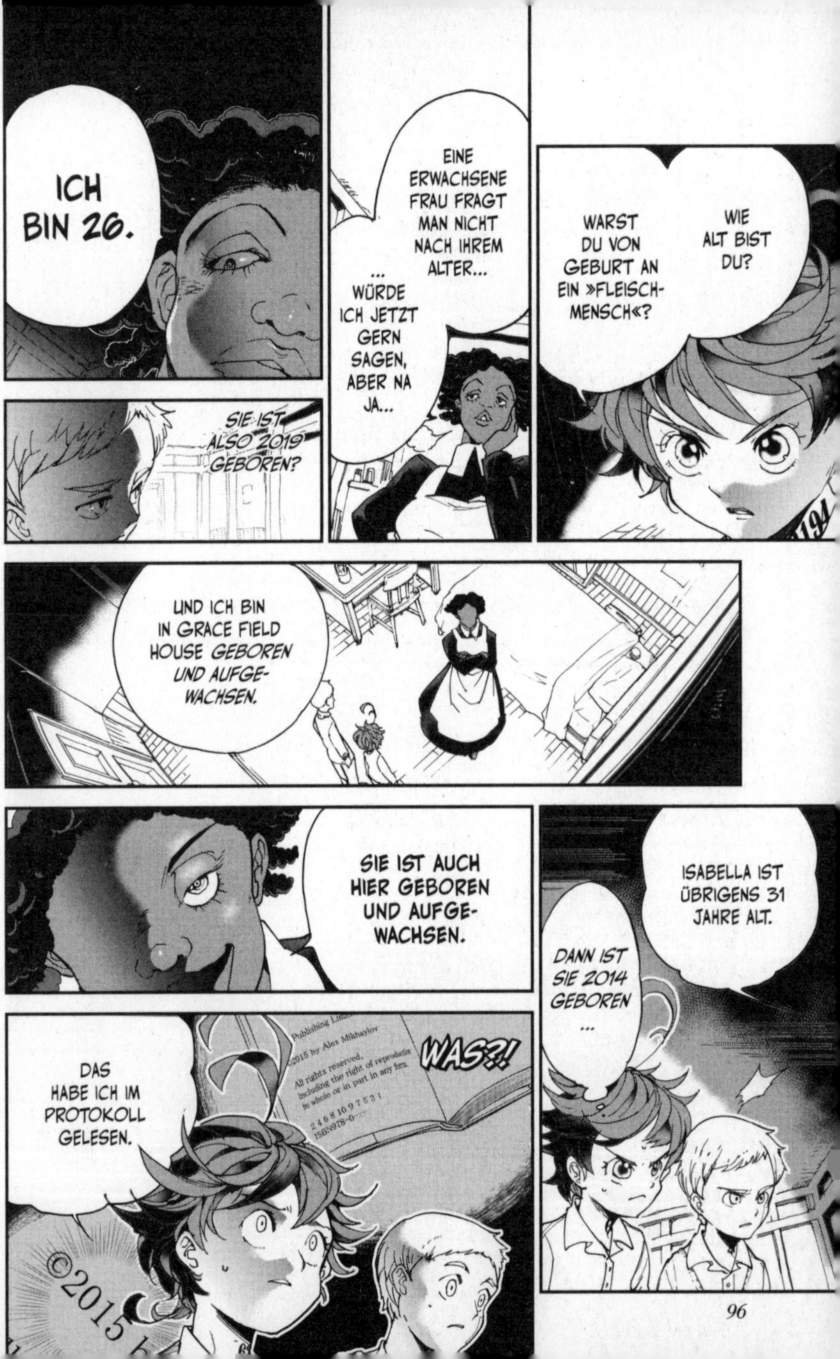
WIE ALT BIST DU?
WARST DU VON GEBURT AN EIN »FLEISCH-MENSCH«?
EINE ERWACHSENE FRAU FRAGT MAN NICHT NACH IHREM ALTER...
... WÜRDE ICH JETZT GERN SAGEN, ABER NA JA...
ICH BIN 26.
SIE IST ALSO 2019 GEBOREN?
UND ICH BIN IN GRACE FIELD HOUSE GEBOREN UND AUFGE-WACHSEN.
ISABELLA IST ÜBRIGENS 31 JAHRE ALT.
DANN IST SIE 2014 GEBOREN ...
SIE IST AUCH HIER GEBOREN UND AUFGE-WACHSEN.
WAS?!
DAS HABE ICH IM PROTOKOLL GELESEN.

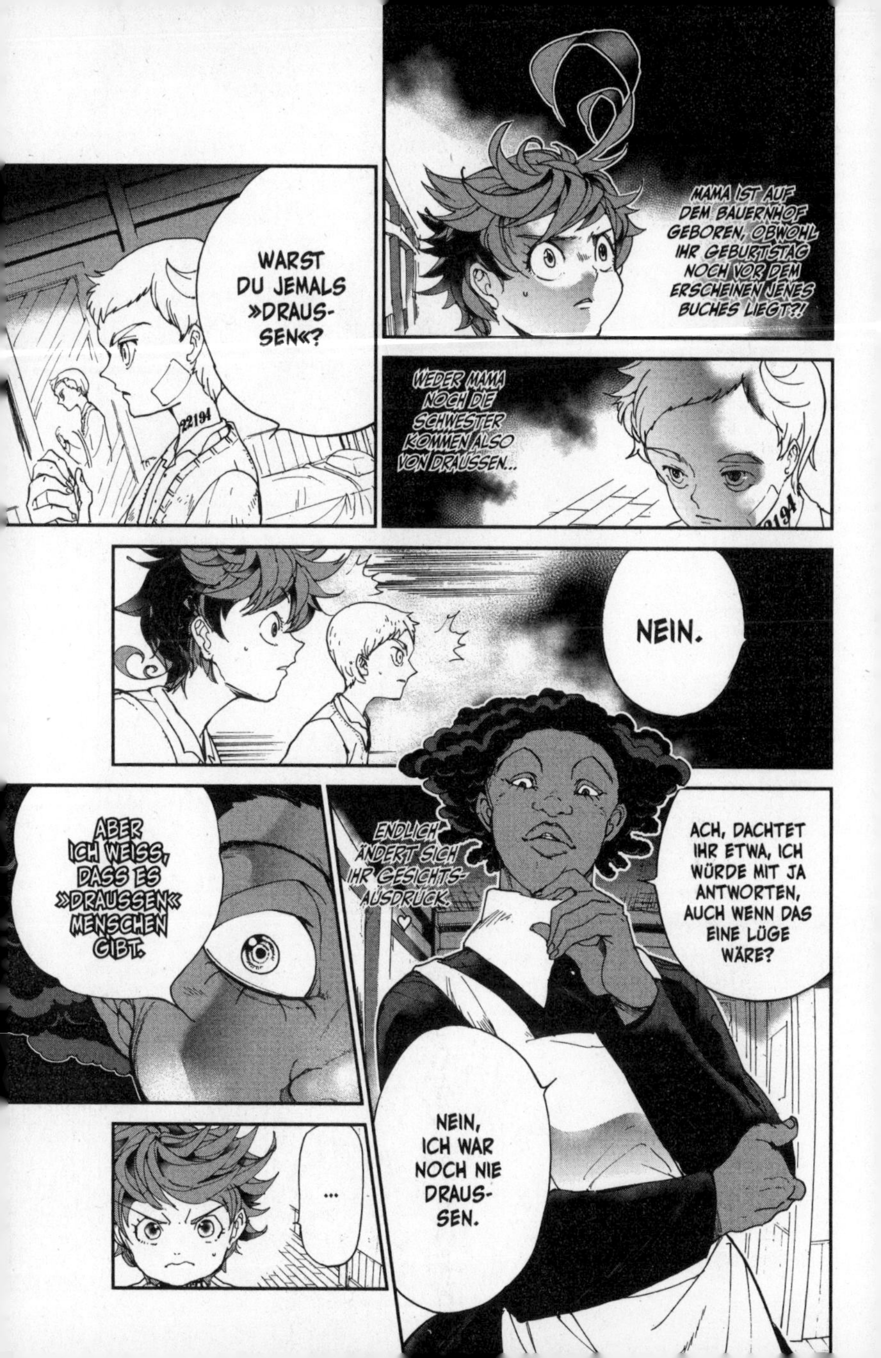
MAMA IST AUF DEM BAUERNHOF GEBOREN, OBWOHL IHR GEBURTSTAG NOCH VOR DEM ERSCHEINEN JENES BUCHES LIEGT?!
WARST DU JEMALS »DRAUSSEN«?
WEDER MAMA NOCH DIE SCHWESTER KOMMEN ALSO VON DRAUSSEN...
NEIN.
ACH, DACHTET IHR ETWA, ICH WÜRDE MIT JA ANTWORTEN, AUCH WENN DAS EINE LÜGE WÄRE?
ENDLICH ÄNDERT SICH IHR GESICHTSAUSDRUCK.
ABER ICH WEISS, DASS ES »DRAUSSEN« MENSCHEN GIBT.
NEIN, ICH WAR NOCH NIE DRAUSSEN.
...

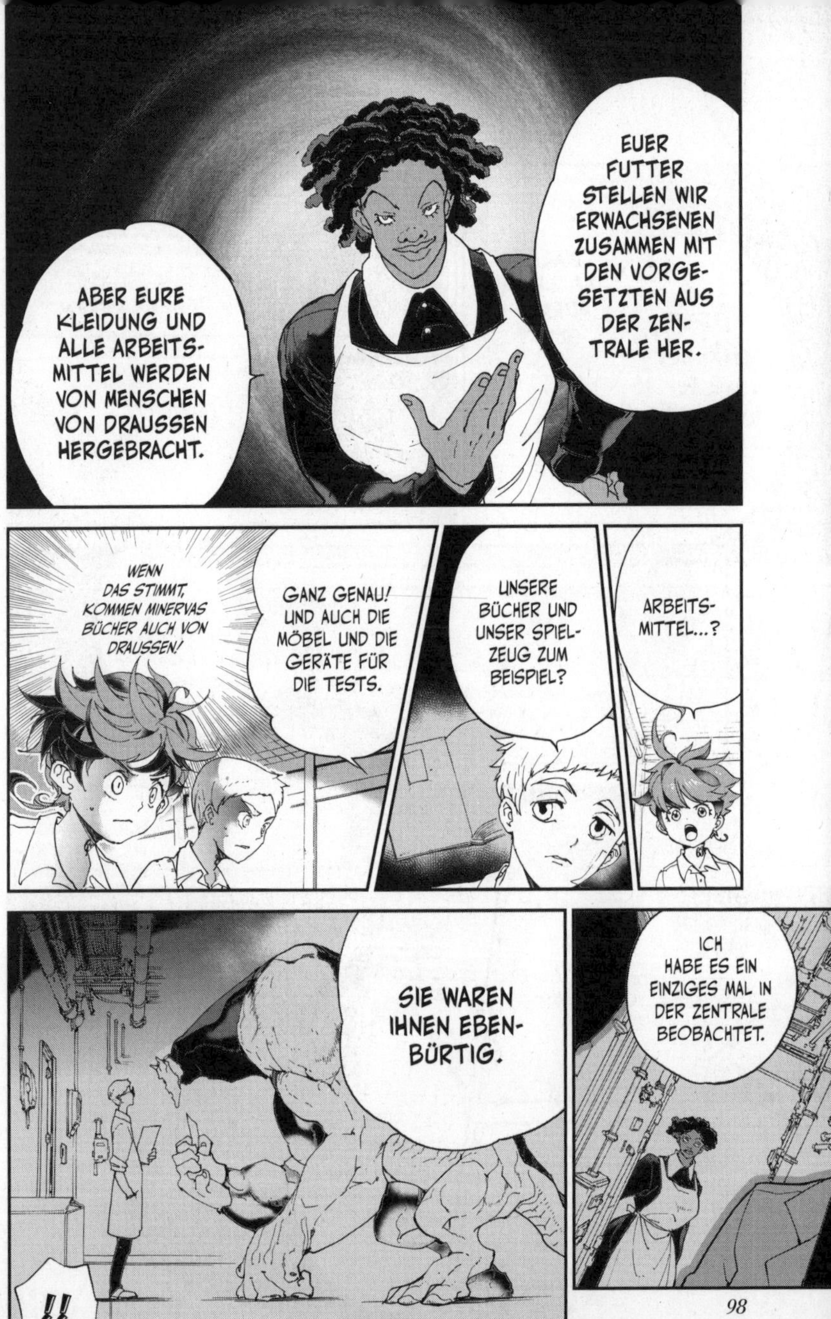
EUER FUTTER STELLEN WIR ERWACHSENEN ZUSAMMEN MIT DEN VORGE-SETZTEN AUS DER ZEN-TRALE HER.
ABER EURE KLEIDUNG UND ALLE ARBEITS-MITTEL WERDEN VON MENSCHEN VON DRAUSSEN HERGEBRACHT.
ARBEITS-MITTEL...?
UNSERE BÜCHER UND UNSER SPIEL-ZEUG ZUM BEISPIEL?
GANZ GENAU! UND AUCH DIE MÖBEL UND DIE GERÄTE FÜR DIE TESTS.
WENN DAS STIMMT, KOMMEN MINERVAS BÜCHER AUCH VON DRAUSSEN!
ICH HABE ES EIN EINZIGES MAL IN DER ZENTRALE BEOBACHTET.
SIE WAREN IHNEN EBEN-BÜRTIG.
!!

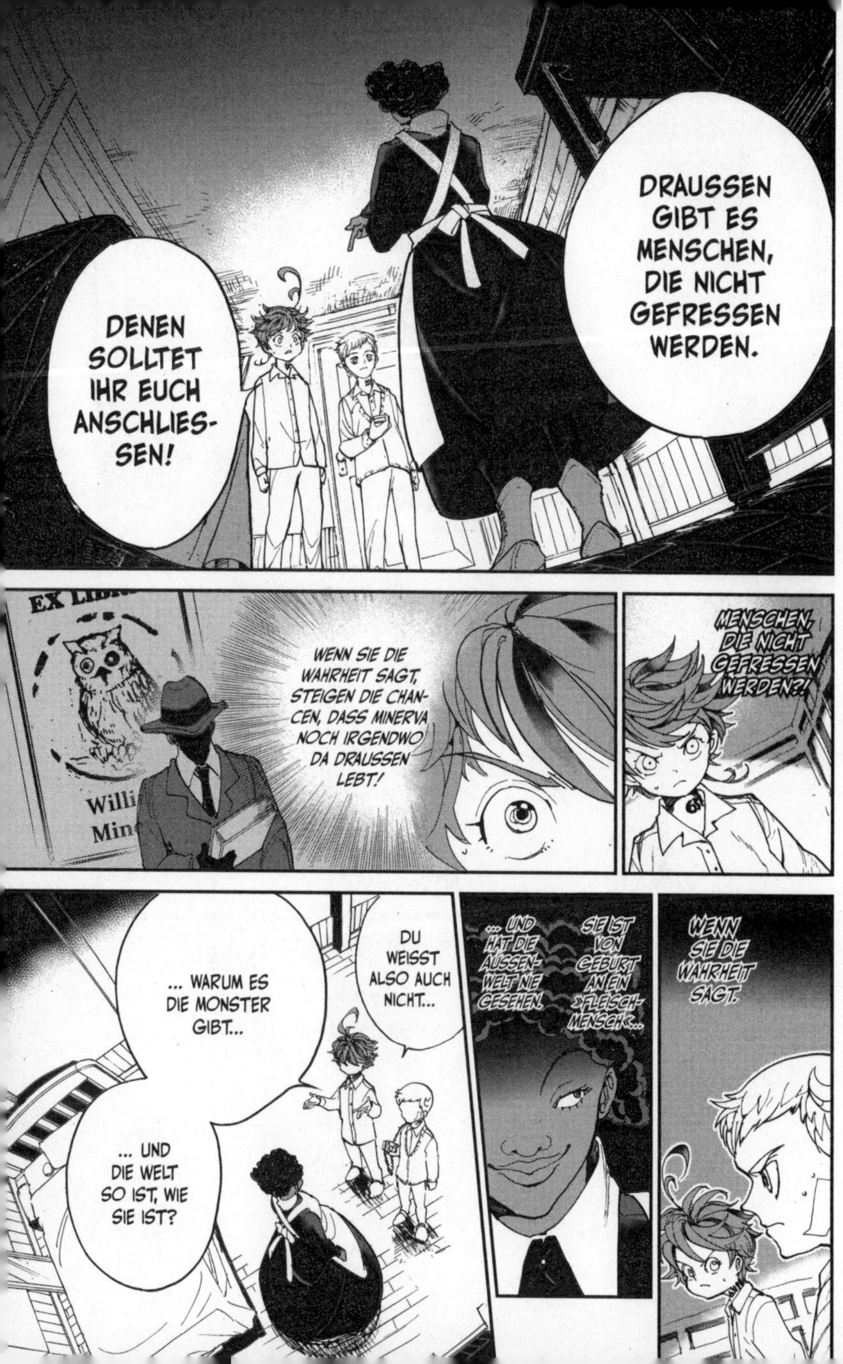
DRAUSSEN GIBT ES MENSCHEN, DIE NICHT GEFRESSEN WERDEN.
DENEN SOLLTET IHR EUCH ANSCHLIES-SEN!
MENSCHEN, DIE NICHT GEFRESSEN WERDEN?!
WENN SIE DIE WAHRHEIT SAGT, STEIGEN DIE CHAN-CEN, DASS MINERVA NOCH IRGENDWO DA DRAUSSEN LEBT!
WENN SIE DIE WAHRHEIT SAGT.
SIE IST VON GEBURT AN EIN »FLEISCH-MENSCH«...
... UND HAT DIE AUSSEN-WELT NIE GESEHEN.
DU WEISST ALSO AUCH NICHT...
... WARUM ES DIE MONSTER GIBT...
... UND DIE WELT SO IST, WIE SIE IST?

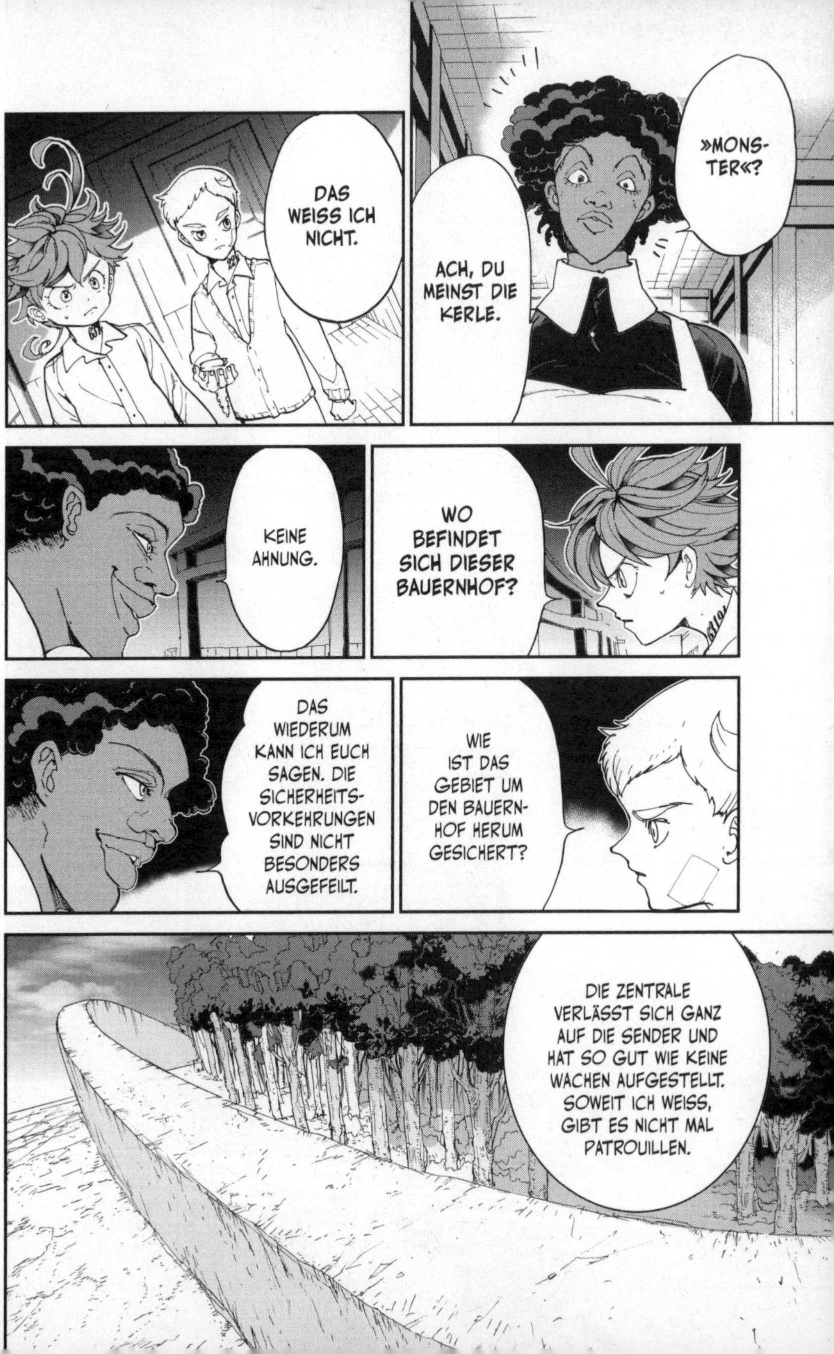
»MONSTER«?
ACH, DU MEINST DIE KERLE.
DAS WEISS ICH NICHT.
WO BEFINDET SICH DIESER BAUERNHOF?
KEINE AHNUNG.
WIE IST DAS GEBIET UM DEN BAUERNHOF HERUM GESICHERT?
DAS WIEDERUM KANN ICH EUCH SAGEN. DIE SICHERHEITSVORKEHRUNGEN SIND NICHT BESONDERS AUSGEFEILT.
DIE ZENTRALE VERLÄSST SICH GANZ AUF DIE SENDER UND HAT SO GUT WIE KEINE WACHEN AUFGESTELLT. SOWEIT ICH WEISS, GIBT ES NICHT MAL PATROUILLEN.

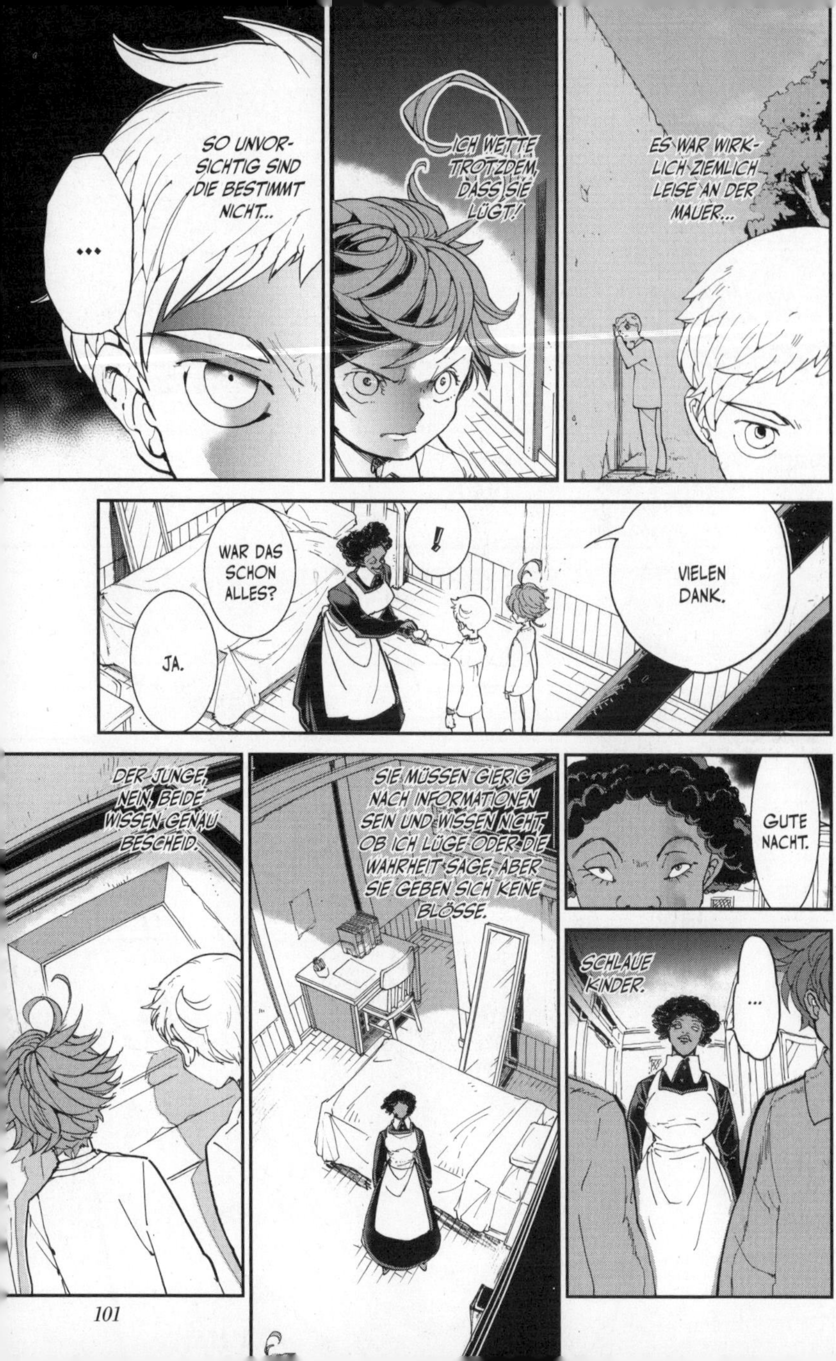
ES WAR WIRKLICH ZIEMLICH LEISE AN DER MAUER...
ICH WETTE TROTZDEM, DASS SIE LÜGT!
SO UNVORSICHTIG SIND DIE BESTIMMT NICHT...
...
VIELEN DANK.
!
WAR DAS SCHON ALLES?
JA.
GUTE NACHT.
SCHLAUE KINDER.
...
SIE MÜSSEN GIERIG NACH INFORMATIONEN SEIN UND WISSEN NICHT, OB ICH LÜGE ODER DIE WAHRHEIT SAGE, ABER SIE GEBEN SICH KEINE BLÖSSE.
DER JUNGE, NEIN, BEIDE WISSEN GENAU BESCHEID.

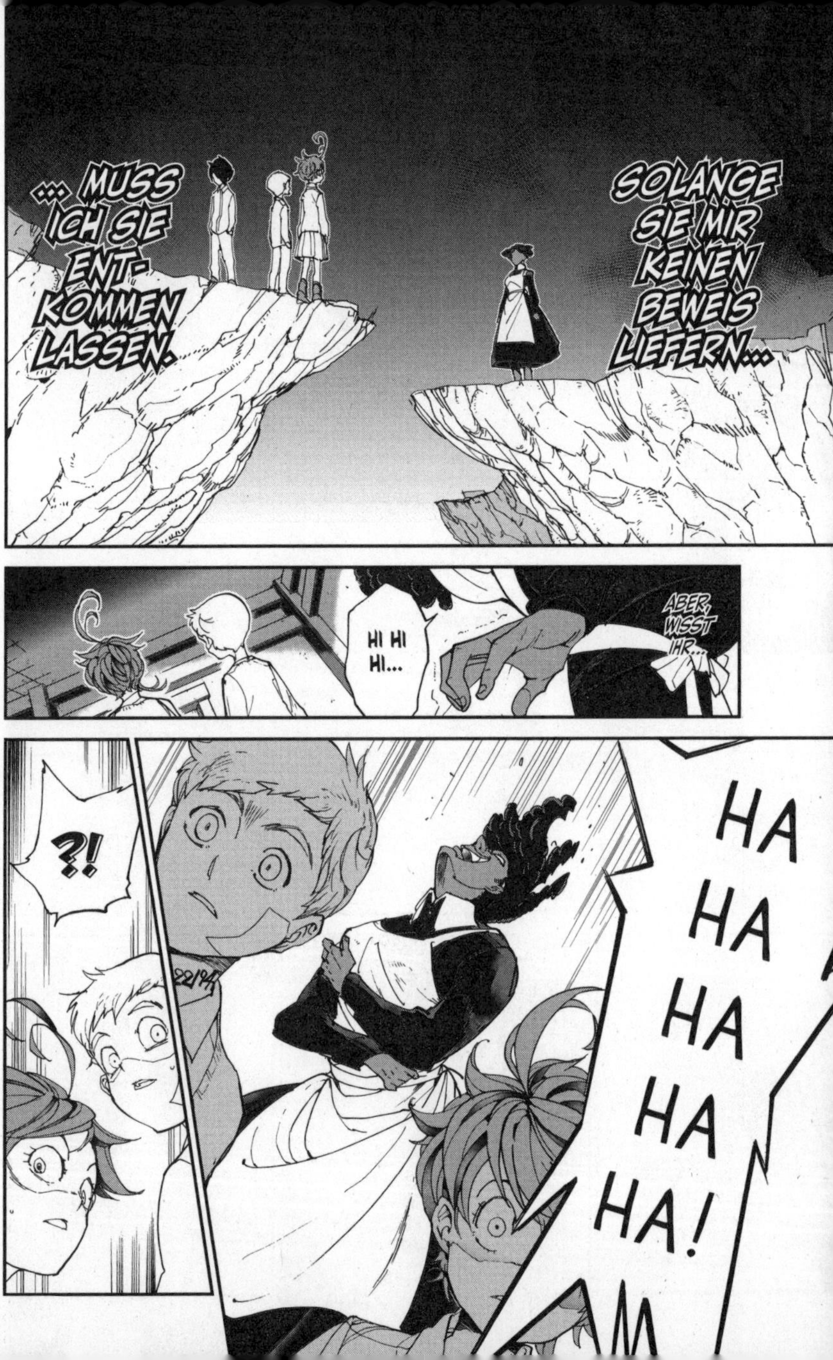
SOLANGE SIE MIR KEINEN BEWEIS LIEFERN...
... MUSS ICH SIE ENT-KOMMEN LASSEN.
ABER, WISST IHR...
HI HI HI...
HA HA HA HA HA HA!
?!

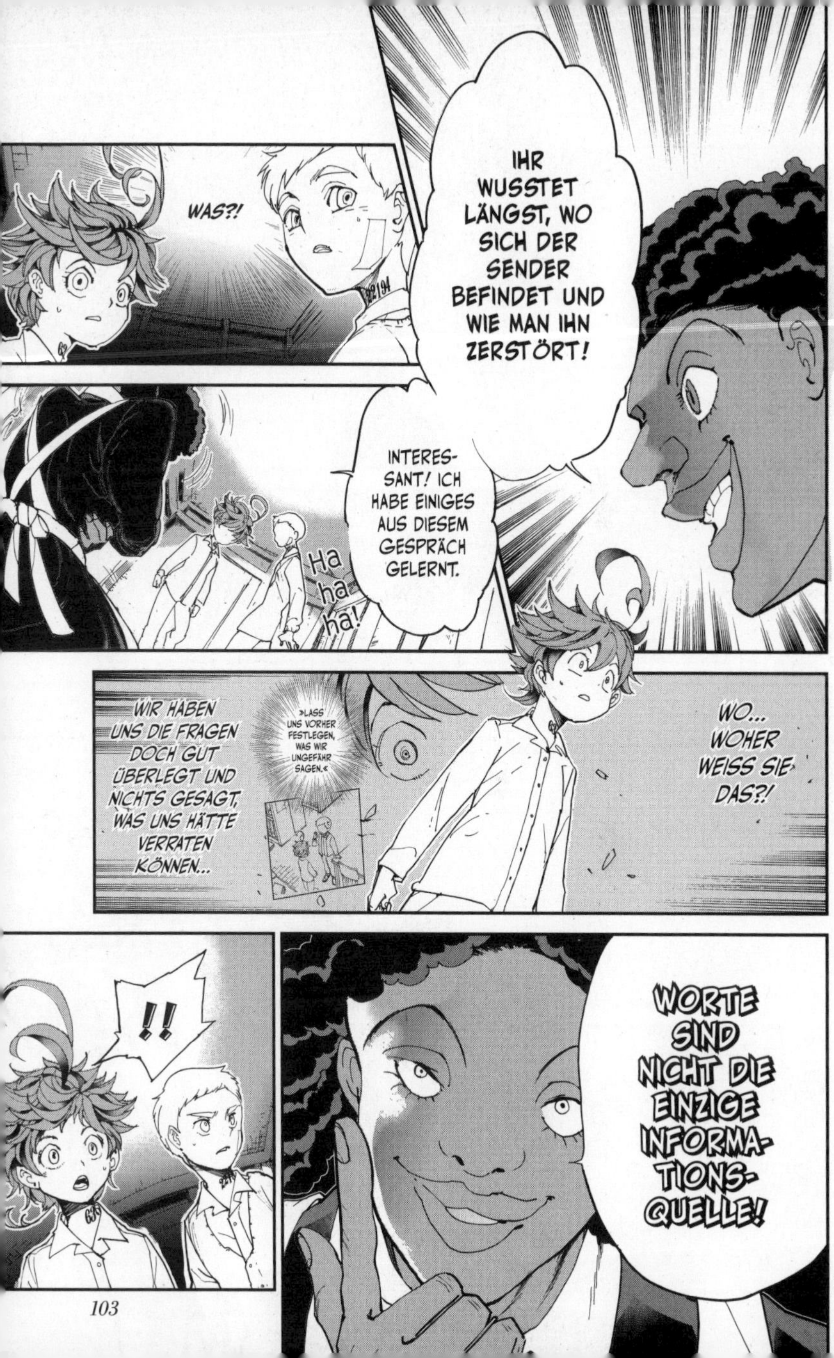

IHR WUSSTET LÄNGST, WO SICH DER SENDER BEFINDET UND WIE MAN IHN ZERSTÖRT!
WAS?!
INTERES-SANT! ICH HABE EINIGES AUS DIESEM GESPRÄCH GELERNT.
Ha ha ha!
WO... WOHER WEISS SIE DAS?!
»LASS UNS VORHER FESTLEGEN, WAS WIR UNGEFÄHR SAGEN.«
WIR HABEN UNS DIE FRAGEN DOCH GUT ÜBERLEGT UND NICHTS GESAGT, WAS UNS HÄTTE VERRATEN KÖNNEN...
WORTE SIND NICHT DIE EINZIGE INFORMATIONS-QUELLE!
!!

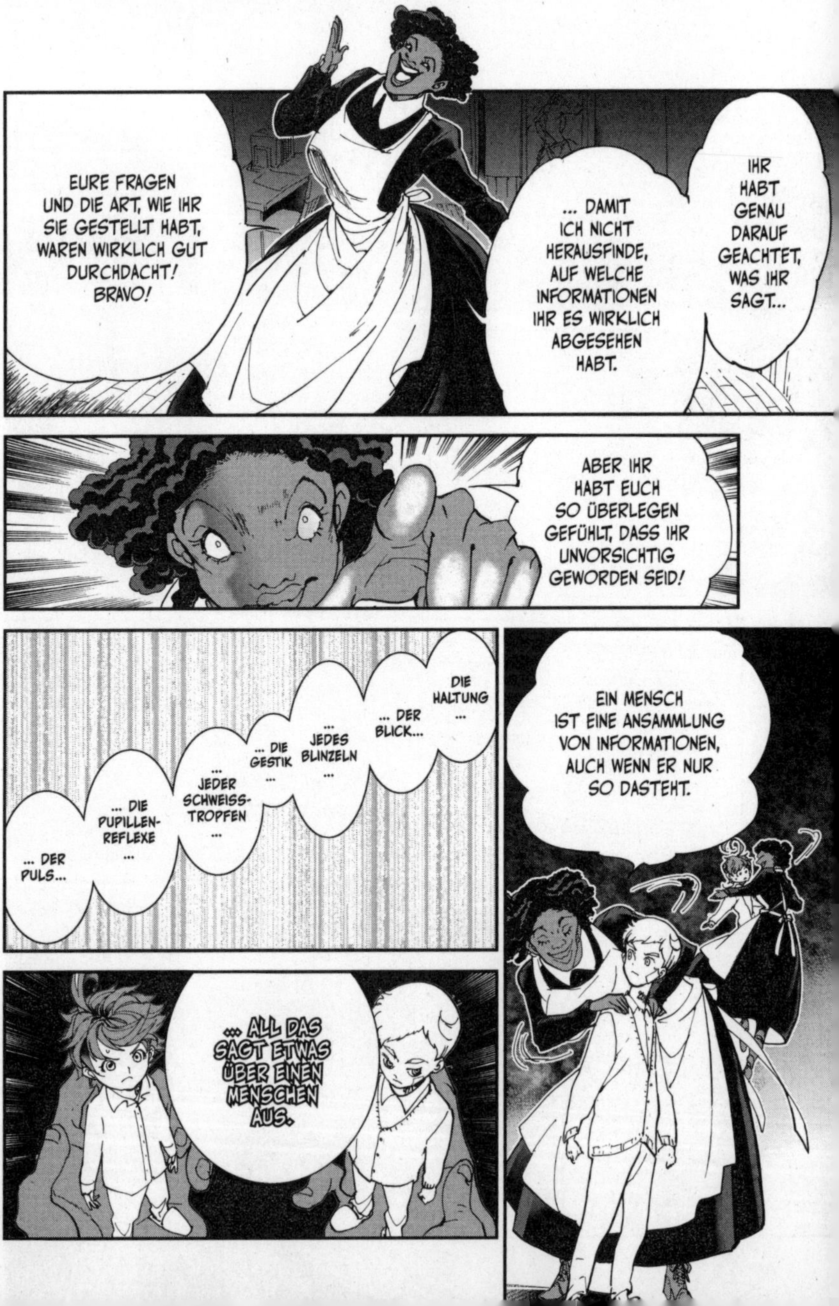
IHR HABT GENAU DARAUF GEACHTET, WAS IHR SAGT...
... DAMIT ICH NICHT HERAUSFINDE, AUF WELCHE INFORMATIONEN IHR ES WIRKLICH ABGESEHEN HABT.
EURE FRAGEN UND DIE ART, WIE IHR SIE GESTELLT HABT, WAREN WIRKLICH GUT DURCHDACHT! BRAVO!
ABER IHR HABT EUCH SO ÜBERLEGEN GEFÜHLT, DASS IHR UNVORSICHTIG GEWORDEN SEID!
EIN MENSCH IST EINE ANSAMMLUNG VON INFORMATIONEN, AUCH WENN ER NUR SO DASTEHT.
DIE HALTUNG ...
... DER BLICK...
... JEDES BLINZELN ...
... DIE GESTIK ...
... JEDER SCHWEISS-TROPFEN ...
... DIE PUPILLEN-REFLEXE ...
... DER PULS...
... ALL DAS SAGT ETWAS ÜBER EINEN MENSCHEN AUS.

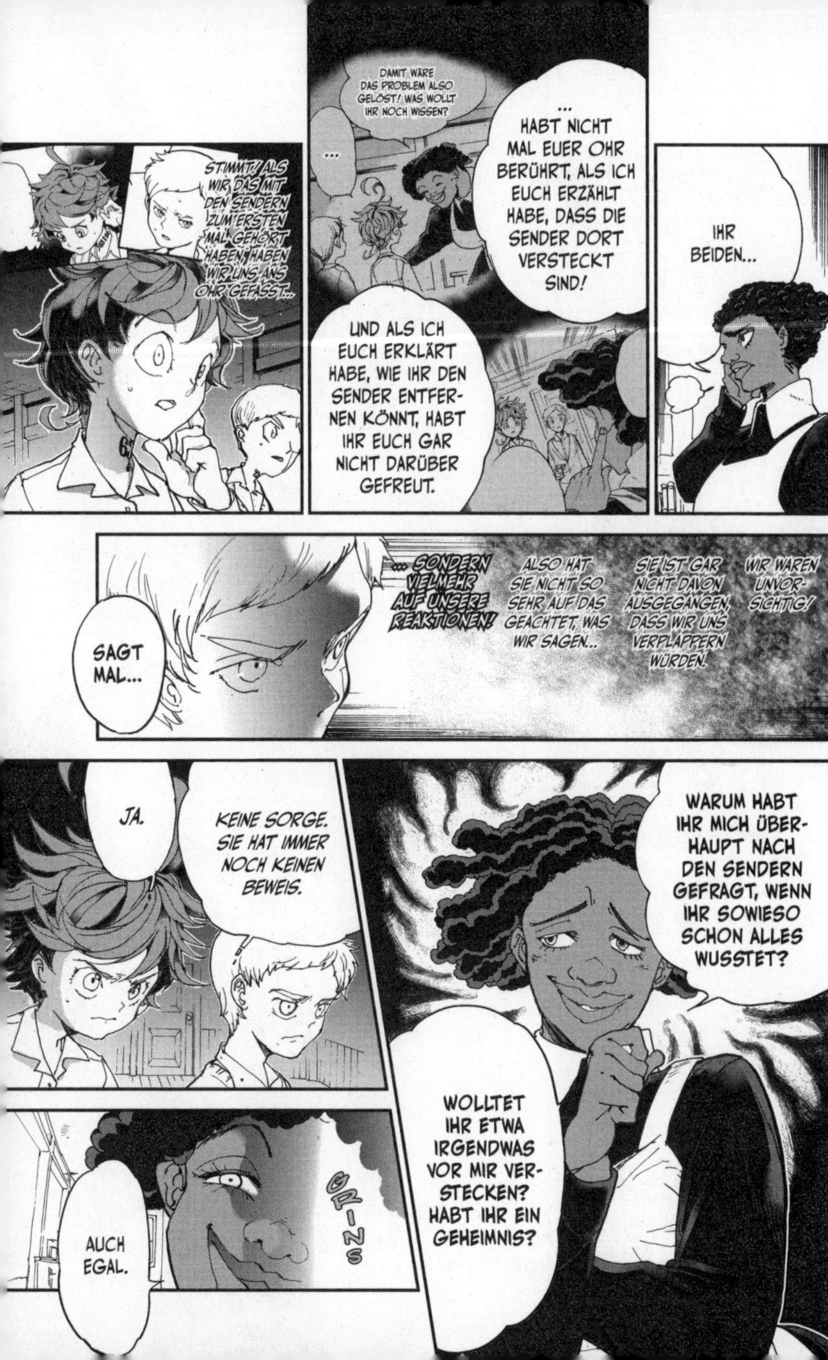
IHR BEIDEN...
DAMIT WÄRE DAS PROBLEM ALSO GELÖST! WAS WOLLT IHR NOCH WISSEN?
...
... HABT NICHT MAL EUER OHR BERÜHRT, ALS ICH EUCH ERZÄHLT HABE, DASS DIE SENDER DORT VERSTECKT SIND!
UND ALS ICH EUCH ERKLÄRT HABE, WIE IHR DEN SENDER ENTFERNEN KÖNNT, HABT IHR EUCH GAR NICHT DARÜBER GEFREUT.
STIMMT! ALS WIR DAS MIT DEN SENDERN ZUM ERSTEN MAL GEHÖRT HABEN, HABEN WIR UNS ANS OHR GEFASST...
WIR WAREN UNVORSICHTIG!
SIE IST GAR NICHT DAVON AUSGEGANGEN, DASS WIR UNS VERPLAPPERN WÜRDEN!
ALSO HAT SIE NICHT SO SEHR AUF DAS GEACHTET, WAS WIR SAGEN...
... SONDERN VIELMEHR AUF UNSERE REAKTIONEN!
SAGT MAL...
WARUM HABT IHR MICH ÜBERHAUPT NACH DEN SENDERN GEFRAGT, WENN IHR SOWIESO SCHON ALLES WUSSTET?
WOLLTET IHR ETWA IRGENDWAS VOR MIR VERSTECKEN? HABT IHR EIN GEHEIMNIS?
KEINE SORGE. SIE HAT IMMER NOCH KEINEN BEWEIS.
JA.
GRINS
AUCH EGAL.

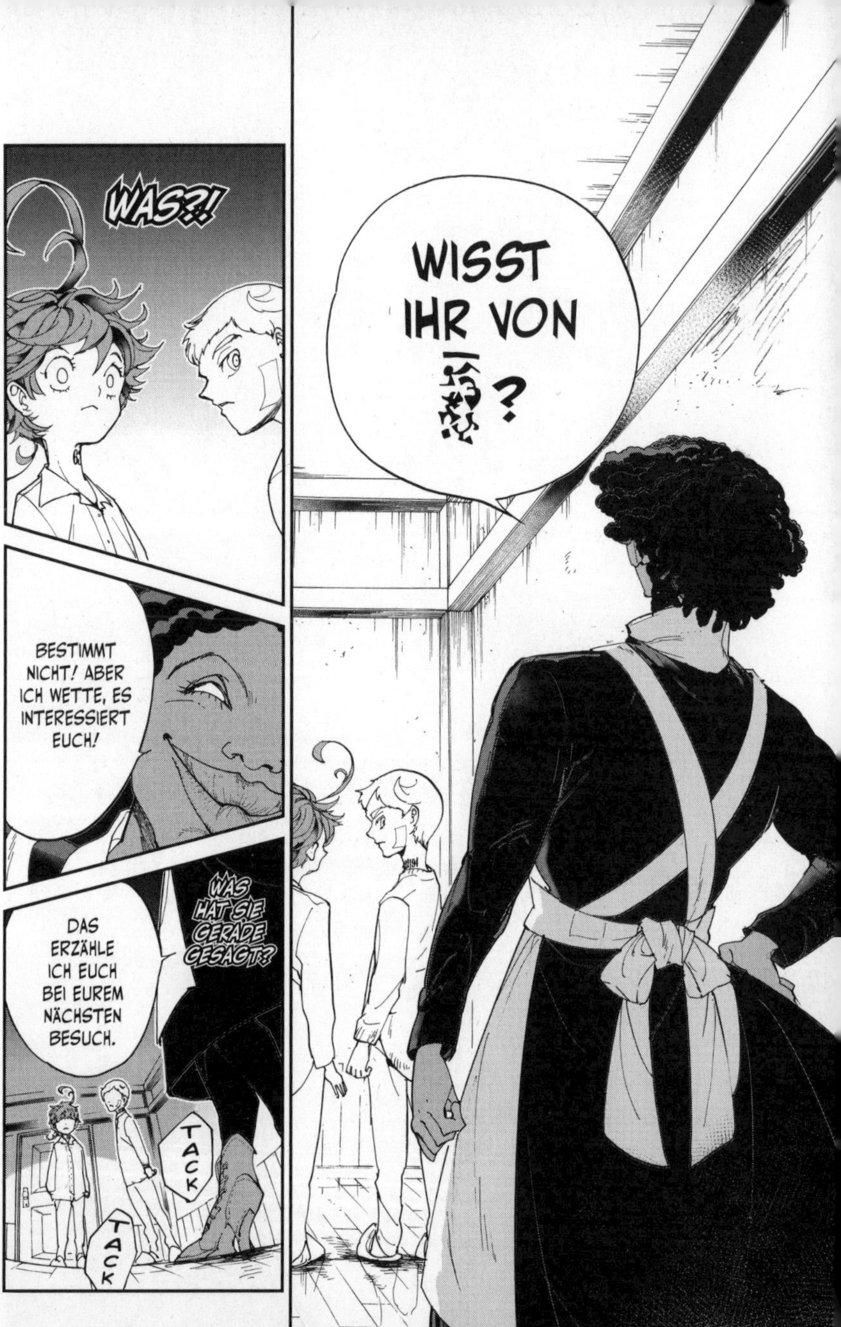
WISST IHR VON ?
WAS?!
BESTIMMT NICHT! ABER ICH WETTE, ES INTERESSIERT EUCH!
WAS HAT SIE GERADE GESAGT?
DAS ERZÄHLE ICH EUCH BEI EUREM NÄCHSTEN BESUCH.
TACK
TACK

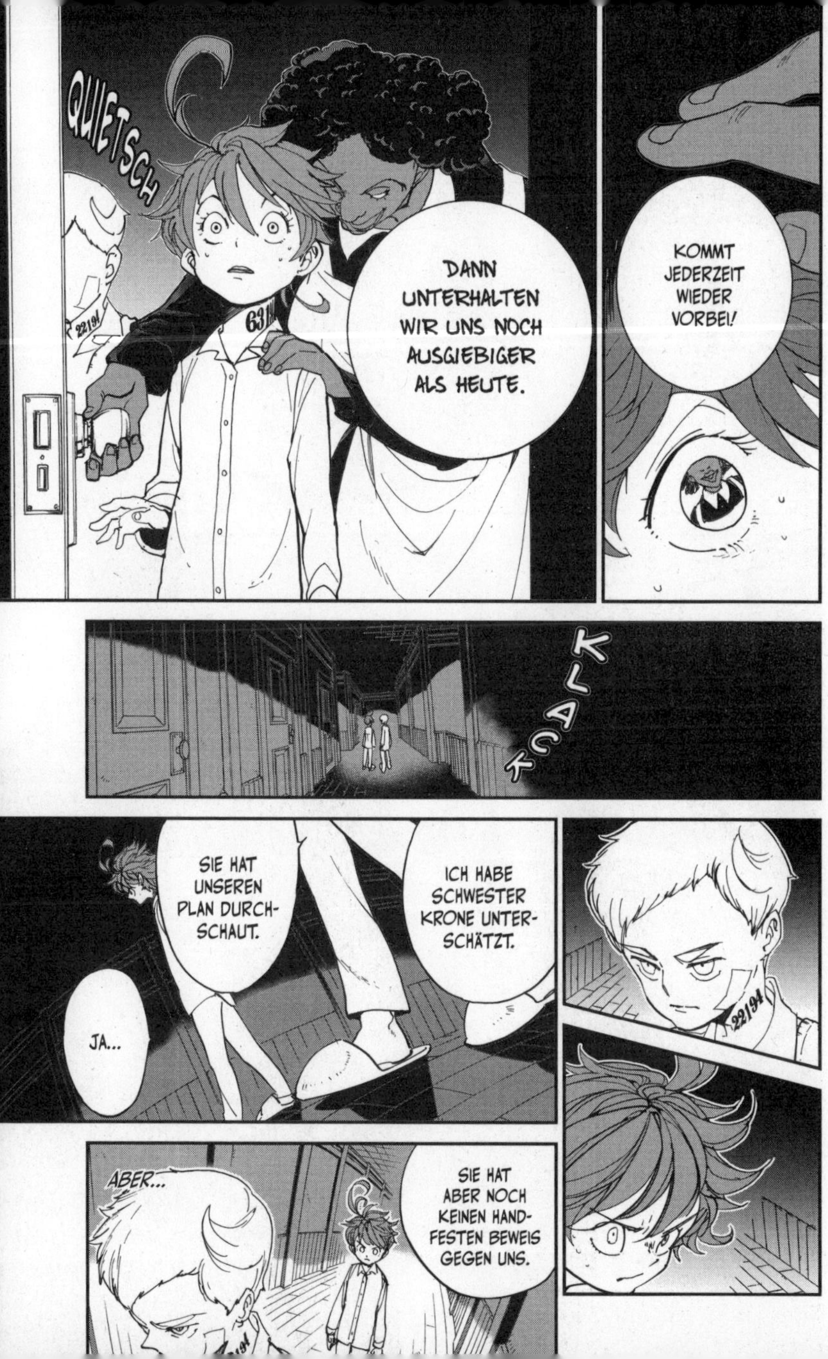
KOMMT JEDERZEIT WIEDER VORBEI!
QUIETSCH
DANN UNTERHALTEN WIR UNS NOCH AUSGIEBIGER ALS HEUTE.
KLACK
ICH HABE SCHWESTER KRONE UNTERSCHÄTZT.
SIE HAT UNSEREN PLAN DURCHSCHAUT.
JA...
SIE HAT ABER NOCH KEINEN HANDFESTEN BEWEIS GEGEN UNS.
ABER...

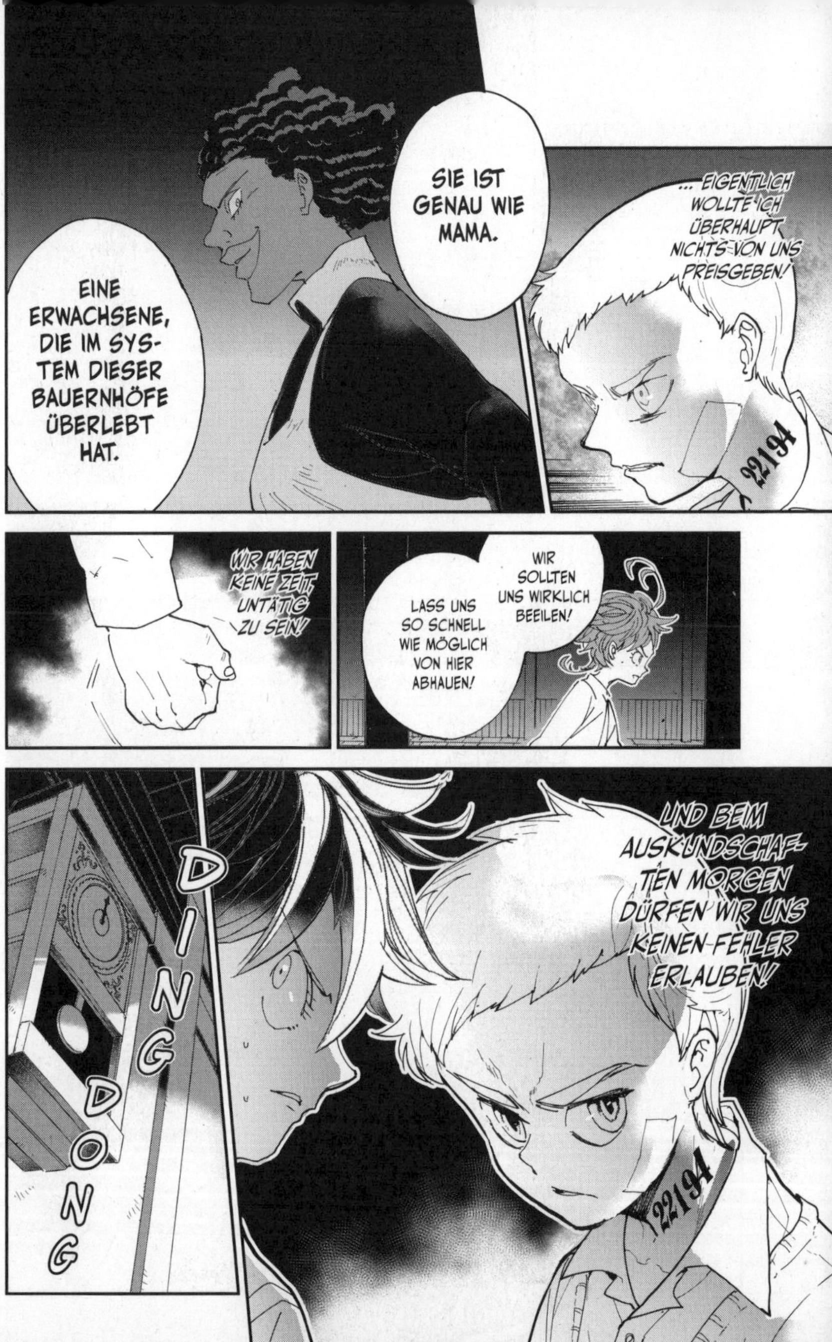
SIE IST GENAU WIE MAMA.
EINE ERWACHSENE, DIE IM SYS-TEM DIESER BAUERNHÖFE ÜBERLEBT HAT.
... EIGENTLICH WOLLTE ICH ÜBERHAUPT NICHTS VON UNS PREISGEBEN!
22194
WIR SOLLTEN UNS WIRKLICH BEEILEN!
LASS UNS SO SCHNELL WIE MÖGLICH VON HIER ABHAUEN!
WIR HABEN KEINE ZEIT, UNTÄTIG ZU SEIN!
UND BEIM AUSKUNDSCHAF-TEN MORGEN DÜRFEN WIR UNS KEINEN FEHLER ERLAUBEN!
DING DONG
22194

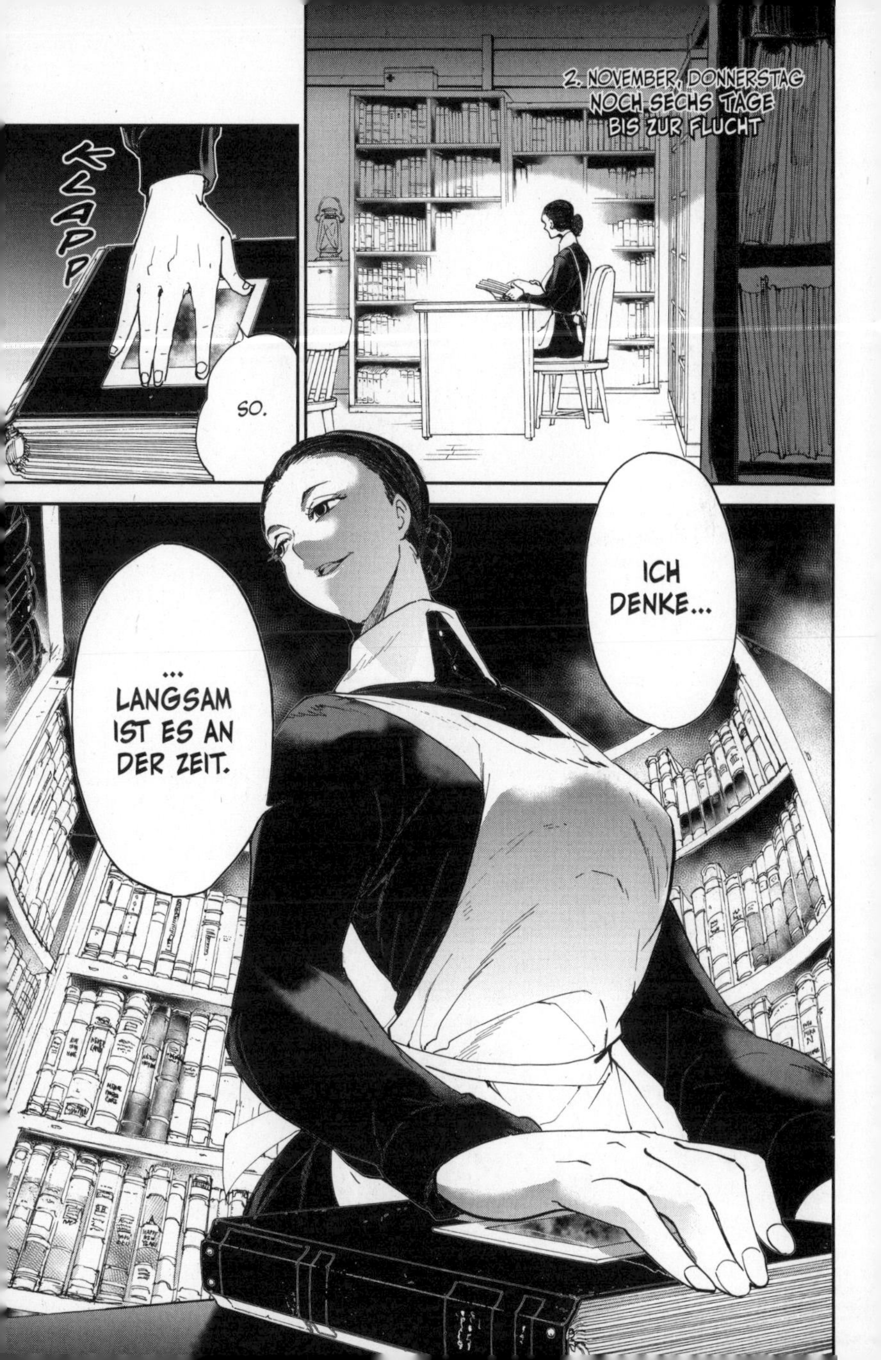
2. NOVEMBER, DONNERSTAG
NOCH SECHS TAGE BIS ZUR FLUCHT
KLAPP
SO.
ICH DENKE...
... LANGSAM IST ES AN DER ZEIT.

BLUMENBEET

Die Kinder wissen, dass Mama Blumen sehr mag.

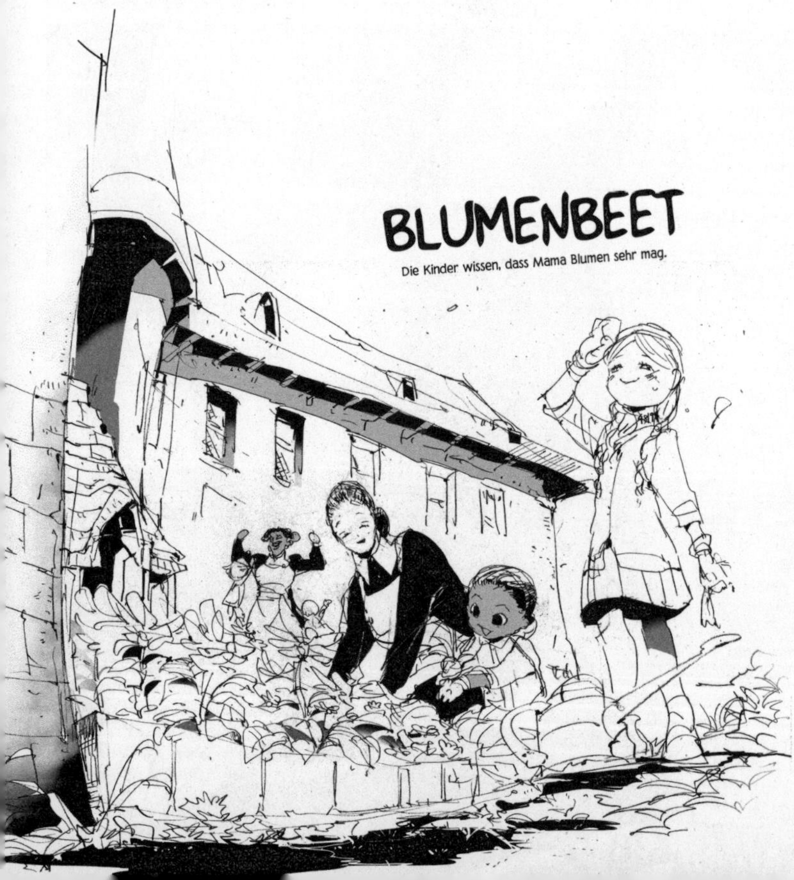

Kapitel 22: Futter

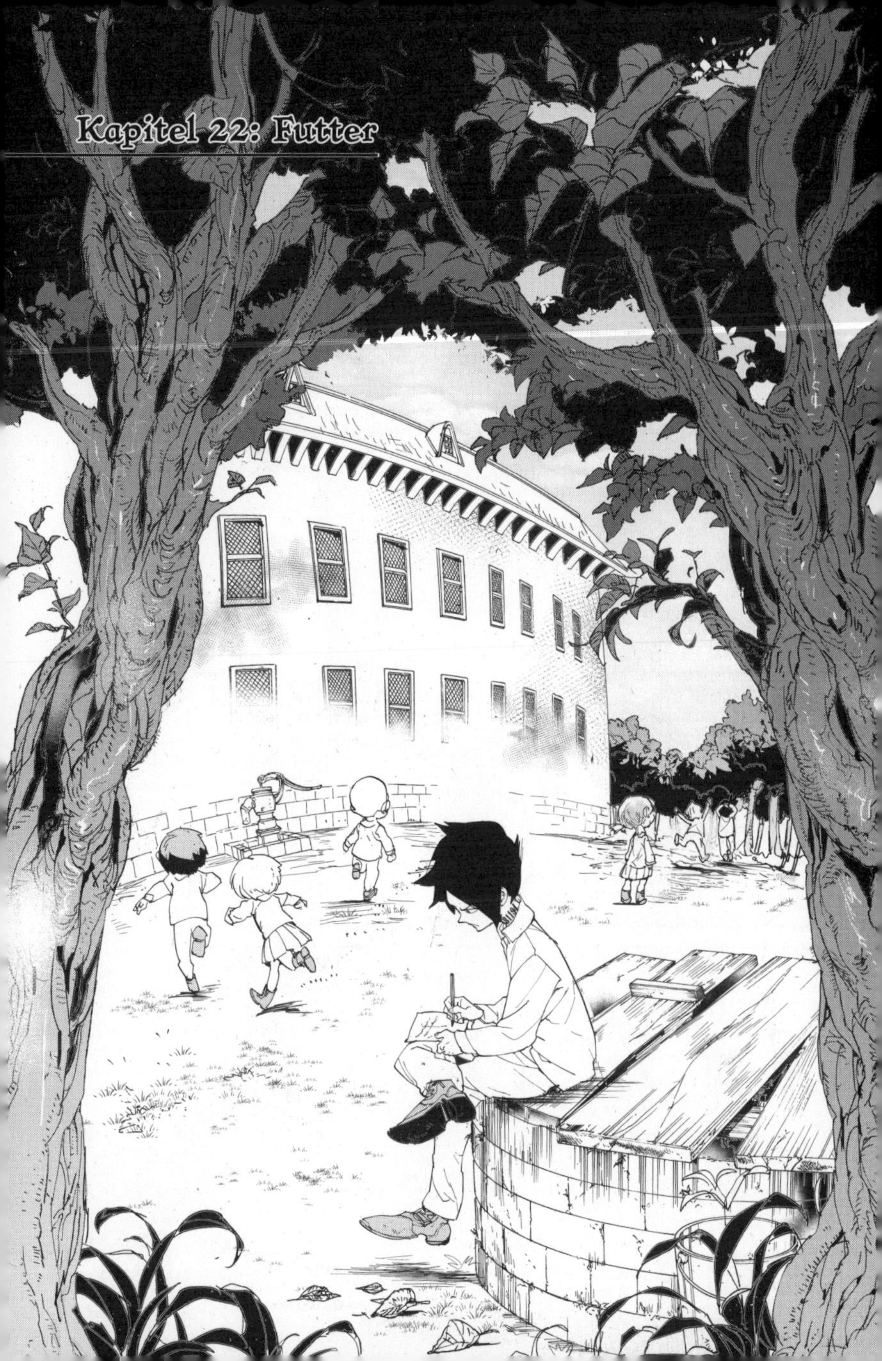

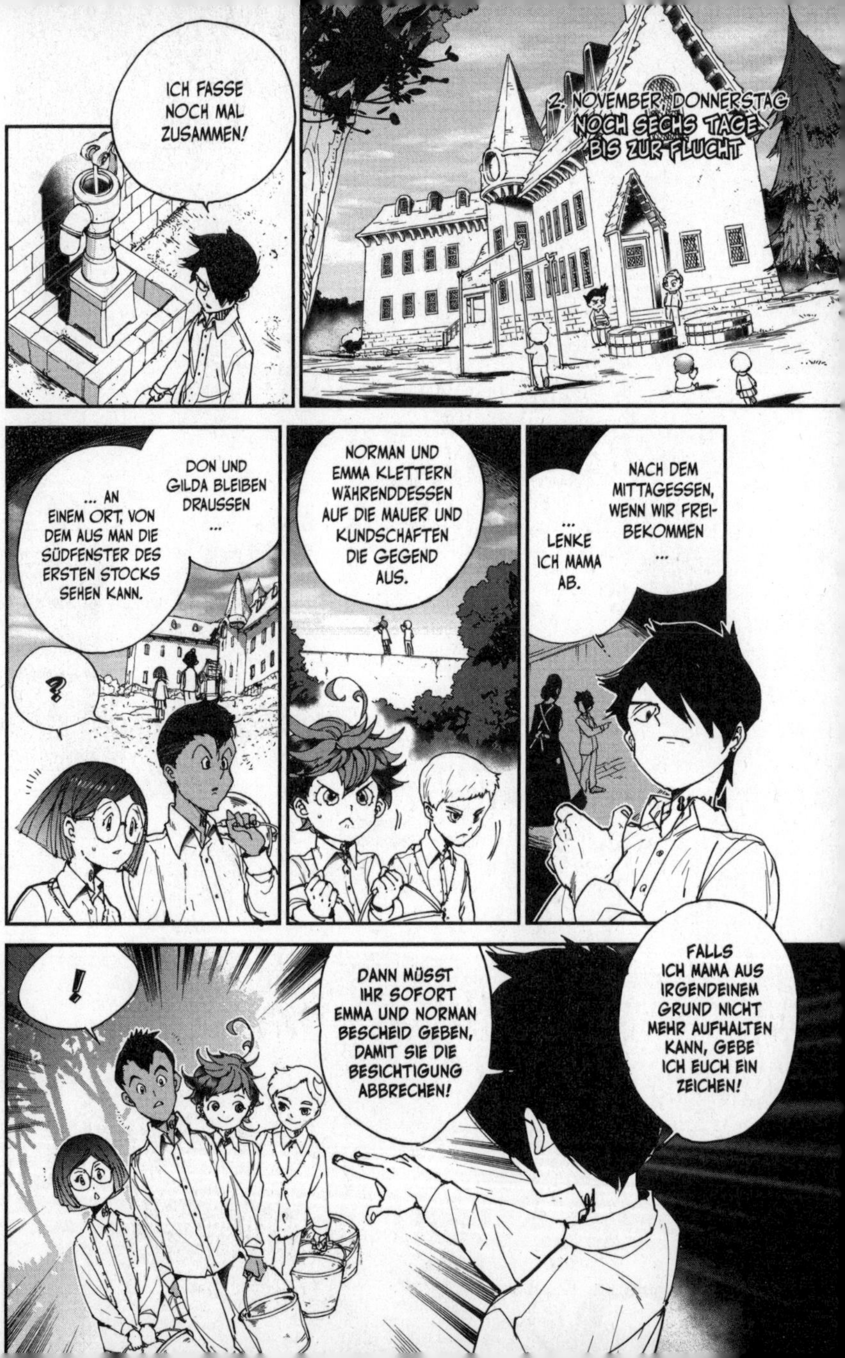

2. NOVEMBER, DONNERSTAG
NOCH SECHS TAGE BIS ZUR FLUCHT
ICH FASSE NOCH MAL ZUSAMMEN!
NACH DEM MITTAGESSEN, WENN WIR FREI-BEKOMMEN ...
... LENKE ICH MAMA AB.
NORMAN UND EMMA KLETTERN WÄHRENDDESSEN AUF DIE MAUER UND KUNDSCHAFTEN DIE GEGEND AUS.
DON UND GILDA BLEIBEN DRAUSSEN ...
... AN EINEM ORT, VON DEM AUS MAN DIE SÜDFENSTER DES ERSTEN STOCKS SEHEN KANN.
?
FALLS ICH MAMA AUS IRGENDEINEM GRUND NICHT MEHR AUFHALTEN KANN, GEBE ICH EUCH EIN ZEICHEN!
DANN MÜSST IHR SOFORT EMMA UND NORMAN BESCHEID GEBEN, DAMIT SIE DIE BESICHTIGUNG ABBRECHEN!
!

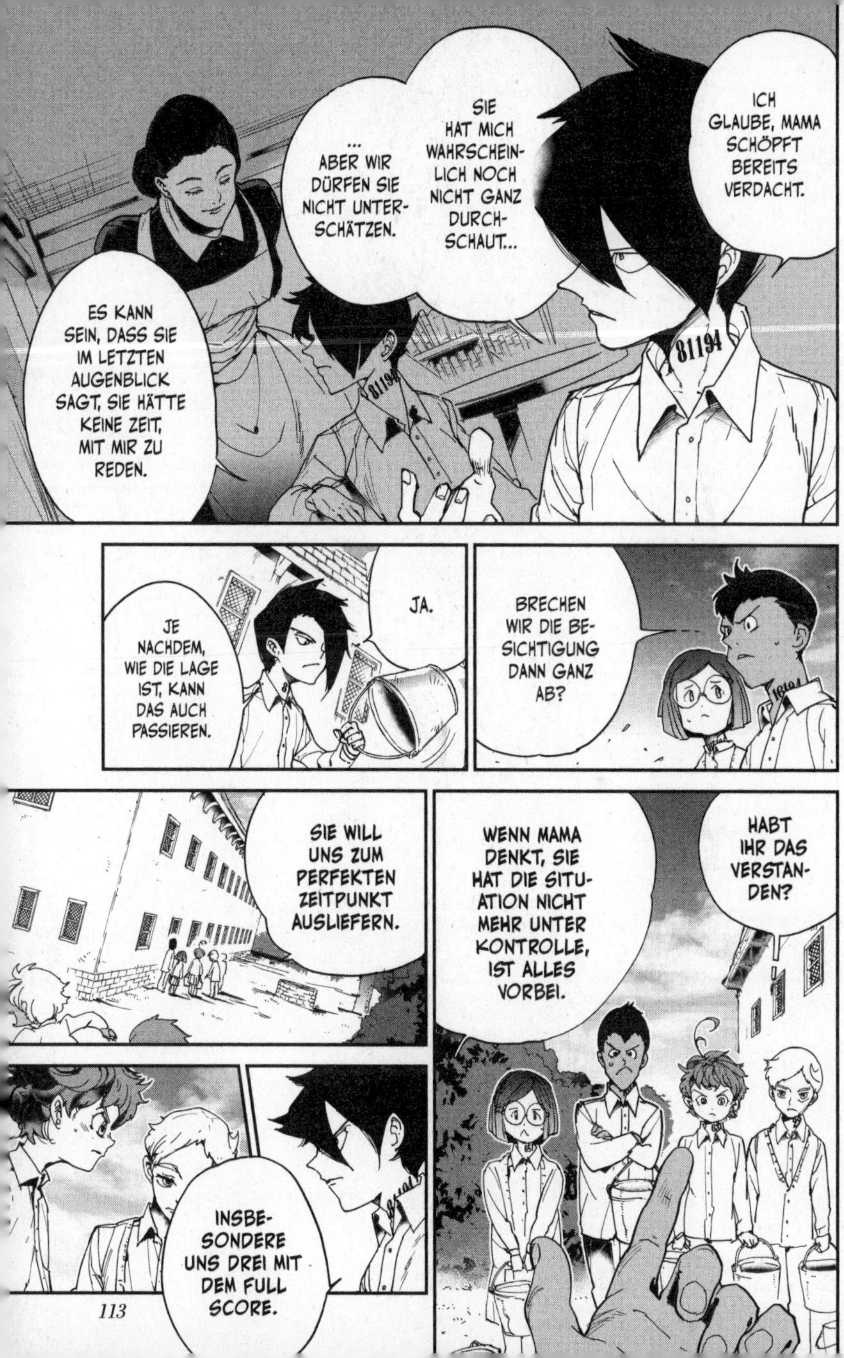

ICH GLAUBE, MAMA SCHÖPFT BEREITS VERDACHT.
SIE HAT MICH WAHRSCHEINLICH NOCH NICHT GANZ DURCHSCHAUT...
... ABER WIR DÜRFEN SIE NICHT UNTERSCHÄTZEN.
ES KANN SEIN, DASS SIE IM LETZTEN AUGENBLICK SAGT, SIE HÄTTE KEINE ZEIT, MIT MIR ZU REDEN.
BRECHEN WIR DIE BESICHTIGUNG DANN GANZ AB?
JA.
JE NACHDEM, WIE DIE LAGE IST, KANN DAS AUCH PASSIEREN.
HABT IHR DAS VERSTANDEN?
WENN MAMA DENKT, SIE HAT DIE SITUATION NICHT MEHR UNTER KONTROLLE, IST ALLES VORBEI.
SIE WILL UNS ZUM PERFEKTEN ZEITPUNKT AUSLIEFERN.
INSBESONDERE UNS DREI MIT DEM FULL SCORE.

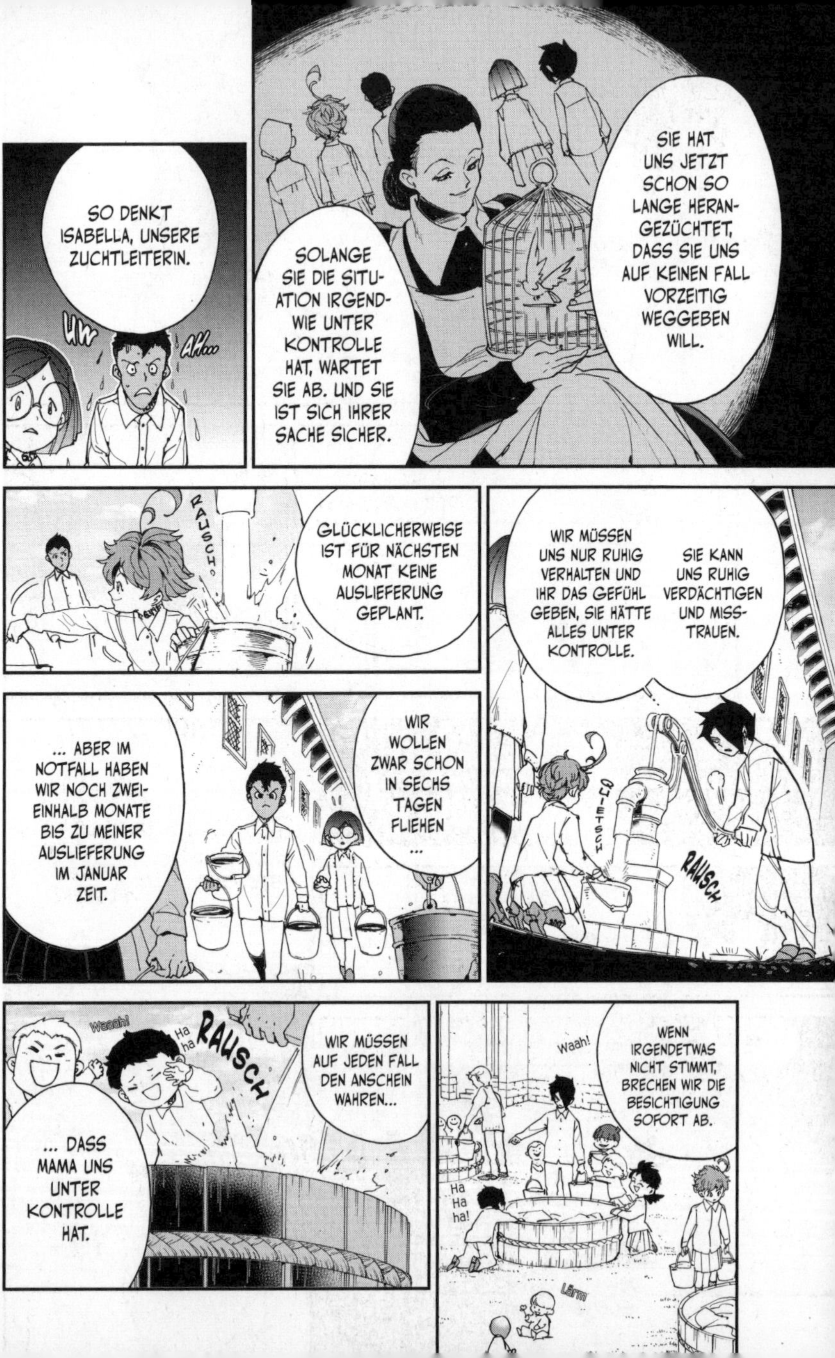
SIE HAT UNS JETZT SCHON SO LANGE HERAN-GEZÜCHTET, DASS SIE UNS AUF KEINEN FALL VORZEITIG WEGGEBEN WILL.
SOLANGE SIE DIE SITUATION IRGENDWIE UNTER KONTROLLE HAT, WARTET SIE AB. UND SIE IST SICH IHRER SACHE SICHER.
SO DENKT ISABELLA, UNSERE ZUCHTLEITERIN.
UW
AH...
SIE KANN UNS RUHIG VERDÄCHTIGEN UND MISSTRAUEN.
WIR MÜSSEN UNS NUR RUHIG VERHALTEN UND IHR DAS GEFÜHL GEBEN, SIE HÄTTE ALLES UNTER KONTROLLE.
QUIETSCH
RAUSCH
GLÜCKLICHERWEISE IST FÜR NÄCHSTEN MONAT KEINE AUSLIEFERUNG GEPLANT.
RAUSCH
WIR WOLLEN ZWAR SCHON IN SECHS TAGEN FLIEHEN ...
... ABER IM NOTFALL HABEN WIR NOCH ZWEIEINHALB MONATE BIS ZU MEINER AUSLIEFERUNG IM JANUAR ZEIT.
WENN IRGENDETWAS NICHT STIMMT, BRECHEN WIR DIE BESICHTIGUNG SOFORT AB.
Waah!
Ha Ha ha!
Lärm
WIR MÜSSEN AUF JEDEN FALL DEN ANSCHEIN WAHREN...
Waaah!
Ha ha
RAUSCH
... DASS MAMA UNS UNTER KONTROLLE HAT.

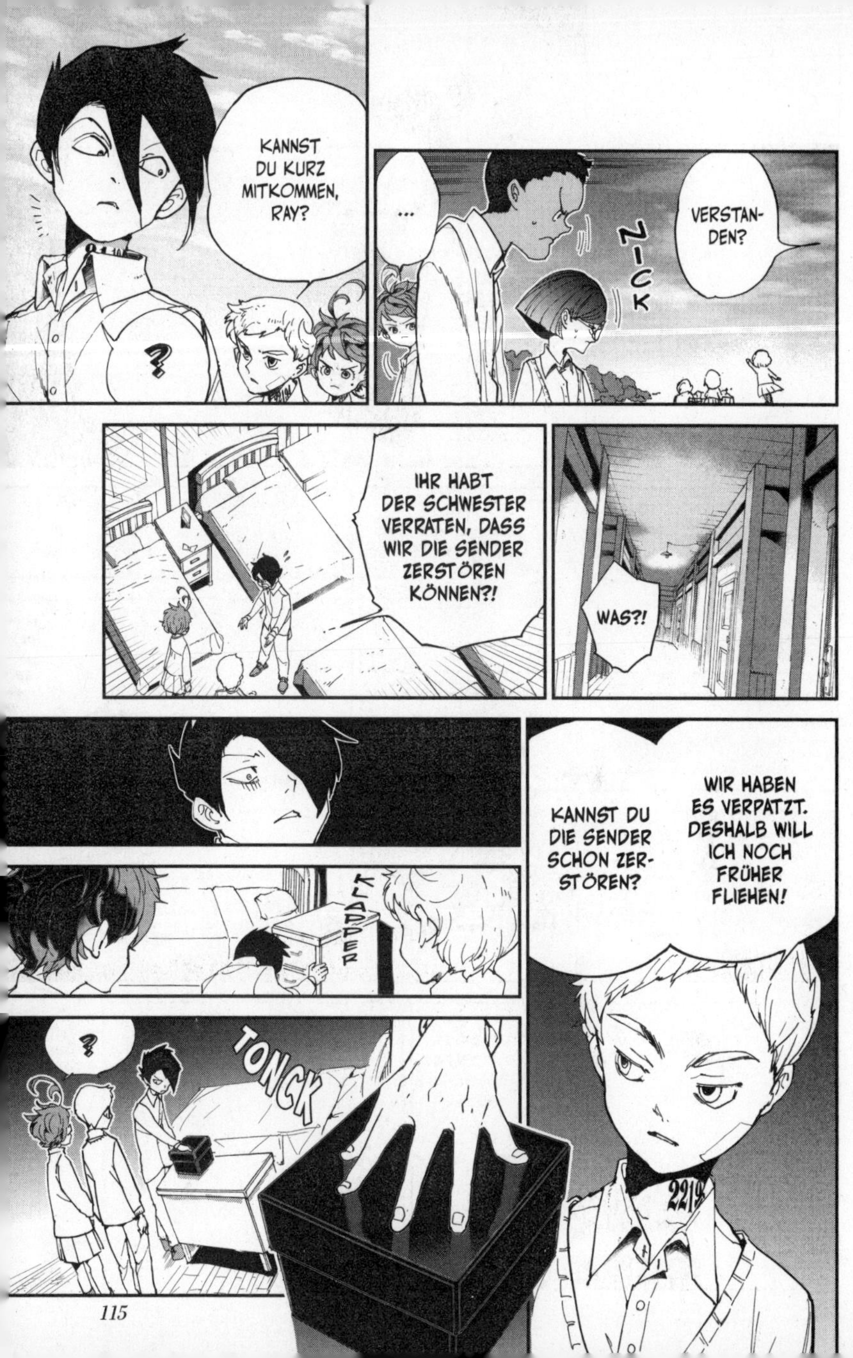
VERSTANDEN?
NICK
...
KANNST DU KURZ MITKOMMEN, RAY?
WAS?!
IHR HABT DER SCHWESTER VERRATEN, DASS WIR DIE SENDER ZERSTÖREN KÖNNEN?!
WIR HABEN ES VERPATZT. DESHALB WILL ICH NOCH FRÜHER FLIEHEN!
KANNST DU DIE SENDER SCHON ZERSTÖREN?
KLAPPER
TONCK
?

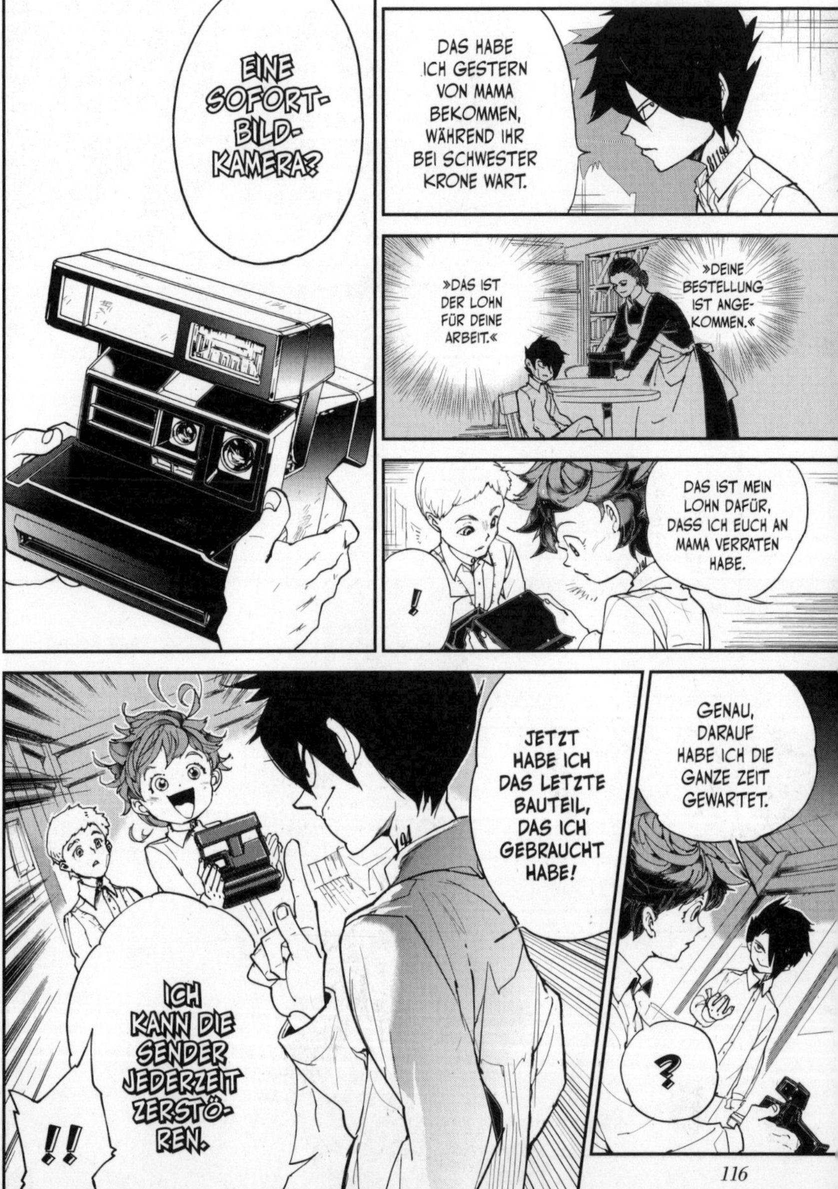
EINE SOFORT-BILD-KAMERA?
DAS HABE ICH GESTERN VON MAMA BEKOMMEN, WÄHREND IHR BEI SCHWESTER KRONE WART.
»DEINE BESTELLUNG IST ANGE-KOMMEN.«
»DAS IST DER LOHN FÜR DEINE ARBEIT.«
DAS IST MEIN LOHN DAFÜR, DASS ICH EUCH AN MAMA VERRATEN HABE.
!
GENAU, DARAUF HABE ICH DIE GANZE ZEIT GEWARTET.
?
JETZT HABE ICH DAS LETZTE BAUTEIL, DAS ICH GEBRAUCHT HABE!
ICH KANN DIE SENDER JEDERZEIT ZERSTÖ-REN.
!!

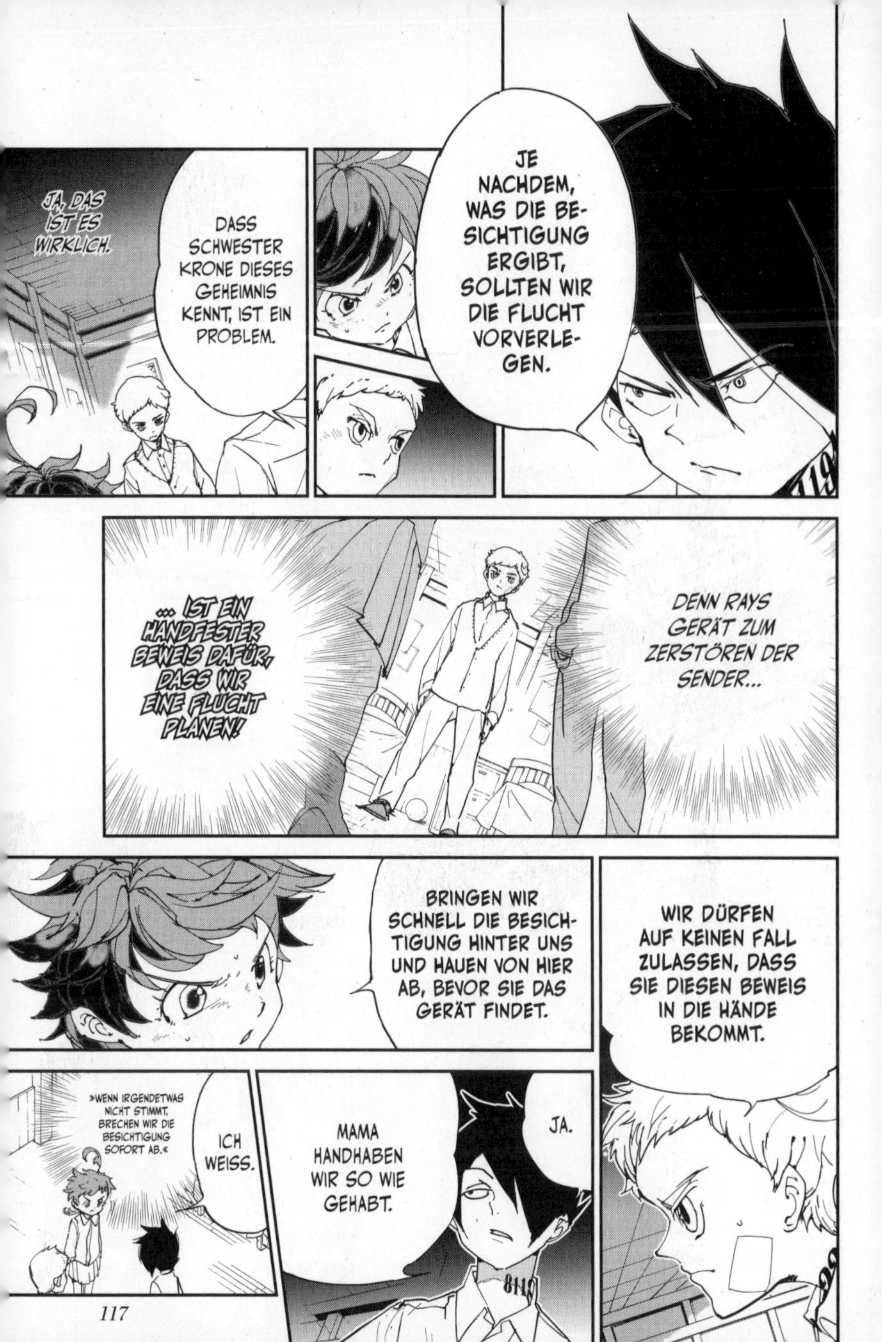

JE NACHDEM, WAS DIE BESICHTIGUNG ERGIBT, SOLLTEN WIR DIE FLUCHT VORVERLEGEN.
DASS SCHWESTER KRONE DIESES GEHEIMNIS KENNT, IST EIN PROBLEM.
JA, DAS IST ES WIRKLICH.
DENN RAYS GERÄT ZUM ZERSTÖREN DER SENDER...
... IST EIN HANDFESTER BEWEIS DAFÜR, DASS WIR EINE FLUCHT PLANEN!
WIR DÜRFEN AUF KEINEN FALL ZULASSEN, DASS SIE DIESEN BEWEIS IN DIE HÄNDE BEKOMMT.
BRINGEN WIR SCHNELL DIE BESICHTIGUNG HINTER UNS UND HAUEN VON HIER AB, BEVOR SIE DAS GERÄT FINDET.
JA.
MAMA HANDHABEN WIR SO WIE GEHABT.
ICH WEISS.
»WENN IRGENDETWAS NICHT STIMMT, BRECHEN WIR DIE BESICHTIGUNG SOFORT AB.«

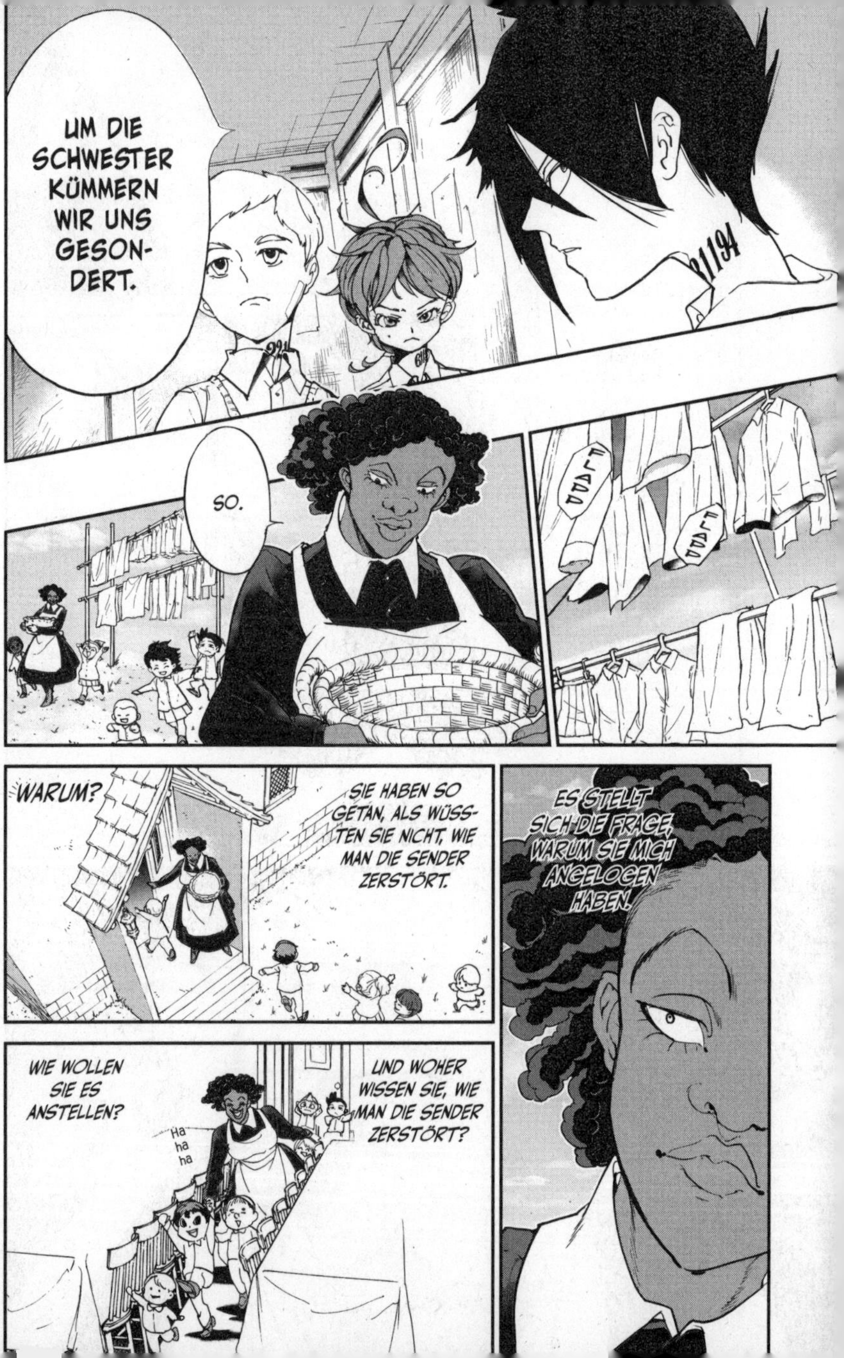
UM DIE SCHWESTER KÜMMERN WIR UNS GESON-DERT.
FLAPP
FLAPP
SO.
ES STELLT SICH DIE FRAGE, WARUM SIE MICH ANGELOGEN HABEN.
SIE HABEN SO GETAN, ALS WÜSS-TEN SIE NICHT, WIE MAN DIE SENDER ZERSTÖRT.
WARUM?
UND WOHER WISSEN SIE, WIE MAN DIE SENDER ZERSTÖRT?
WIE WOLLEN SIE ES ANSTELLEN?
Ha ha ha

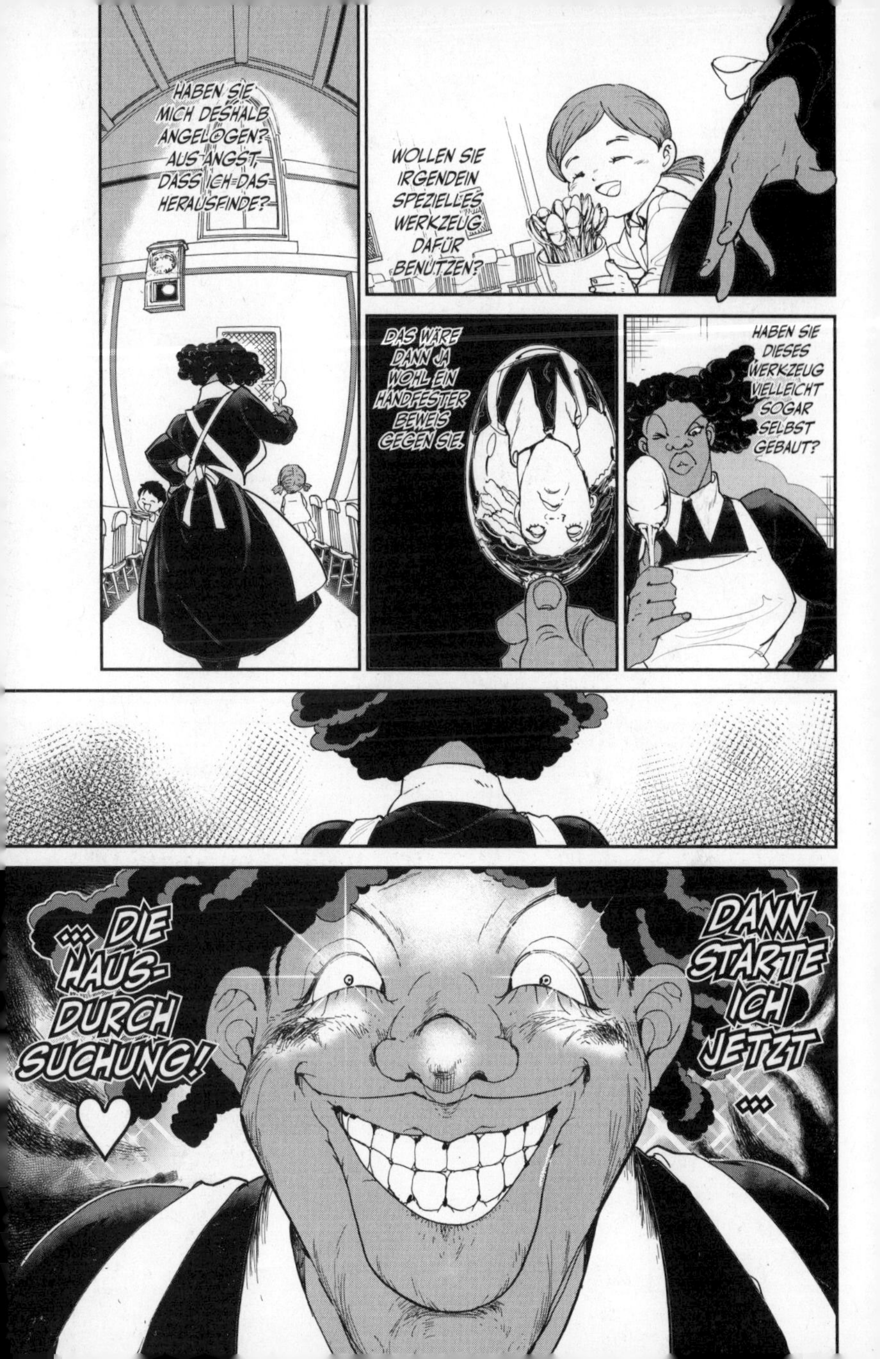
WOLLEN SIE IRGENDEIN SPEZIELLES WERKZEUG DAFÜR BENÜTZEN?
HABEN SIE MICH DESHALB ANGELOGEN? AUS ANGST, DASS ICH DAS HERAUSFINDE?
HABEN SIE DIESES WERKZEUG VIELLEICHT SOGAR SELBST GEBAUT?
DAS WÄRE DANN JA WOHL EIN HANDFESTER BEWEIS GEGEN SIE.
DANN STARTE ICH JETZT ...
... DIE HAUS-DURCH SUCHUNG! ♡

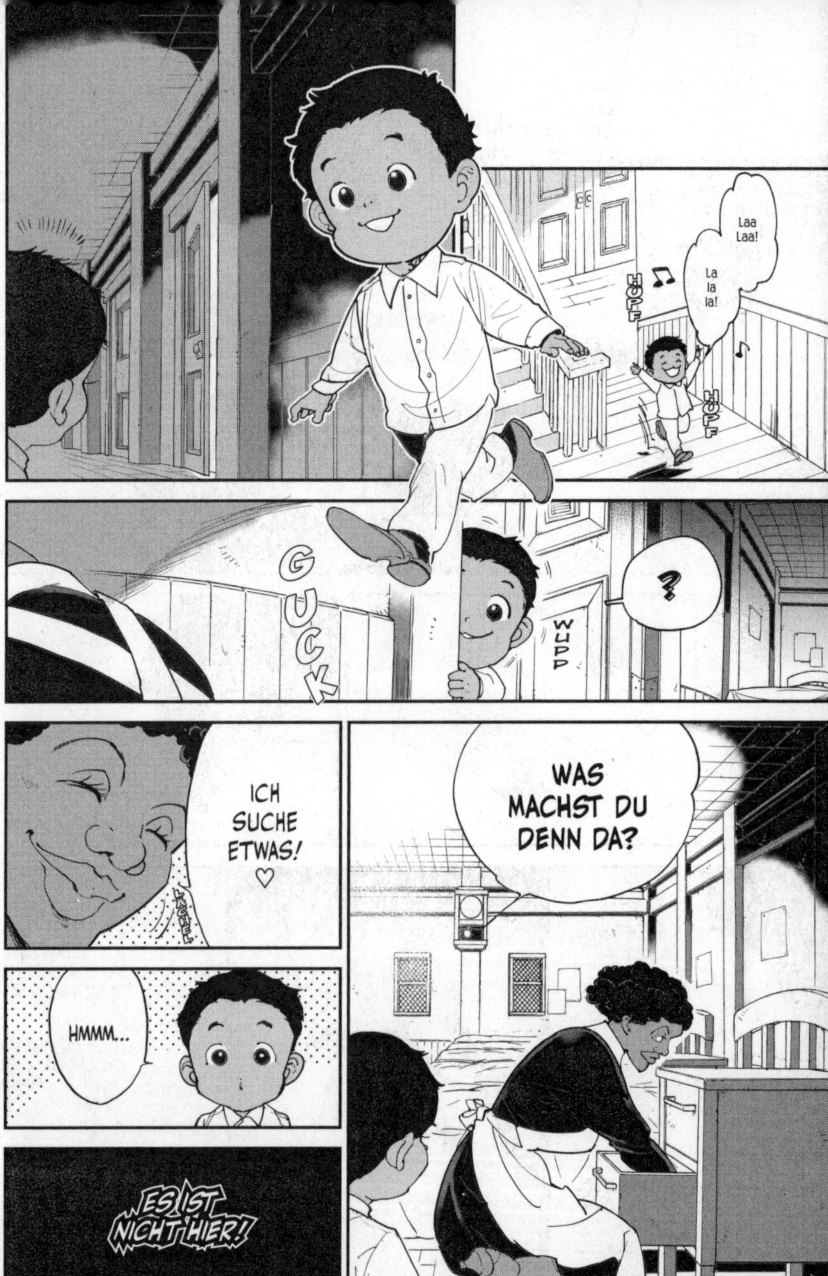
Laa Laa!
La la la!
HÜPF
HÜPF
?
WUPP
GUCK
WAS MACHST DU DENN DA?
ICH SUCHE ETWAS! ♡
LÄCHEL
HMMM...
ES IST NICHT HIER!

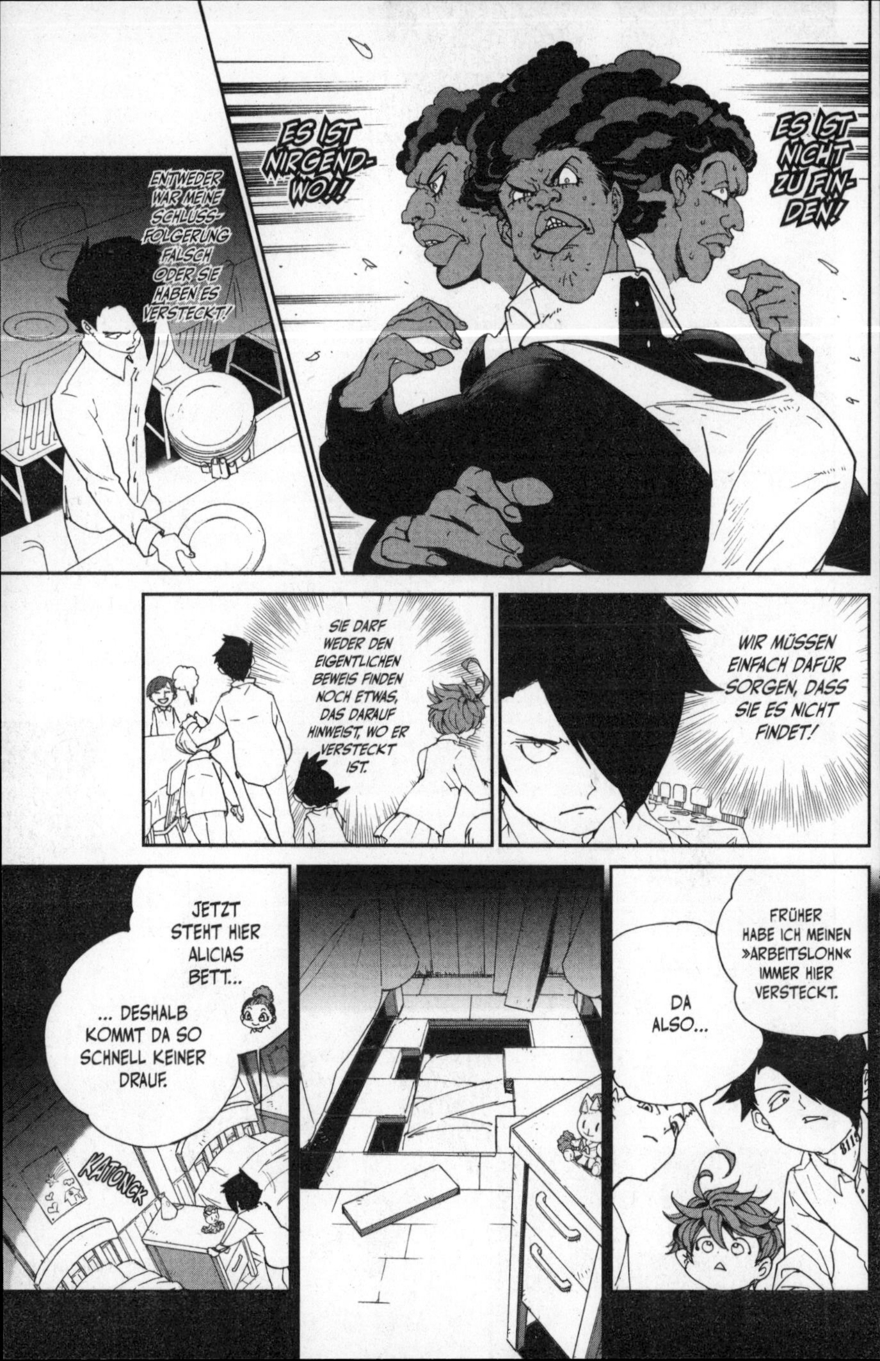
ES IST NICHT ZU FINDEN!
ES IST NIRGENDWO!!
ENTWEDER WAR MEINE SCHLUSSFOLGERUNG FALSCH ODER SIE HABEN ES VERSTECKT!
WIR MÜSSEN EINFACH DAFÜR SORGEN, DASS SIE ES NICHT FINDET!
SIE DARF WEDER DEN EIGENTLICHEN BEWEIS FINDEN NOCH ETWAS, DAS DARAUF HINWEIST, WO ER VERSTECKT IST.
FRÜHER HABE ICH MEINEN »ARBEITSLOHN« IMMER HIER VERSTECKT.
DA ALSO...
JETZT STEHT HIER ALICIAS BETT...
... DESHALB KOMMT DA SO SCHNELL KEINER DRAUF.
KATONGK

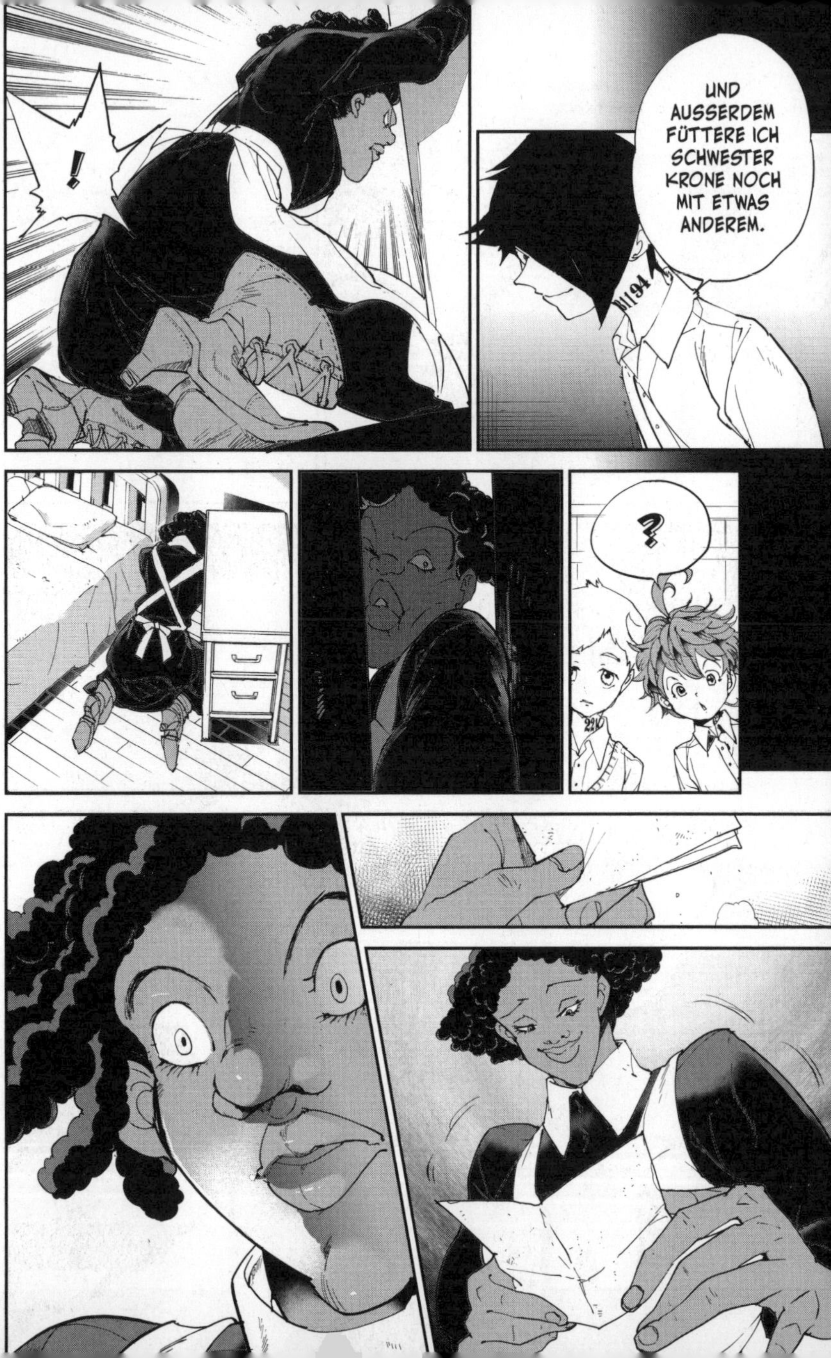
UND AUSSERDEM FÜTTERE ICH SCHWESTER KRONE NOCH MIT ETWAS ANDEREM.
!
?

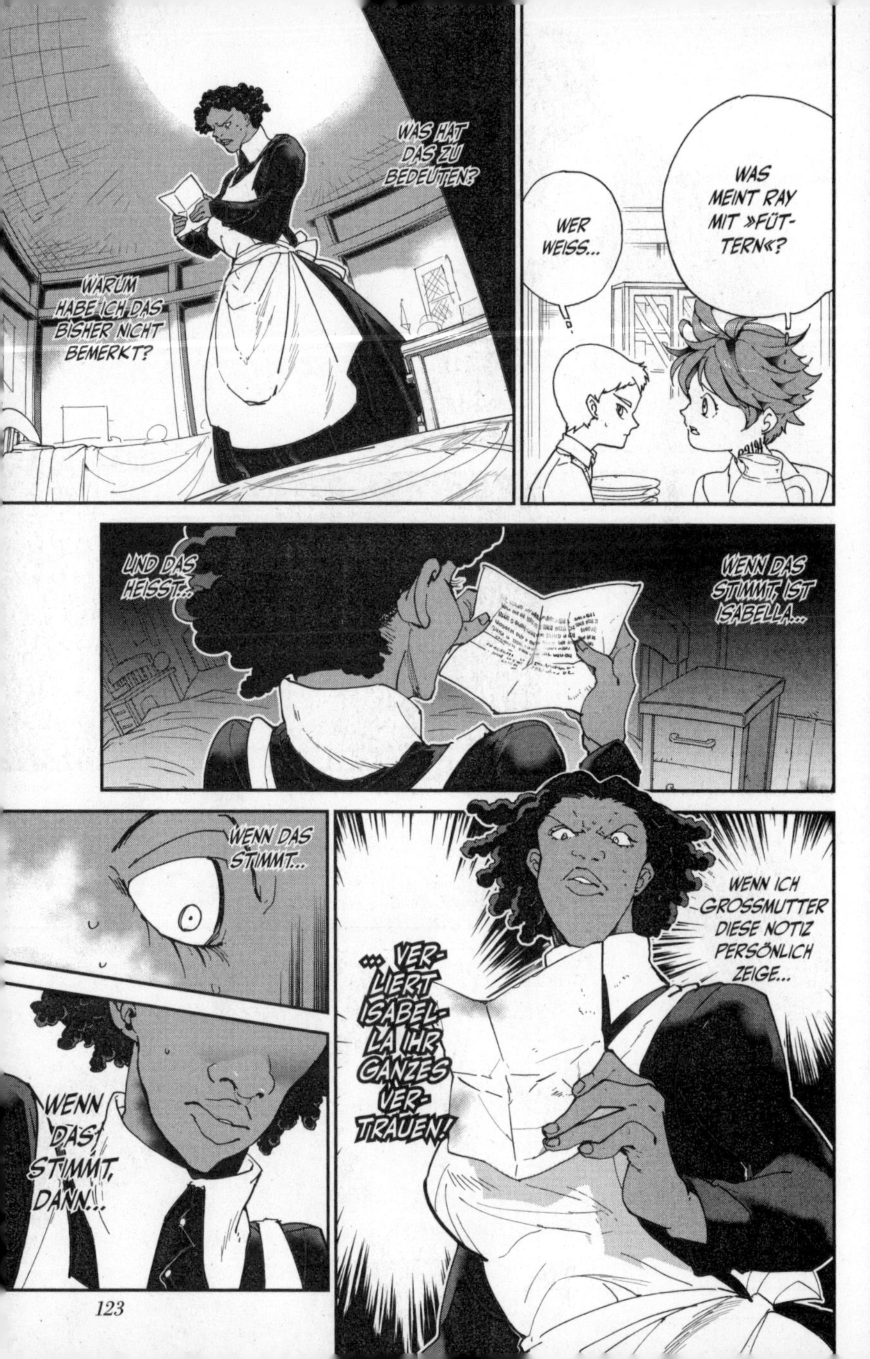
WAS MEINT RAY MIT »FÜTTERN«?
WER WEISS...
WAS HAT DAS ZU BEDEUTEN?
WARUM HABE ICH DAS BISHER NICHT BEMERKT?
WENN DAS STIMMT, IST ISABELLA...
UND DAS HEISST...
WENN ICH GROSSMUTTER DIESE NOTIZ PERSÖNLICH ZEIGE...
... VERLIERT ISABELLA IHR GANZES VERTRAUEN!
WENN DAS STIMMT...
WENN DAS STIMMT, DANN...

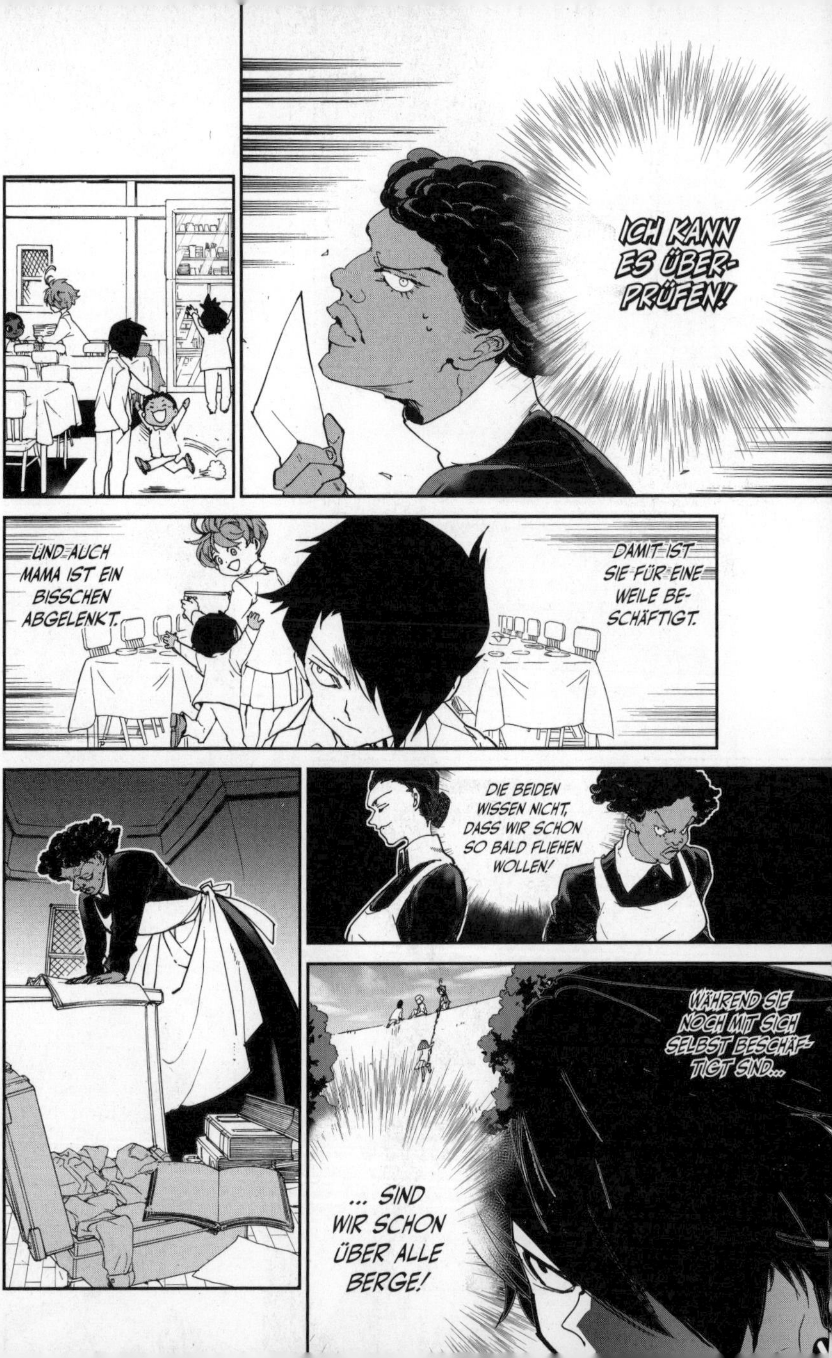
ICH KANN ES ÜBER-PRÜFEN!
DAMIT IST SIE FÜR EINE WEILE BE-SCHÄFTIGT.
UND AUCH MAMA IST EIN BISSCHEN ABGELENKT.
DIE BEIDEN WISSEN NICHT, DASS WIR SCHON SO BALD FLIEHEN WOLLEN!
WÄHREND SIE NOCH MIT SICH SELBST BESCHÄF-TIGT SIND...
... SIND WIR SCHON ÜBER ALLE BERGE!

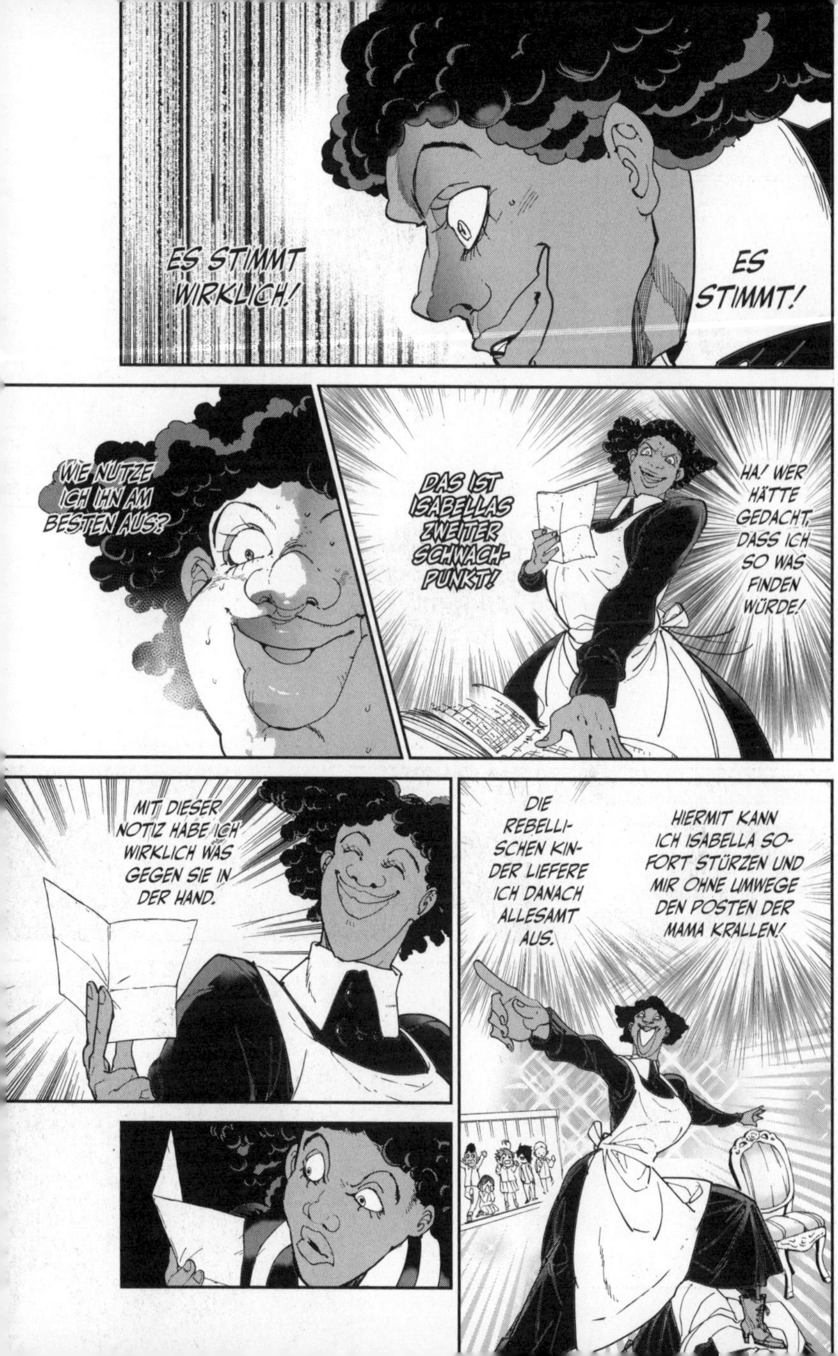
ES STIMMT!
ES STIMMT WIRKLICH!
HA! WER HÄTTE GEDACHT, DASS ICH SO WAS FINDEN WÜRDE!
DAS IST ISABELLAS ZWEITER SCHWACH-PUNKT!
WIE NUTZE ICH IHN AM BESTEN AUS?
HIERMIT KANN ICH ISABELLA SO-FORT STÜRZEN UND MIR OHNE UMWEGE DEN POSTEN DER MAMA KRALLEN!
DIE REBELLI-SCHEN KIN-DER LIEFERE ICH DANACH ALLESAMT AUS.
MIT DIESER NOTIZ HABE ICH WIRKLICH WAS GEGEN SIE IN DER HAND.

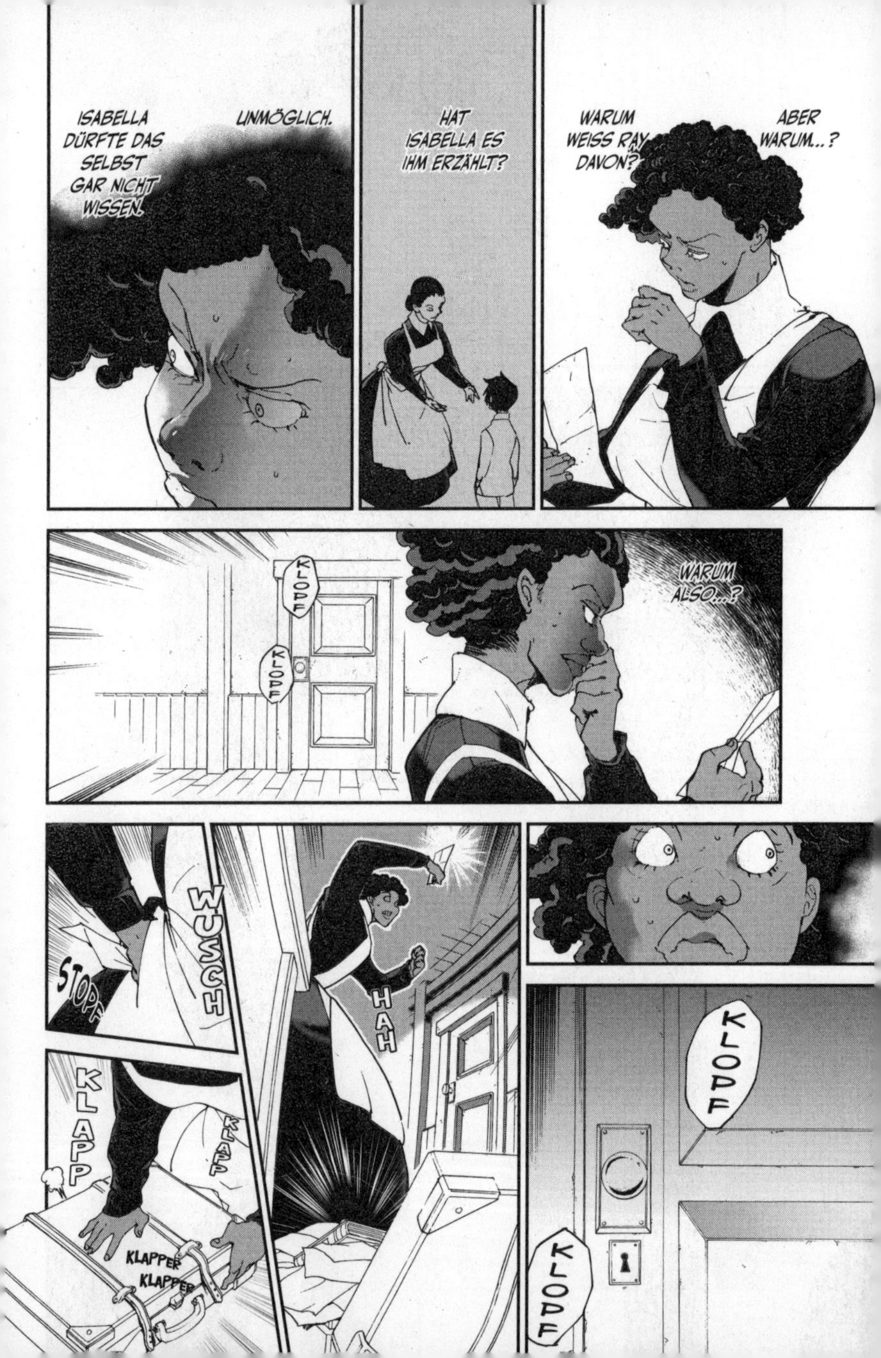
ABER WARUM...?
WARUM WEISS RAY DAVON?
HAT ISABELLA ES IHM ERZÄHLT?
UNMÖGLICH.
ISABELLA DÜRFTE DAS SELBST GAR NICHT WISSEN.
WARUM ALSO...?
KLOPF
KLOPF
HAH
WUSCH
STOPF
KLOPF
KLOPF
KLAPP
KLAPP
KLAPPER KLAPPER

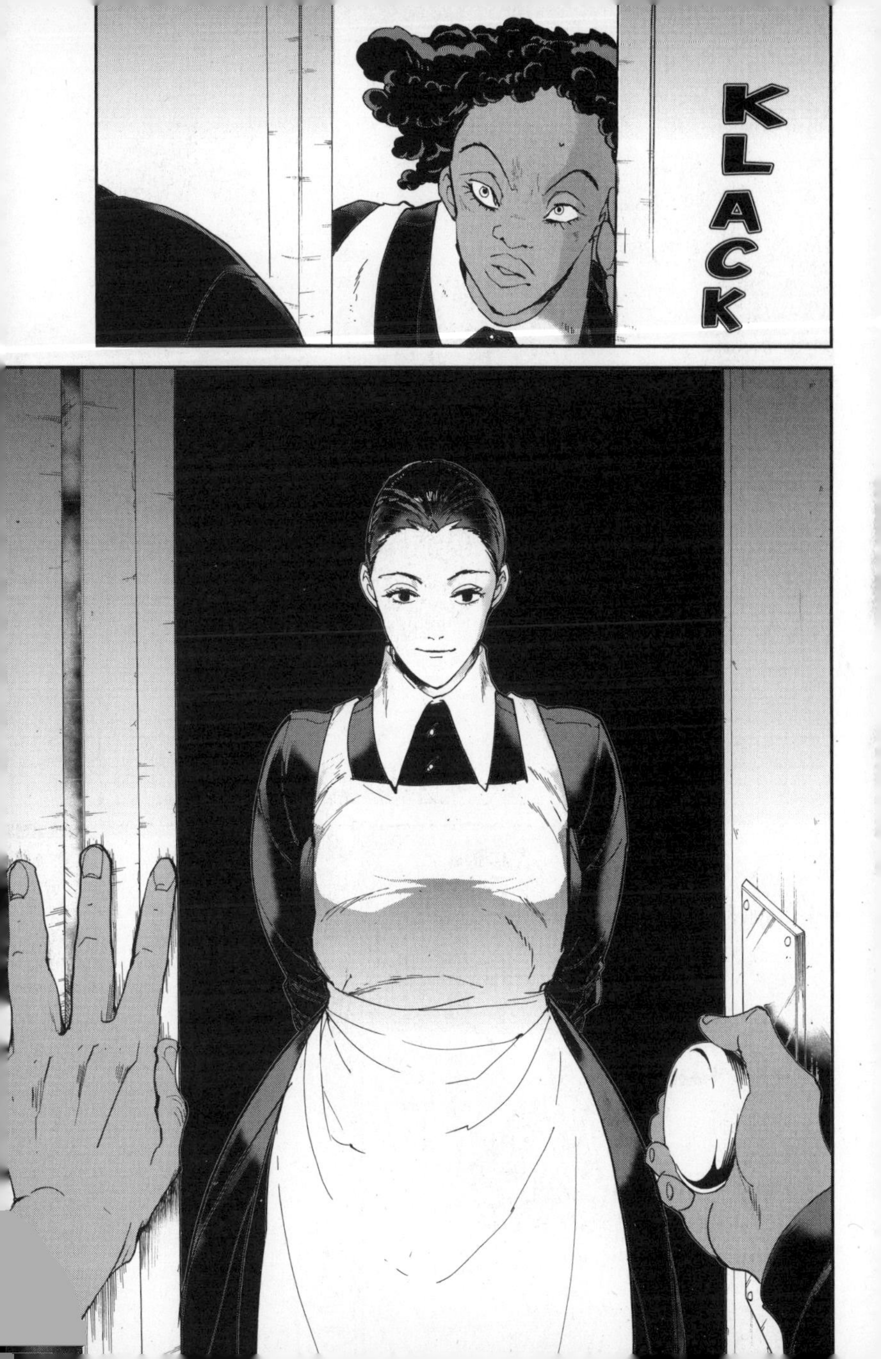
KLACK

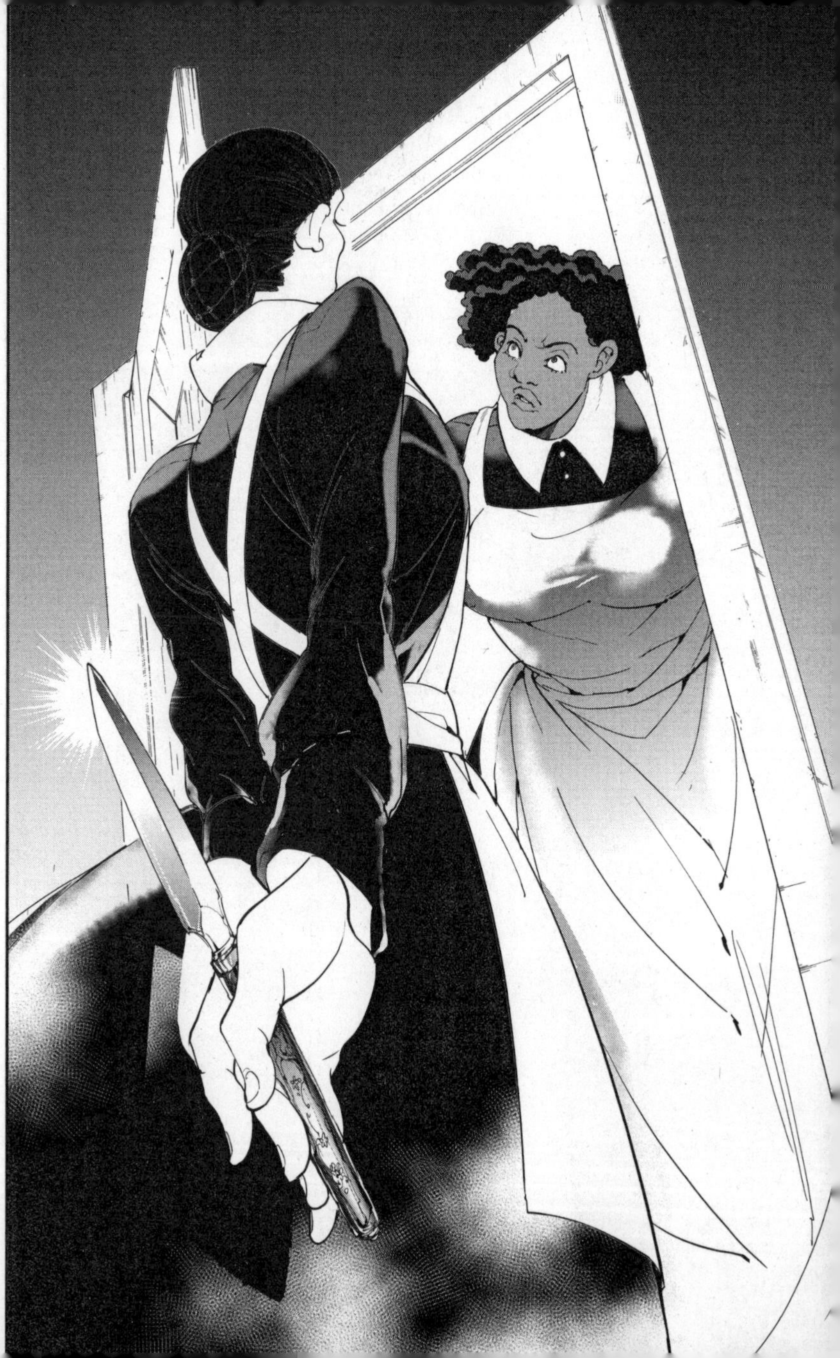

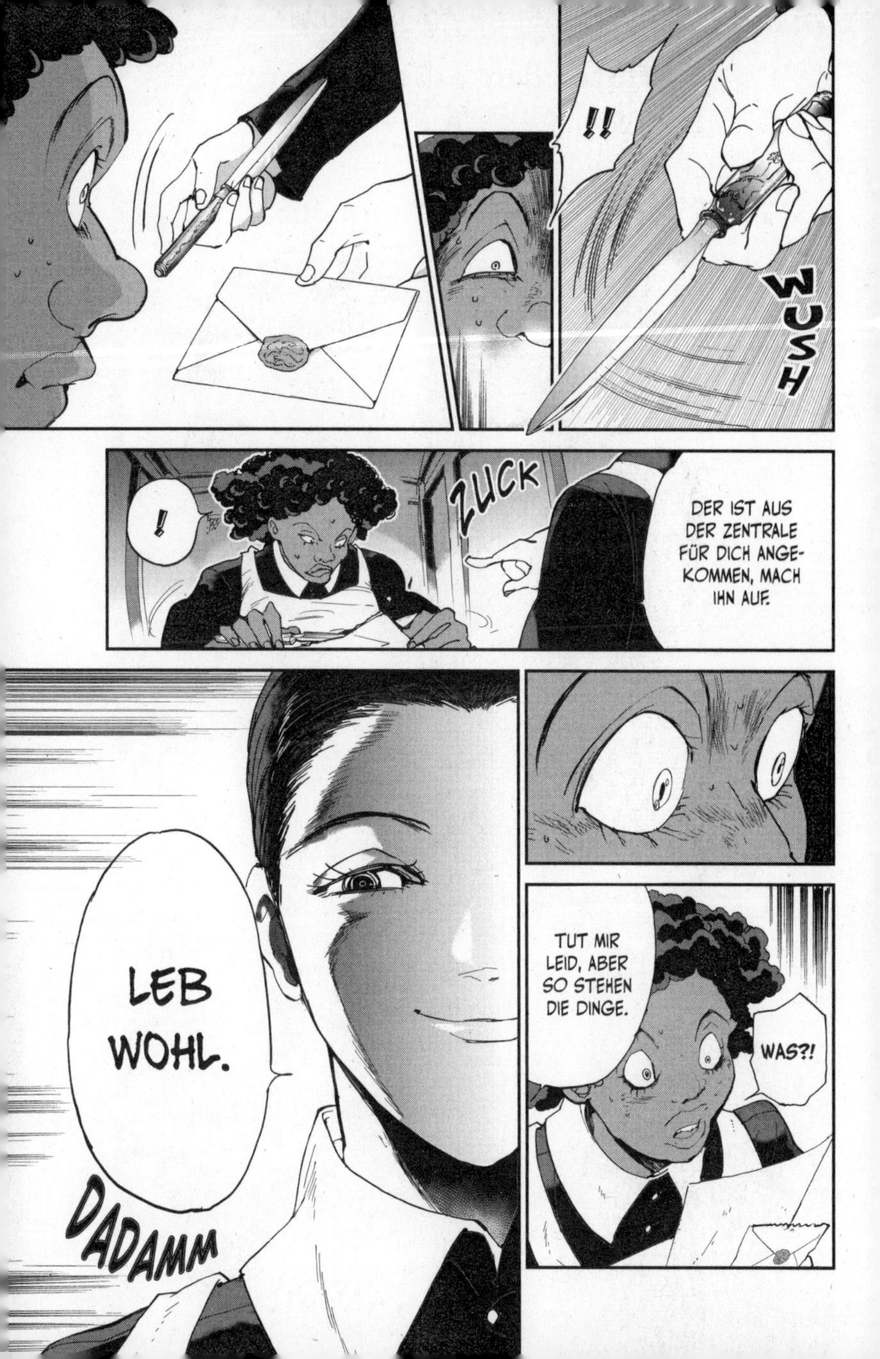

!!
WUSH
DER IST AUS DER ZENTRALE FÜR DICH ANGE-KOMMEN, MACH IHN AUF.
ZUCK
!
TUT MIR LEID, ABER SO STEHEN DIE DINGE.
WAS?!
LEB WOHL.
DADAMM

Hinter den Kulissen von The Promised Neverland

005

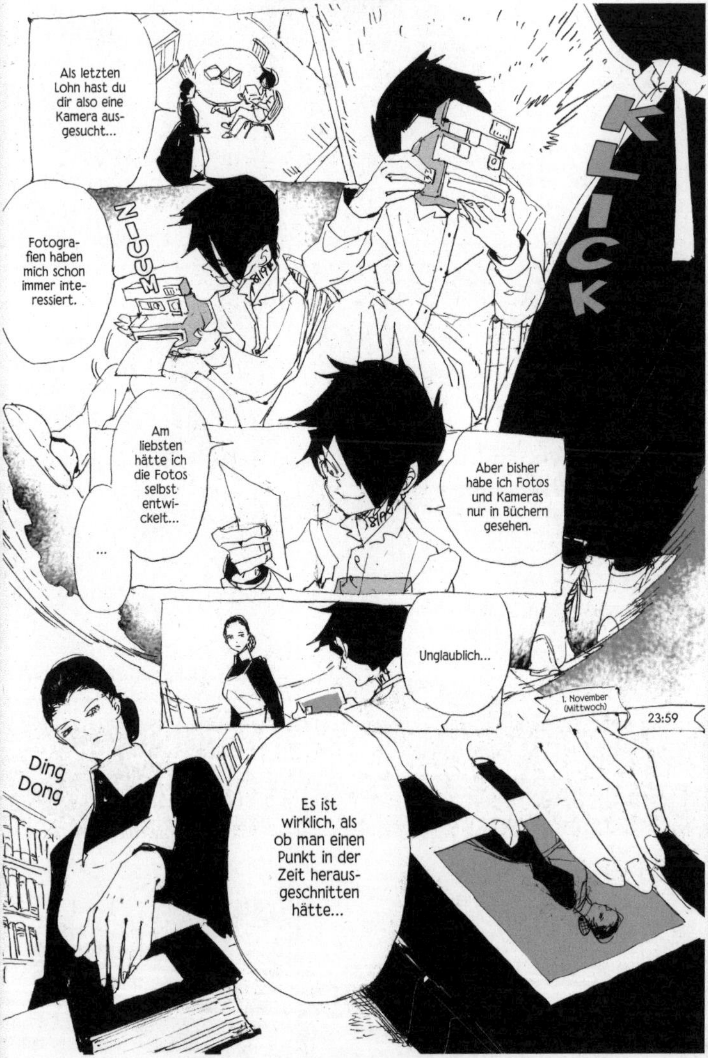

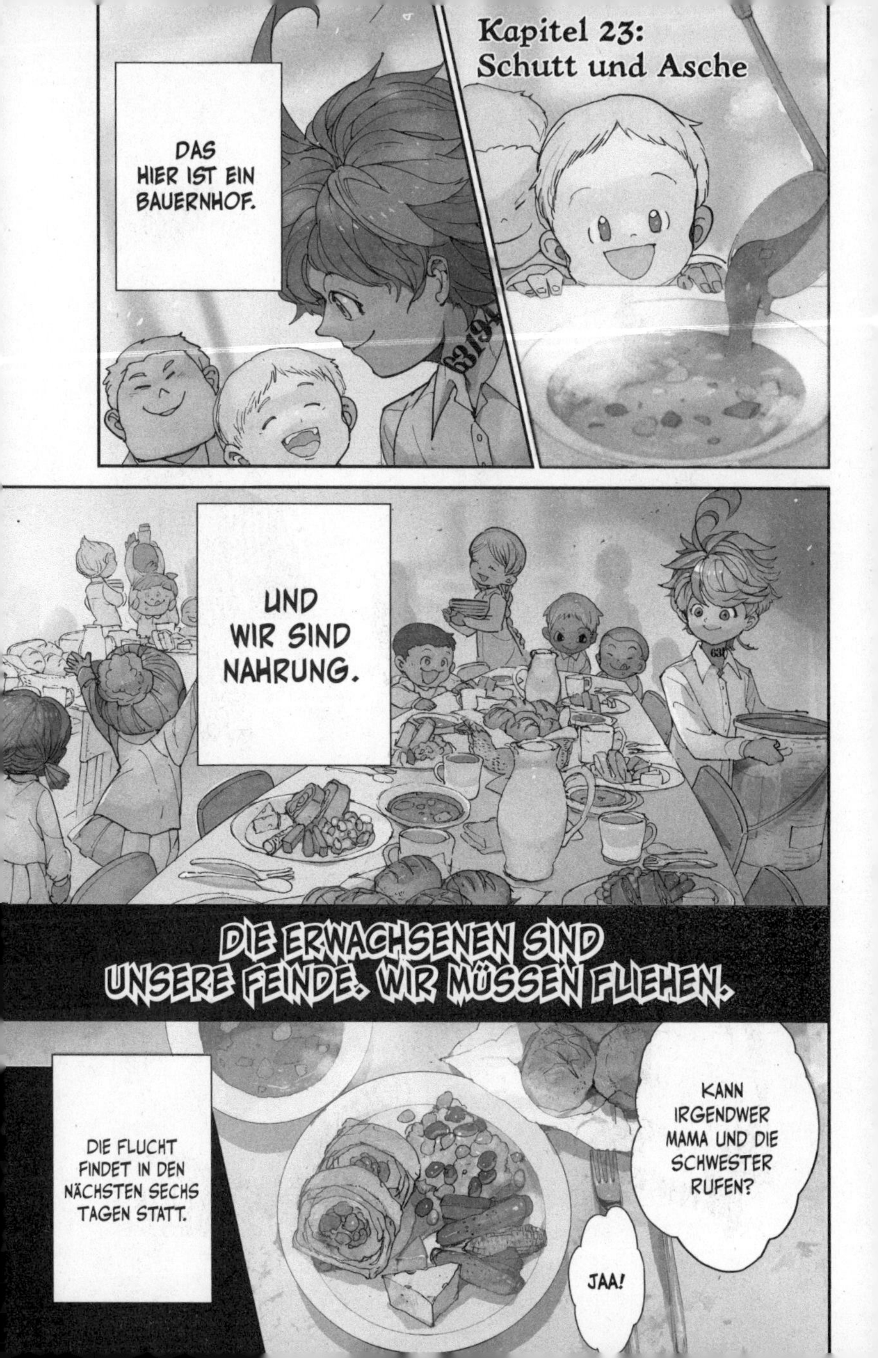
Kapitel 23: Schutt und Asche
DAS HIER IST EIN BAUERNHOF.
UND WIR SIND NAHRUNG.
DIE ERWACHSENEN SIND UNSERE FEINDE. WIR MÜSSEN FLIEHEN.
KANN IRGENDWER MAMA UND DIE SCHWESTER RUFEN?
JAA!
DIE FLUCHT FINDET IN DEN NÄCHSTEN SECHS TAGEN STATT.

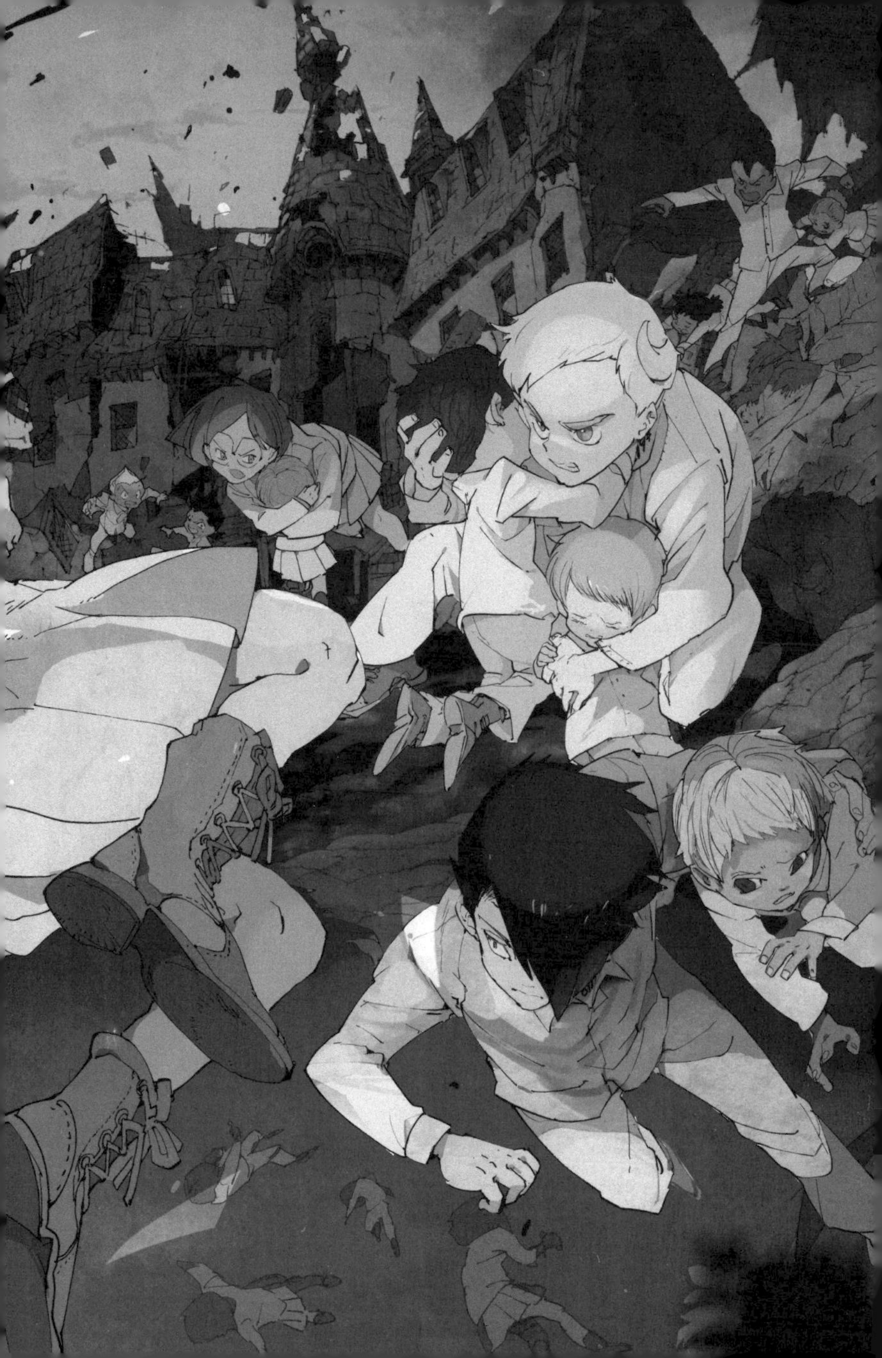

Kapitel 23: Schutt und Asche

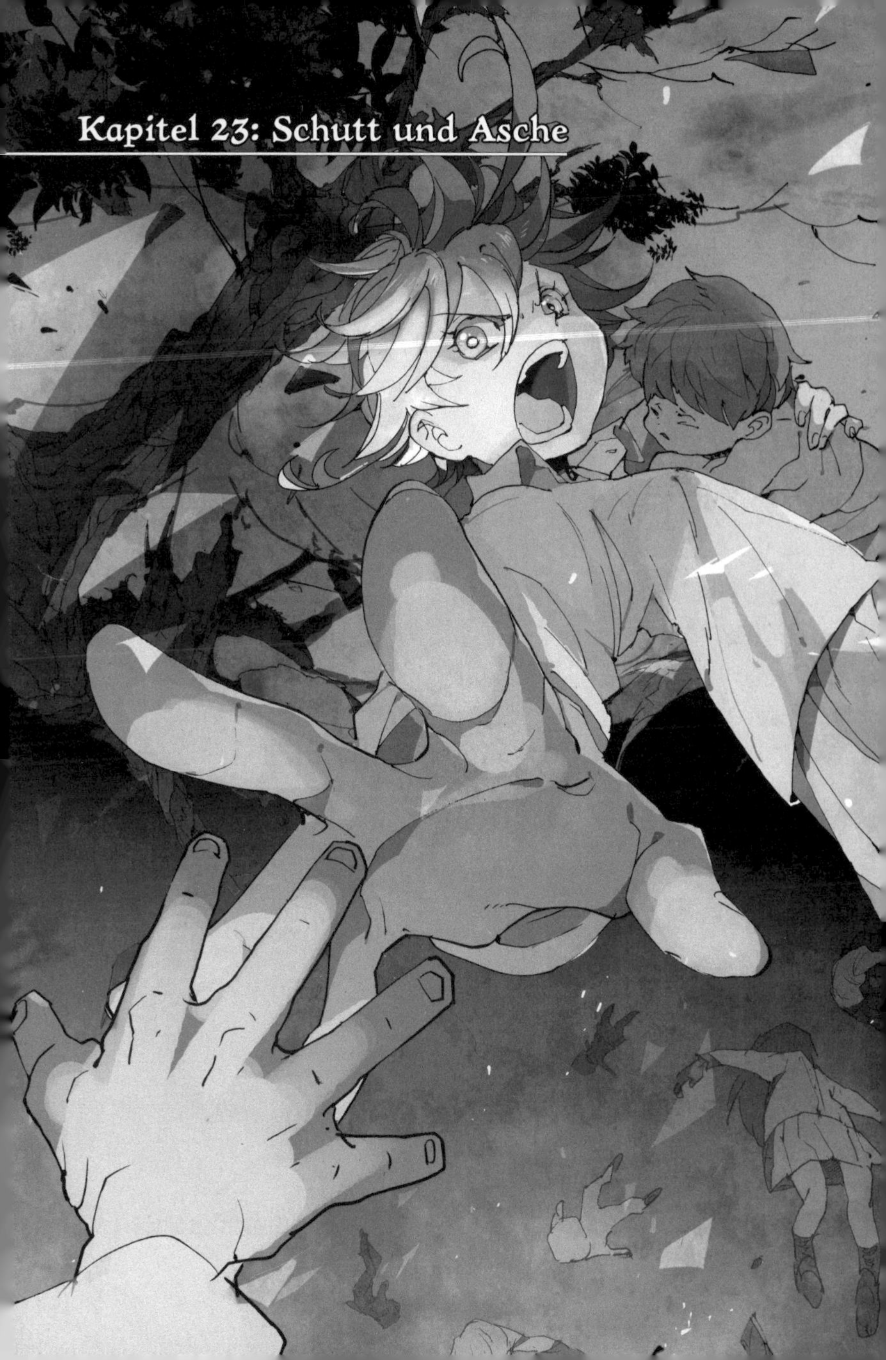

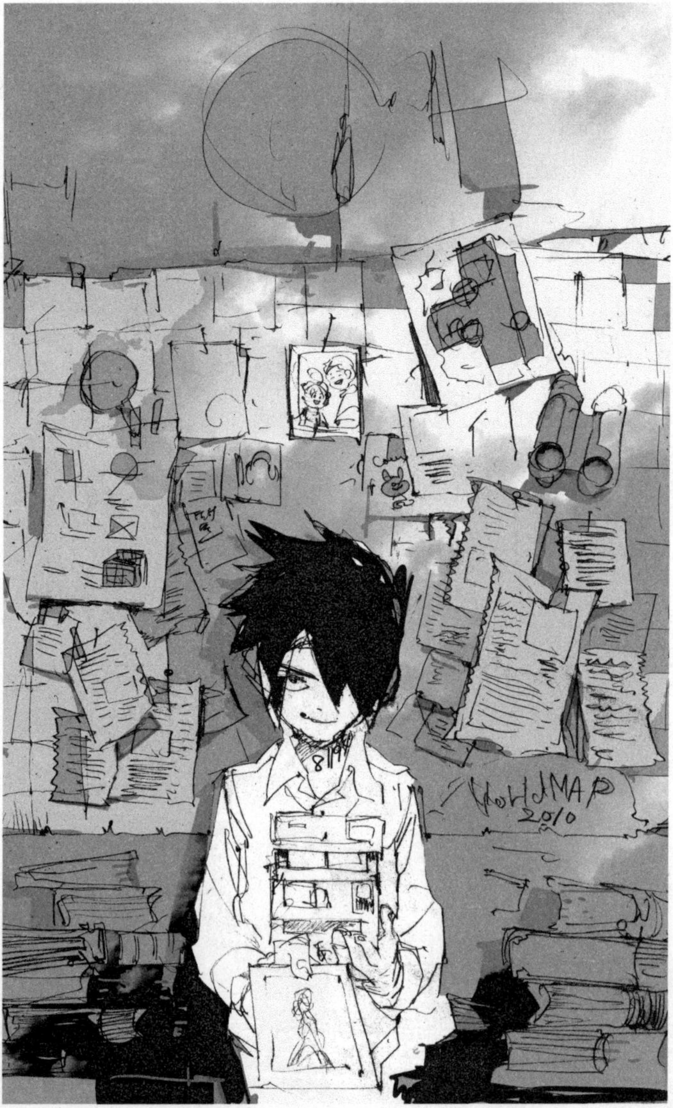
WorldMAP
2010

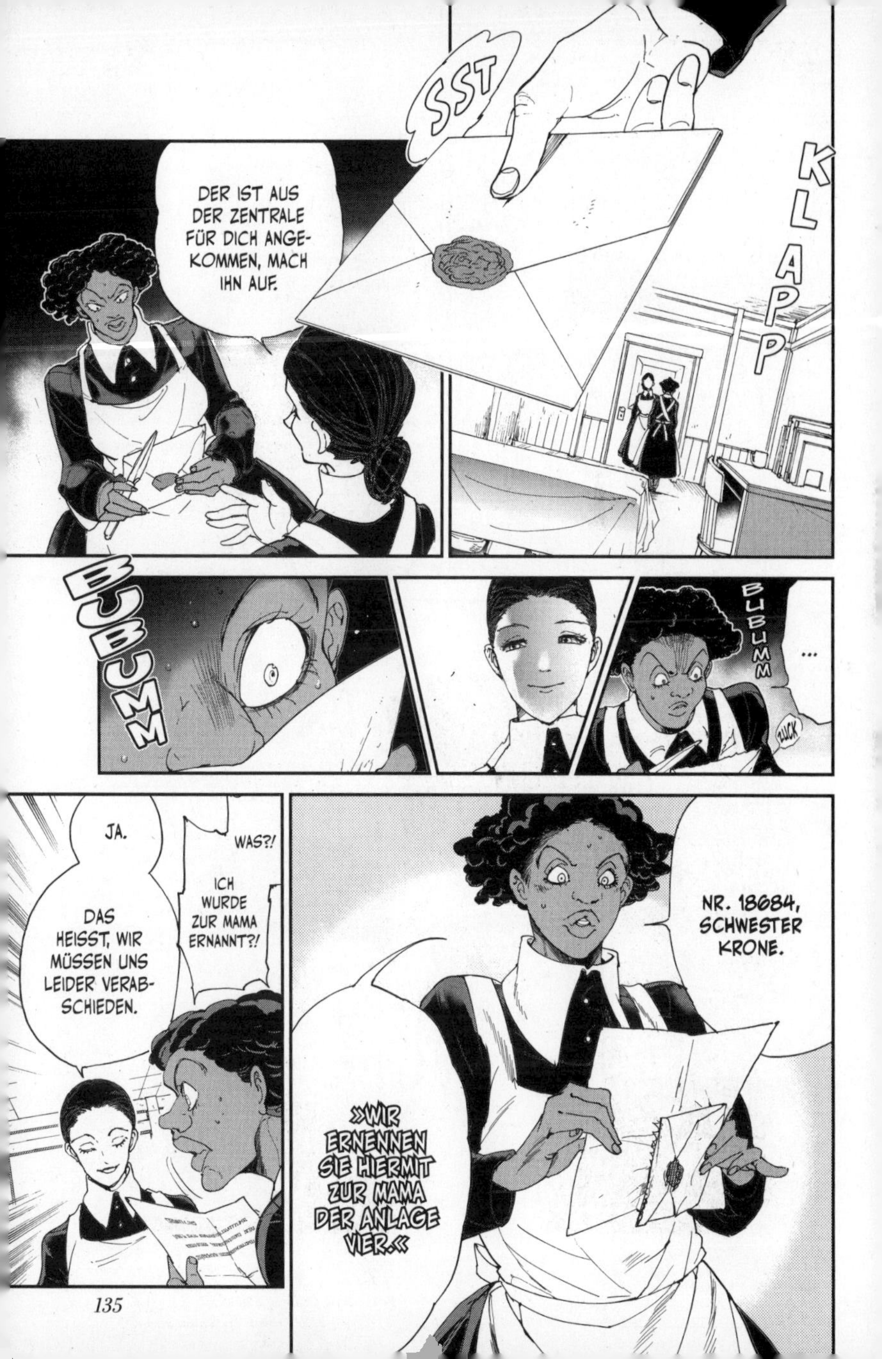
SST
KLAPP
DER IST AUS DER ZENTRALE FÜR DICH ANGE-KOMMEN, MACH IHN AUF.
...
BUBUMM
ZUCK
BUBUMM
NR. 18684, SCHWESTER KRONE.
»WIR ERNENNEN SIE HIERMIT ZUR MAMA DER ANLAGE VIER.«
WAS?!
ICH WURDE ZUR MAMA ERNANNT?!
JA.
DAS HEISST, WIR MÜSSEN UNS LEIDER VERAB-SCHIEDEN.

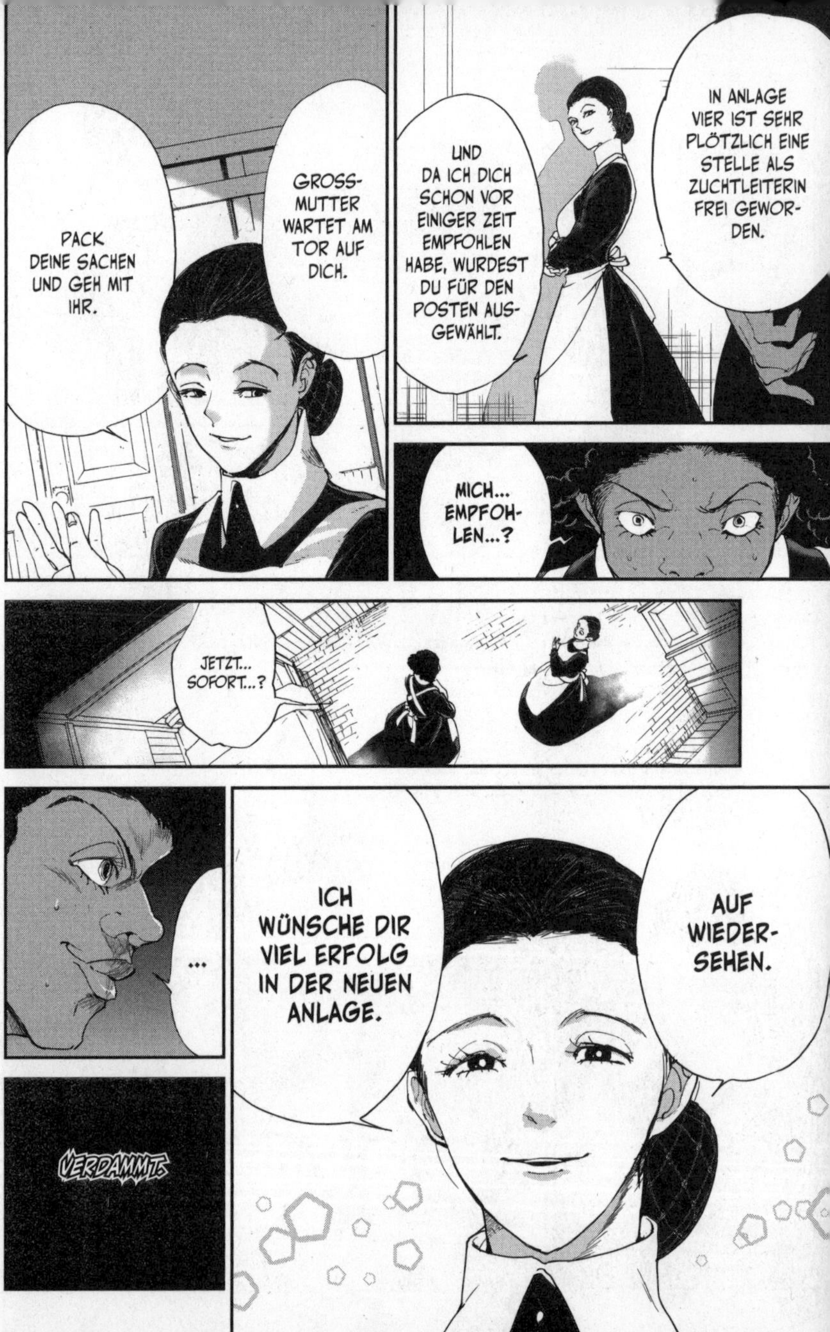
IN ANLAGE VIER IST SEHR PLÖTZLICH EINE STELLE ALS ZUCHTLEITERIN FREI GEWORDEN.
UND DA ICH DICH SCHON VOR EINIGER ZEIT EMPFOHLEN HABE, WURDEST DU FÜR DEN POSTEN AUSGEWÄHLT.
MICH... EMPFOHLEN...?
GROSSMUTTER WARTET AM TOR AUF DICH.
PACK DEINE SACHEN UND GEH MIT IHR.
JETZT... SOFORT...?
AUF WIEDERSEHEN.
ICH WÜNSCHE DIR VIEL ERFOLG IN DER NEUEN ANLAGE.
...
VERDAMMT.

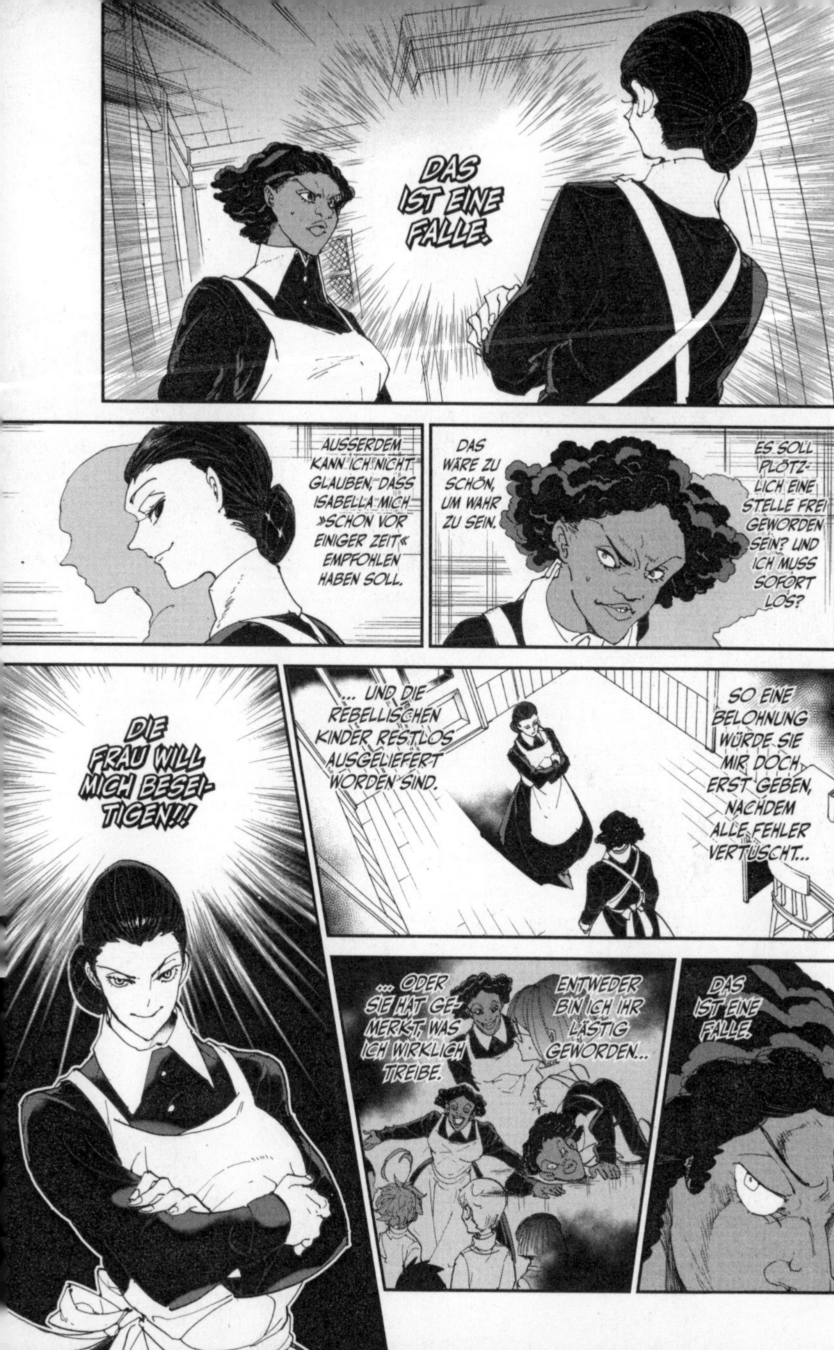
DAS IST EINE FALLE.
ES SOLL PLÖTZLICH EINE STELLE FREI GEWORDEN SEIN? UND ICH MUSS SOFORT LOS?
DAS WÄRE ZU SCHÖN, UM WAHR ZU SEIN.
AUSSERDEM KANN ICH NICHT GLAUBEN, DASS ISABELLA MICH »SCHON VOR EINIGER ZEIT« EMPFOHLEN HABEN SOLL.
SO EINE BELOHNUNG WÜRDE SIE MIR DOCH ERST GEBEN, NACHDEM ALLE FEHLER VERTUSCHT...
... UND DIE REBELLISCHEN KINDER RESTLOS AUSGELIEFERT WORDEN SIND.
DAS IST EINE FALLE.
ENTWEDER BIN ICH IHR LÄSTIG GEWORDEN...
... ODER SIE HAT GEMERKT, WAS ICH WIRKLICH TREIBE.
DIE FRAU WILL MICH BESEITIGEN!!

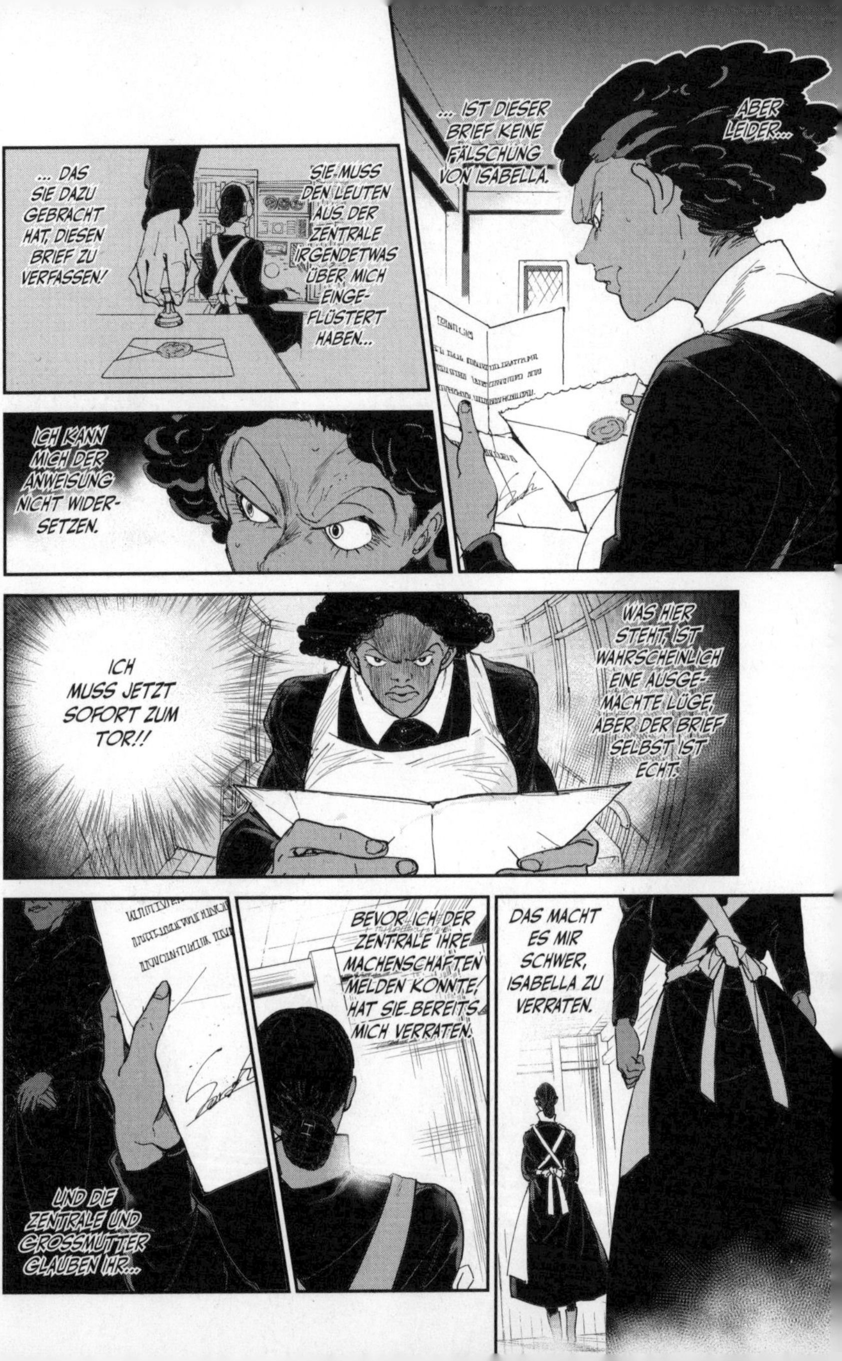
ABER LEIDER...
... IST DIESER BRIEF KEINE FÄLSCHUNG VON ISABELLA.
SIE MUSS DEN LEUTEN AUS DER ZENTRALE IRGENDETWAS ÜBER MICH EINGE-FLÜSTERT HABEN...
... DAS SIE DAZU GEBRACHT HAT, DIESEN BRIEF ZU VERFASSEN!
ICH KANN MICH DER ANWEISUNG NICHT WIDER-SETZEN.
WAS HIER STEHT, IST WAHRSCHEINLICH EINE AUSGE-MACHTE LÜGE, ABER DER BRIEF SELBST IST ECHT.
ICH MUSS JETZT SOFORT ZUM TOR!!
DAS MACHT ES MIR SCHWER, ISABELLA ZU VERRATEN.
BEVOR ICH DER ZENTRALE IHRE MACHENSCHAFTEN MELDEN KONNTE, HAT SIE BEREITS MICH VERRATEN.
UND DIE ZENTRALE UND GROSSMUTTER GLAUBEN IHR...

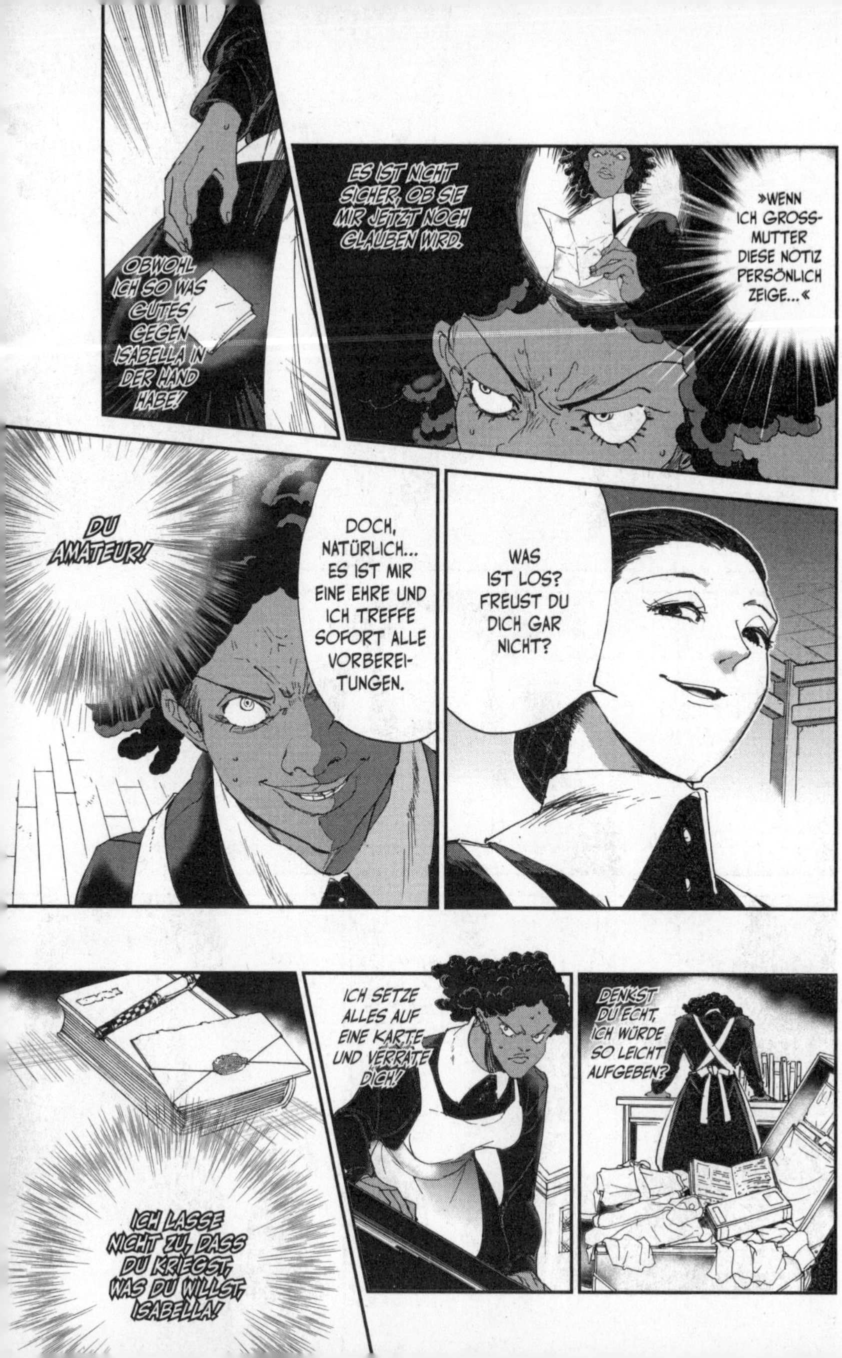
»WENN ICH GROSS-MUTTER DIESE NOTIZ PERSÖNLICH ZEIGE...«
ES IST NICHT SICHER, OB SIE MIR JETZT NOCH GLAUBEN WIRD.
OBWOHL ICH SO WAS GUTES GEGEN ISABELLA IN DER HAND HABE!
WAS IST LOS? FREUST DU DICH GAR NICHT?
DOCH, NATÜRLICH... ES IST MIR EINE EHRE UND ICH TREFFE SOFORT ALLE VORBEREI-TUNGEN.
DU AMATEUR!
DENKST DU ECHT, ICH WÜRDE SO LEICHT AUFGEBEN?
ICH SETZE ALLES AUF EINE KARTE UND VERRATE DICH!
ICH LASSE NICHT ZU, DASS DU KRIEGST, WAS DU WILLST, ISABELLA!

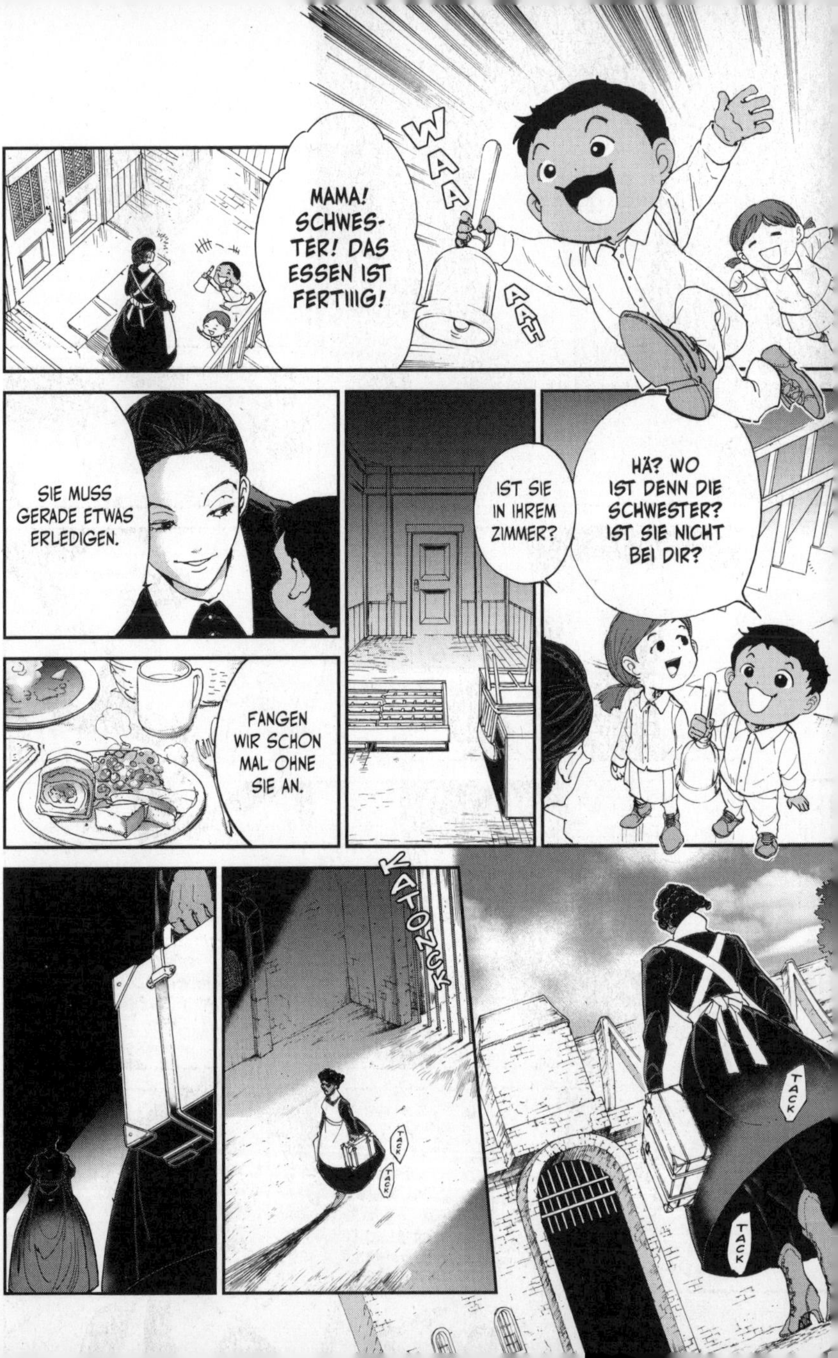
WAAAAH
MAMA! SCHWESTER! DAS ESSEN IST FERTIIIG!
HÄ? WO IST DENN DIE SCHWESTER? IST SIE NICHT BEI DIR?
IST SIE IN IHREM ZIMMER?
SIE MUSS GERADE ETWAS ERLEDIGEN.
FANGEN WIR SCHON MAL OHNE SIE AN.
TACK
TACK
KATONCK
TACK
TACK

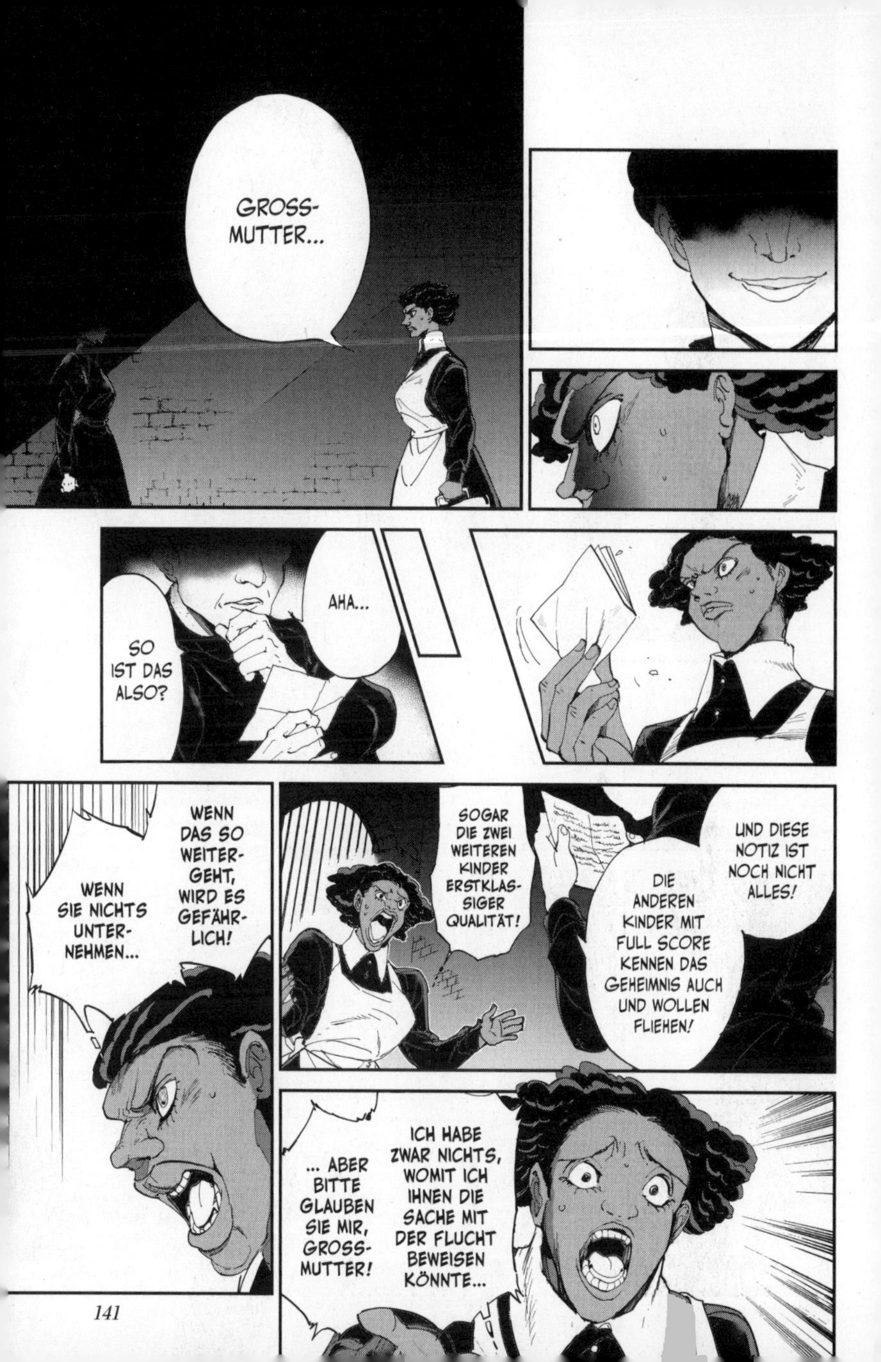

GROSS-MUTTER...
AHA...
SO IST DAS ALSO?
UND DIESE NOTIZ IST NOCH NICHT ALLES!
DIE ANDEREN KINDER MIT FULL SCORE KENNEN DAS GEHEIMNIS AUCH UND WOLLEN FLIEHEN!
SOGAR DIE ZWEI WEITEREN KINDER ERSTKLASSIGER QUALITÄT!
ICH HABE ZWAR NICHTS, WOMIT ICH IHNEN DIE SACHE MIT DER FLUCHT BEWEISEN KÖNNTE...
... ABER BITTE GLAUBEN SIE MIR, GROSSMUTTER!
WENN DAS SO WEITERGEHT, WIRD ES GEFÄHRLICH!
WENN SIE NICHTS UNTERNEHMEN...

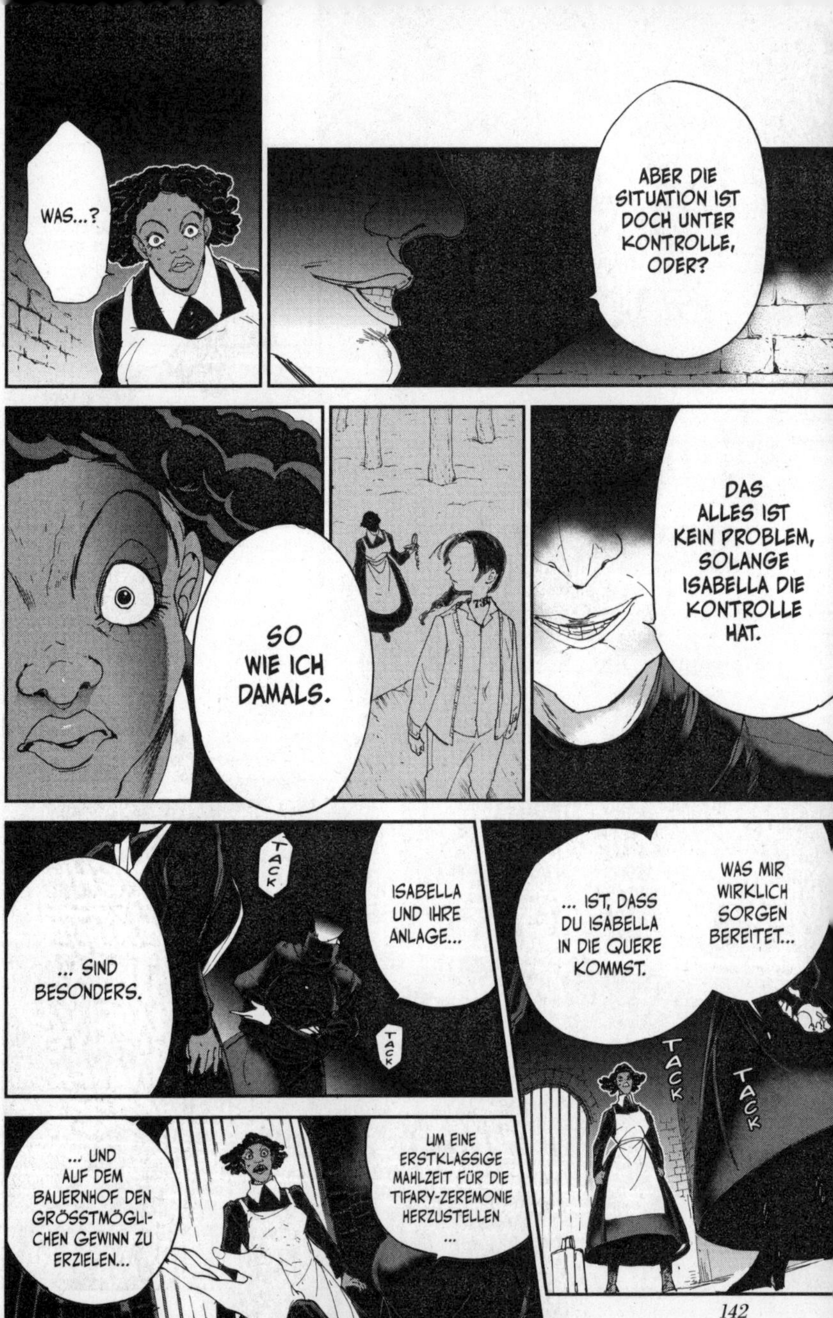
ABER DIE SITUATION IST DOCH UNTER KONTROLLE, ODER?
WAS...?
DAS ALLES IST KEIN PROBLEM, SOLANGE ISABELLA DIE KONTROLLE HAT.
SO WIE ICH DAMALS.
WAS MIR WIRKLICH SORGEN BEREITET...
... IST, DASS DU ISABELLA IN DIE QUERE KOMMST.
TACK
TACK
ISABELLA UND IHRE ANLAGE...
TACK
TACK
... SIND BESONDERS.
UM EINE ERSTKLASSIGE MAHLZEIT FÜR DIE TIFARY-ZEREMONIE HERZUSTELLEN ...
... UND AUF DEM BAUERNHOF DEN GRÖSSTMÖGLI-CHEN GEWINN ZU ERZIELEN...

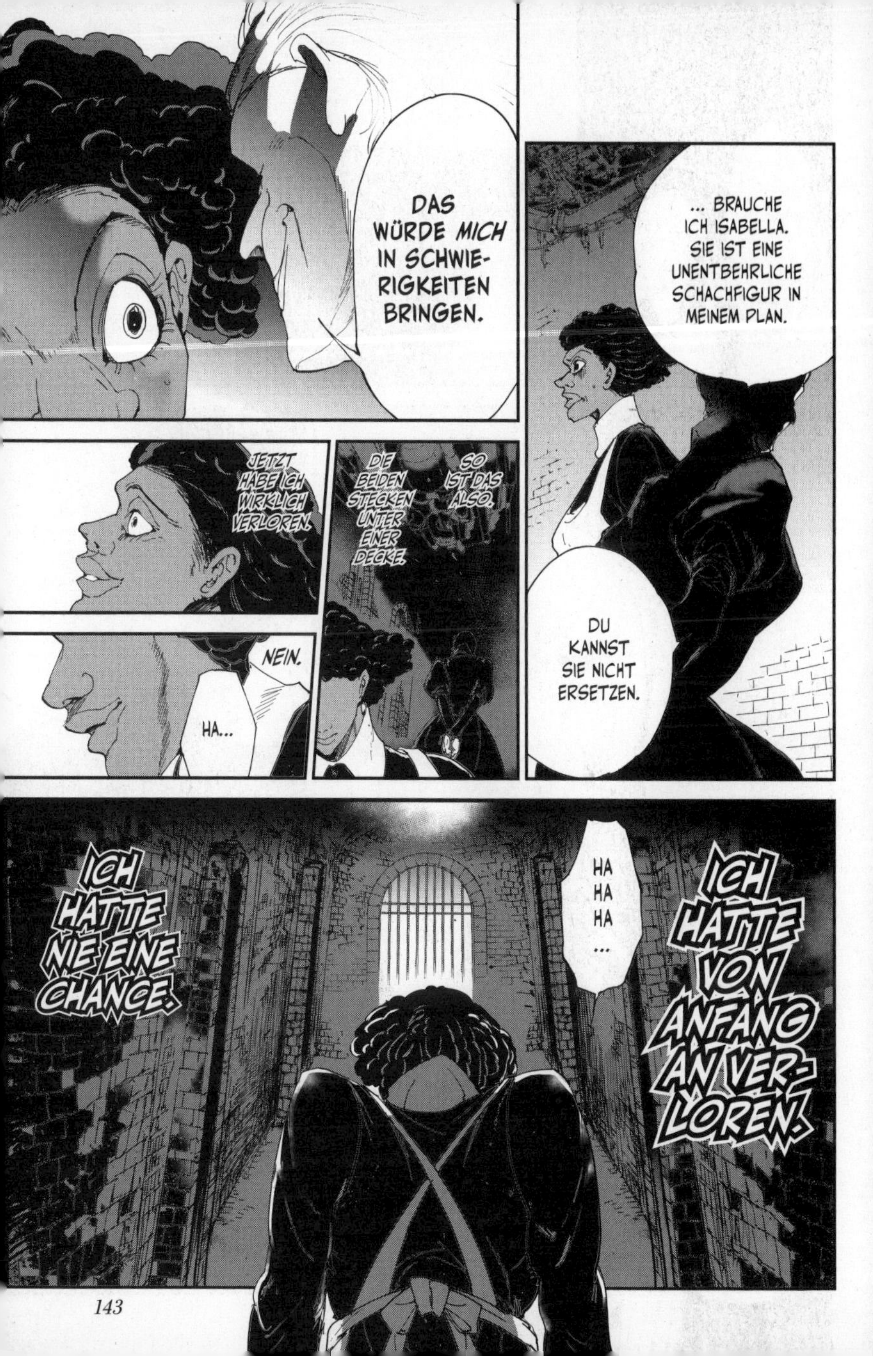
DAS WÜRDE *MICH* IN SCHWIE-RIGKEITEN BRINGEN.
... BRAUCHE ICH ISABELLA. SIE IST EINE UNENTBEHRLICHE SCHACHFIGUR IN MEINEM PLAN.
DU KANNST SIE NICHT ERSETZEN.
SO IST DAS ALSO.
DIE BEIDEN STECKEN UNTER EINER DECKE.
JETZT HABE ICH WIRKLICH VERLOREN.
NEIN.
HA...
ICH HATTE VON ANFANG AN VER-LOREN.
HA HA HA ...
ICH HATTE NIE EINE CHANCE.

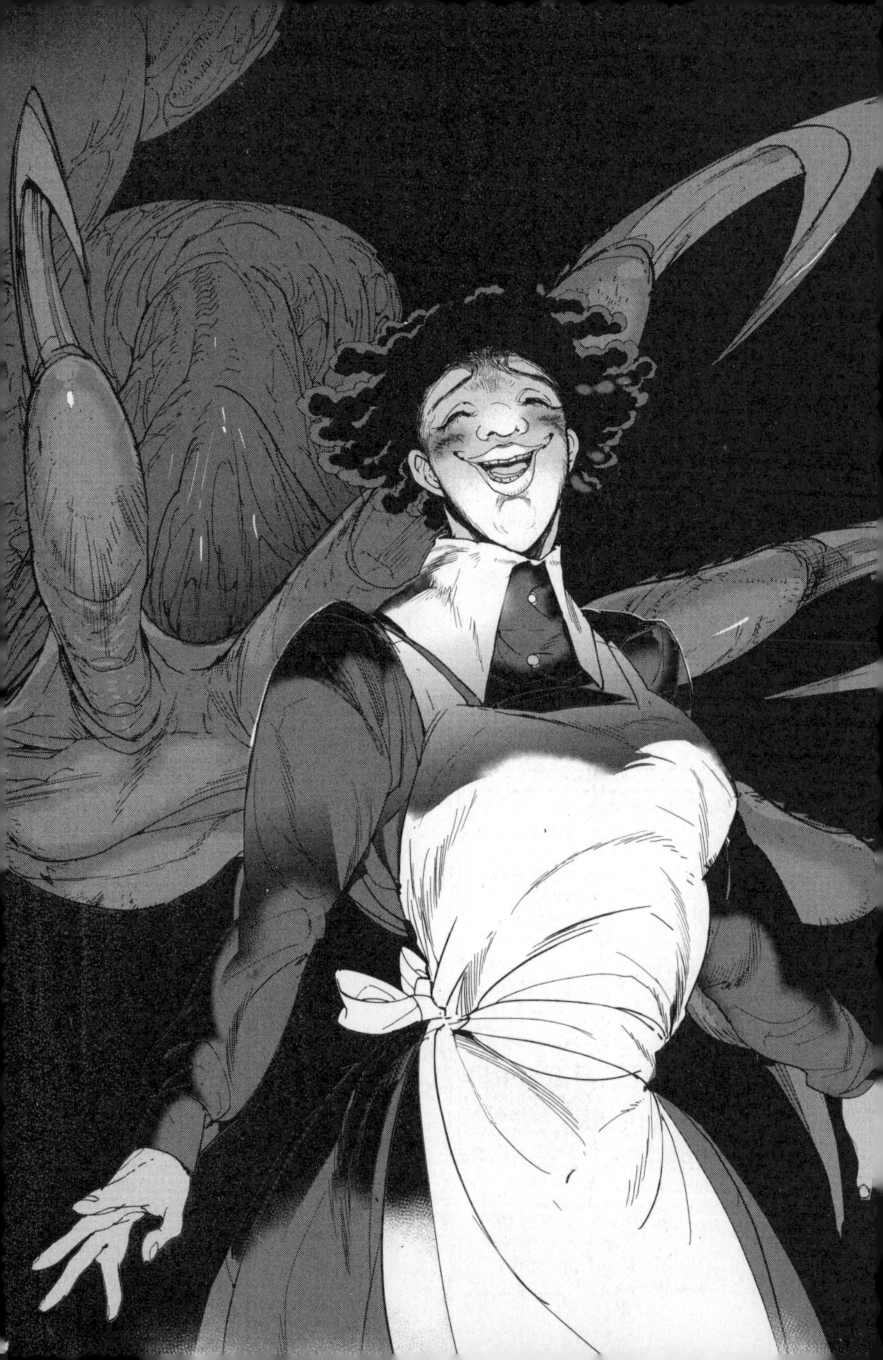

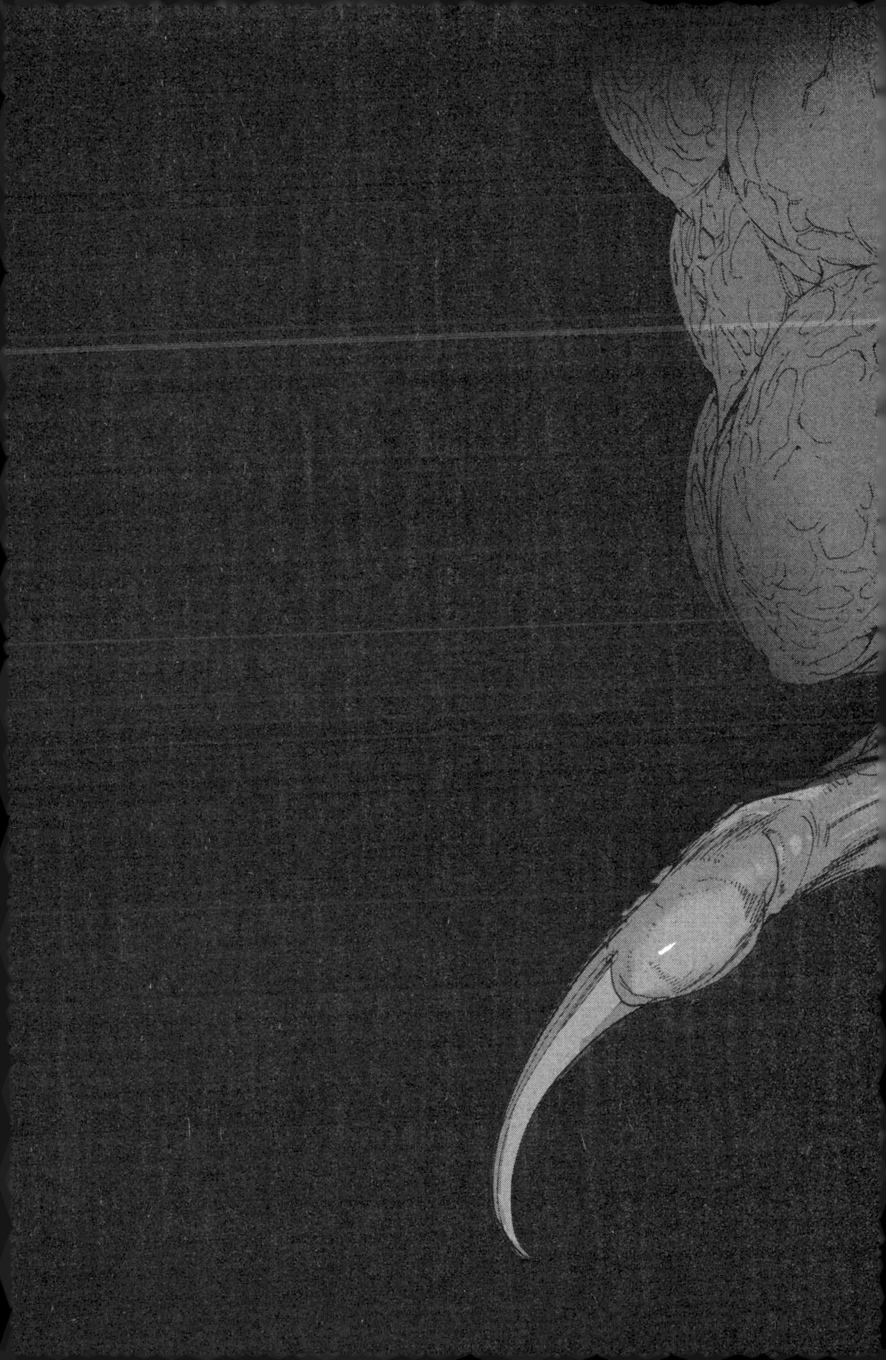

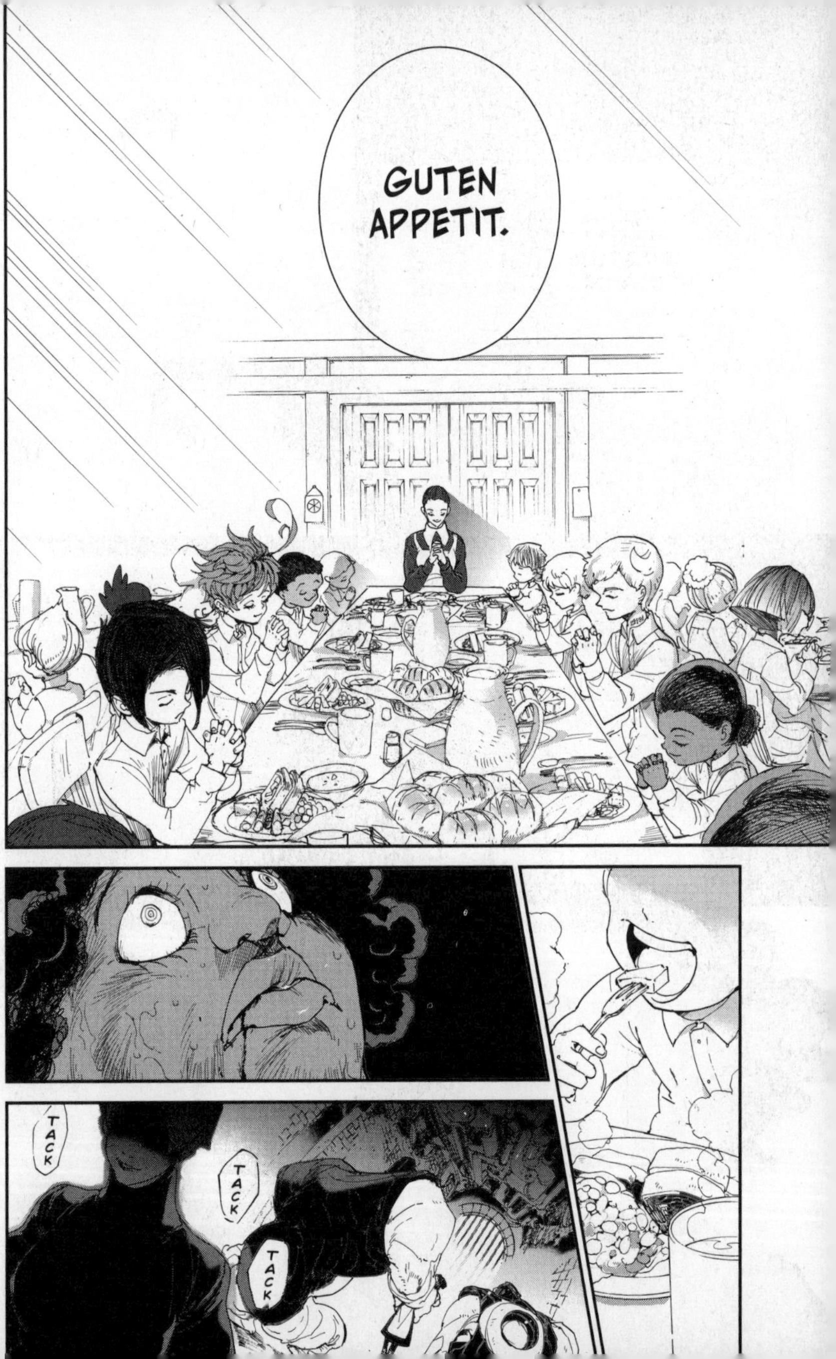
GUTEN APPETIT.
TACK
TACK
TACK

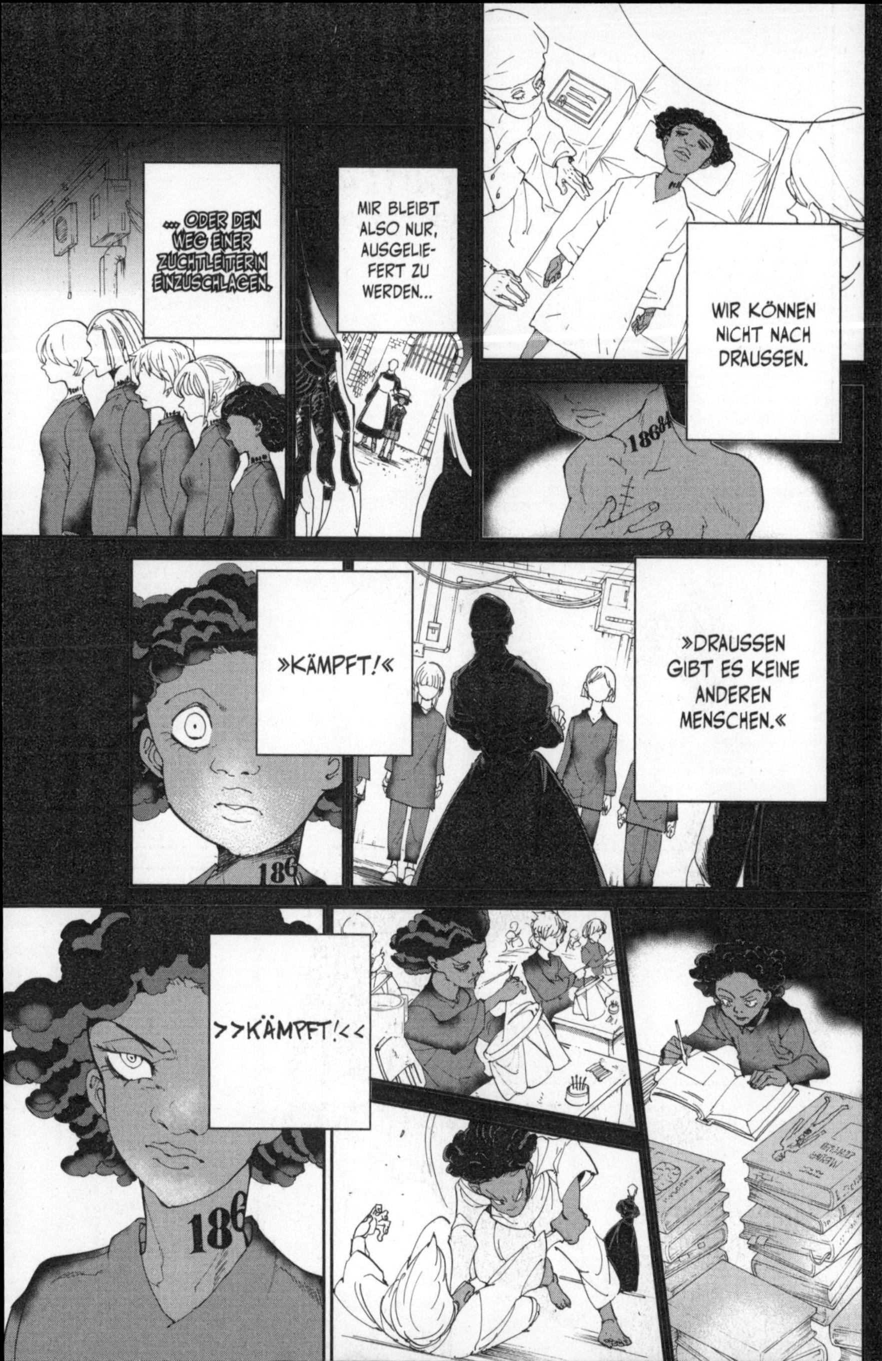
WIR KÖNNEN NICHT NACH DRAUSSEN.
MIR BLEIBT ALSO NUR, AUSGELIEFERT ZU WERDEN...
... ODER DEN WEG EINER ZUCHTLEITERIN EINZUSCHLAGEN.
»DRAUSSEN GIBT ES KEINE ANDEREN MENSCHEN.«
»KÄMPFT!«
>>KÄMPFT!<<

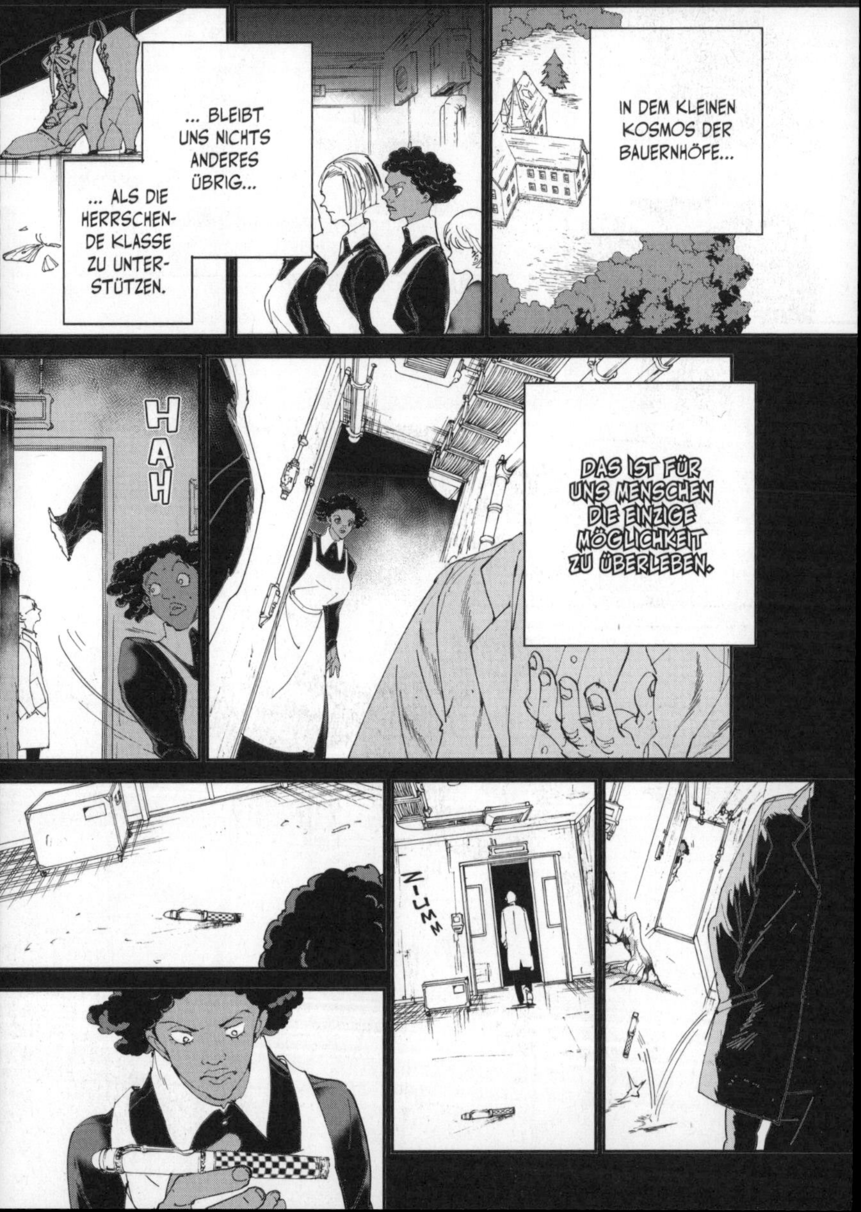
IN DEM KLEINEN KOSMOS DER BAUERNHÖFE...
... BLEIBT UNS NICHTS ANDERES ÜBRIG...
... ALS DIE HERRSCHENDE KLASSE ZU UNTERSTÜTZEN.
DAS IST FÜR UNS MENSCHEN DIE EINZIGE MÖGLICHKEIT ZU ÜBERLEBEN.
HAH
ZIUMM

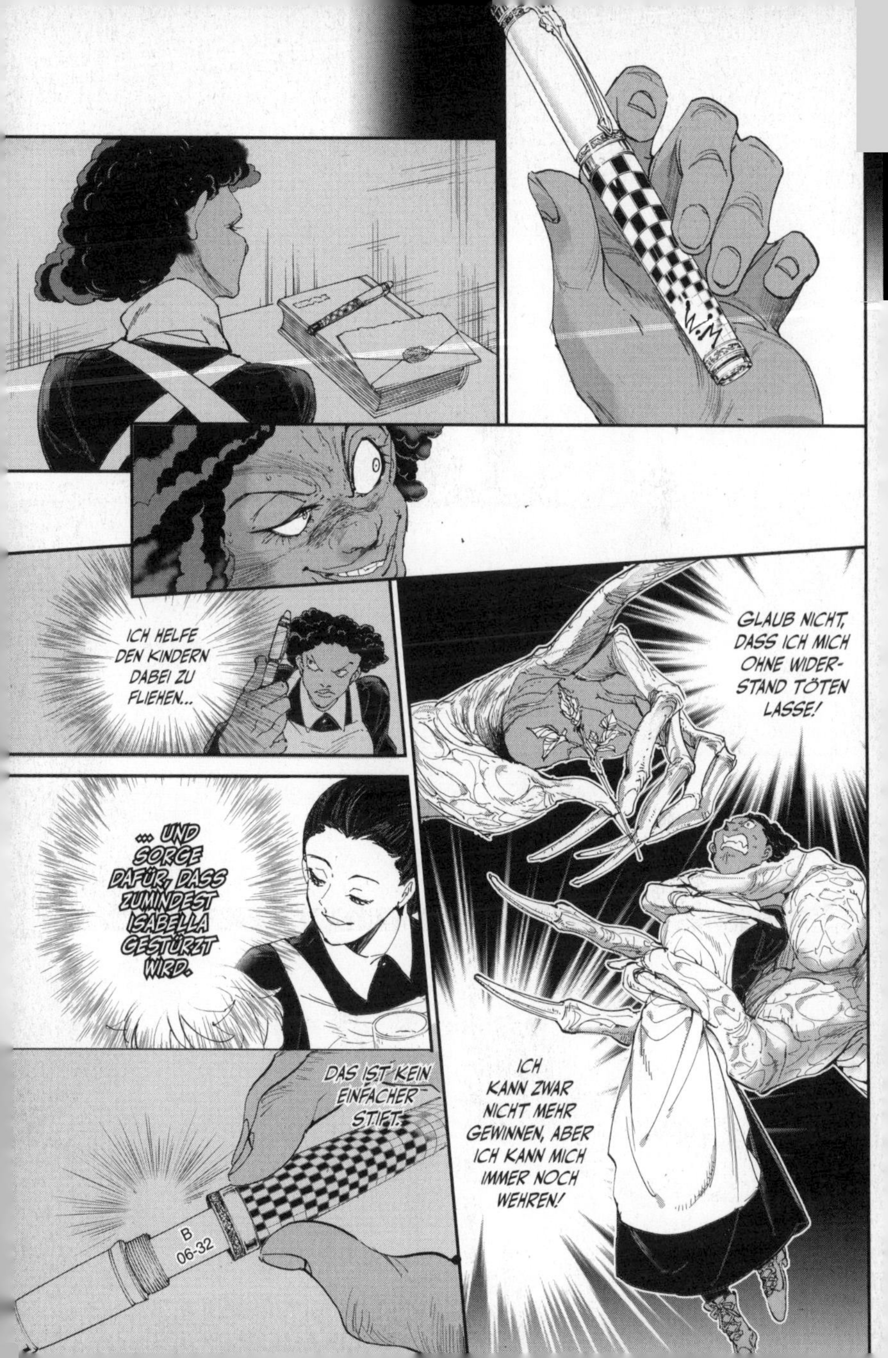
ICH HELFE DEN KINDERN DABEI ZU FLIEHEN...
... UND SORGE DAFÜR, DASS ZUMINDEST ISABELLA GESTÜRZT WIRD.
DAS IST KEIN EINFACHER STIFT.
B 06-32
GLAUB NICHT, DASS ICH MICH OHNE WIDER-STAND TÖTEN LASSE!
ICH KANN ZWAR NICHT MEHR GEWINNEN, ABER ICH KANN MICH IMMER NOCH WEHREN!

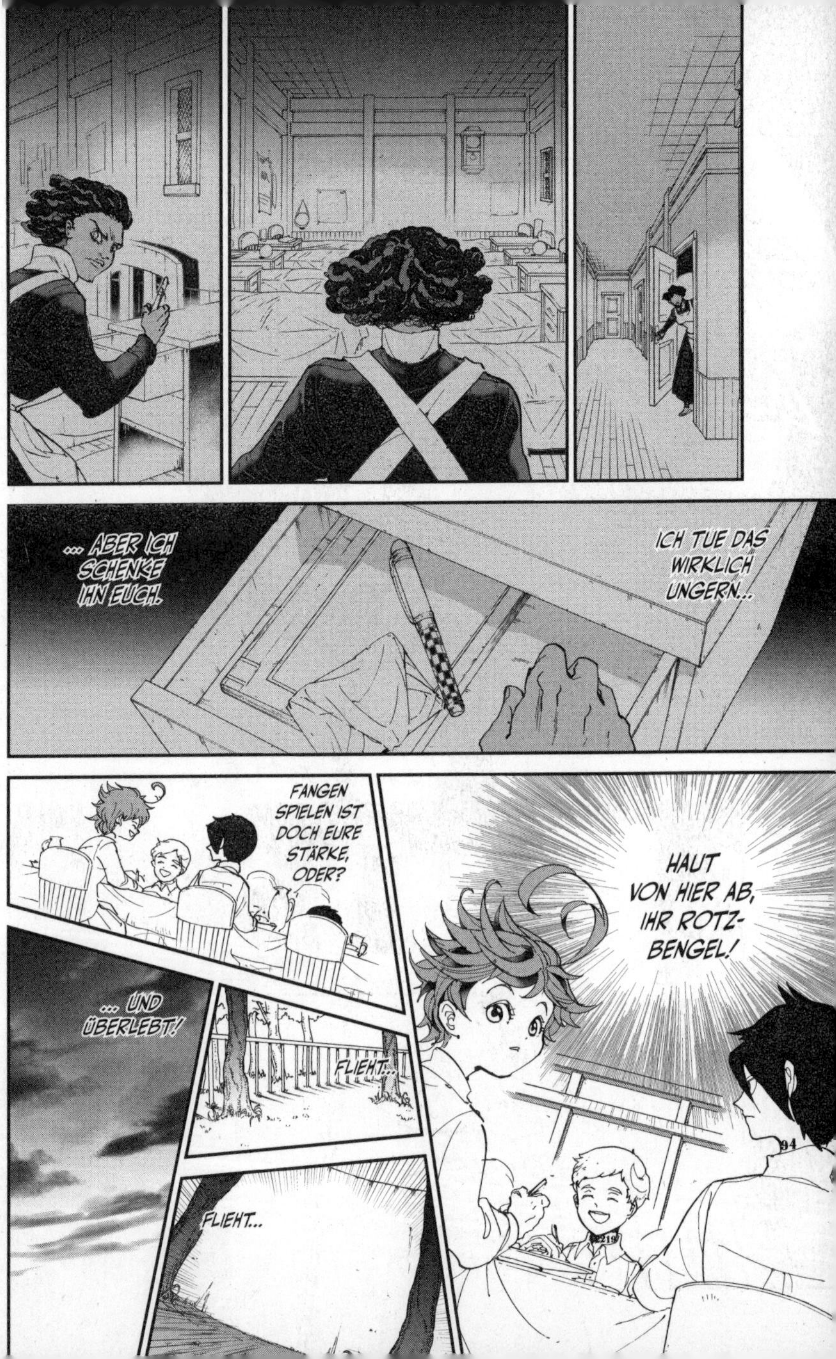
ICH TUE DAS WIRKLICH UNGERN...
... ABER ICH SCHENKE IHN EUCH.
HAUT VON HIER AB, IHR ROTZ-BENGEL!
FANGEN SPIELEN IST DOCH EURE STÄRKE, ODER?
FLIEHT...
FLIEHT...
... UND ÜBERLEBT!

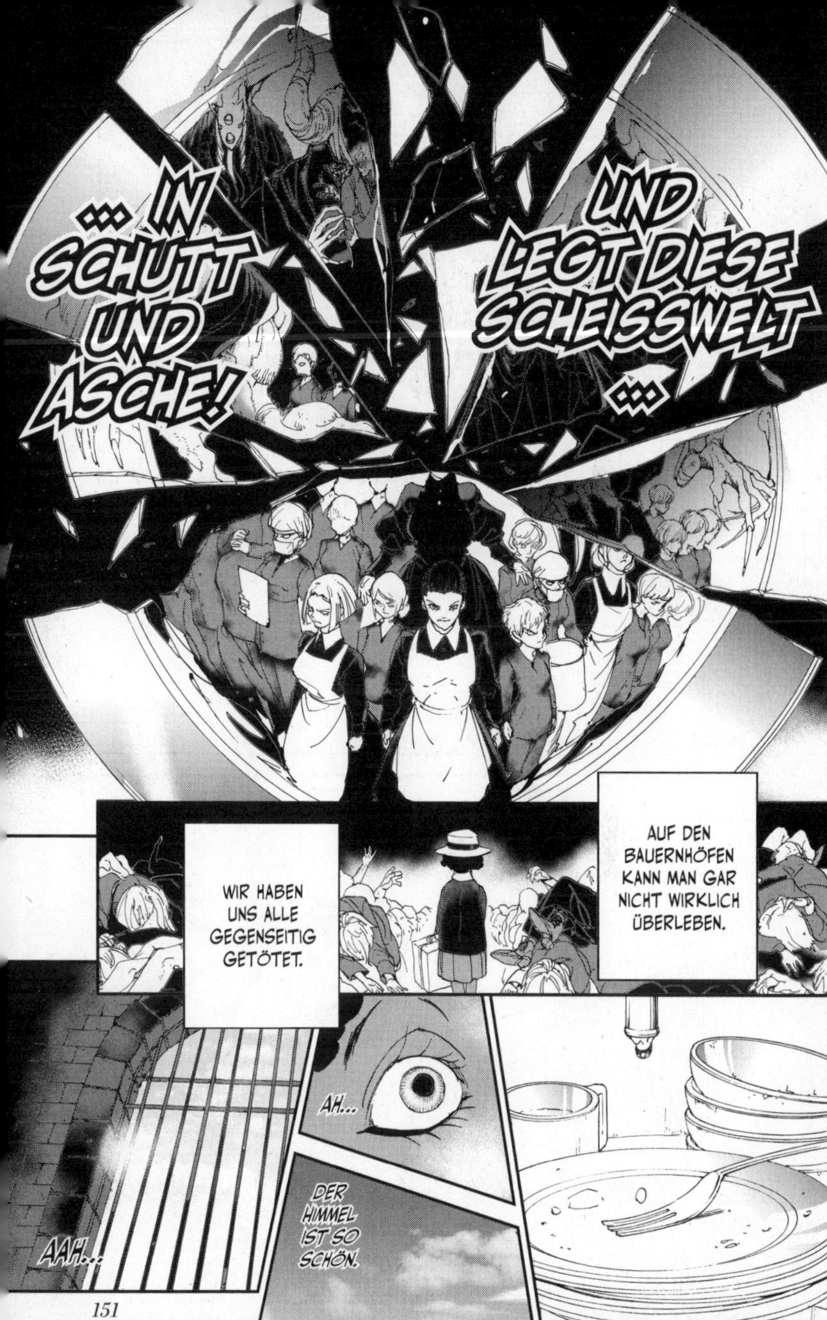

... UND LEGT DIESE SCHEISSWELT ...
... IN SCHUTT UND ASCHE!
AUF DEN BAUERNHÖFEN KANN MAN GAR NICHT WIRKLICH ÜBERLEBEN.
WIR HABEN UNS ALLE GEGENSEITIG GETÖTET.
AH...
DER HIMMEL IST SO SCHÖN.
AAH...

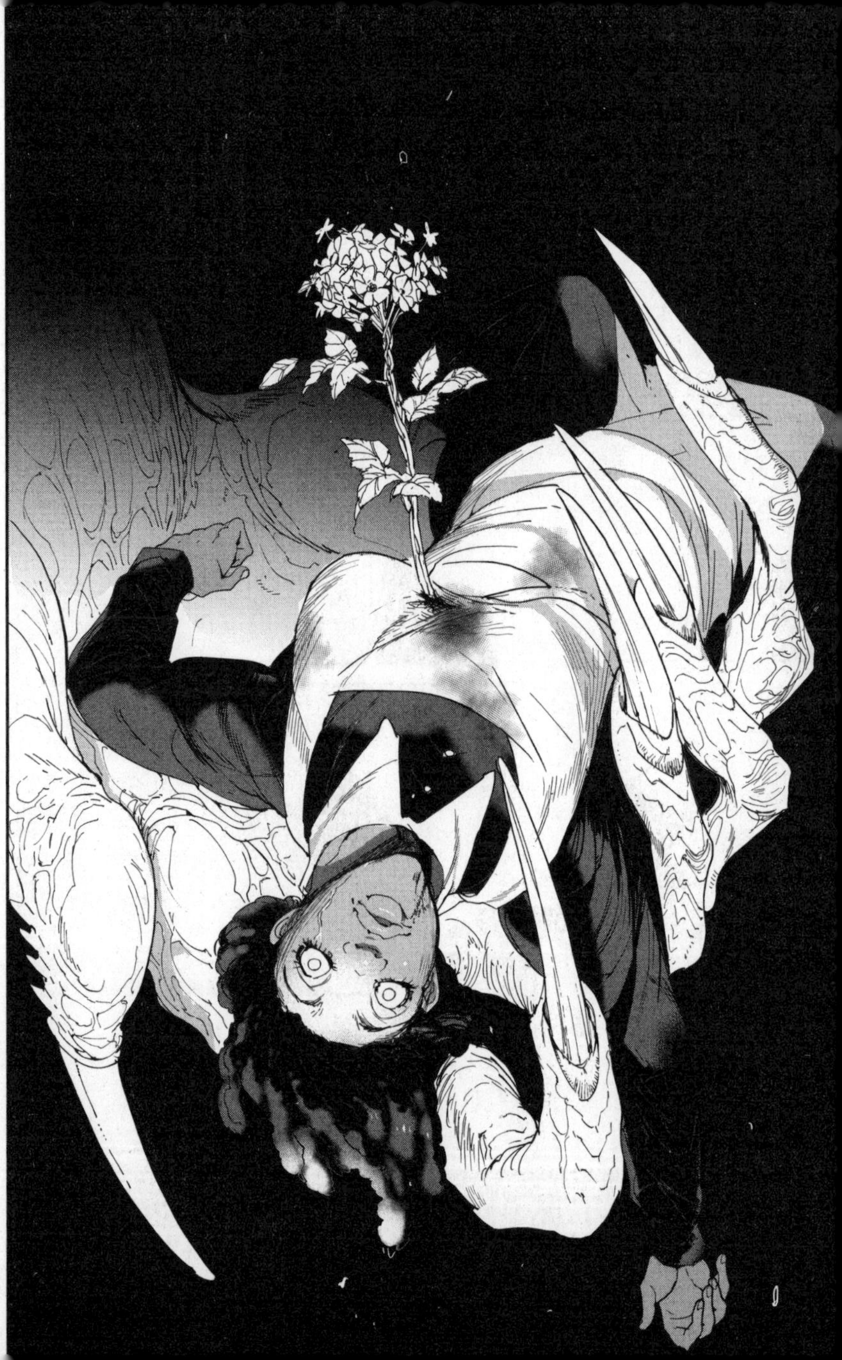

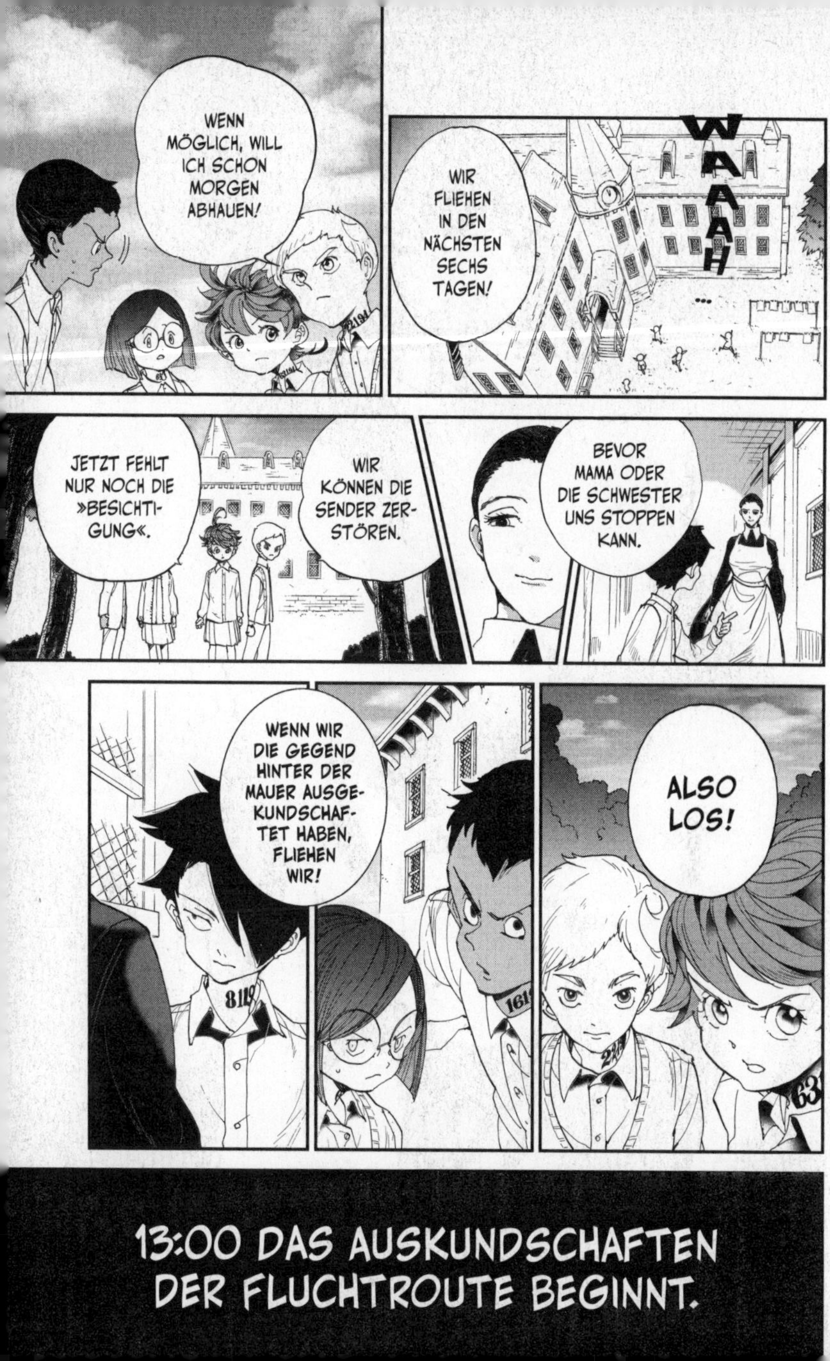
WIR FLIEHEN IN DEN NÄCHSTEN SECHS TAGEN!
WAAAH...
WENN MÖGLICH, WILL ICH SCHON MORGEN ABHAUEN!
BEVOR MAMA ODER DIE SCHWESTER UNS STOPPEN KANN.
WIR KÖNNEN DIE SENDER ZERSTÖREN.
JETZT FEHLT NUR NOCH DIE »BESICHTIGUNG«.
ALSO LOS!
WENN WIR DIE GEGEND HINTER DER MAUER AUSGEKUNDSCHAFTET HABEN, FLIEHEN WIR!
13:00 DAS AUSKUNDSCHAFTEN DER FLUCHTROUTE BEGINNT.

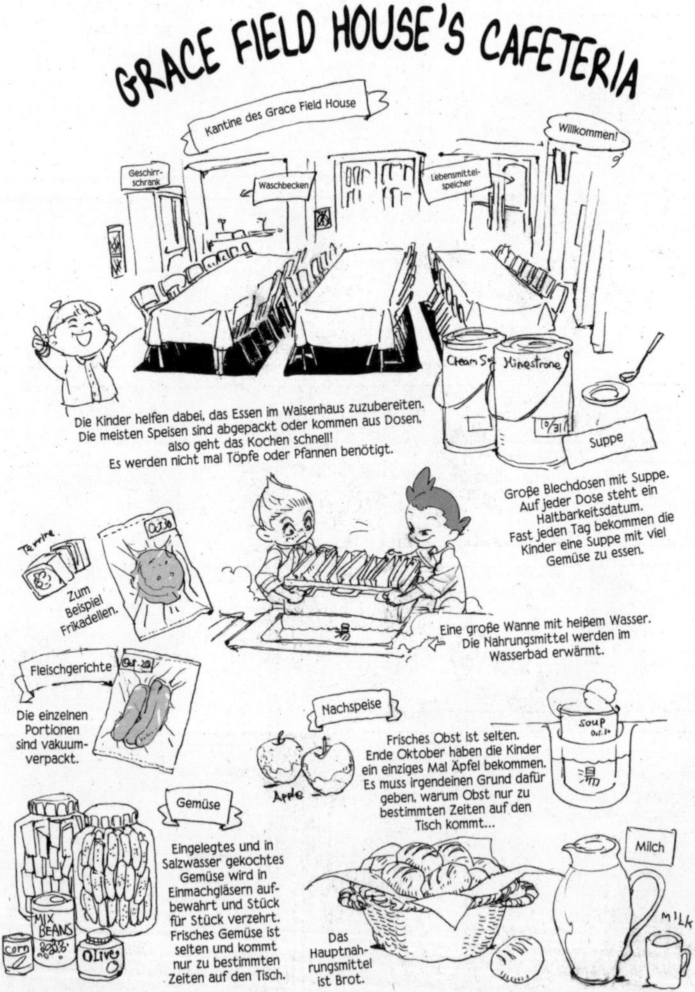
GRACE FIELD HOUSE'S CAFETERIA
Kantine des Grace Field House
Willkommen!
Geschirr-schrank
Waschbecken
Lebensmittel-speicher
Cream Soup
Minestrone
10/31
Die Kinder helfen dabei, das Essen im Waisenhaus zuzubereiten.
Die meisten Speisen sind abgepackt oder kommen aus Dosen,
also geht das Kochen schnell!
Es werden nicht mal Töpfe oder Pfannen benötigt.
Suppe
Große Blechdosen mit Suppe.
Auf jeder Dose steht ein
Haltbarkeitsdatum.
Fast jeden Tag bekommen die
Kinder eine Suppe mit viel
Gemüse zu essen.
Terrine
Oct.30
Zum
Beispiel
Frikadellen.
Eine große Wanne mit heißem Wasser.
Die Nahrungsmittel werden im
Wasserbad erwärmt.
Fleischgerichte
Die einzelnen
Portionen
sind vakuum-
verpackt.
Nachspeise
soup
湯
Frisches Obst ist selten.
Ende Oktober haben die Kinder
ein einziges Mal Äpfel bekommen.
Es muss irgendeinen Grund dafür
geben, warum Obst nur zu
bestimmten Zeiten auf den
Tisch kommt...
Apple
Gemüse
Eingelegtes und in
Salzwasser gekochtes
Gemüse wird in
Einmachgläsern auf-
bewahrt und Stück
für Stück verzehrt.
Frisches Gemüse ist
selten und kommt
nur zu bestimmten
Zeiten auf den Tisch.
MIX BEANS
corn
Olive
Das
Hauptnah-
rungsmittel
ist Brot.
Milch
MILK

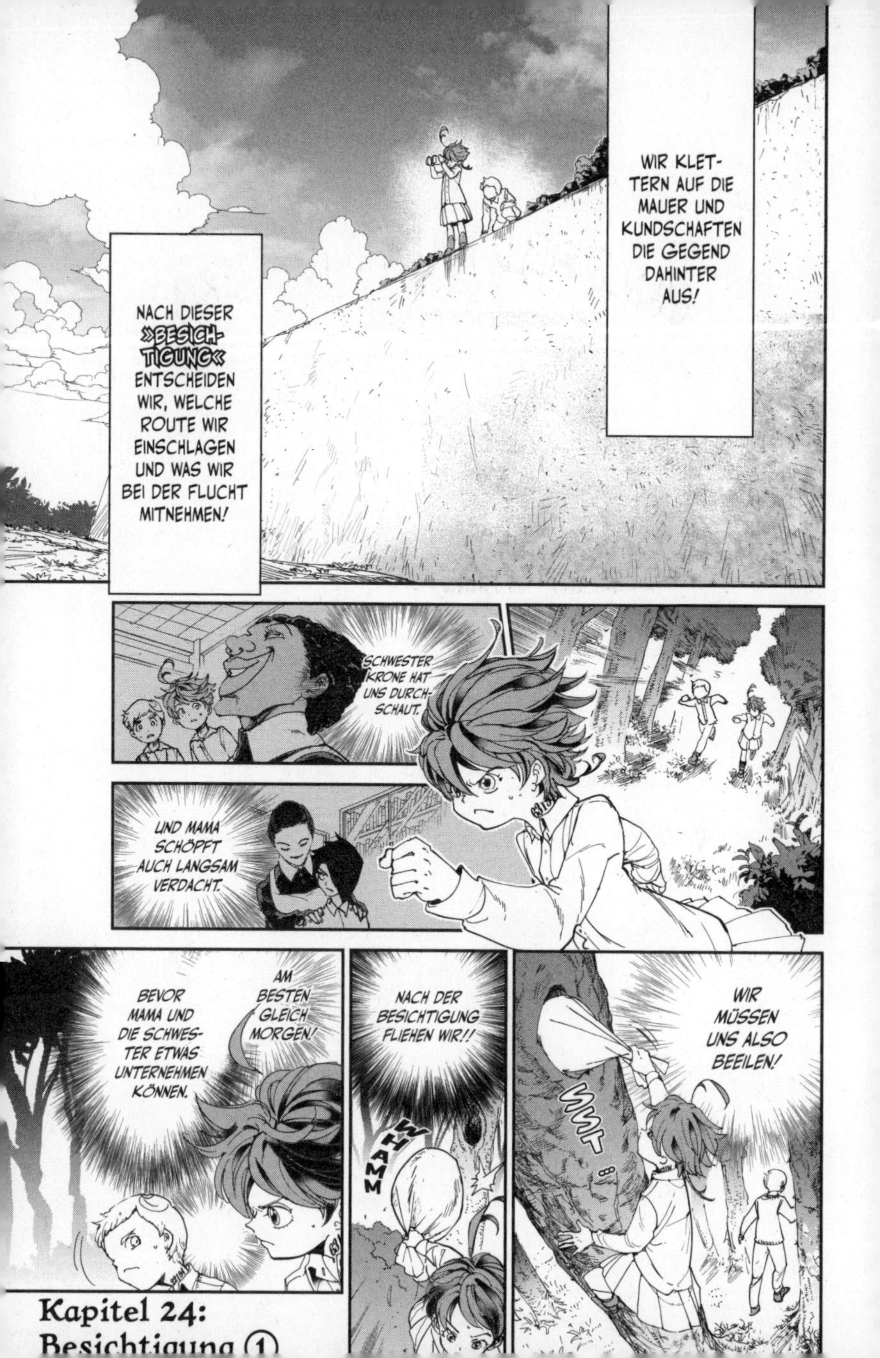

Kapitel 24: Besichtigung ①

Kapitel 24: Besichtigung ①

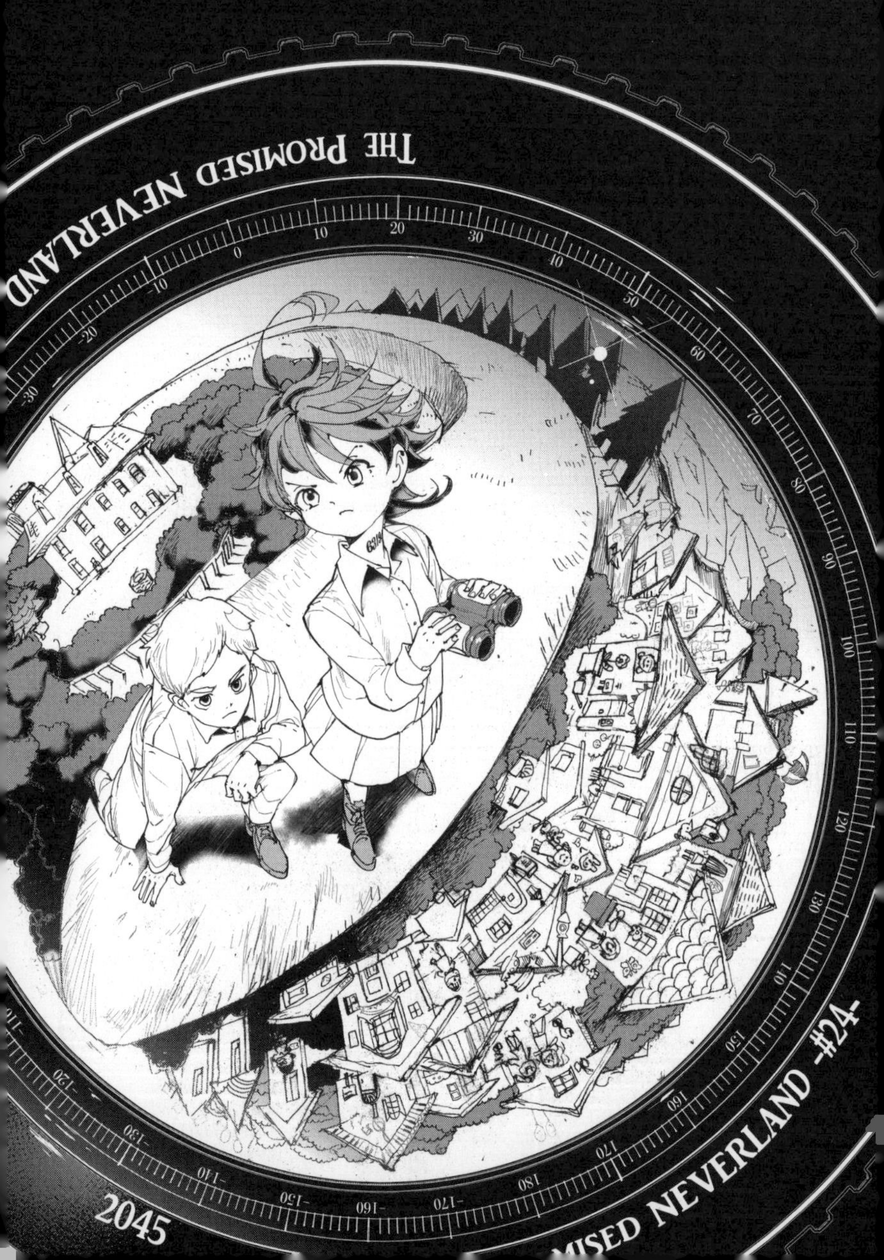

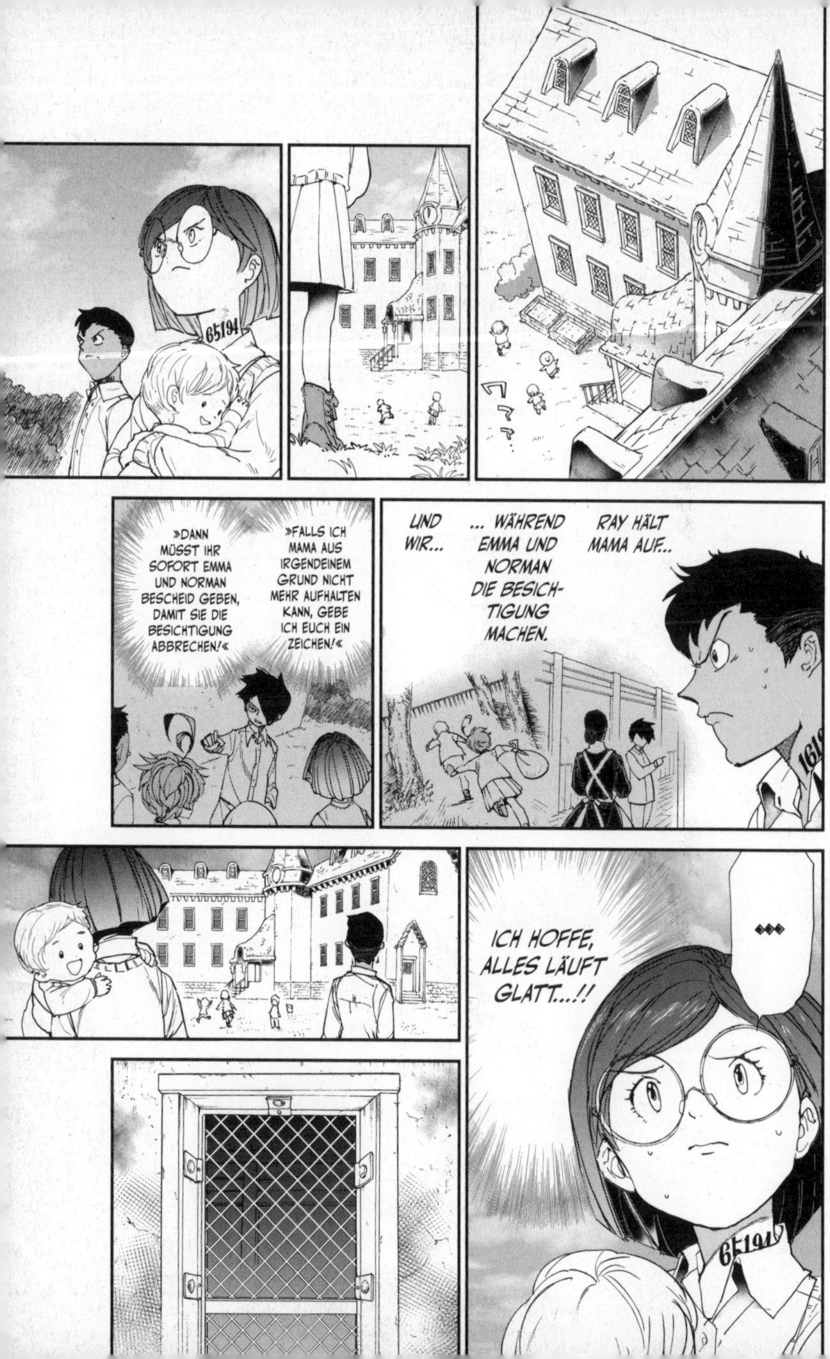
RAY HÄLT MAMA AUF...
... WÄHREND EMMA UND NORMAN DIE BESICHTIGUNG MACHEN.
UND WIR...
»FALLS ICH MAMA AUS IRGENDEINEM GRUND NICHT MEHR AUFHALTEN KANN, GEBE ICH EUCH EIN ZEICHEN!«
»DANN MÜSST IHR SOFORT EMMA UND NORMAN BESCHEID GEBEN, DAMIT SIE DIE BESICHTIGUNG ABBRECHEN!«
ICH HOFFE, ALLES LÄUFT GLATT...!!

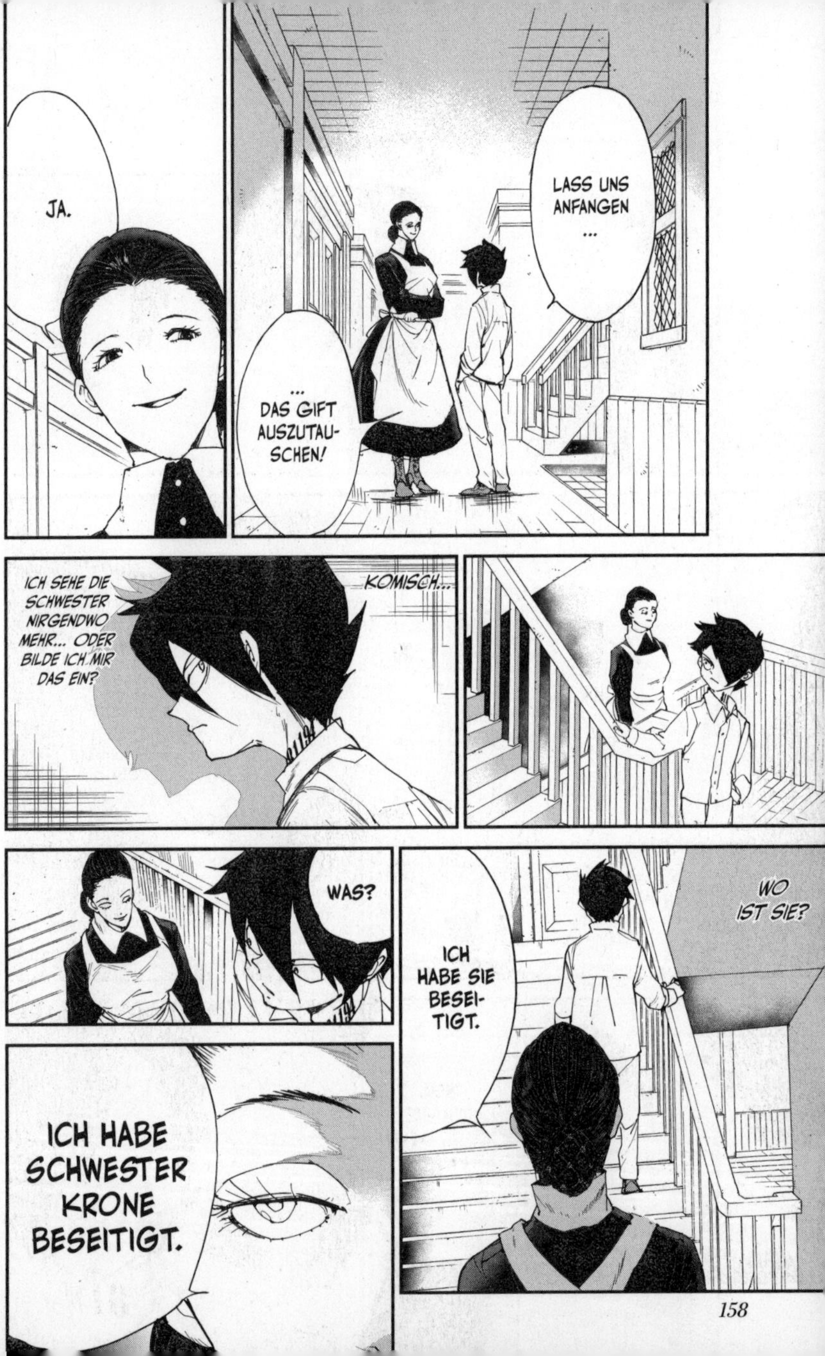
LASS UNS ANFANGEN ...
... DAS GIFT AUSZUTAUSCHEN!
JA.
KOMISCH...
ICH SEHE DIE SCHWESTER NIRGENDWO MEHR... ODER BILDE ICH MIR DAS EIN?
WO IST SIE?
ICH HABE SIE BESEITIGT.
WAS?
ICH HABE SCHWESTER KRONE BESEITIGT.

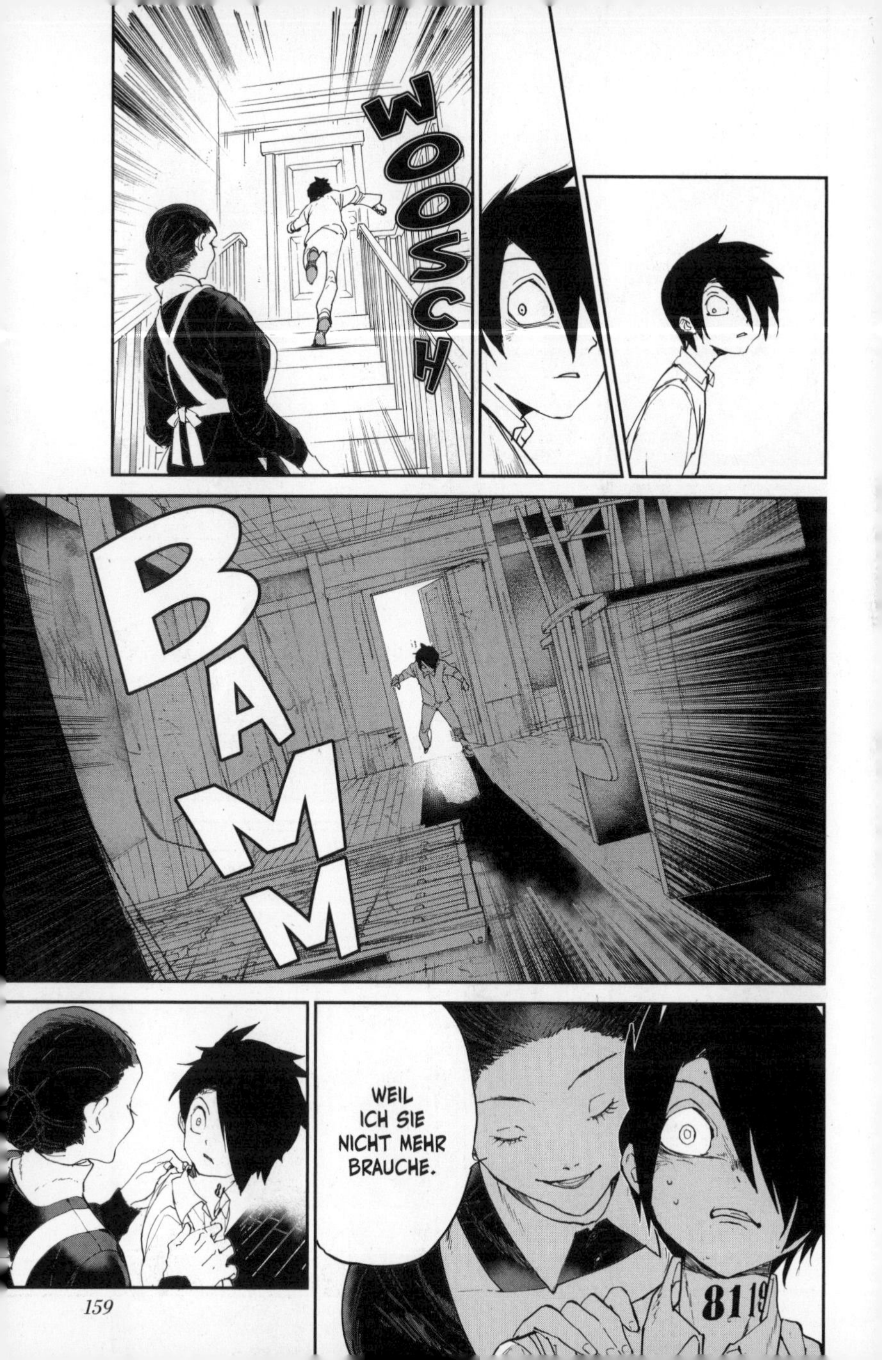
WOOSCH
BAMM
WEIL ICH SIE NICHT MEHR BRAUCHE.
81194

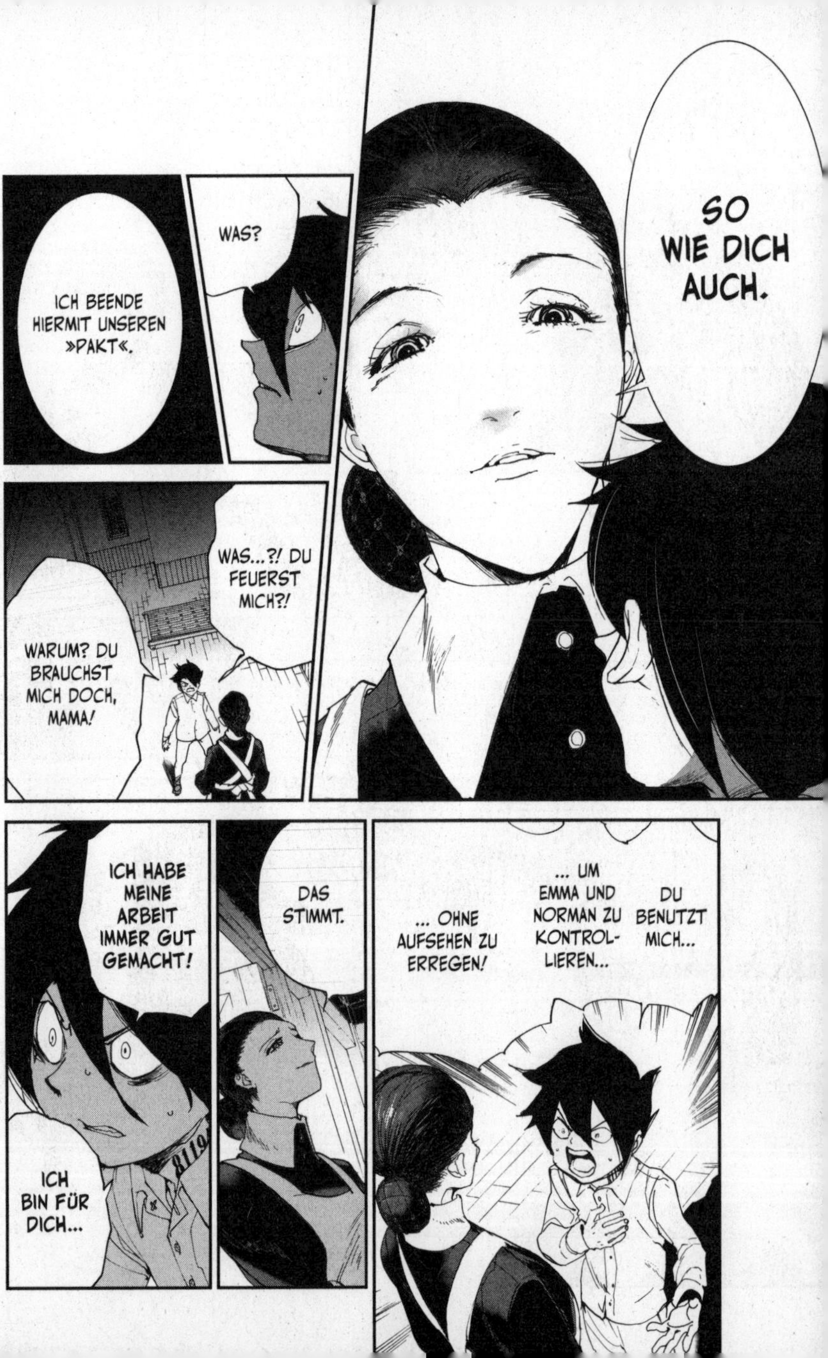

SO WIE DICH AUCH.
WAS?
ICH BEENDE HIERMIT UNSEREN »PAKT«.
WAS...?! DU FEUERST MICH?!
WARUM? DU BRAUCHST MICH DOCH, MAMA!
DU BENUTZT MICH...
... UM EMMA UND NORMAN ZU KONTROL-LIEREN...
... OHNE AUFSEHEN ZU ERREGEN!
DAS STIMMT.
ICH HABE MEINE ARBEIT IMMER GUT GEMACHT!
ICH BIN FÜR DICH...

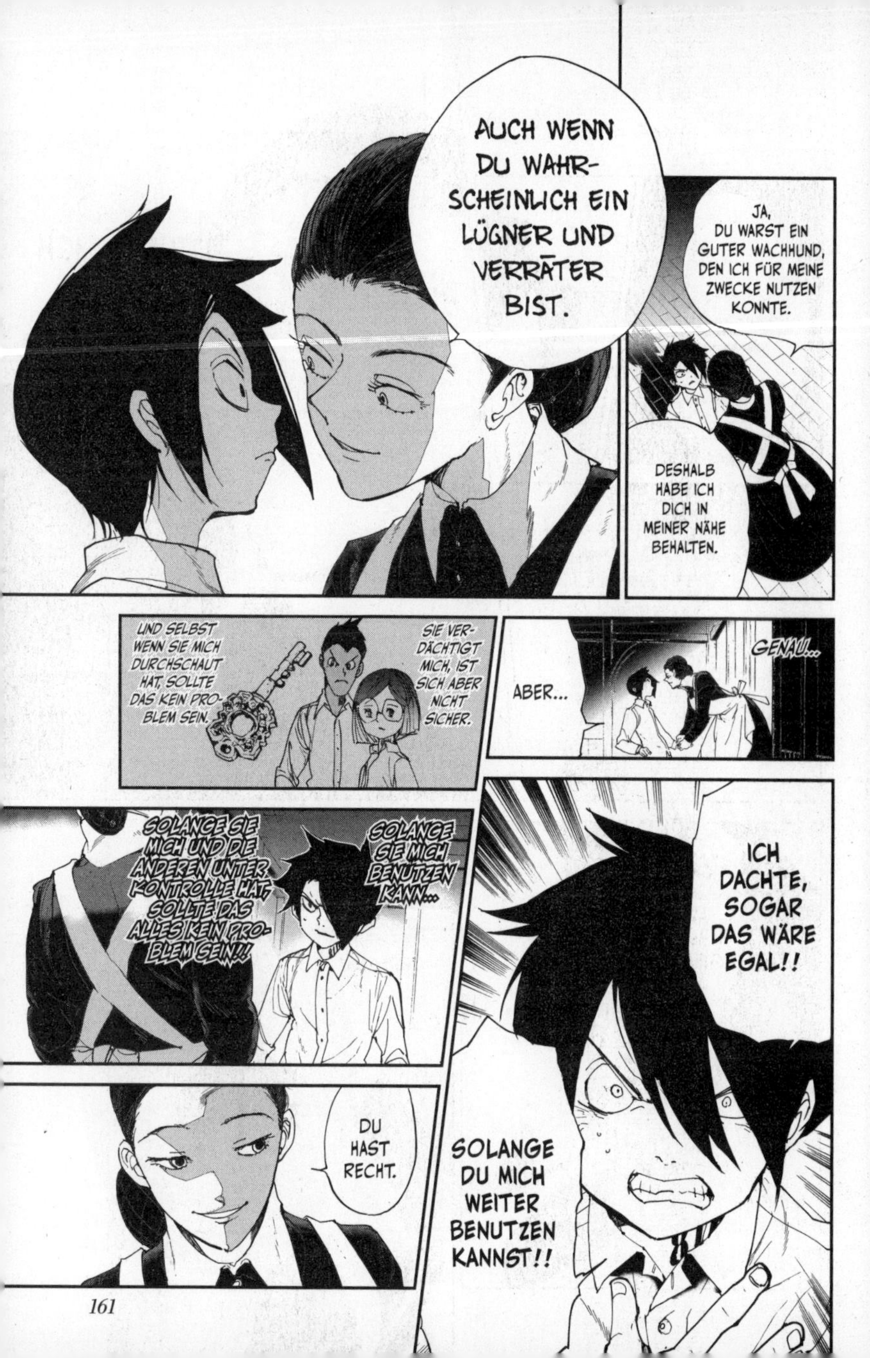
JA, DU WARST EIN GUTER WACHHUND, DEN ICH FÜR MEINE ZWECKE NUTZEN KONNTE.
DESHALB HABE ICH DICH IN MEINER NÄHE BEHALTEN.
AUCH WENN DU WAHR-SCHEINLICH EIN LÜGNER UND VERRÄTER BIST.
GENAU...
ABER...
SIE VER-DÄCHTIGT MICH, IST SICH ABER NICHT SICHER.
UND SELBST WENN SIE MICH DURCHSCHAUT HAT, SOLLTE DAS KEIN PRO-BLEM SEIN.
ICH DACHTE, SOGAR DAS WÄRE EGAL!!
SOLANGE SIE MICH BENUTZEN KANN...
SOLANGE SIE MICH UND DIE ANDEREN UNTER KONTROLLE HAT, SOLLTE DAS ALLES KEIN PRO-BLEM SEIN!!
SOLANGE DU MICH WEITER BENUTZEN KANNST!!
DU HAST RECHT.

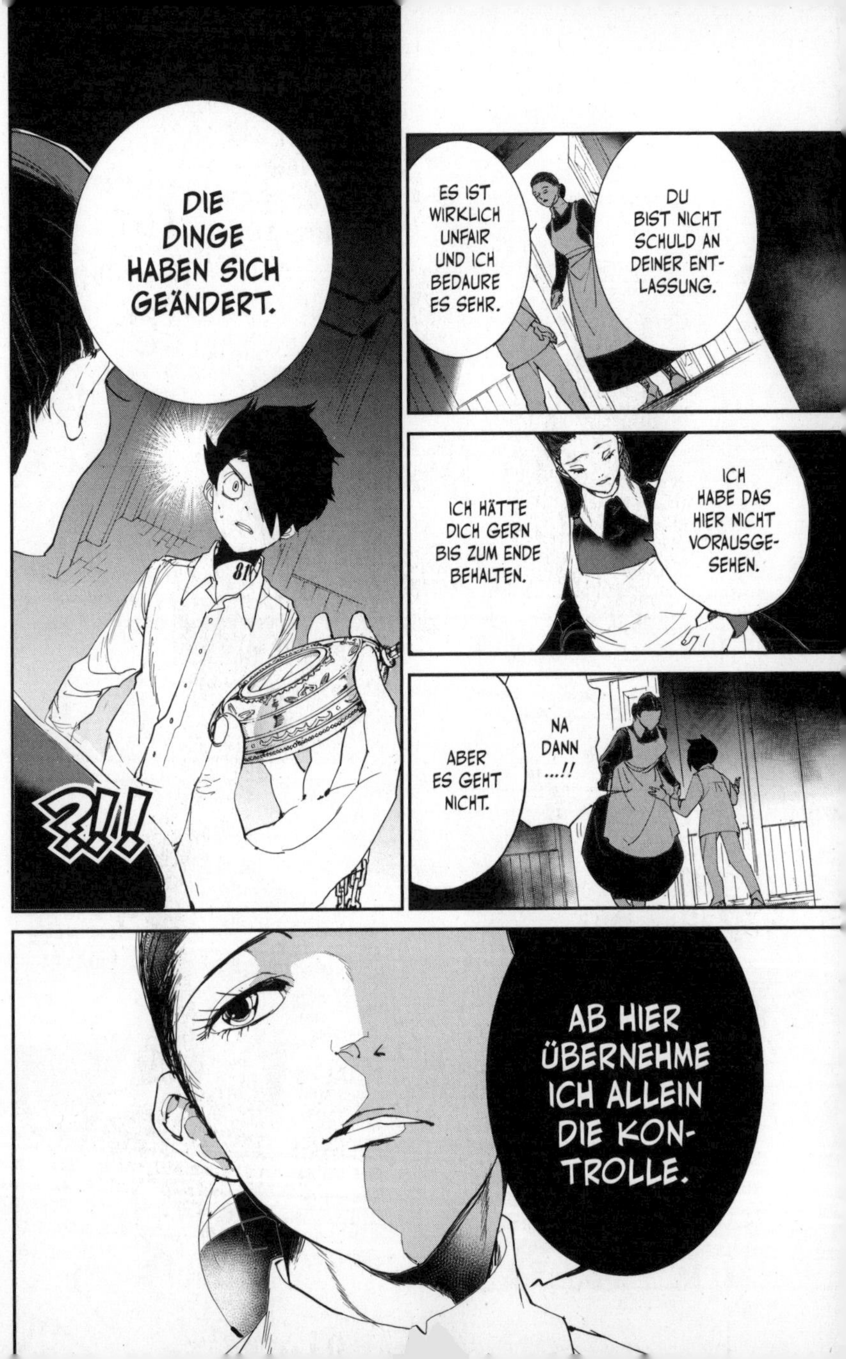
DU BIST NICHT SCHULD AN DEINER ENTLASSUNG.
ES IST WIRKLICH UNFAIR UND ICH BEDAURE ES SEHR.
ICH HABE DAS HIER NICHT VORAUSGESEHEN.
ICH HÄTTE DICH GERN BIS ZUM ENDE BEHALTEN.
NA DANN ...!!
ABER ES GEHT NICHT.
DIE DINGE HABEN SICH GEÄNDERT.
?!!
AB HIER ÜBERNEHME ICH ALLEIN DIE KONTROLLE.

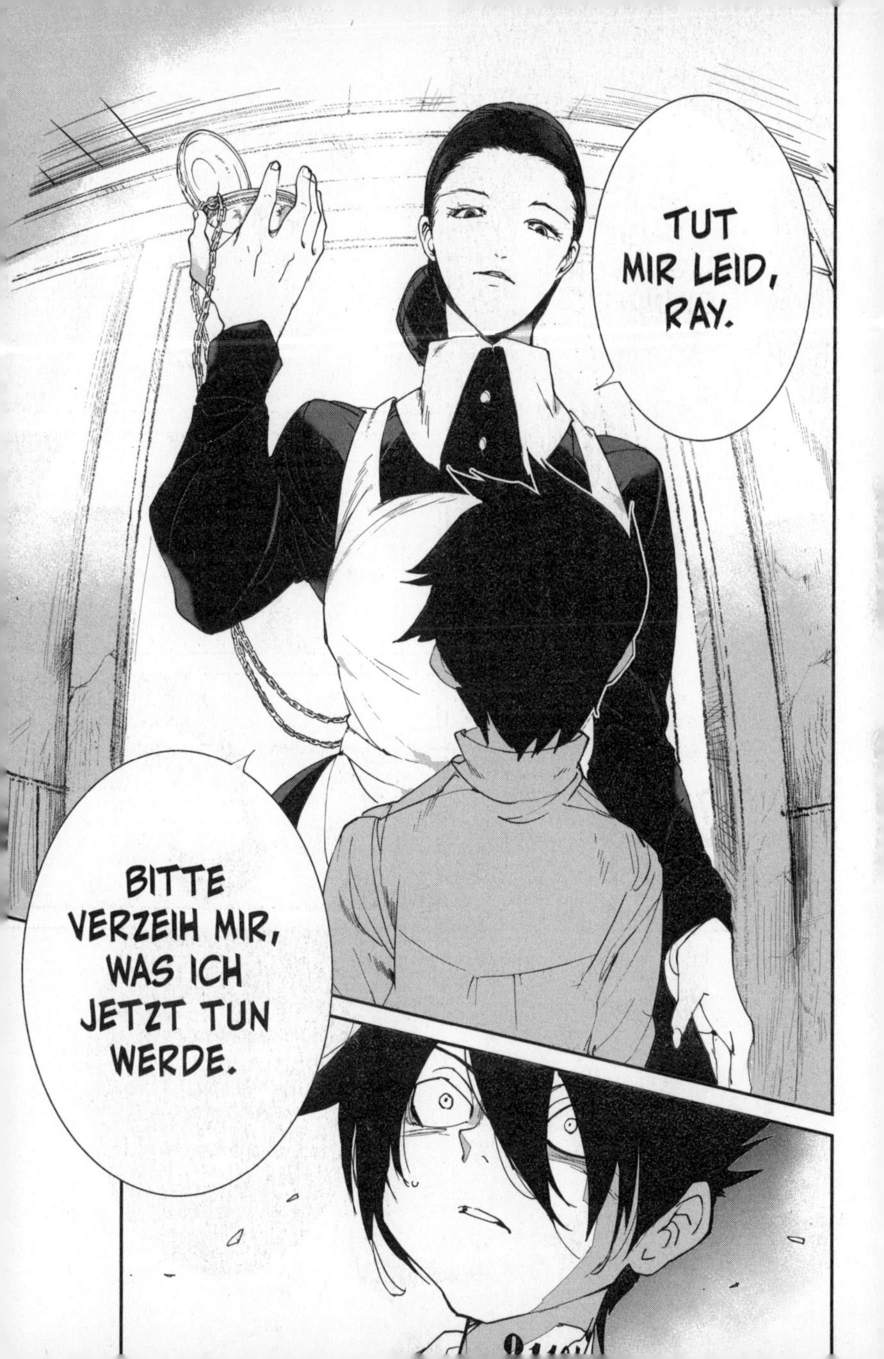
TUT MIR LEID, RAY.
BITTE VERZEIH MIR, WAS ICH JETZT TUN WERDE.

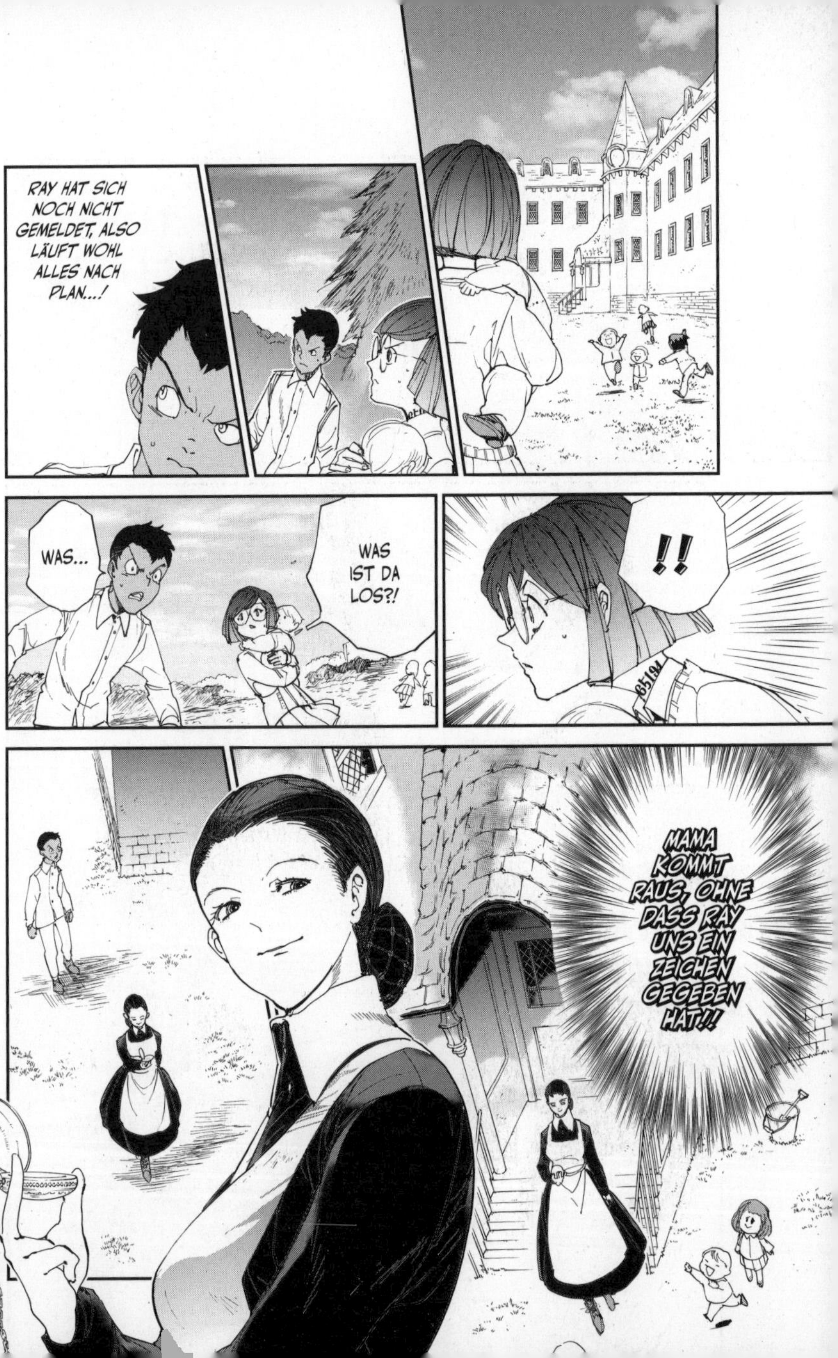
RAY HAT SICH NOCH NICHT GEMELDET, ALSO LÄUFT WOHL ALLES NACH PLAN...!
WAS...
WAS IST DA LOS?!
!!
MAMA KOMMT RAUS, OHNE DASS RAY UNS EIN ZEICHEN GEGEBEN HAT?!

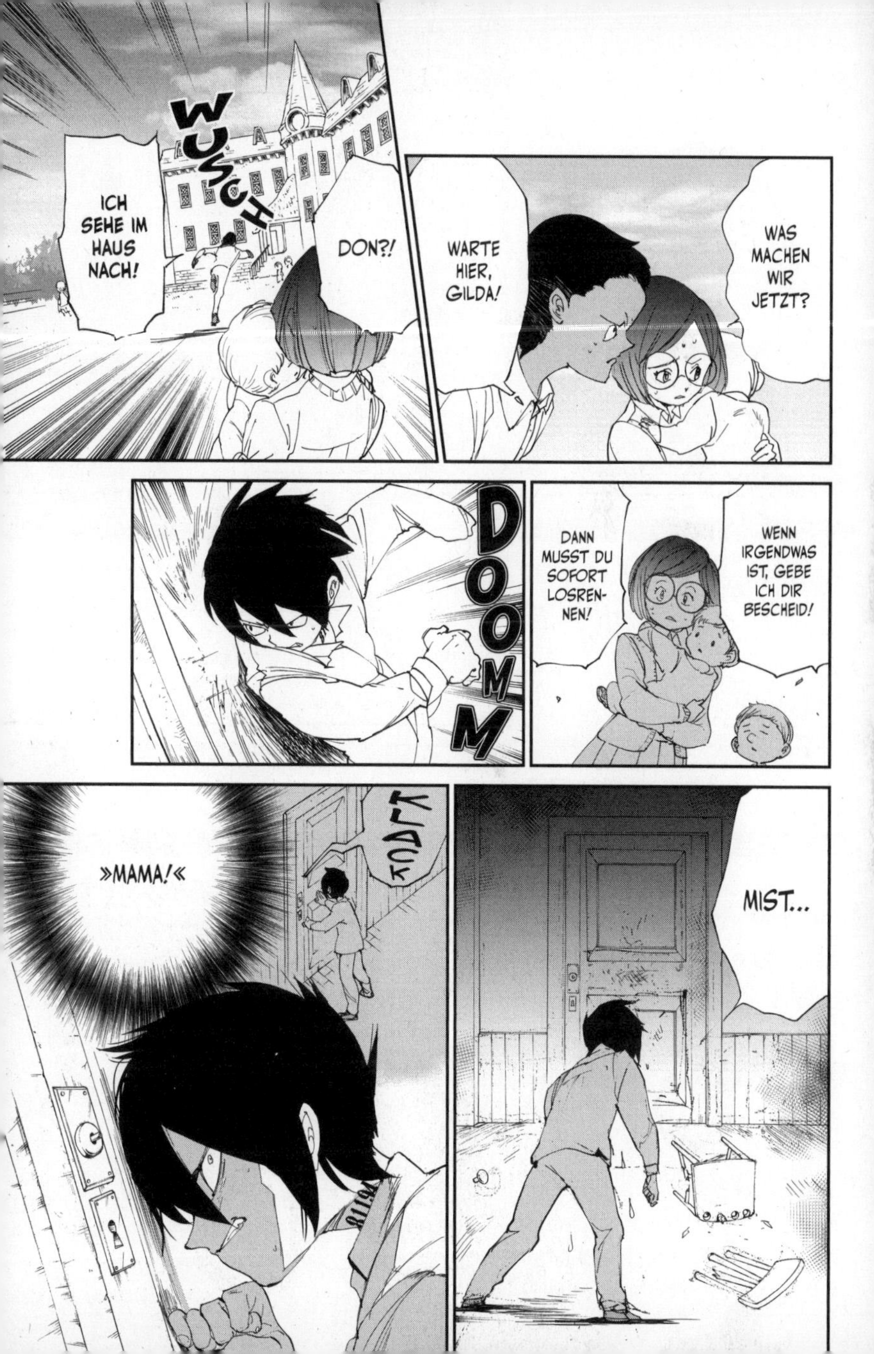

WAS MACHEN WIR JETZT?
WARTE HIER, GILDA!
DON?!
WUSCH
ICH SEHE IM HAUS NACH!
WENN IRGENDWAS IST, GEBE ICH DIR BESCHEID!
DANN MUSST DU SOFORT LOSREN-NEN!
DOOOMM
MIST...
KLACK
»MAMA!«

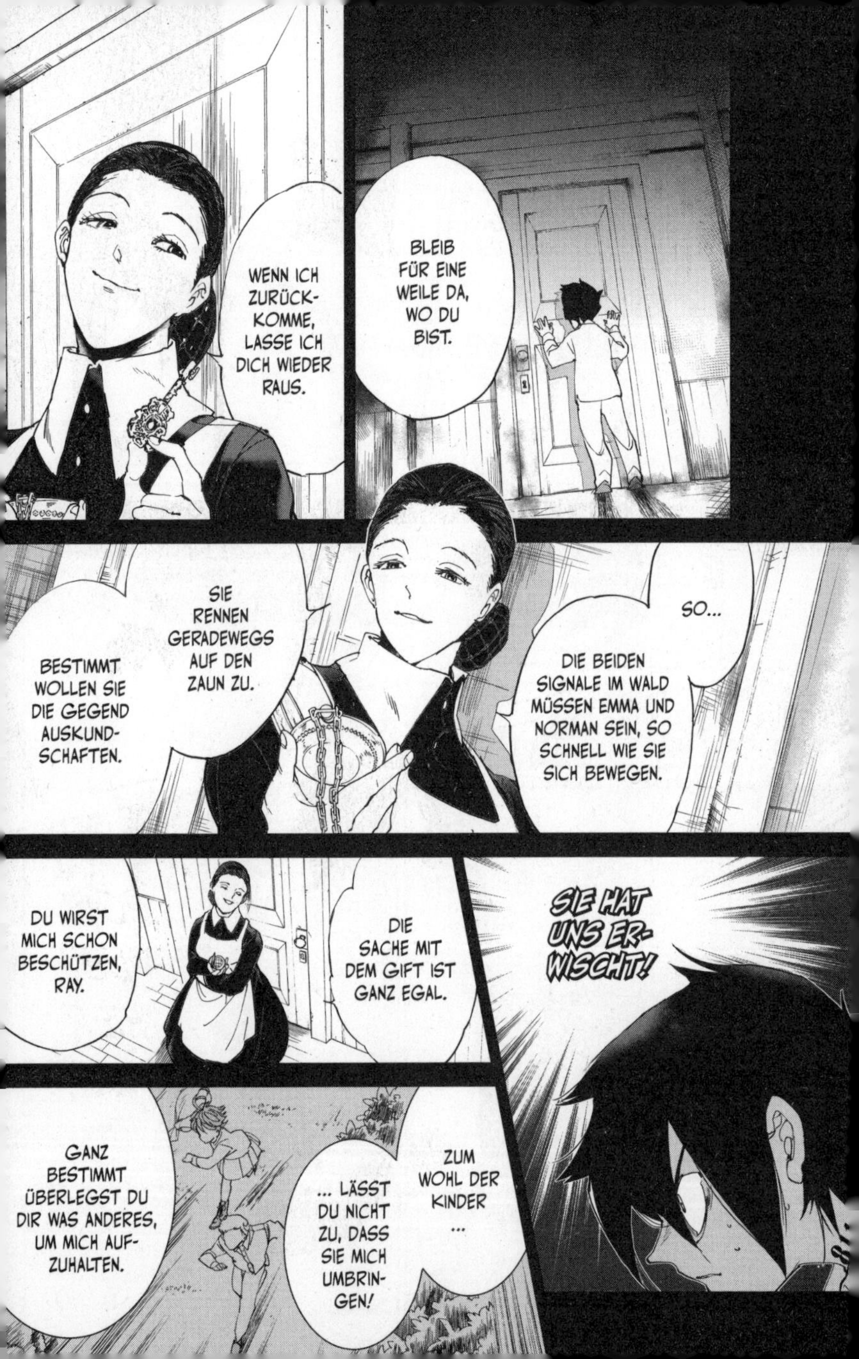
BLEIB FÜR EINE WEILE DA, WO DU BIST.
WENN ICH ZURÜCK-KOMME, LASSE ICH DICH WIEDER RAUS.
SO...
DIE BEIDEN SIGNALE IM WALD MÜSSEN EMMA UND NORMAN SEIN, SO SCHNELL WIE SIE SICH BEWEGEN.
SIE RENNEN GERADEWEGS AUF DEN ZAUN ZU.
BESTIMMT WOLLEN SIE DIE GEGEND AUSKUND-SCHAFTEN.
SIE HAT UNS ER-WISCHT!
DIE SACHE MIT DEM GIFT IST GANZ EGAL.
DU WIRST MICH SCHON BESCHÜTZEN, RAY.
ZUM WOHL DER KINDER ...
... LÄSST DU NICHT ZU, DASS SIE MICH UMBRIN-GEN!
GANZ BESTIMMT ÜBERLEGST DU DIR WAS ANDERES, UM MICH AUF-ZUHALTEN.

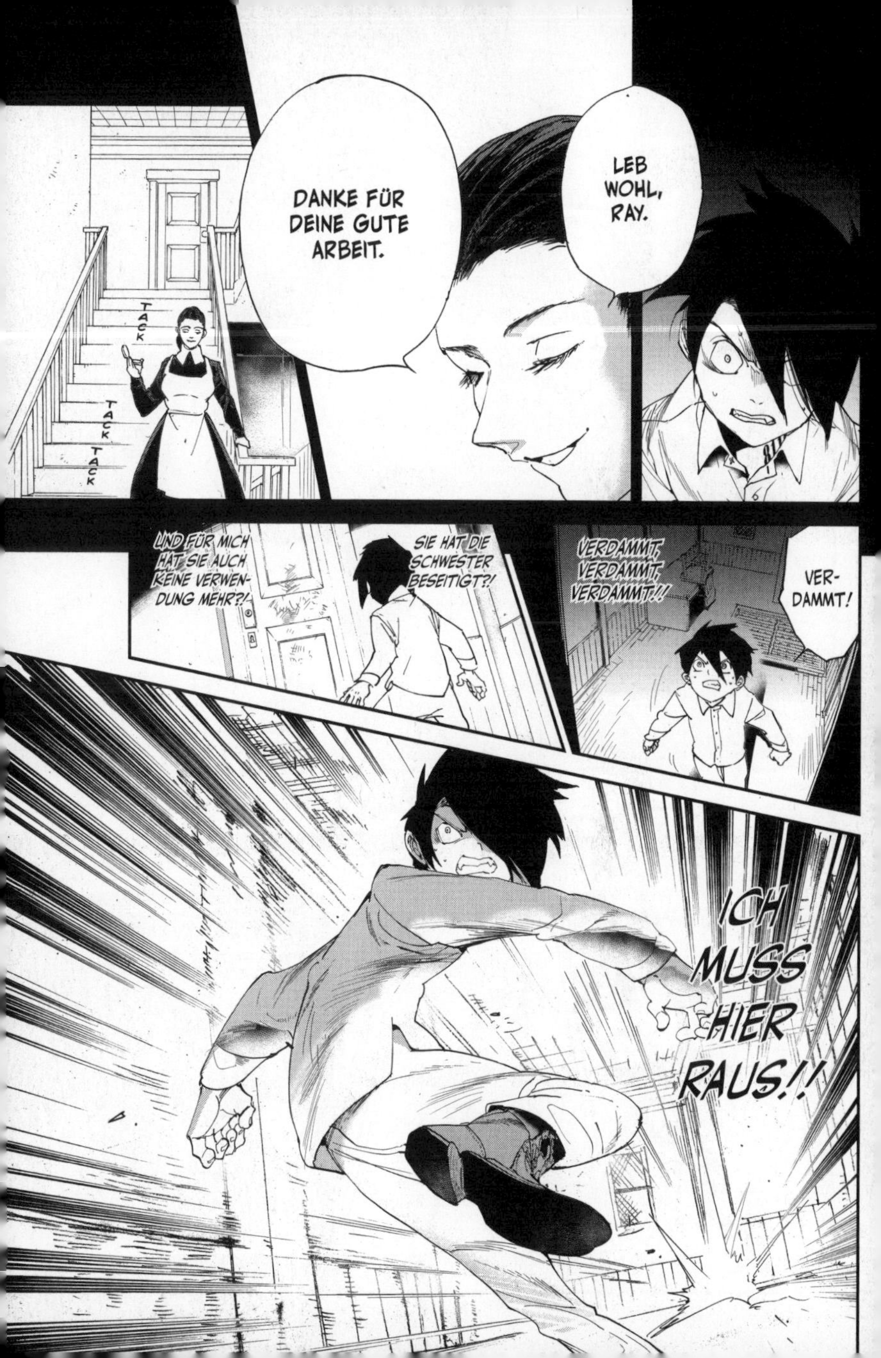
LEB WOHL, RAY.
DANKE FÜR DEINE GUTE ARBEIT.
TACK
TACK
TACK
VER-DAMMT!
VERDAMMT, VERDAMMT, VERDAMMT!!
SIE HAT DIE SCHWESTER BESEITIGT?!
UND FÜR MICH HAT SIE AUCH KEINE VERWEN-DUNG MEHR?!
ICH MUSS HIER RAUS!!

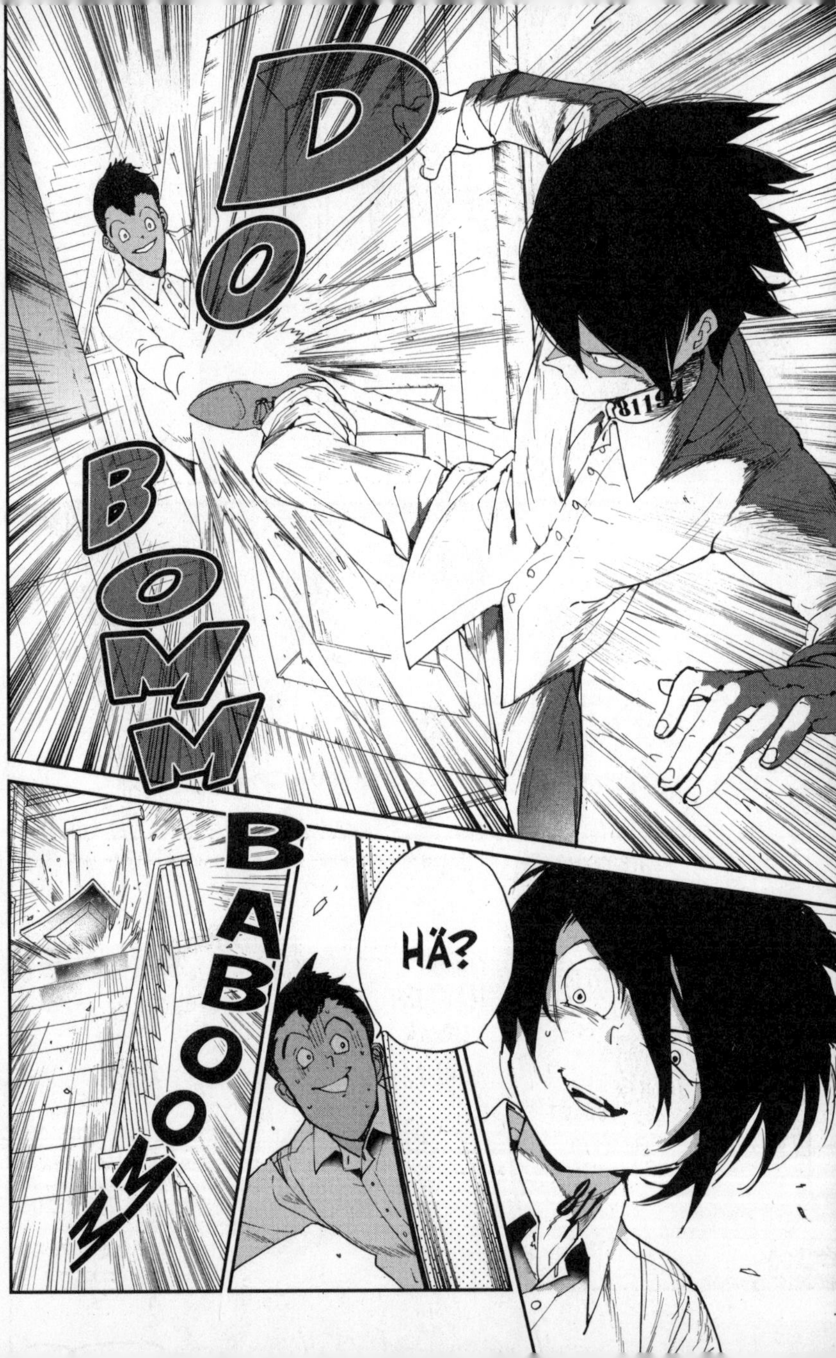

DO
BOMM
81194
BABOOMM
HÄ?

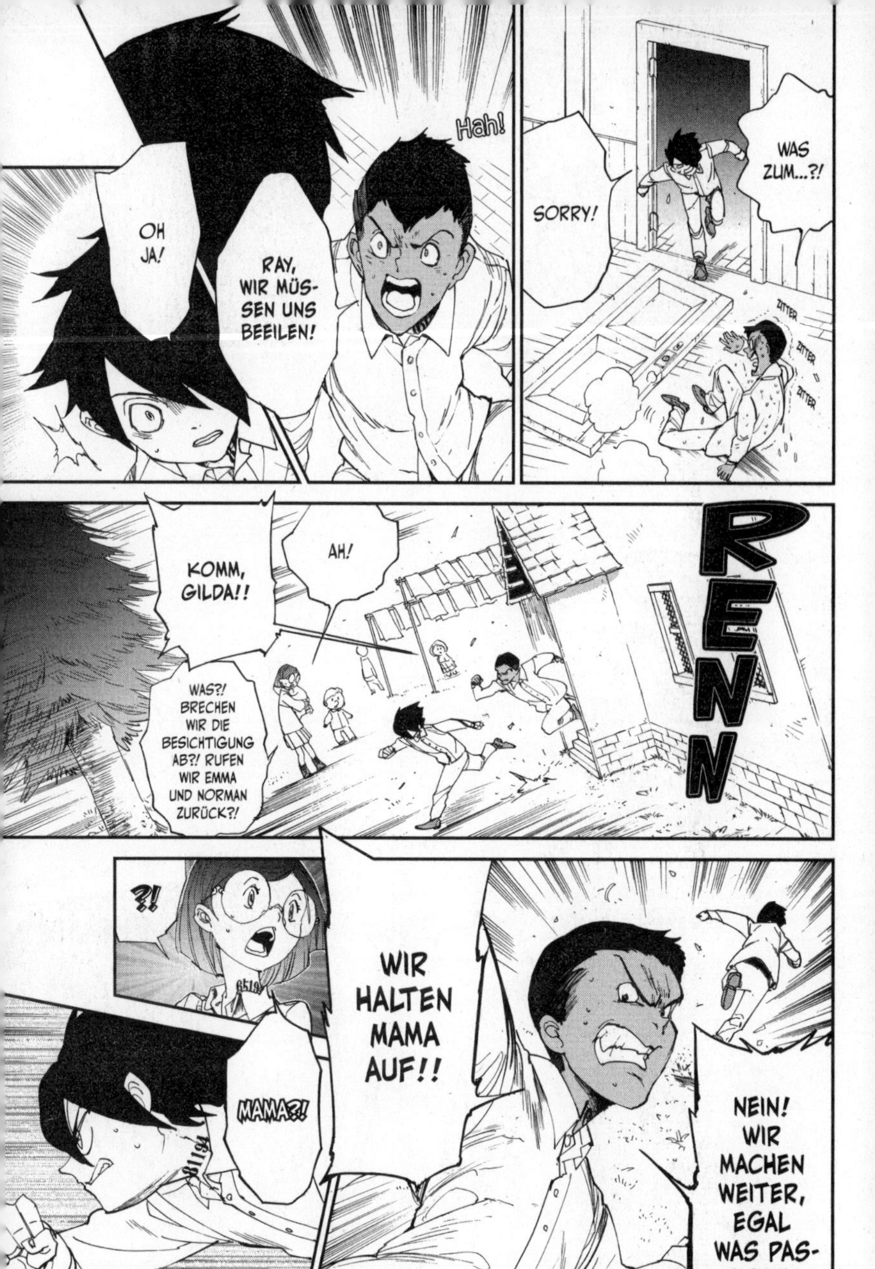

WAS ZUM...?!
SORRY!
ZITTER
ZITTER
ZITTER
Hah!
RAY, WIR MÜS-SEN UNS BEEILEN!
OH JA!
RENN
AH!
KOMM, GILDA!!
WAS?! BRECHEN WIR DIE BESICHTIGUNG AB?! RUFEN WIR EMMA UND NORMAN ZURÜCK?!
NEIN! WIR MACHEN WEITER, EGAL WAS PAS-SIERT!
WIR HALTEN MAMA AUF!!
?!
MAMA?!

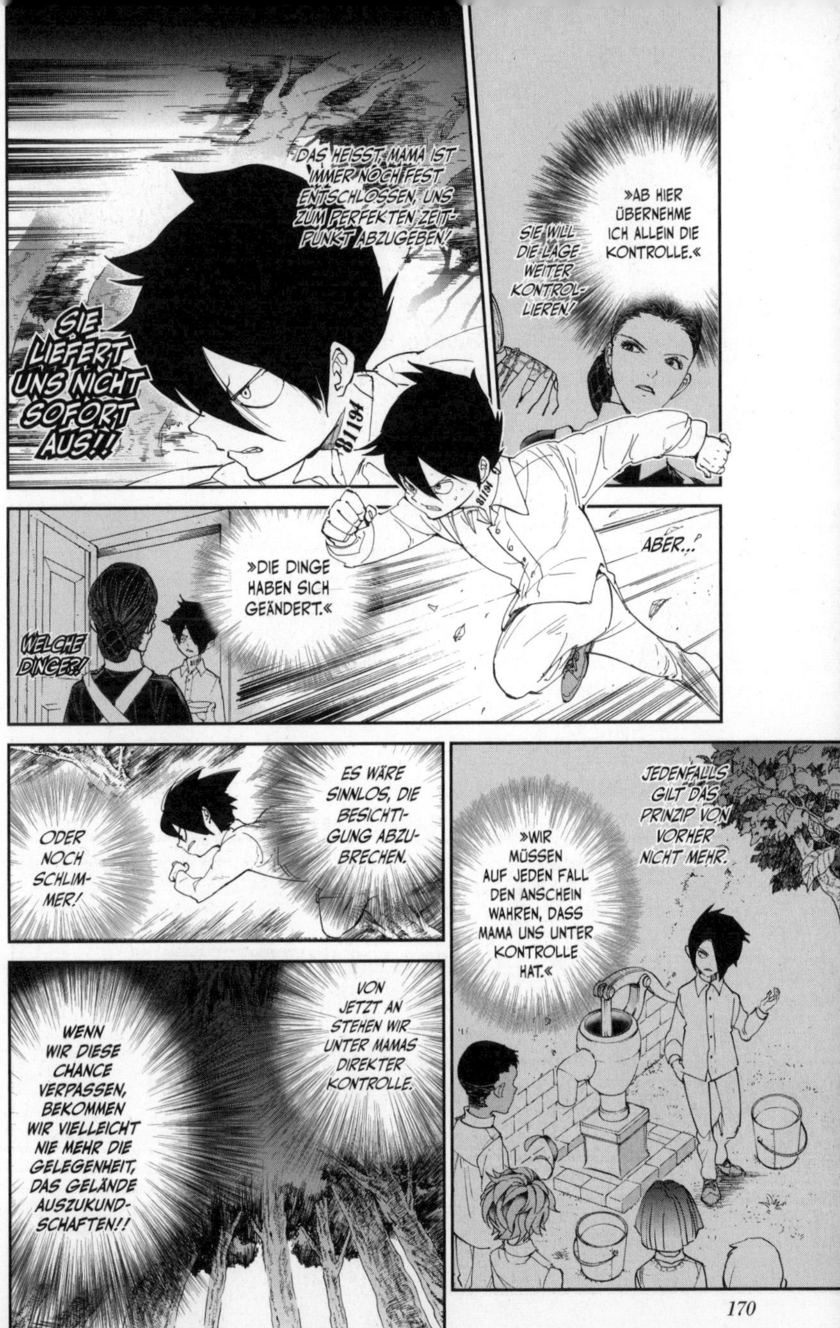
»AB HIER ÜBERNEHME ICH ALLEIN DIE KONTROLLE.«
SIE WILL DIE LAGE WEITER KONTROLLIEREN!
DAS HEISST, MAMA IST IMMER NOCH FEST ENTSCHLOSSEN, UNS ZUM PERFEKTEN ZEITPUNKT ABZUGEBEN!
SIE LIEFERT UNS NICHT SOFORT AUS!!
ABER...?
»DIE DINGE HABEN SICH GEÄNDERT.«
WELCHE DINGE?!
JEDENFALLS GILT DAS PRINZIP VON VORHER NICHT MEHR.
»WIR MÜSSEN AUF JEDEN FALL DEN ANSCHEIN WAHREN, DASS MAMA UNS UNTER KONTROLLE HAT.«
ES WÄRE SINNLOS, DIE BESICHTIGUNG ABZUBRECHEN.
ODER NOCH SCHLIMMER!
VON JETZT AN STEHEN WIR UNTER MAMAS DIREKTER KONTROLLE.
WENN WIR DIESE CHANCE VERPASSEN, BEKOMMEN WIR VIELLEICHT NIE MEHR DIE GELEGENHEIT, DAS GELÄNDE AUSZUKUNDSCHAFTEN!!

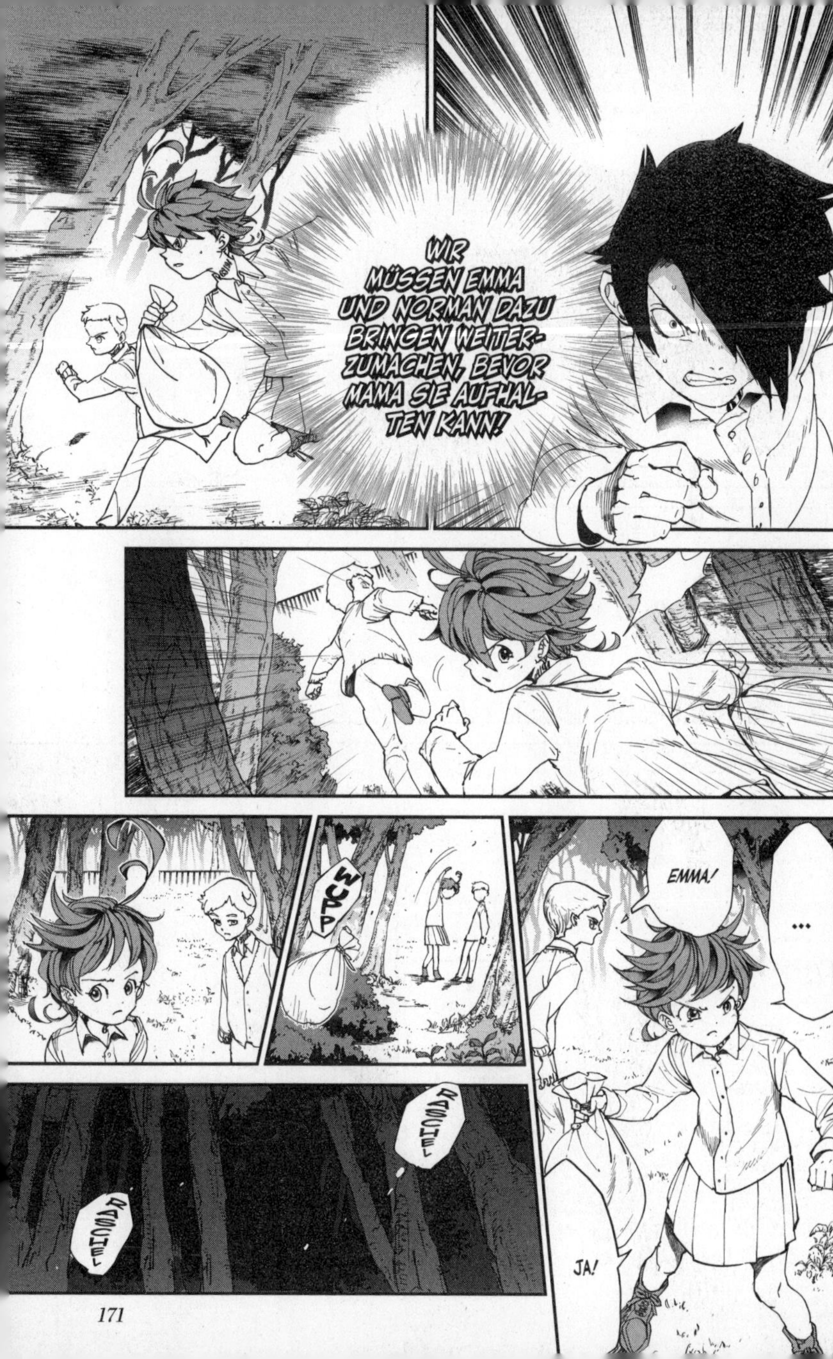
WIR MÜSSEN EMMA UND NORMAN DAZU BRINGEN WEITER-ZUMACHEN, BEVOR MAMA SIE AUFHAL-TEN KANN!
EMMA!
...
JA!
WUPP
RASCHEL
RASCHEL

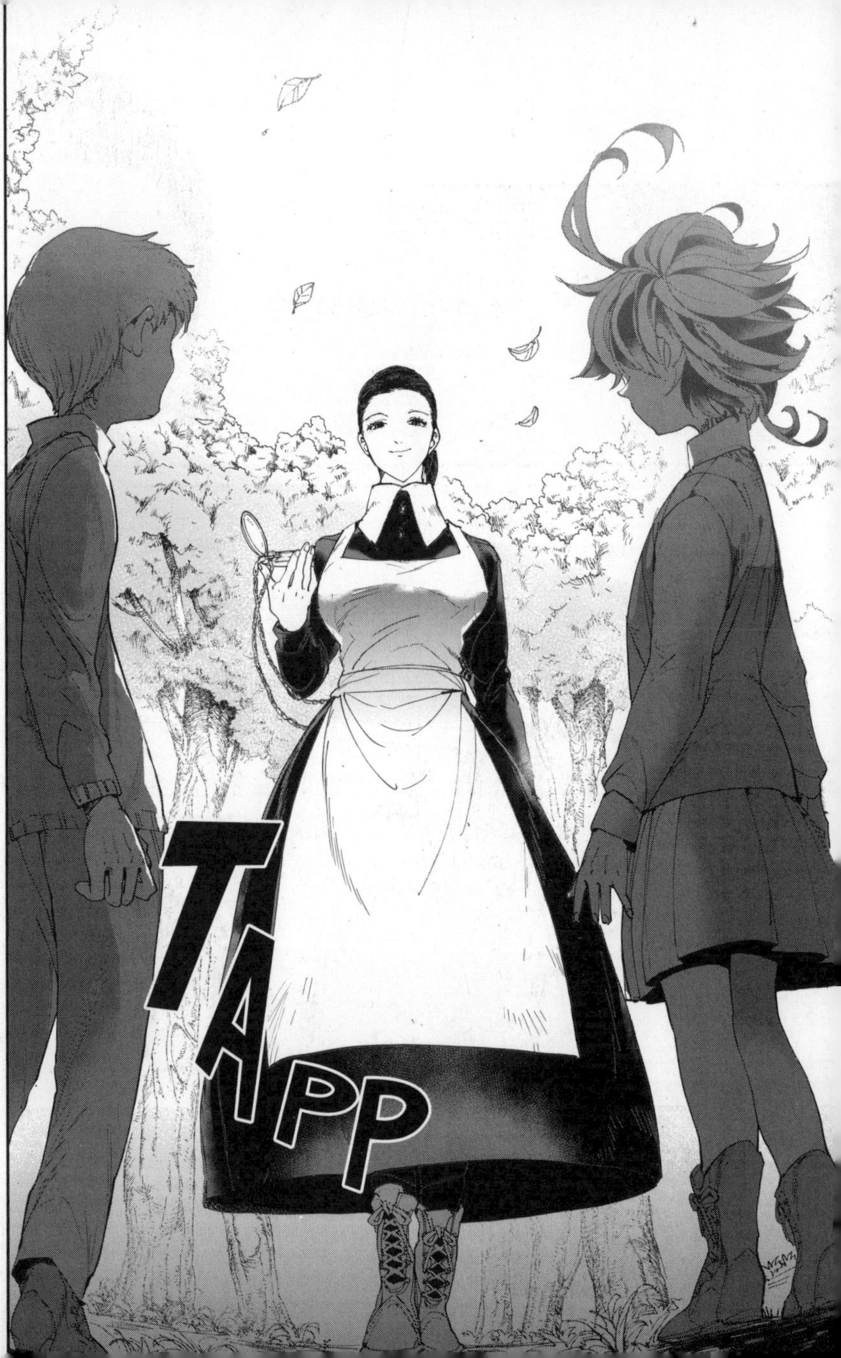
TAPP

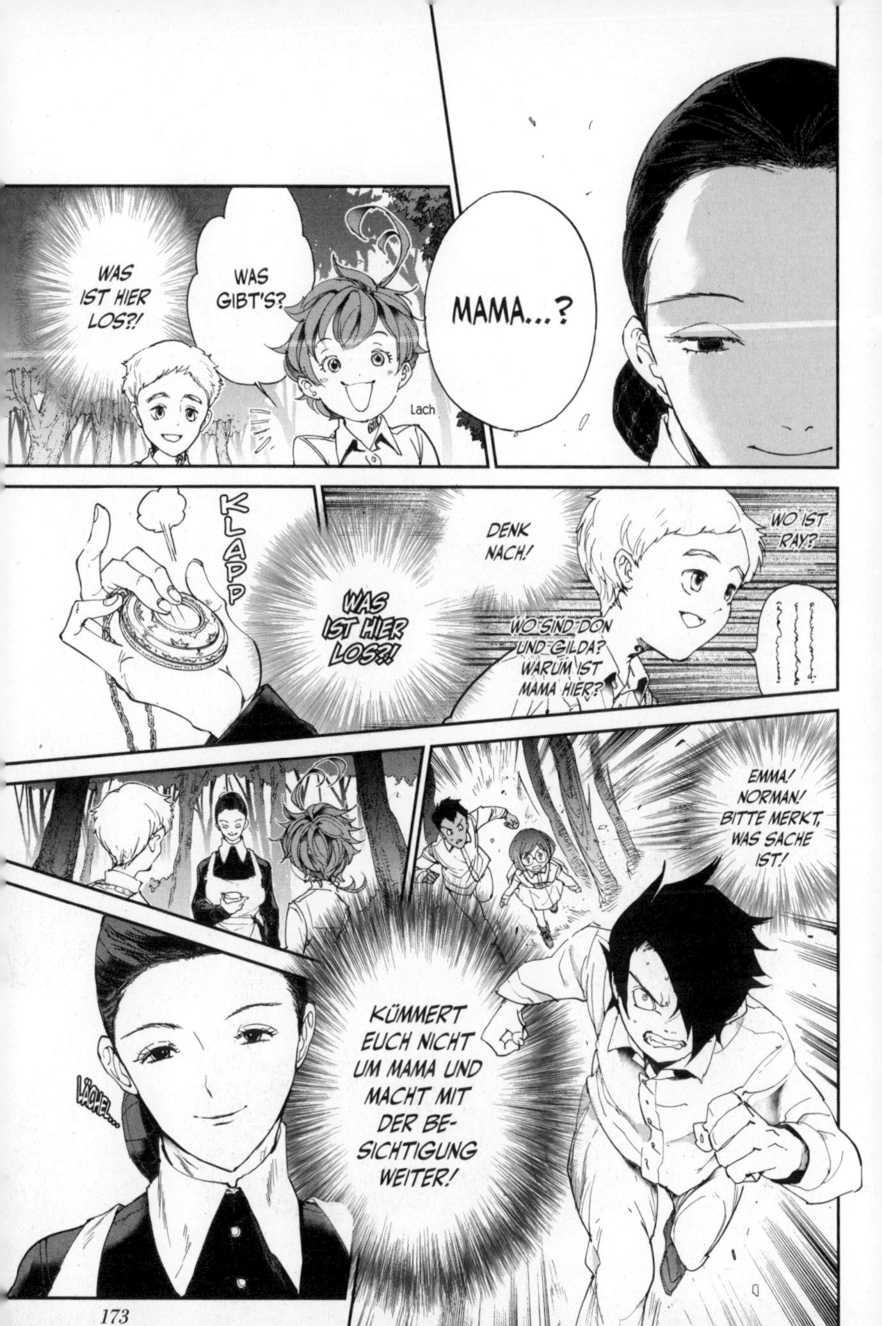
MAMA...?
WAS GIBT'S?
Lach
WAS IST HIER LOS?!
WO IST RAY?
DENK NACH!
WO SIND DON UND GILDA? WARUM IST MAMA HIER?
WAS IST HIER LOS?!
KLAPP
EMMA! NORMAN! BITTE MERKT, WAS SACHE IST!
KÜMMERT EUCH NICHT UM MAMA UND MACHT MIT DER BE-SICHTIGUNG WEITER!
LÄCHEL...

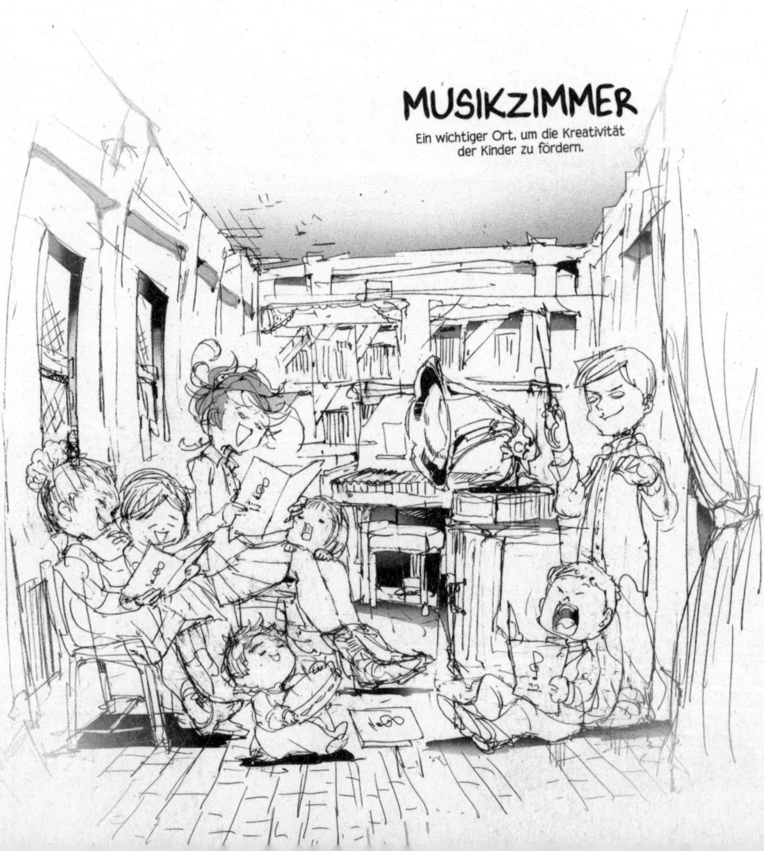
MUSIKZIMMER
Ein wichtiger Ort, um die Kreativität der Kinder zu fördern.

Kapitel 25: Besichtigung ②

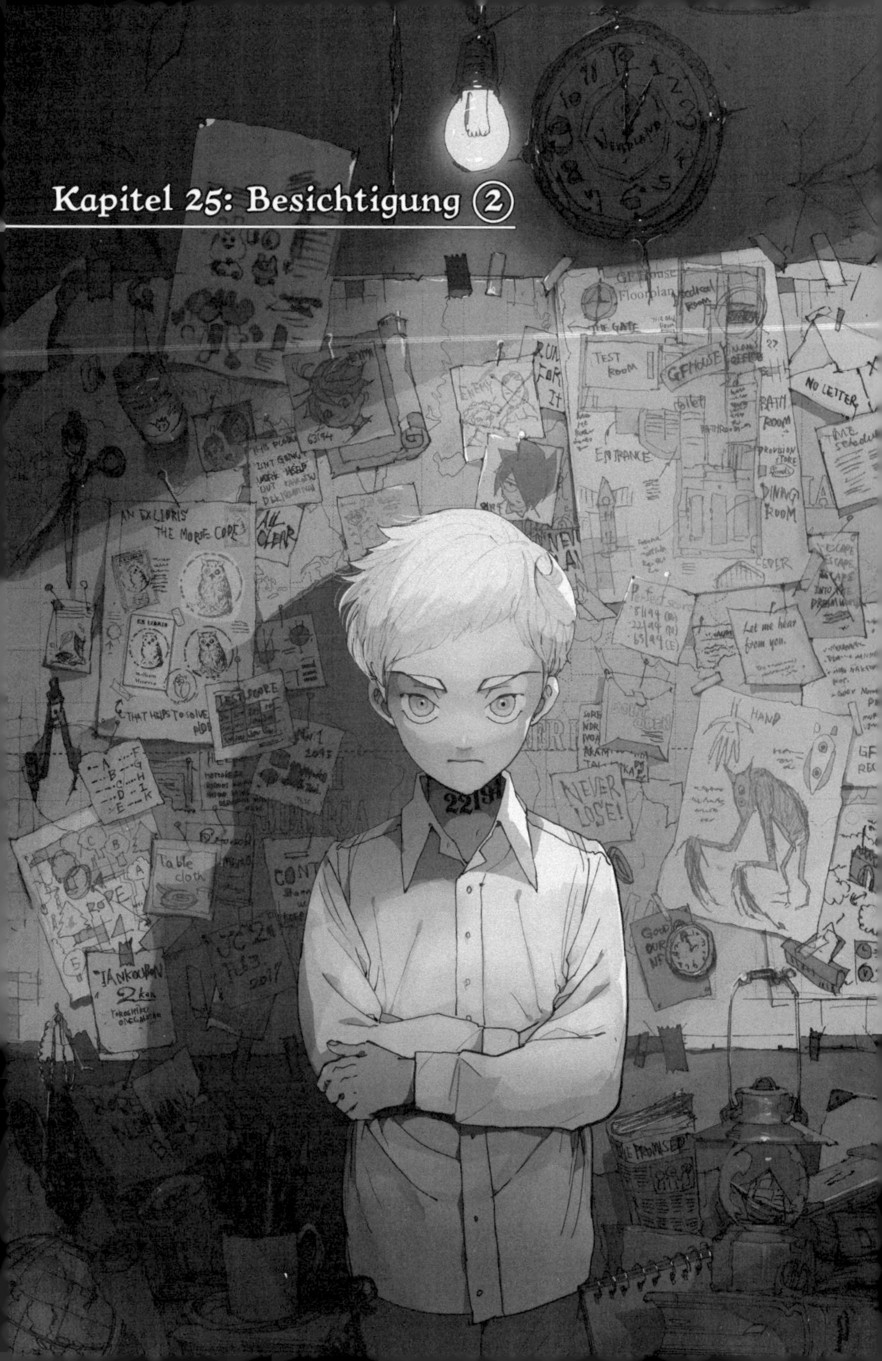

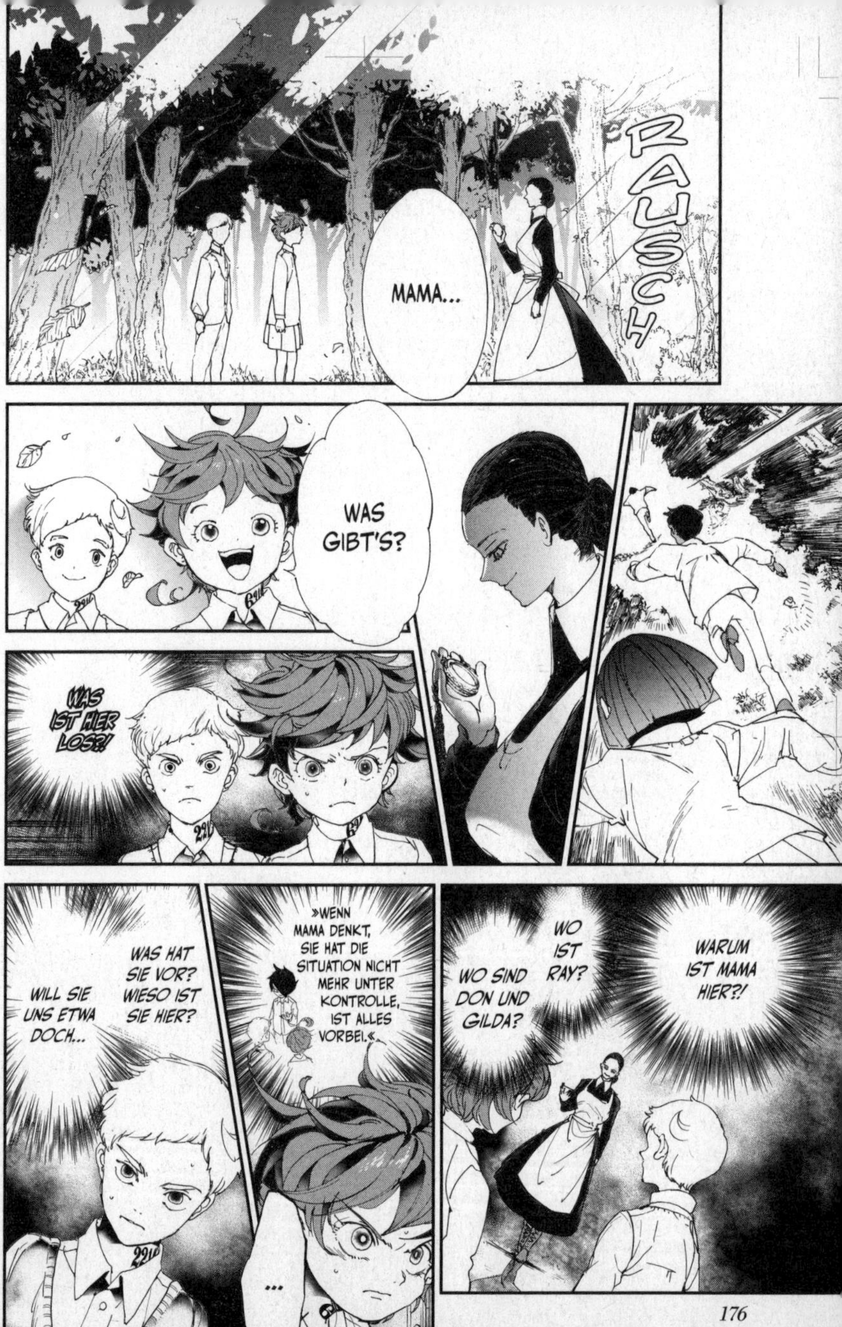
RAUSCH
MAMA...
WAS GIBT'S?
WAS IST HIER LOS?!
WARUM IST MAMA HIER?!
WO IST RAY?
WO SIND DON UND GILDA?
»WENN MAMA DENKT, SIE HAT DIE SITUATION NICHT MEHR UNTER KONTROLLE, IST ALLES VORBEI.«
WAS HAT SIE VOR? WIESO IST SIE HIER?
WILL SIE UNS ETWA DOCH...
...

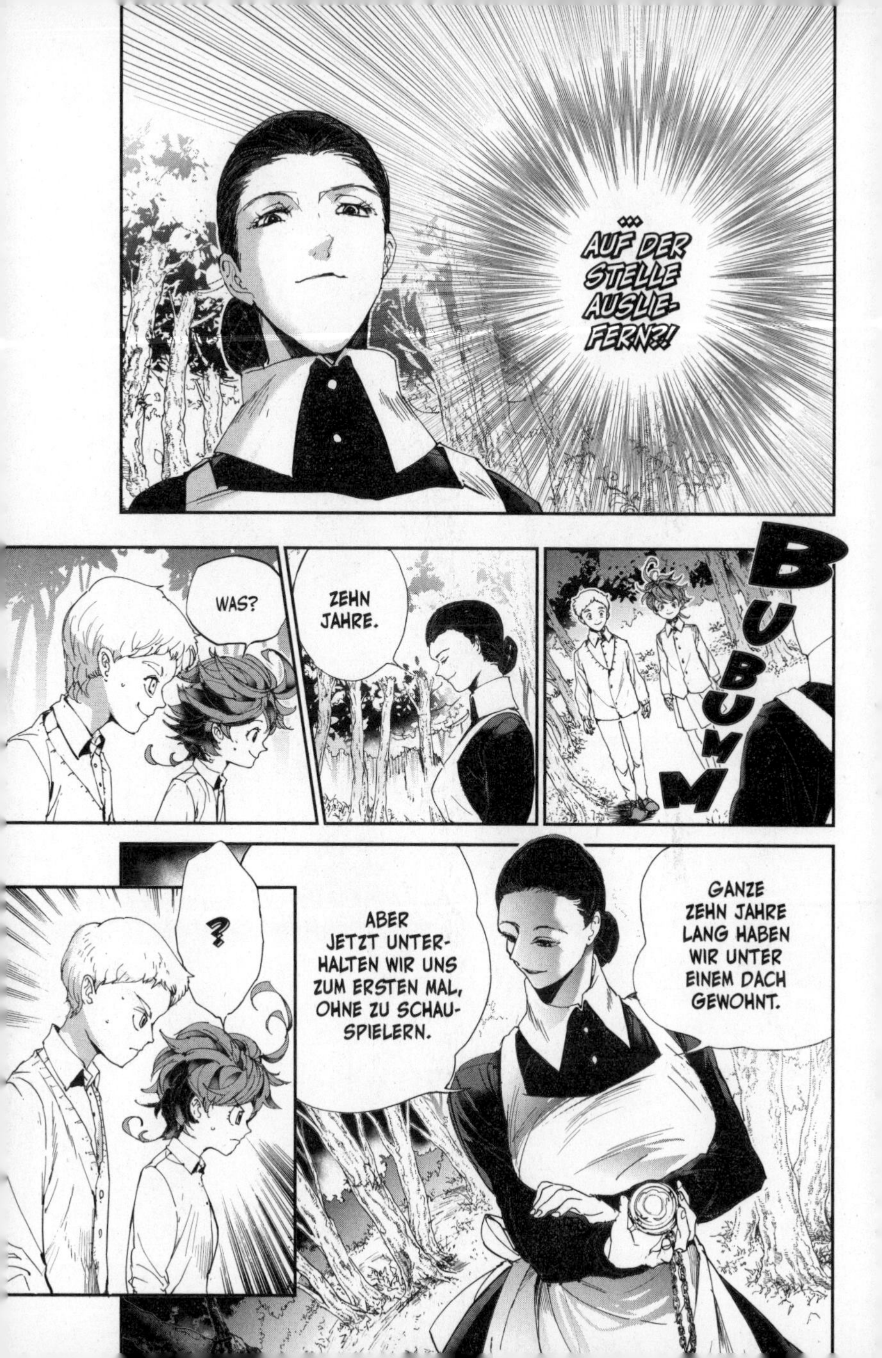
... AUF DER STELLE AUSLIE-FERN?!
BUBUMM
ZEHN JAHRE.
WAS?
GANZE ZEHN JAHRE LANG HABEN WIR UNTER EINEM DACH GEWOHNT.
ABER JETZT UNTER-HALTEN WIR UNS ZUM ERSTEN MAL, OHNE ZU SCHAU-SPIELERN.
?

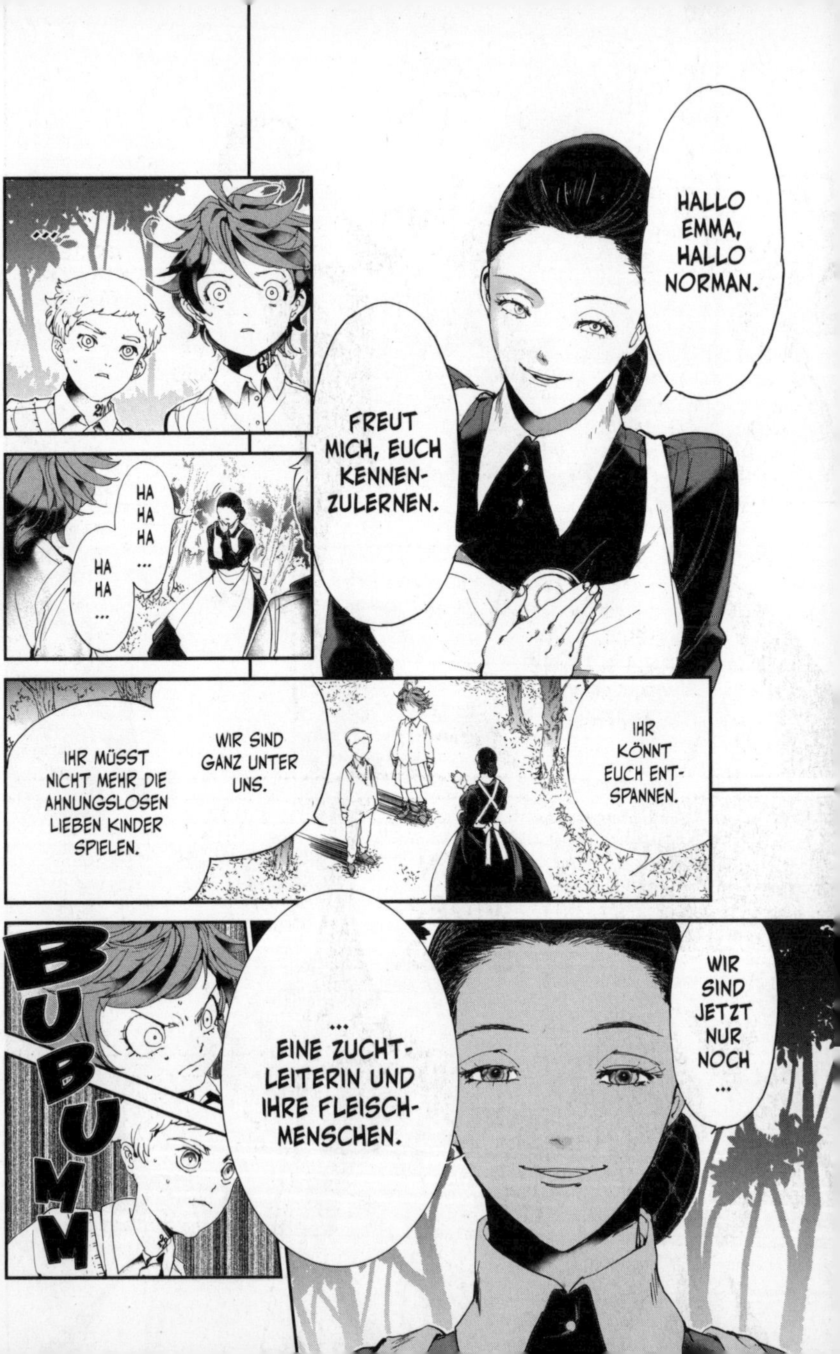
HALLO EMMA, HALLO NORMAN.
FREUT MICH, EUCH KENNEN-ZULERNEN.
...
HA HA HA ...
HA HA ...
IHR KÖNNT EUCH ENT-SPANNEN.
WIR SIND GANZ UNTER UNS.
IHR MÜSST NICHT MEHR DIE AHNUNGSLOSEN LIEBEN KINDER SPIELEN.
WIR SIND JETZT NUR NOCH ...
... EINE ZUCHT-LEITERIN UND IHRE FLEISCH-MENSCHEN.
BUBUMM

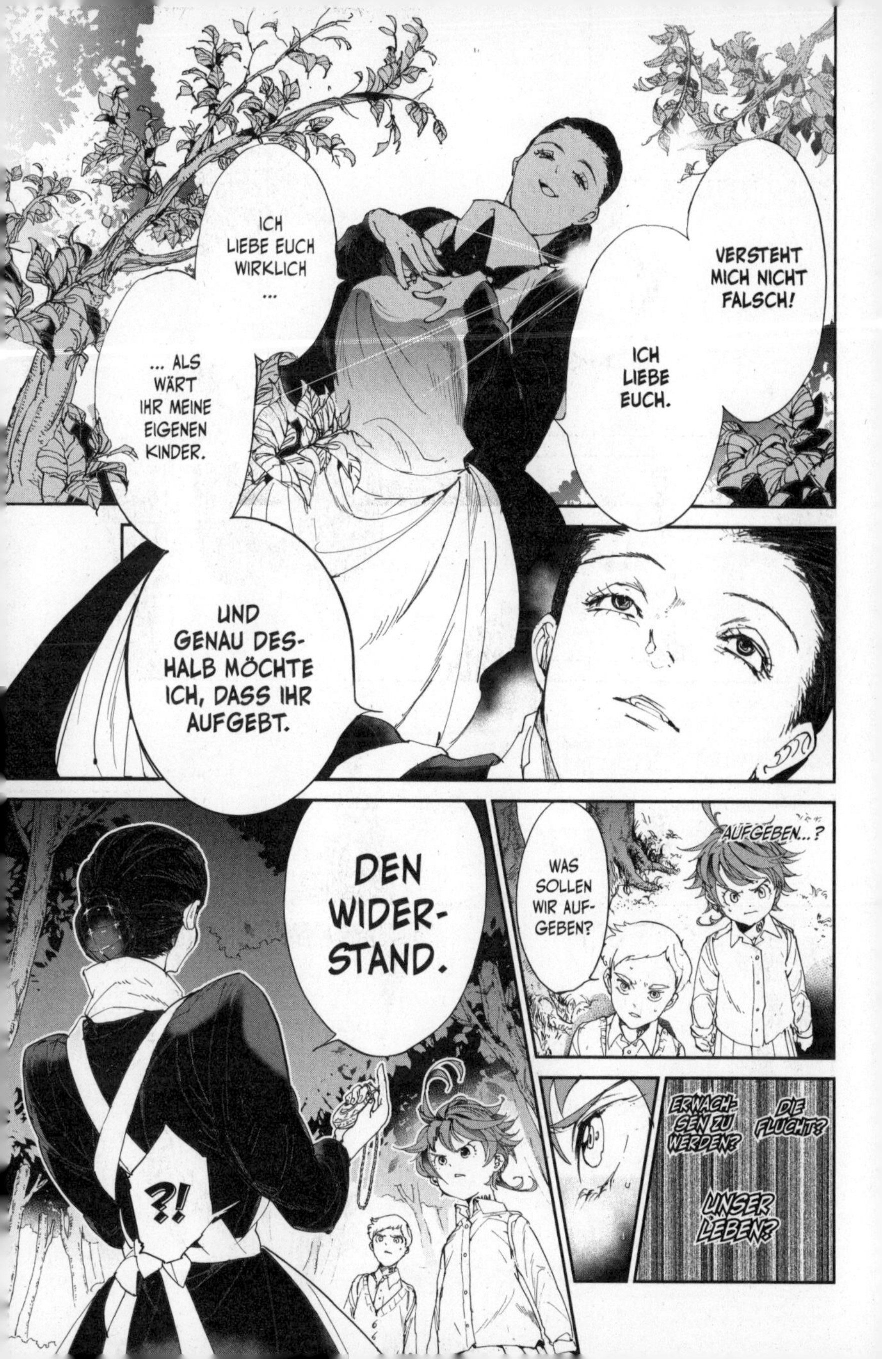

VERSTEHT MICH NICHT FALSCH!
ICH LIEBE EUCH.
ICH LIEBE EUCH WIRKLICH ...
... ALS WÄRT IHR MEINE EIGENEN KINDER.
UND GENAU DESHALB MÖCHTE ICH, DASS IHR AUFGEBT.
AUFGEBEN...?
WAS SOLLEN WIR AUFGEBEN?
DEN WIDERSTAND.
?!
DIE FLUCHT?
ERWACHSEN ZU WERDEN?
UNSER LEBEN?

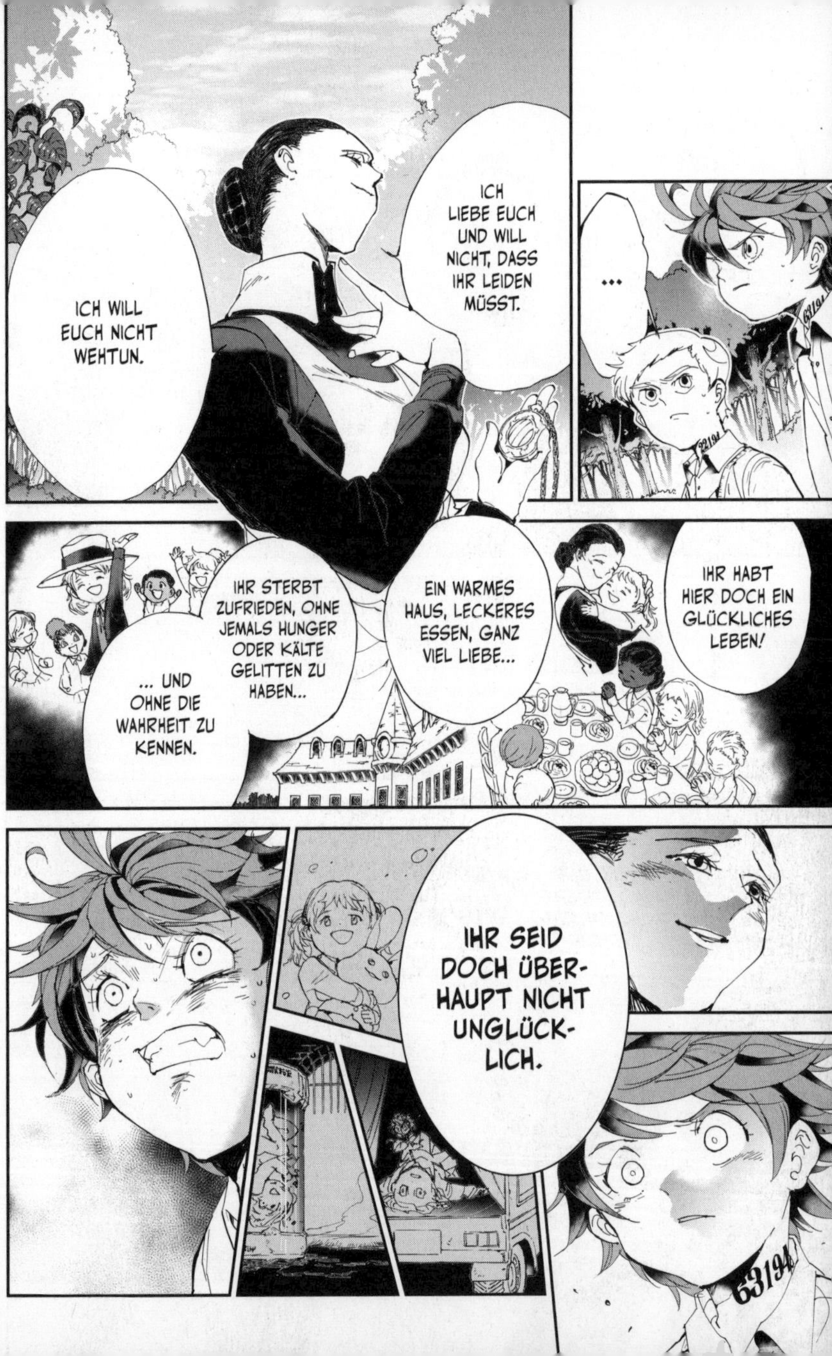
...
ICH LIEBE EUCH UND WILL NICHT, DASS IHR LEIDEN MÜSST.
ICH WILL EUCH NICHT WEHTUN.
IHR HABT HIER DOCH EIN GLÜCKLICHES LEBEN!
EIN WARMES HAUS, LECKERES ESSEN, GANZ VIEL LIEBE...
IHR STERBT ZUFRIEDEN, OHNE JEMALS HUNGER ODER KÄLTE GELITTEN ZU HABEN...
... UND OHNE DIE WAHRHEIT ZU KENNEN.
IHR SEID DOCH ÜBERHAUPT NICHT UNGLÜCKLICH.
63194

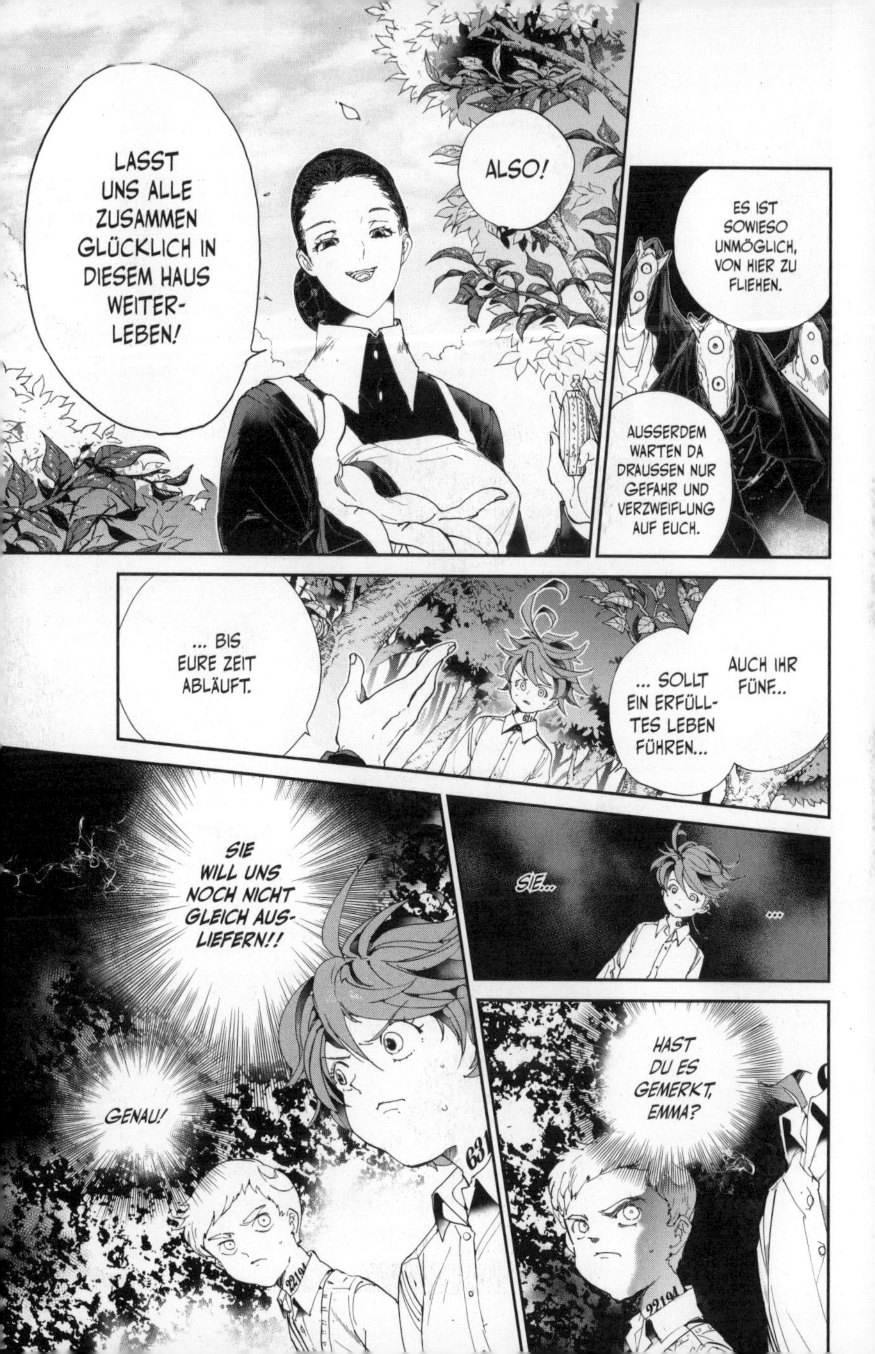
ALSO!
LASST UNS ALLE ZUSAMMEN GLÜCKLICH IN DIESEM HAUS WEITER-LEBEN!
ES IST SOWIESO UNMÖGLICH, VON HIER ZU FLIEHEN.
AUSSERDEM WARTEN DA DRAUSSEN NUR GEFAHR UND VERZWEIFLUNG AUF EUCH.
AUCH IHR FÜNF...
... SOLLT EIN ERFÜLL-TES LEBEN FÜHREN...
... BIS EURE ZEIT ABLÄUFT.
SIE...
SIE WILL UNS NOCH NICHT GLEICH AUS-LIEFERN!!
HAST DU ES GEMERKT, EMMA?
GENAU!

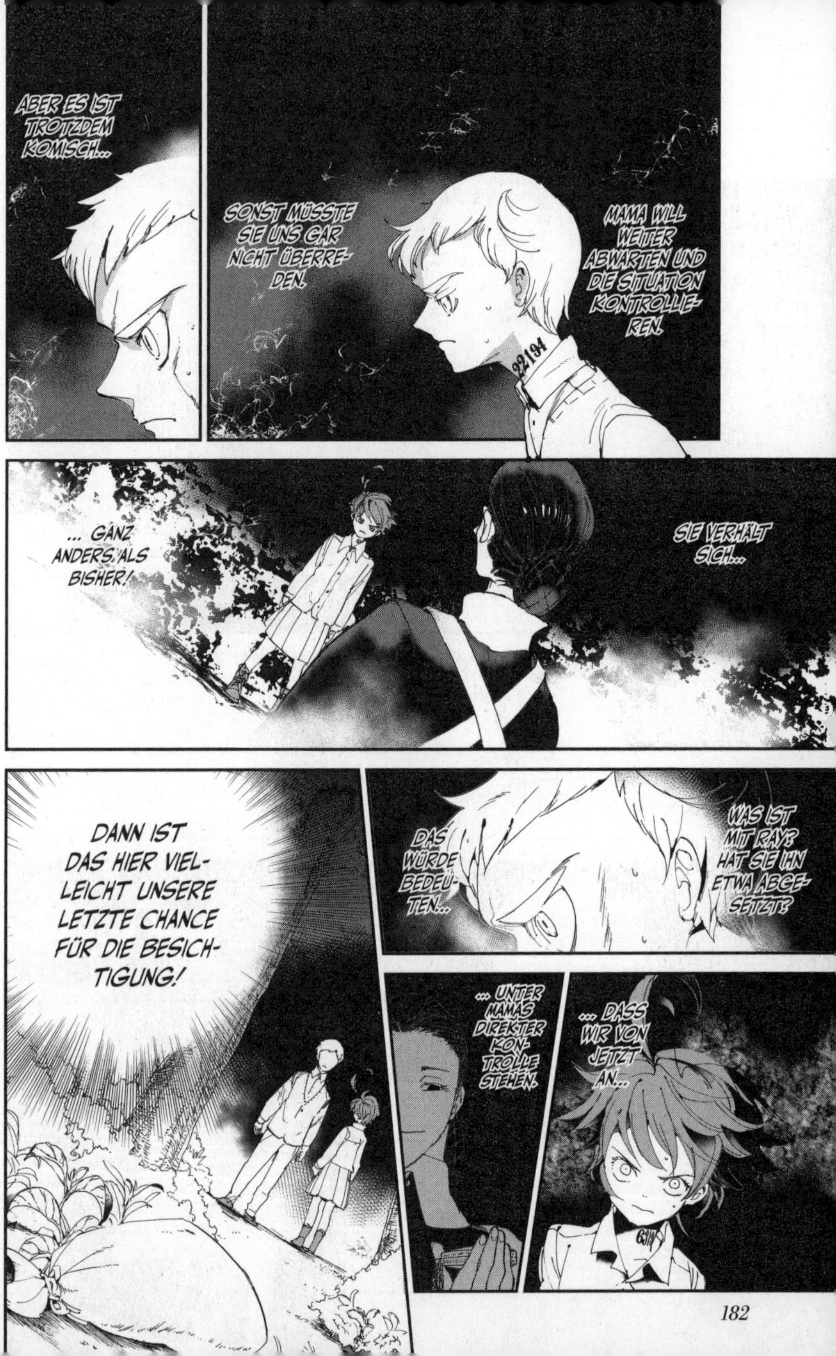
MAMA WILL WEITER ABWARTEN UND DIE SITUATION KONTROLLIE-REN.
SONST MÜSSTE SIE UNS GAR NICHT ÜBERRE-DEN.
ABER ES IST TROTZDEM KOMISCH...
SIE VERHÄLT SICH...
... GANZ ANDERS ALS BISHER!
WAS IST MIT RAY? HAT SIE IHN ETWA ABGE-SETZT?
DAS WÜRDE BEDEU-TEN...
... DASS WIR VON JETZT AN...
... UNTER MAMAS DIREKTER KON-TROLLE STEHEN.
DANN IST DAS HIER VIEL-LEICHT UNSERE LETZTE CHANCE FÜR DIE BESICH-TIGUNG!

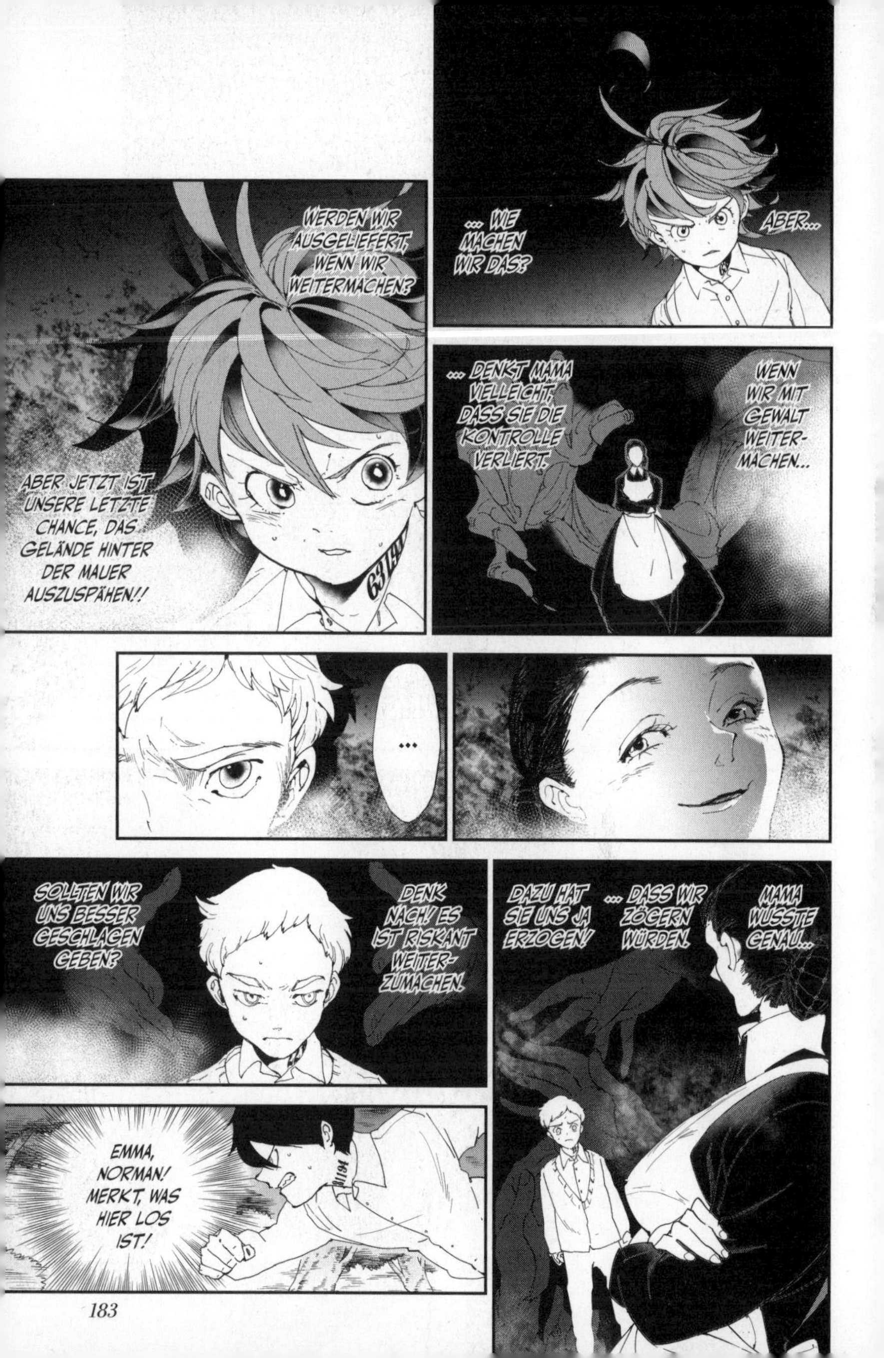
ABER...
... WIE MACHEN WIR DAS?
WENN WIR MIT GEWALT WEITER-MACHEN...
... DENKT MAMA VIELLEICHT, DASS SIE DIE KONTROLLE VERLIERT.
WERDEN WIR AUSGELIEFERT, WENN WIR WEITERMACHEN?
ABER JETZT IST UNSERE LETZTE CHANCE, DAS GELÄNDE HINTER DER MAUER AUSZUSPÄHEN!!
...
MAMA WUSSTE GENAU...
... DASS WIR ZÖGERN WÜRDEN.
DAZU HAT SIE UNS JA ERZOGEN!
DENK NACH! ES IST RISKANT WEITER-ZUMACHEN.
SOLLTEN WIR UNS BESSER GESCHLAGEN GEBEN?
EMMA, NORMAN! MERKT, WAS HIER LOS IST!

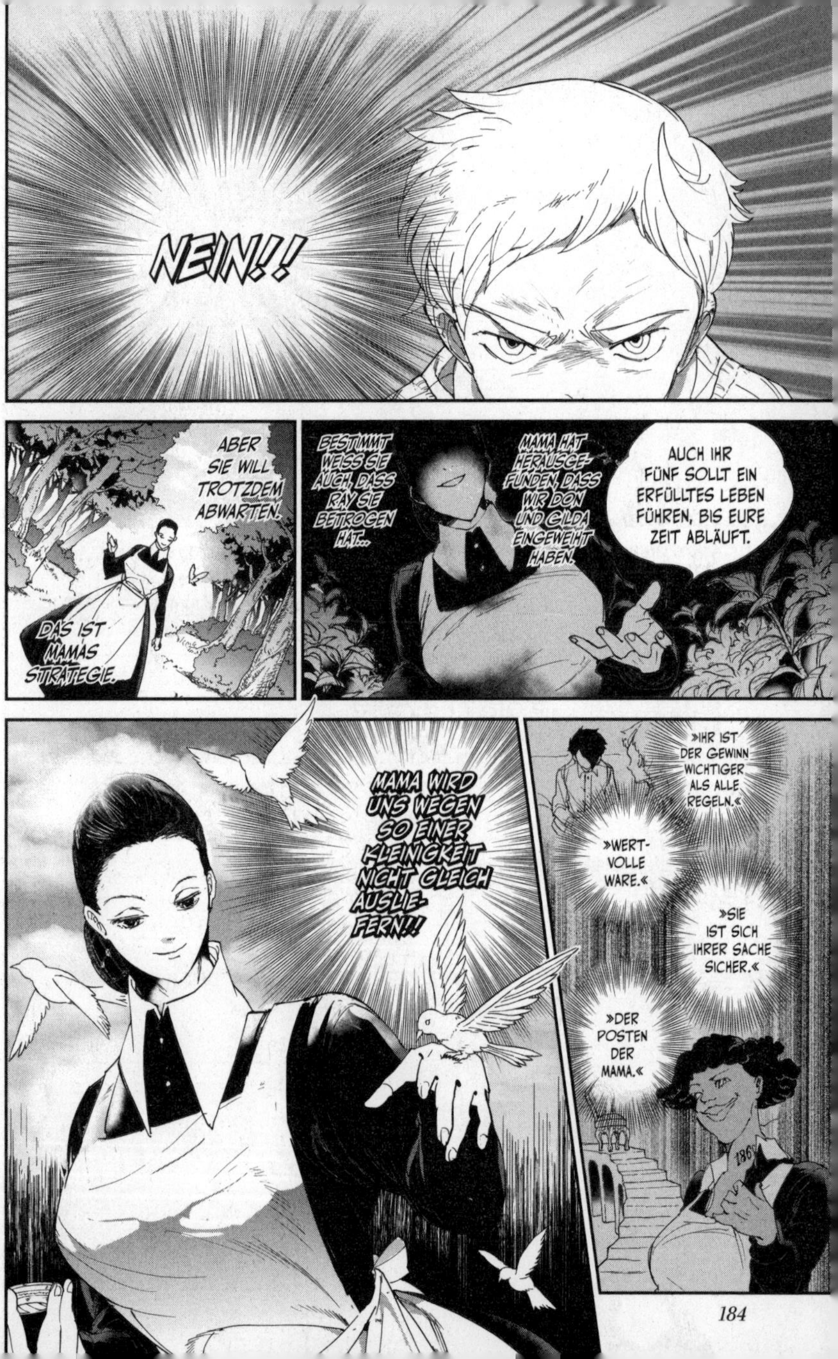
NEIN!!
AUCH IHR FÜNF SOLLT EIN ERFÜLLTES LEBEN FÜHREN, BIS EURE ZEIT ABLÄUFT.
MAMA HAT HERAUSGEFUNDEN, DASS WIR DON UND GILDA EINGEWEIHT HABEN.
BESTIMMT WEISS SIE AUCH, DASS RAY SIE BETROGEN HAT...
ABER SIE WILL TROTZDEM ABWARTEN.
DAS IST MAMAS STRATEGIE.
»IHR IST DER GEWINN WICHTIGER ALS ALLE REGELN.«
»WERTVOLLE WARE.«
»SIE IST SICH IHRER SACHE SICHER.«
»DER POSTEN DER MAMA.«
MAMA WIRD UNS WEGEN SO EINER KLEINIGKEIT NICHT GLEICH AUSLIEFERN!!

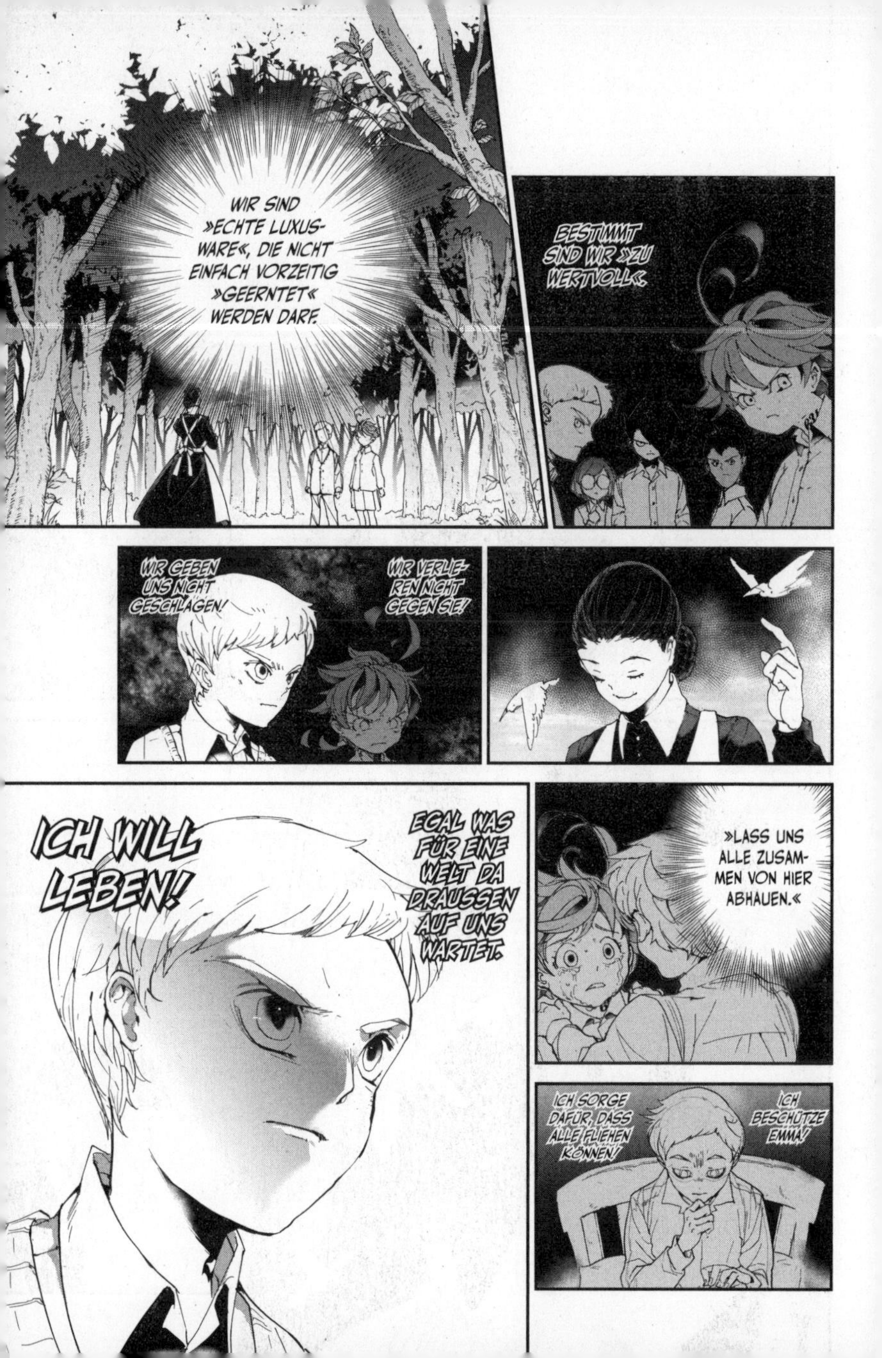
WIR SIND »ECHTE LUXUSWARE«, DIE NICHT EINFACH VORZEITIG »GEERNTET« WERDEN DARF.
BESTIMMT SIND WIR »ZU WERTVOLL«.
WIR VERLIEREN NICHT GEGEN SIE!
WIR GEBEN UNS NICHT GESCHLAGEN!
»LASS UNS ALLE ZUSAMMEN VON HIER ABHAUEN.«
ICH BESCHÜTZE EMMA!
ICH SORGE DAFÜR, DASS ALLE FLIEHEN KÖNNEN!
EGAL WAS FÜR EINE WELT DA DRAUSSEN AUF UNS WARTET.
ICH WILL LEBEN!

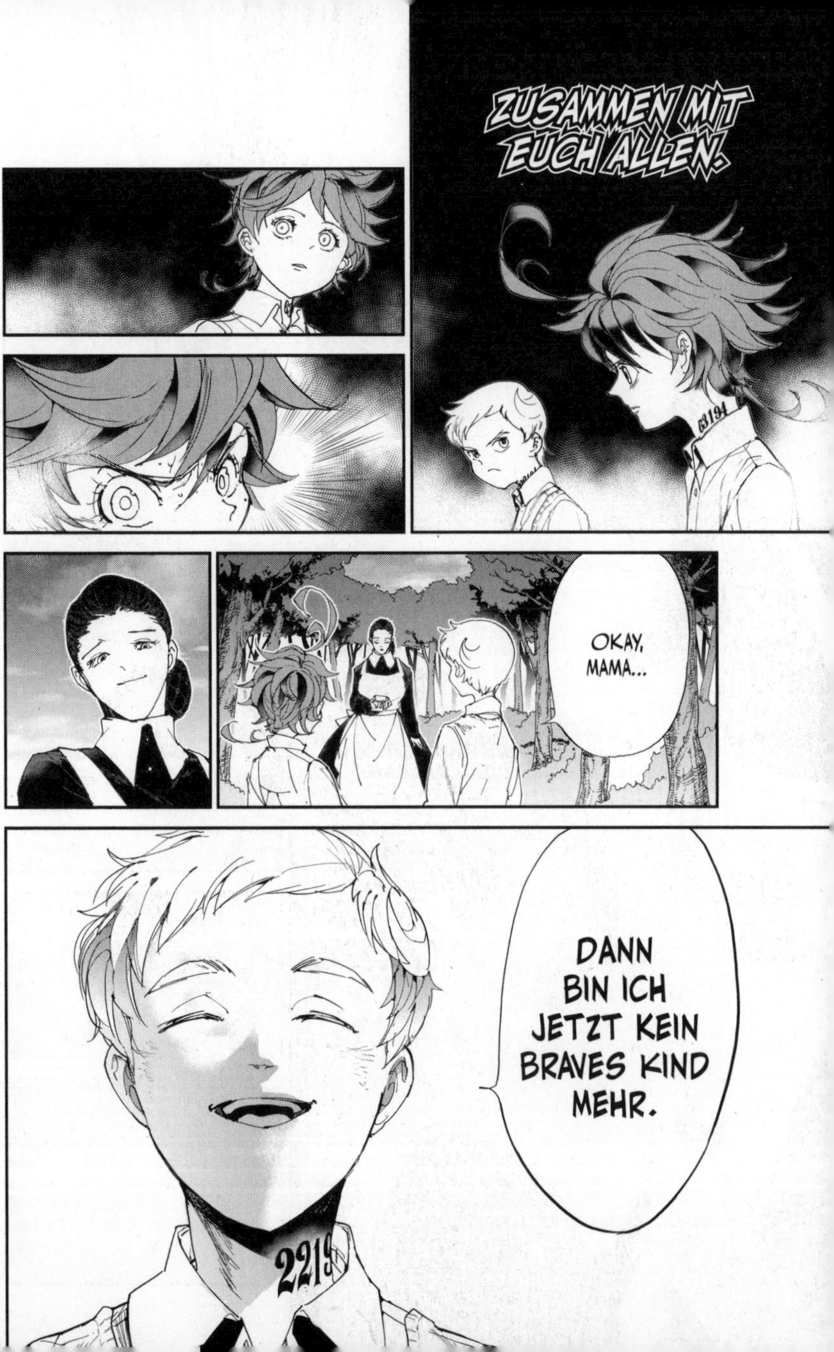
ZUSAMMEN MIT EUCH ALLEN.
OKAY, MAMA...
DANN BIN ICH JETZT KEIN BRAVES KIND MEHR.

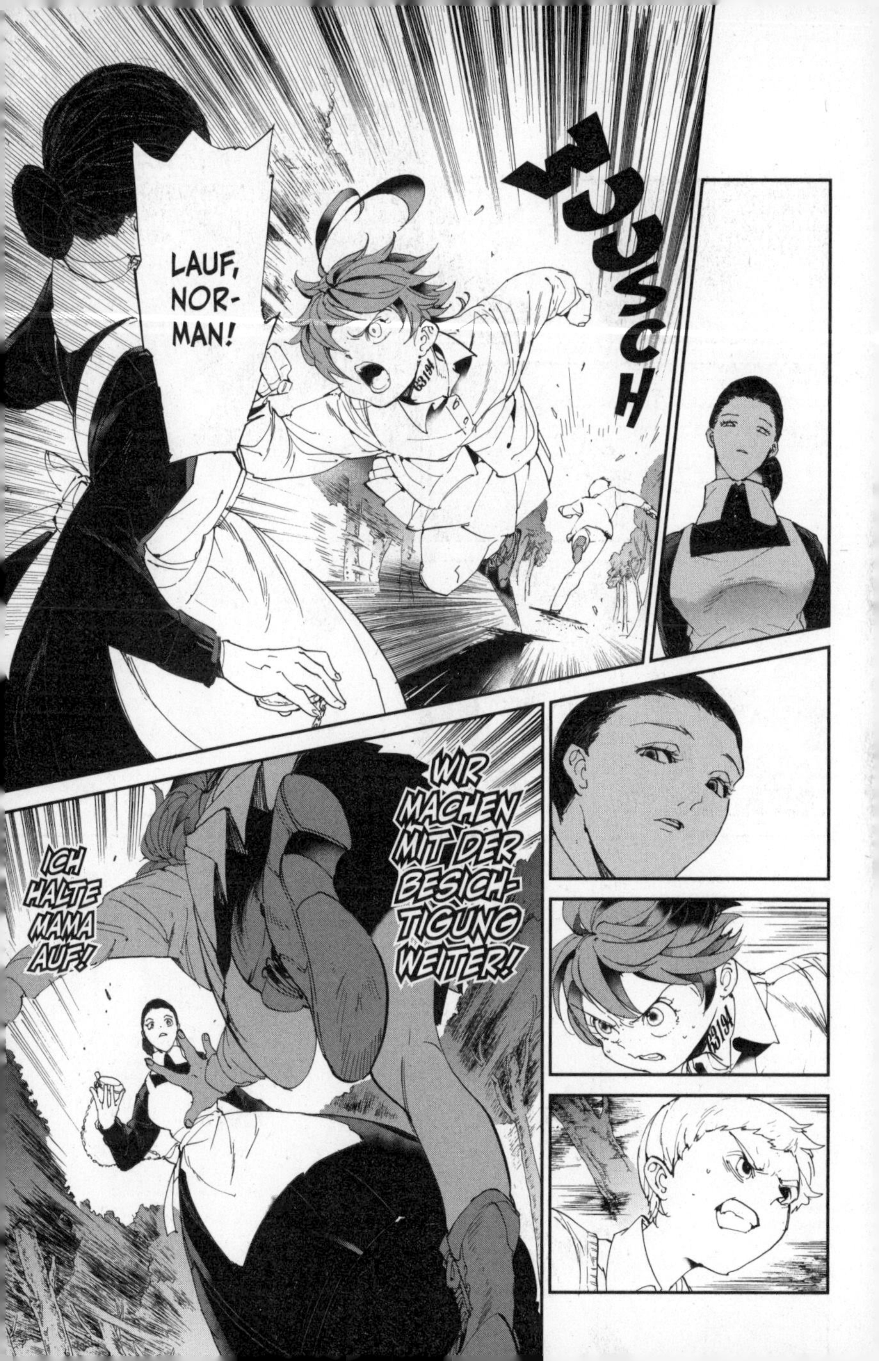
WUSCH
LAUF, NOR-MAN!
WIR MACHEN MIT DER BESICH-TIGUNG WEITER!
ICH HALTE MAMA AUF!

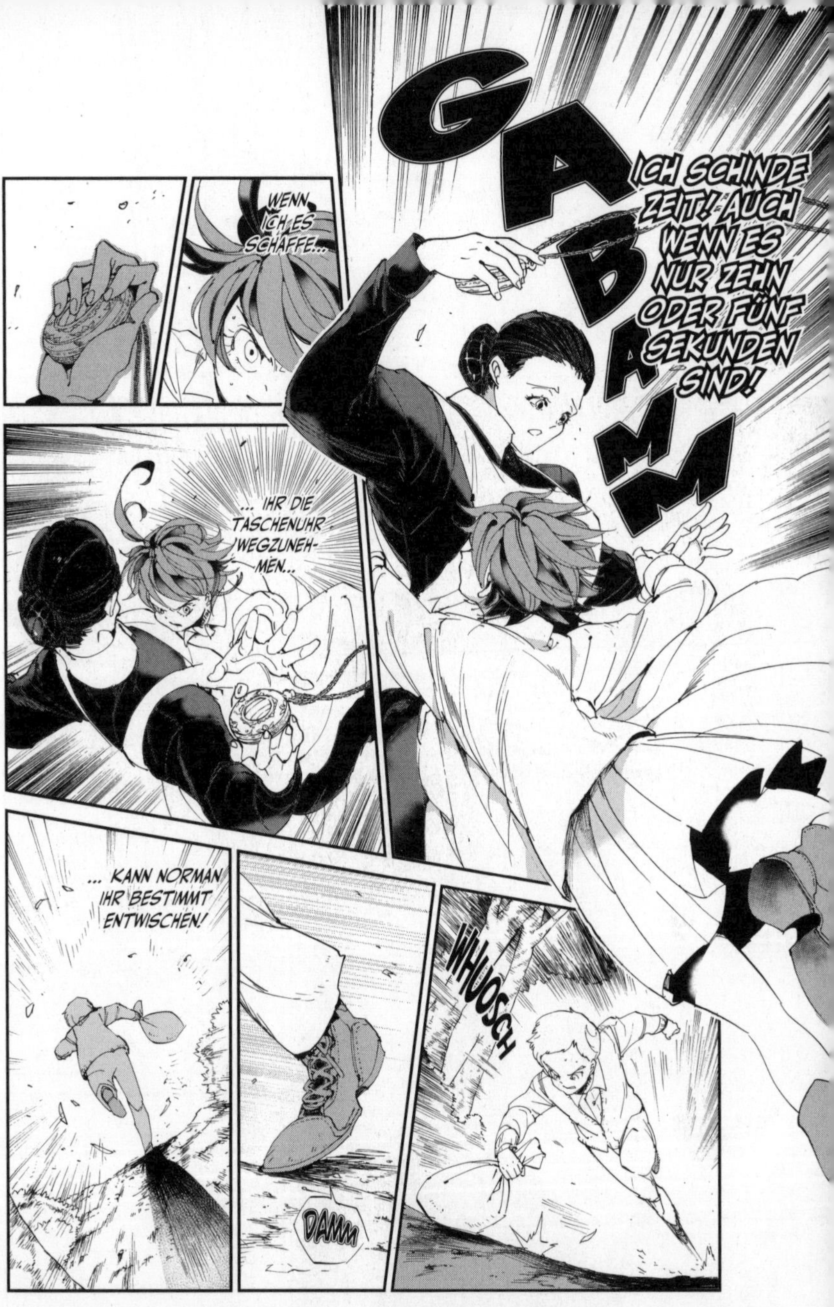
GABAMM
ICH SCHINDE ZEIT! AUCH WENN ES NUR ZEHN ODER FÜNF SEKUNDEN SIND!
WENN ICH ES SCHAFFE...
... IHR DIE TASCHENUHR WEGZUNEHMEN...
... KANN NORMAN IHR BESTIMMT ENTWISCHEN!
WHUOSCH
DAMM

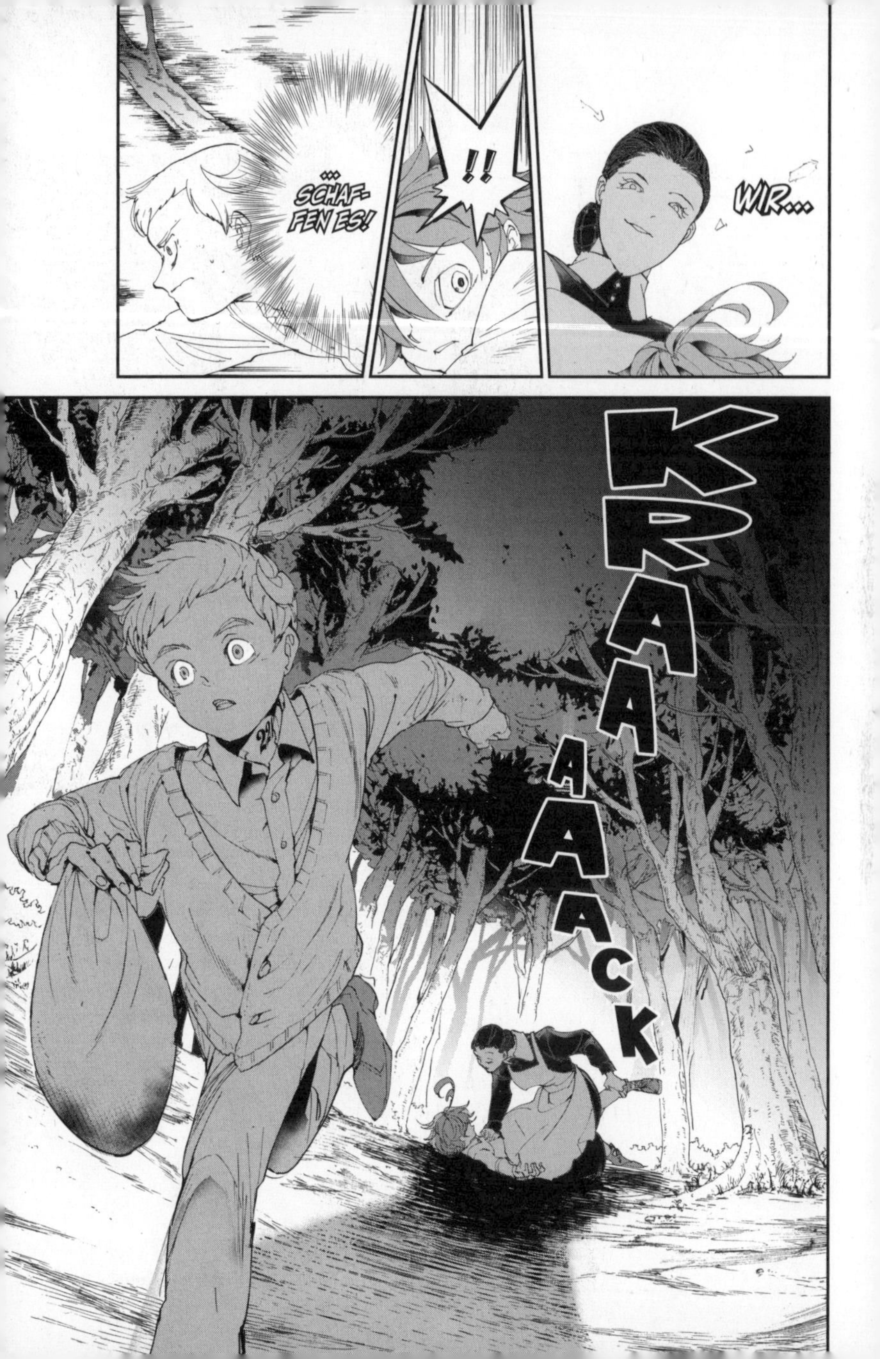
WIR...
!!
... SCHAF-FEN ES!
KRAAAAACK

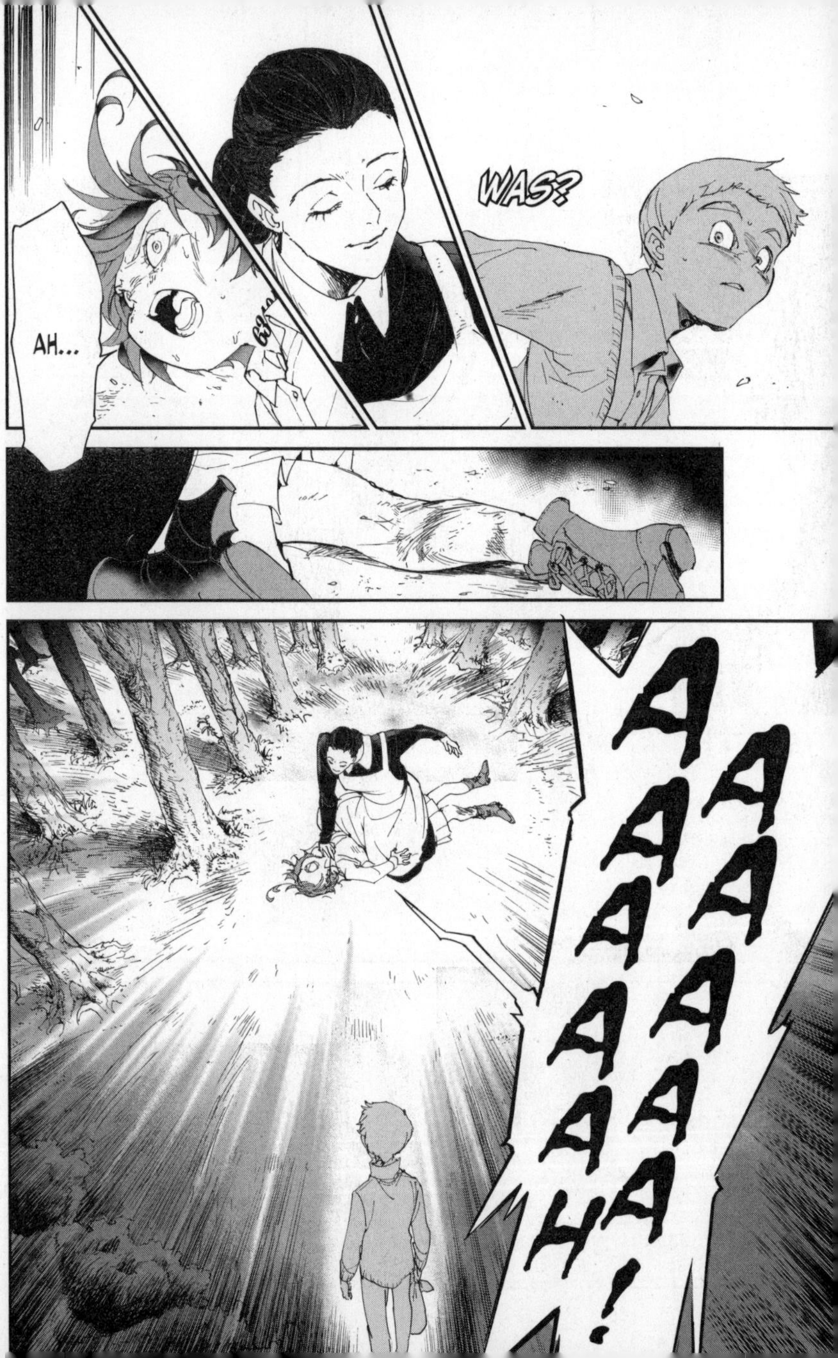
WAS?
AH...
AAAAAAAAAAAAH!

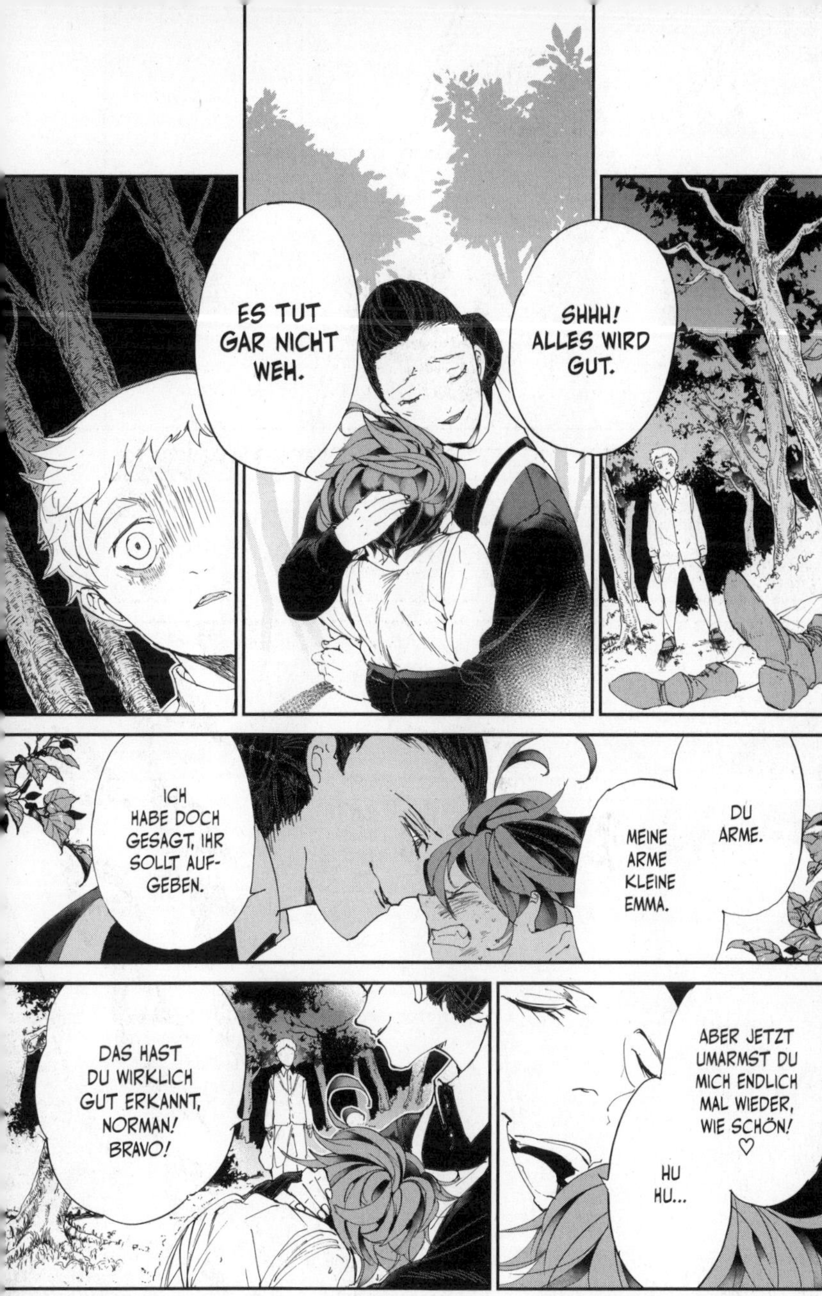
SHHH! ALLES WIRD GUT.
ES TUT GAR NICHT WEH.
DU ARME.
MEINE ARME KLEINE EMMA.
ICH HABE DOCH GESAGT, IHR SOLLT AUF- GEBEN.
ABER JETZT UMARMST DU MICH ENDLICH MAL WIEDER, WIE SCHÖN! ♡
HU HU...
DAS HAST DU WIRKLICH GUT ERKANNT, NORMAN! BRAVO!

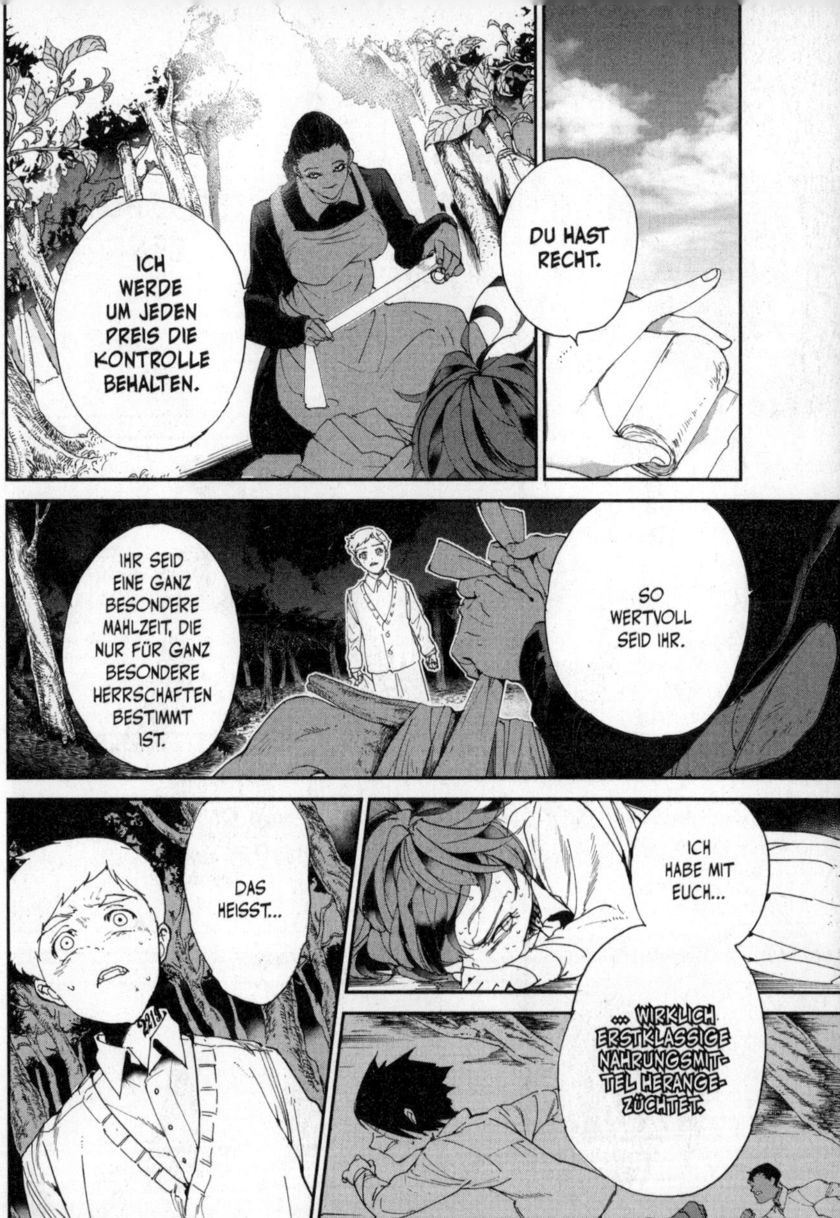
DU HAST RECHT.
ICH WERDE UM JEDEN PREIS DIE KONTROLLE BEHALTEN.
SO WERTVOLL SEID IHR.
IHR SEID EINE GANZ BESONDERE MAHLZEIT, DIE NUR FÜR GANZ BESONDERE HERRSCHAFTEN BESTIMMT IST.
ICH HABE MIT EUCH...
... WIRKLICH ERSTKLASSIGE NAHRUNGSMIT-TEL HERANGE-ZÜCHTET.
DAS HEISST...

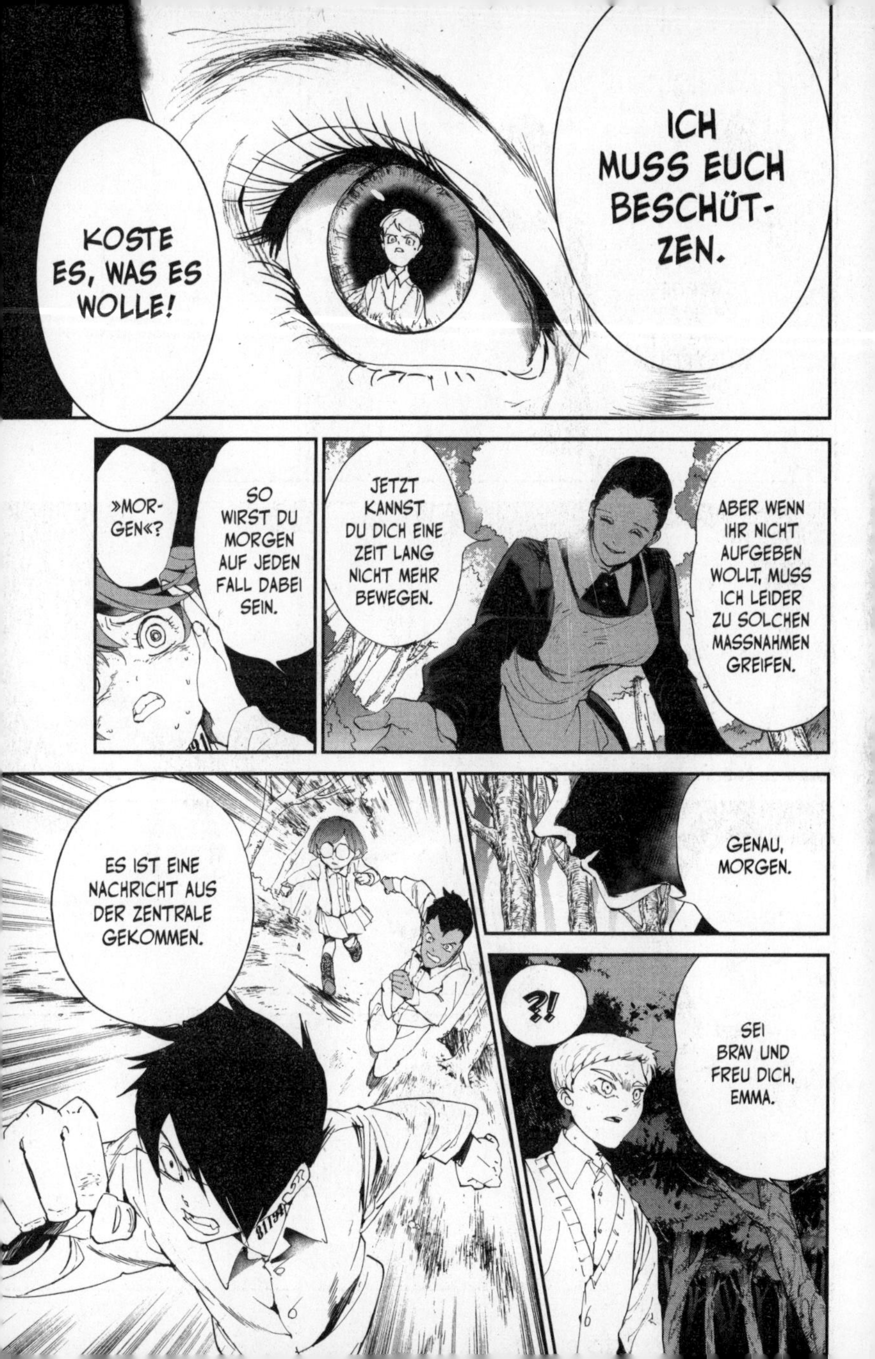
ICH MUSS EUCH BESCHÜT-ZEN.
KOSTE ES, WAS ES WOLLE!
ABER WENN IHR NICHT AUFGEBEN WOLLT, MUSS ICH LEIDER ZU SOLCHEN MASSNAHMEN GREIFEN.
JETZT KANNST DU DICH EINE ZEIT LANG NICHT MEHR BEWEGEN.
SO WIRST DU MORGEN AUF JEDEN FALL DABEI SEIN.
»MOR-GEN«?
GENAU, MORGEN.
ES IST EINE NACHRICHT AUS DER ZENTRALE GEKOMMEN.
SEI BRAV UND FREU DICH, EMMA.
?!

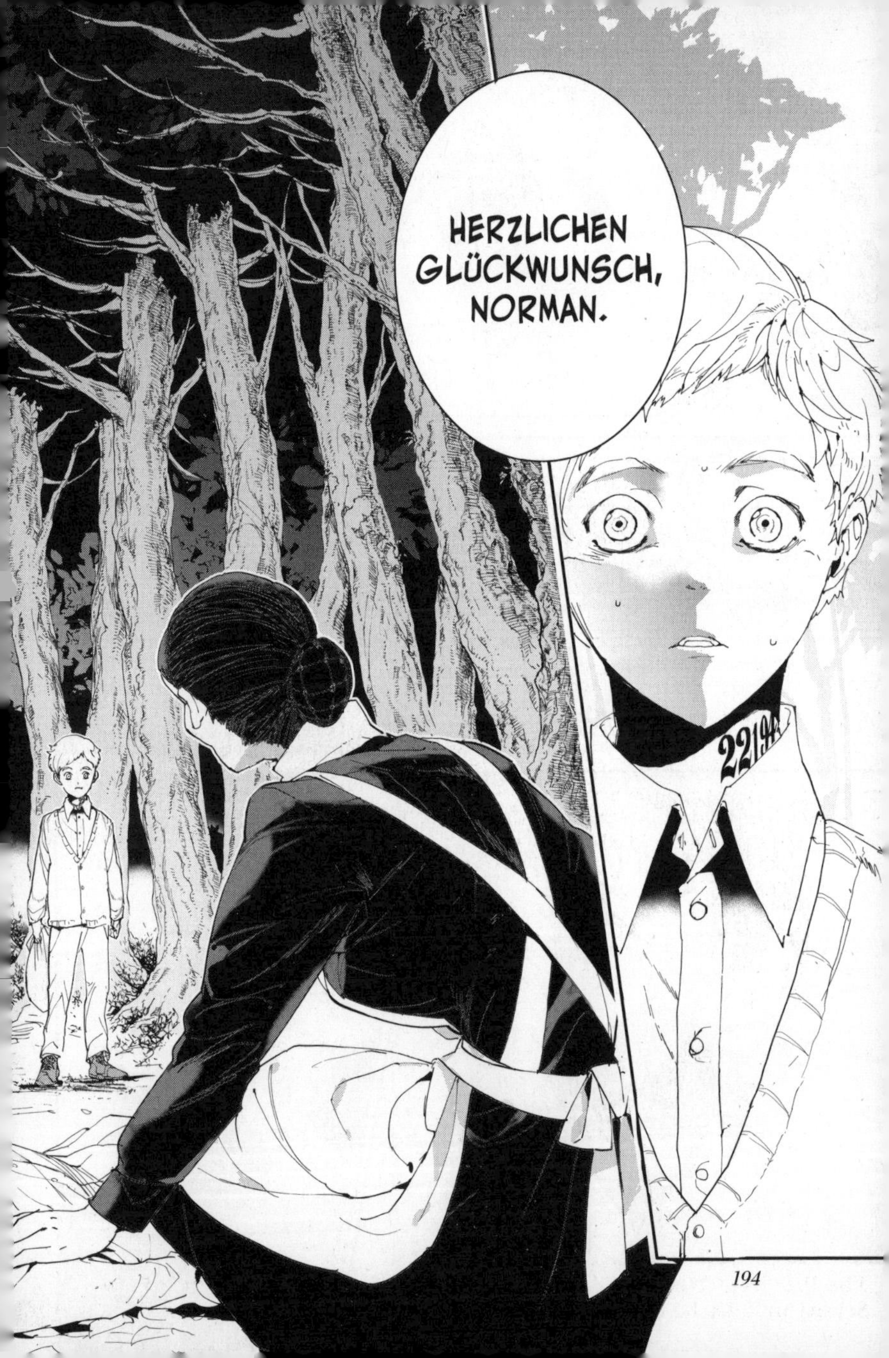
HERZLICHEN GLÜCKWUNSCH, NORMAN.
22194

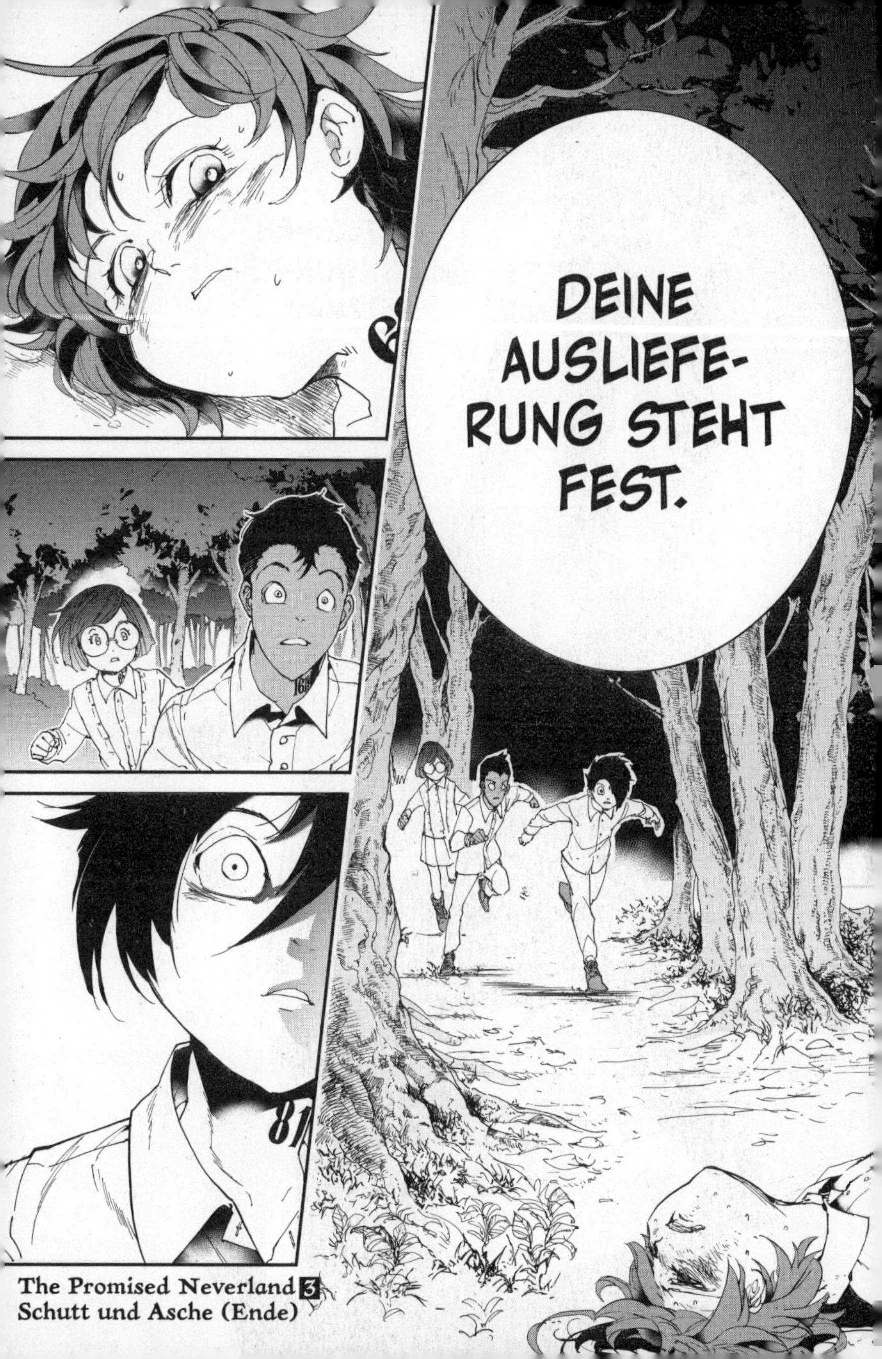

The Promised Neverland 3
Schutt und Asche (Ende)

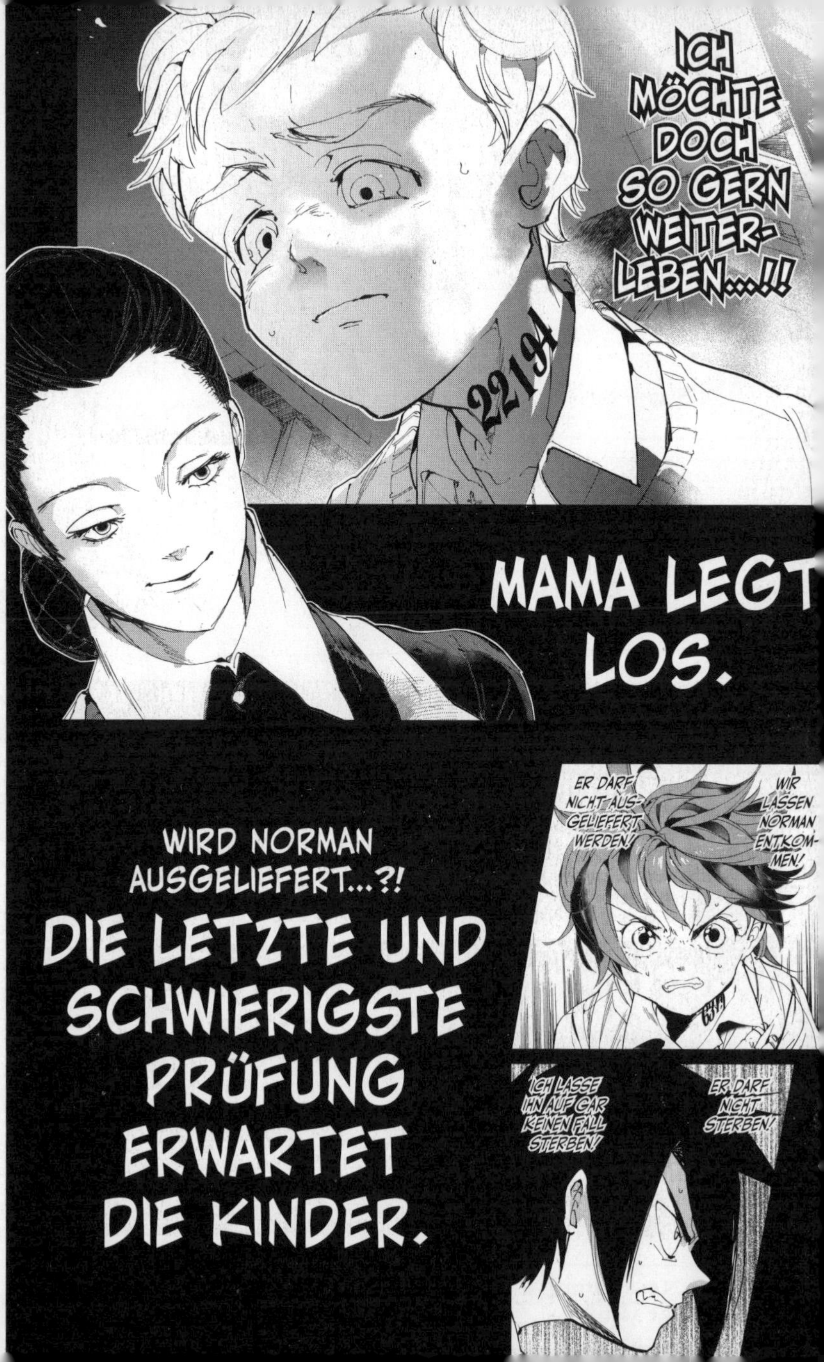
ICH MÖCHTE DOCH SO GERN WEITER-LEBEN...!!
22194
MAMA LEGT LOS.
WIR LASSEN NORMAN ENTKOMMEN!
ER DARF NICHT AUS-GELIEFERT WERDEN!
WIRD NORMAN AUSGELIEFERT...?!
DIE LETZTE UND SCHWIERIGSTE PRÜFUNG ERWARTET DIE KINDER.
ER DARF NICHT STERBEN!
ICH LASSE IHN AUF GAR KEINEN FALL STERBEN!

EIN VERZWEIFELTER PLAN, UM IHREN FREUND ZU BESCHÜTZEN!!

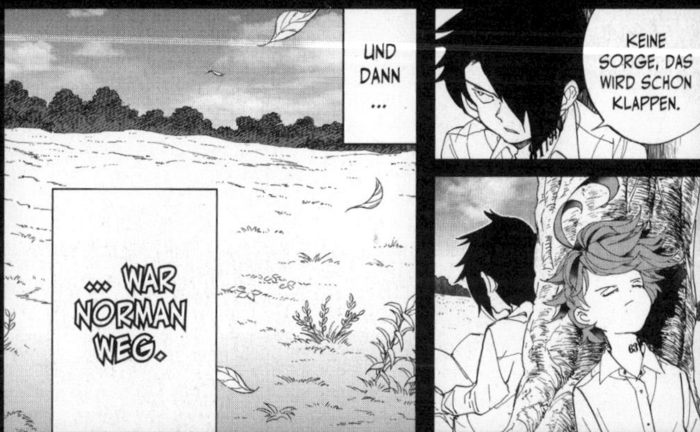

WELCHES SCHICKSAL ERWARTET DIE KINDER?

DIE FLUCHT AUS DEM WAISENHAUS NÄHERT SICH IHREM GROSSEN FINALE!

BAND 4 IST BEREITS ERHÄLTLICH!

CARLSEN MANGA! CHECKLIST

BARFUSS DURCH HIROSHIMA

von Keiji Nakazawa
€ 12,00 (D) / € 12,40 (A)
O **Band 2**
€ 14,00 (D) / € 14,40 (A)
O **Band 1, 3 bis 4**

BARRAGE

von Kohei Horikoshi
€ 6,99 (D) / € 7,20 (A)
O **Band 1 bis 2**
In 2 Bänden abgeschlossen

BATTLE ANGEL ALITA – PERFECT EDITION

von Yukito Kishiro
€ 19,99 (D) / € 20,60 (A)
O **Band 1 bis 3**
€ 24,99 (D) / € 25,70 (A)
O **Band 4**
In 4 Bänden abgeschlossen
€ 29,99 (D) / € 30,90 (A)
O **Band 4 im Schuber**
€ 89,99 (D) / € 92,60 (A)
O **Band 1-4 im Schuber**

BATTLE ANGEL ALITA – LAST ORDER PERFECT EDITION

von Yukito Kishiro
€ 14,99 (D) / € 15,50 (A)
O **1 bis 3, 5 bis 9**
€ 19,99 (D) / € 20,60 (A)
O **Band 10**
O **Band 11** 06/21
O **Band 12** 09/21
€ 16,99 (D) / € 17,50 (A)
O **Band 4**
In 12 Bänden abgeschlossen
€ 25,00 (D) / € 25,70 (A)
O **Band 12 im Schuber mit Extra** 09/21
€ 90,00 (D) / € 92,60 (A)
O **Bände 1 bis 6 im Schuber mit Extra**
€ 99,00 (D) / € 103,20 (A)
O **Bände 7 bis 12 im Schuber mit Extra** 09/21

BATTLE ANGEL ALITA – MARS CHRONICLE

von Yukito Kishiro
€ 6,95 (D) / € 7,20 (A)
O **Band 1 bis 3, 5-6**
O **Band 7** 07/21
€ 10,00 (D) / € 10,30 (A)
O **Band 4**
Bislang 6 Bände in Japan

ATTACK ON TITAN – DELUXE

von Hajime Isayama
€ 25,00 (D) / € 25,70 (A)
O **Band 1 bis 8**

ATTACK ON TITAN – INSIDE

von Hajime Isayama
€ 12,90 (D) / € 13,30 (A)
O **Einzelband**

ATTACK ON TITAN – LOST GIRLS

von Isayama, Seko & Fuji
€ 6,99 (D) / € 7,20 (A)
O **Band 1 & 2**
In 2 Bänden abgeschlossen

ATTACK ON TITAN – LOST GIRLS (Nippon Novel)

von Hiroshi Seko
€ 9,95 (D) / € 10,30 (A)
O **Einzelband**

ATTACK ON TITAN – NO REGRETS

von Hajime Isayama
€ 6,95 (D) / € 7,20 (A)
O **Band 1 & 2**
In 2 Bänden abgeschlossen

ATTACK ON TITAN – NO REGRETS FULL COLOR EDITION

von Hajime Isayama
€ 14,99 (D) / € 15,50 (A)
O **Band 1 & 2**
In 2 Bänden abgeschlossen

ATTACK ON TITAN – OUTSIDE

von Hajime Isayama
€ 12,90 (D) / € 13,30 (A)
O **Einzelband**

ATTACK ON TITAN – SHORT PLAY

von Isayama & hounori
€ 8,99 (D) / € 9,30 (A)
O **Einzelband**

ANONYMOUS NOISE

von Ryoko Fukuyama
€ 5,00 (D) / € 6,20 (A)
O **Band 1**
€ 6,99 (D) / € 7,20 (A)
O **Band 2 bis 17**
O **Band 18** 06/21
In 18 Bänden abgeschlossen

ARTE

von Kei Ohkubo
€ 10,00 (D) / € 10,30 (A)
O **Band 1 bis 6**
O **Band 7** 07/21
O **Band 8** 09/21
Bislang 13 Bände in Japan

ASSASSINATION CLASSROOM

von Yusei Matsui
€ 6,50 (D) / € 6,70 (A)
O **Band 1 bis 21**
In 21 Bänden abgeschlossen

ATTACK ON TITAN

von Hajime Isayama
€ 6,95 (D) / € 7,20 (A)
O **Band 1 bis 32**
O **Band 33** 09/21
In 34 Bänden abgeschlossen
€ 36,00 (D) / € 37,10 (A)
O **Bände 1-5 im Schuber**
O **Bände 6-10 im Schuber**
O **Bände 11-15 im Schuber**
O **Bände 16-20 im Schuber**
O **Bände 21-25 im Schuber**
O **Bände 26-30 im Schuber**

ATTACK ON TITAN – ANSWERS

von Hajime Isayama
€ 12,90 (D) / € 13,30 (A)
O **Einzelband**

ATTACK ON TITAN – BEFORE THE FALL

von Hajime Isayama
€ 6,95 (D) / € 7,20 (A)
O **Band 1 bis 17**
In 17 Bänden abgeschlossen

ATTACK ON TITAN CHARACTER GUIDE

von Hajime Isayama
€ 12,90 (D) / € 13,30 (A)
O **Einzelband**

12 JAHRE

von Nao Maita
€ 5,99 (D) / € 6,20 (A)
O **Band 1 bis 14**
€ 6,99 (D) / € 7,20 (A)
O **Band 15** 08/21
In 20 Bänden abgeschlossen

ABE SADA

von Kazuo Kamimura
€ 14,99 (D) / € 15,50 (A)
O **Band 1 & 2**
In 2 Bänden abgeschlossen

ACID TOWN

von Kyugo
€ 7,95 (D) / € 8,20 (A))
O **Band 6**
Bislang 6 Bände in Japan

AKIRA – ORIGINAL EDITION

von Katsuhiro Otomo
€ 19,90 (D) / € 20,50 (A)
O **Band 1 bis 3**
€ 22,90 (D) / € 23,60 (A)
O **Band 4 bis 6**
In 6 Bänden abgeschlossen

ALICE IN MURDERLAND

von Kaori Yuki
€ 7,95 (D) / € 8,20 (A)
O **Band 1 bis 11**
In 11 Bänden abgeschlossen

ALISIK

von Helge Vogt & Hubertus Rufledt
€ 8,99 (D) / € 9,30 (A)
O **Band 1**
€ 7,99 (D) / € 8,30 (A)
O **Band 2 bis 4**
In 4 Bänden abgeschlossen

ALPHA² – NEUEDITION

von Kamineo & Kamoi
€ 14,00 (D) / € 14,40 (A)
O **Einzelband**

ALPI - THE SOUL SENDER

von Rona
€ 7,00 (D) / € 7,20 (A)
O **Band 1** 07/21
Bislang 4 Bände in Japan

CARLSEN MANGA! CHECKLIST

DOUBT GESAMTAUSGABE
von Yoshiki Tonogai
€ 30,00 (D) / € 30,90 (A)
O **Sammelschuber** 07/21

DRAGON BALL
von Akira Toriyama
€ 6,50 (D) / € 6,70 (A)
O **Band 1 bis 42**
In 42 Bänden abgeschlossen

DRAGON BALL MASSIV
von Akira Toriyama
€ 5,00 (D) / € 5,20 (A)
O **Band 1**
€ 10,00 (D) / € 10,30 (A)
O **Band 2 bis 11**
O **Band 12** 07/21
O **Band 13** 09/21

DRAGON BALL SD
von Akira Toriyama
(Original Story)
& Naho Ohishi
€ 7,95 (D) / € 8,20 (A)
O **Band 1 bis 6**
Bislang 7 Bände in Japan

DRAGON BALL SIDE STORIES
von Akira Toriyama
& dragongarow LEE
€ 5,00 (D) / € 5,20 (A)
O **Yamchu**

DRAGON BALL SUPER
von Toriyama & Toyotarou
€ 6,50 (D) / € 6,70 (A)
O **Band 1 bis 11**
O **Band 12** 06/21
€ 9,99 (D) / € 10,30 (A)
O **Band 5 im Schuber**
O **Band 10 im Schuber**
€ 29,99 (D) / € 30,90 (A)
O **Bände 1-5 im Schuber**
O **Bände 6-10 im Schuber**
Bislang 14 Bände in Japan

DREAMIN' SUN
von Ichigo Takano
€ 6,99 (D) / € 7,20 (A)
O **Band 1 bis 9**
€ 8,99 (D) / € 9,20 (A)
O **Band 10**
In 10 Bänden abgeschlossen

COYOTE
von Ranmaru Zariya
€ 7,99 (D) / € 8,30 (A)
O **Band 1 bis 3**
Bislang 3 Bände in Japan

CROSS ACCOUNT
von Tsunehiro Date
€ 6,99 (D) / € 7,20 (A)
O **Band 1 bis 4**
In 4 Bänden abgeschlossen

DEAD COMPANY
von Yoshiki Tonogai
€ 7,00 (D) / € 7,20 (A)
O **Band 1** 07/21
In 3 Bänden abgeschlossen

DEFENSE DEVIL
von Youn In-Wan
& Yang Kyung-Il
€ 5,95 (D) / € 6,20 (A)
O **Band 1 bis 10**
In 10 Bänden abgeschlossen

DEPTH OF FIELD
von Enjo
€ 8,00 (D) / € 8,30 (A)
O **Band 1 & 2**
In 2 Bänden abgeschlossen

DEVILS & REALIST
von Utako Yukihiro
& Madoka Takadono
€ 6,95 (D) / € 7,20 (A)
O **Band 11 bis 13**
€ 7,95 (D) / € 8,20 (A)
O **Band 14**
€ 8,95 (D) / € 9,20 (A)
O **Band 15**
In 15 Bänden abgeschlossen

DIALOGE MIT MIR SELBST
von Kabi Nagata
€ 18,00 (D) / € 18,50 (A)
O **Band 1 b& 2**
In 2 Bänden abgeschlossen

DIE STADT DER BESONDEREN KINDER
von Ransom Riggs
& Cassandra Jean
€ 14,90 (D) / € 15,40 (A)
O **Einzelband**

BLACK LAGOON
von Rei Hiroe
€ 6,95 (D) / € 7,20 (A)
O **Band 4**
€ 7,95 (D) / € 8,20 (A)
O **Band 1-3, 5 - 8, 10 -11**
€ 8,95 (D) / € 9,20 (A)
O **Band 9**
Bislang 11 Bände in Japan

BLOOM INTO YOU
von Nio Naketani
€ 6,99 (D) / € 7,20 (A)
O **Band 1 bis 7**
€ 7,99 (D) / € 8,30 (A)
O **Band 8**
In 8 Bänden abgeschlossen

BLUE FLAG
von Kaito
€ 7,99 (D) / € 8,30 (A)
O **Band 1 bis 7**
In 7 Bänden abgeschlossen

BLUE GIANT
von Shinichi Ishizuka
€ 8,00 (D) / € 8,30 (A)
O **Band 1** 09/21
In 10 Bänden abgeschlossen

BLUE GIANT SUPREME
von Shinichi Ishizuka
€ 8,00 (D) / € 8,30 (A)
O **Band 1 bis 5**
O **Band 6** 08/21
In 11 Bänden abgeschlossen

BORUTO – NARUTO THE NEXT GENERATION
von Kishimoto & Kodachi
€ 6,50 (D) / € 6,70 (A)
O **Band 1 bis 10**
O **Band 11** 07/21
Bislang 13 Bände in Japan

BUDDHA
von Osamu Tezuka
€ 22,90 (D) / € 23,60 (A)
O **Band 1 bis 10**
In 10 Bänden abgeschlossen

CHIISAKOBEE
von Minetaro Mochizuki
€ 14,90 (D) / € 15,40 (A)
O **Band 1 bis 4**
In 4 Bänden abgeschlossen

BECOMING A GIRL ONE DAY
von Akane Ogura
€ 5,99 (D) / € 6,20 (A)
O **Band 1 bis 4**
In 4 Bänden abgeschlossen

BECOMING A GIRL ONE DAY – ANOTHER
von Akane Ogura
€ 5,99 (D) / € 6,20 (A)
O **Band 1 bis 4**
In 4 Bänden abgeschlossen

BILLY BAT
von Naoki Urasawa
& Takashi Nagasaki
€ 8,95 (D) / € 9,20 (A)
O **Band 4-7, 12-16**
€ 12,00 (D) / € 12,40 (A)
O **Band 1-3, 8-11, 17-20**
In 20 Bänden abgeschlossen

BL IS MAGIC!
von Oroken
€ 9,99 (D) / € 10,30 (A)
O **Band 1 bis 3**
In 4 Bänden abgeschlossen
O **BL is magic! Special: Extra Spells** 08/21

BL METAMORPHOSEN – GEHEIMNIS EINER FREUNDSCHAFT
von Kaori Tsurutani
€ 8,00 (D)/ € 8,30 (A)
O **Band 1 bis 3**
O **Band 4** 09/21
In 5 Bänden abgeschlossen

BLACK BUTLER
von Yana Toboso
€ 6,95 (D) / € 7,20 (A)
O **Band 1 bis 29**
O **Band 30** 07/21
€ 10,00 (D)/ € 10,30 (A)
O **Band 30**
Limitierte Ausgabe mit Extra 07/21
€ 14,90 (D) / € 15,40 (A)
O **Character Guide**
Bislang 29 Bände in Japan

CARLSEN MANGA! CHECKLIST

GELIEBTER AFFE

von Yoshihiro Tatsumi
€ 19,90 (D) / € 20,50 (A)
O **Einzelband**

GHOSTLY THINGS

von Ushio Shirotori
€ 7,00 (D) / € 7,20 (A)
O **Band 1**
O **Band 2** 07/21
In 4 Bänden abgeschlossen

HARU x KIYO

von Akira Ozaki
€ 5,00 (D) / € 5,20 (A)
O **Band 1**
€ 7,00 (D)/ €7,20 (A)
O **Band 2 bis 9**
In 9 Bänden abgeschlossen

HE'S MY VAMPIRE

von Aya Shouoto
€ 6,95 (D) / € 7,20 (A)
O **Band 1 bis 10**
In 10 Bänden abgeschlossen

HITOTSUBANA

von Minami
€ 8,00 (D) / € 8,30 (A)
O **Band 1 bis 7**
In 7 Bänden abgeschlossen

HOW TO DRAW MANGA

von Hikaru Hayashi u. a.
€ 9,95 (D) / € 10,30 (A)
O **Manga-Charaktere in Bewegung**
€ 16,90 (D) / € 17,40 (A)
O **Ninja und Samurai**
€ 17,90 (D) / € 18,40 (A)
O **Manga-Figuren entwickeln**
€ 19,90 (D) / € 20,50 (A)
O **Manga-Skizzen zeichnen**
O **Character Design – Tipps und Tricks**
O **Manga aus der richtigen Perspektive**
O **Oberflächen und Strukturen**
O **Manga-Figuren in ihrer Umwelt**
O **Perfekte Proportionen im Manga**
O **Grundlagen der Manga-Kunst**
€ 24,90 (D) / € 25,60 (A)
O **Kolorieren mit Copic-Stiften**
O **Kolorieren mit Aquarellbuntstiften**

FOLGE DEN WOLKEN NACH NORD-NORDWEST

von Aki Irie
€ 12,00 (D) / € 12,40 (A)
O **Band 1 bis 4**
Bislang 5 Bände in Japan

FOOD WARS – SHOKUGEKI NO SOMA

von Tsukuda & Saeki
€ 6,99 (D) / € 7,20 (A)
O **Band 1 bis 31**
O **Band 32** 06/21
O **Band 33** 08/21
In 36 Bänden abgeschlossen
€ 69,90 (D) / € 71,80 (A)
O **Bände 1-10 im Schuber**
O **Bände 11-20 im Schuber**
O **Bände 21-30 im Schuber**

FRUIT BASKET PEARLS

von Natuski Takaya
€ 11,00 (D) / € 11,40 (A)
O **Band 1**
O **Band 2** 06/21
O **Band 3** 08/21
In 12 Bänden abgeschlossen

GAMMA DRACONIS

von Eldo Yoshimizu & Benoist Simmat
€ 16,00 (D) / € 16,50 (A)
O **Einzelband** 07/21

GANGSTA.

von Kohske
€ 7,95 (D) / € 8,20 (A)
O **Band 1 bis 8**
Bislang 8 Bände in Japan

GANGSTA: CURSED.

von Kohske & Kamo
€ 7,99 (D) / € 8,30 (A)
O **Band 1 bis 5**
Bislang 5 Bände in Japan

GEGEN DEN STROM

von Yoshihiro Tatsumi
€ 44,00 (D) / € 44,60 (A)
O **Einzelband**

FAIRY TAIL+

von Hiro Mashima
€ 8,95 (D) / € 9,20 (A)
O **Einzelband**

FAIRY TAIL – HAPPY'S ADVENTURE

von Hiro Mashima & Kenshiro Sakamoto
€ 7,00 (D) / € 7,20 (A)
O **Band 1 bis 4**
O **Band 5** 08/21
In 8 Bänden abgeschlossen

FAIRY TAIL S

von Hiro Mashima
€ 6,99 (D) / € 7,20 (A)
O **Band 1 & 2**
In 2 Bänden abgeschlossen

FAIRY TAIL SIDE STORIES

von Hiro Mashima & Kyota Shibano
€ 6,99 (D) / € 7,20 (A)
O **Band 1 bis 3**
In 3 Bänden abgeschlossen

FAIRY TALE BATTLE ROYALE

von Soraho Ina
€ 7,00 (D) / € 7,20 (A)
O **Band 1 bis 4**
Bislang 4 Bände in Japan

FINAL FANTASY – LOST STRANGER

von Hazuki Minase & Itsuki Kameya
€ 12,99 (D) / € 13,40 (A)
O **Band 1 bis 5**
Bislang 6 Bände in Japan

FINAL FANTASY – OFFICIAL MEMORIAL ULTIMANIA BOOK

von Takatoshi Shiozawa
€ 39,99 (D) / € 41,20 (A)
O **VII - IX**
In 3 Bänden abgeschlossen

FOCUS 10

von Martina Peters
€ 6,99 (D) / € 7,20 (A)
O **Band 1 bis 9**
O **Band 10** 09/21
In 10 Bänden abgeschlossen

DR. STONE

von Inagaki & BOICHI
€ 7,00 (D) / € 7,20 (A)
O **Band 1 bis 11**
O **Band 12** 06/21
O **Band 13** 08/21
Bislang 19 Bände in Japan

DR. STONE REBOOT: BYAKUYA

von Inagaki & BOICHI
€ 7,00 (D) / € 7,20 (A)
O **Einzelband** 07/21

EDENS ZERO

von Hiro Mashima
€ 7,00 (D)/ €7,20 (A)
O **Band 1 bis 9**
O **Band 10** 07/21
€ 10,00 (D) / € 10,30 (A)
O **Band 7 - limitierte Ausgabe**
Bislang 13 Bände in Japan

EXISTENZEN UND ANDERE ABGRÜNDE

von Yoshihiro Tatsumi
€ 19,90 (D) / € 20,50 (A)
O **Einzelband**

FAIRY GIRLS

von Hiro Mashima
€ 6,99 (D) / € 7,20 (A)
O **Band 1 bis 4**
In 4 Bänden abgeschlossen

FAIRY TAIL

von Hiro Mashima
€ 6,50 (D) / € 6,70 (A)
O **Band 1 bis 63**
€ 9,99 (D) / € 10,30 (A)
O **Band 60 limitiert**
In 63 Bänden abgeschlossen

FAIRY TAIL ARTBOOKS

von Hiro Mashima
€ 19,95 (D) / € 20,60 (A)
O **Fantasia**
O **Harvest**

FAIRY TAIL – 100 YEARS QUEST

von Hiro Mashima & Atsuo Ueda
€ 7,00 (D) / € 7,20 (A)
O **Band 1 bis 5**
O **Band 6** 06/21
O **Band 7** 09/21
Bislang 10 Bände in Japan

CARLSEN MANGA! CHECKLIST

LIBERI-PROJEKT, DAS
von Tamasaburo
€ 6,95 (D) / € 7,20 (A)
O **Band 1 bis 3**
In 3 Bänden abgeschlossen

LIEBHABER, DER
von Kan Takahama
€ 22,00 (D) / € 22,70 (A)
O **Einzelband**

LITTLE WITCH ACADEMIA
von Sato & Yoshinari
€ 6,99 (D) / € 7,20 (A)
O **Band 1 bis 3**
In 3 Bänden abgeschlossen

LIQUOR & CIGARETTE
von Ranmaru Zariya
€ 8,00 (D) / € 8,30 (A)
O **Einzelband**

LUDWIG REVOLUTION GESAMTAUSGABE
von Kaori Yuki
€ 30,00 (D) / € 30,90 (A)
O **Sammelschuber** 09/21

LUPUS IN FABULA
von Kamineo
€ 7,95 (D) / € 8,20 (A)
O **Band 1 bis 3**
In 3 Bänden abgeschlossen

MACHIMAHO – MAGICAL GIRL BY ACCIDENT
von Souryu
€ 7,99 (D) / € 8,30 (A)
O **Band 1 bis 7**
O **Band 8** 07/21
Bislang 9 Bände in Japan

MAGUS OF THE LIBRARY
von Mitsu Izumi
€ 12,00 (D) / € 12,40 (A)
O **Band 1 & 4**
€ 14,00 (D) / € 14,40 (A)
O **Band 2**
€ 16,00 (D) / € 16,50 (A)
O **Band 3**
Bislang 5 Bände in Japan

KAMISAMA DARLING
von Kyoko Aiba
€ 6,99 (D) / € 7,20 (A)
O **Band 1 bis 8**
In 8 Bänden abgeschlossen

KATSURA & TORIYAMA SHORT STORIES
von Akira Toriyama & Masakazu Katsura
€ 6,95 (D) / € 7,20 (A)
O **Einzelband**

KILLING BITES
von Shinya Murata & Kazasa Sumita
€ 7,95 (D) / € 8,20 (A)
O **Band 1-3, 5-14**
€ 10,00 (D) / € 10,30 (A)
O **Band 4**
Bislang 17 Bände in Japan

KIMI NI NARE – FINDE DICH SELBST
von Ichigo Takano
€ 7,00 (D) / € 7,20 (A)
O **Einzelband** 07/21

KLEINE KATZE CHI
von Konami Kanata
€ 9,95 (D) / € 10,30 (A)
O **Band 1 bis 11**
€ 12,00 (D) / € 12,40 (A)
O **Band 12**
In 12 Bänden abgeschlossen

KOROSENSEI QUEST!
von Yusei Matsui & Kizuku Watanabe
€ 6,50 (D) / € 6,70 (A)
O **Band 1 bis 5**
In 5 Bänden abgeschlossen

LADY SNOWBLOOD (NEUEDITION)
von Kazuo Koike & Kazuo Kamimura
€ 19,99 (D) / € 20,60 (A)
O **Band 1 & 2**
€ 16,99 (D) / € 17,50 (A)
O **Band 3**
In 3 Bänden abgeschlossen

LETZTE REISE DER SCHMETTERLINGE, DIE
von Kan Takahama
€ 14,90 (D) / € 15,40 (A)
O **Einzelband**

IM – GREAT PRIEST IMHOTEP
von Makoto Morishita
€ 6,99 (D) / € 7,20 (A)
O **Band 1 bis 10**
€ 7,99 (D) / € 8,30 (A)
O **Band 11**
In 11 Bänden abgeschlossen

IN THIS CORNER OF THE WORLD
von Fumiyo Kouno
€ 12,99 (D) / € 13,40 (A)
O **Band 1 bis 3**
In 3 Bänden abgeschlossen

ITO, JUNJI
von Shinya Murata & Kazasa Sumita
€ 24,00 (D) / € 24,70 (A)
O **Gyo Deluxe**
O **Shiver** 07/21
€ 28,00 (D) / € 28,80 (A)
O **Uzumaki Deluxe**

JAPANISCH FÜR MANGA-FANS
von Thora Kerner & Jin Baron
€ 16,00 (D) / € 16,50 (A)
O **Sammelband**

JUDGE
von Yoshiki Tonogai
€ 7,95 (D) / € 8,20 (A)
O **Band 1 bis 5**
€ 8,95 (D) / € 9,20 (A)
O **Band 6**
In 6 Bänden abgeschlossen

JUMPING
von Asahi Tsutsui
€ 7,00 (D) / € 7,20 (A)
O **Band 1 bis 4**
In 4 Bänden abgeschlossen

JUNJO ROMANTICA
von Shungiku Nakamura
€ 6,95 (D) / € 7,20 (A)
O **Band 9, 11-12, 19-22**
O **Band 23** 06/21
€ 10,00 (D) / € 10,30 (A)
O **Band 1-8, 10,13-18**
Bislang 25 Bände in Japan

H.P. LOVECRAFT
von Gou Tanabe
€ 12,00 (D) / € 12,40 (A)
O **H.P. Lovecrafts Die Farbe aus dem All**
O **H.P. Lovecrafts Der Hund und andere Geschichten**
O **H.P. Lovecrafts Der leuchtende Trapezoeder**
€ 18,00 (D) / € 18,50 (A)
O **H.P. Lovecrafts Berge des Wahnsinns Band 1 bis 2**
O **H.P. Lovecrafts Cthulhus Ruf** 08/21
€ 22,00 (D) / € 22,70 (A)
O **H.P. Lovecrafts Der Schatten aus der Zeit**

HUNTER X HUNTER
von Yoshihiro Togashi
€ 6,95 (D) / € 7,20 (A)
O **Band 1 bis 36**
Bislang 36 Bände in Japan

I AM SHERLOCK
von TAKATA & Io
€ 7,00 (D)/ € 7,20 (A)
O **Band 1 bis 4**
In 4 Bänden abgeschlossen

I HAD THAT SAME DREAM AGAIN
von Yoru Sumino & Izumi Kirihara
€ 7,00 (D) / € 7,20 (A)
O **Band 1 bis 3**
In 3 Bänden abgeschlossen

I HEAR THE SUNSPOT
von Yuki Fumino
€ 7,99 (D) / € 8,30 (A)
O **Band 1**
€ 9,99 (D) / € 10,30 (A)
O **Band 2**
Bisher 2 Bände in Japan

I HEAR THE SUNSPOT – LIMIT
von Yuki Fumino
€ 7,99 (D) / € 8,30 (A)
O **Band 1**
€ 8,99 (D) / € 9,30 (A)
O **Band 2**
€ 9,99 (D) / € 10,30 (A)
O **Band 3** 07/21
In 3 Bänden abgeschlossen

CARLSEN MANGA! CHECKLIST

NARUTO MASSIV

von Masashi Kishimoto
€ 5,00 (D) / € 5,20 (A)
O Band 1
€ 9,99 (D) / € 10,30 (A)
O Band 2 bis 24
In 24 Bänden abgeschlossen

NARUTO – THE MOVIE

von Masashi Kishimoto
€ 7,95 (D) / € 8,20 (A)
O Geheimmission im Land des ewigen Schnees Band 1 & 2
O Die Legende des Steins Gelel Band 1 & 2
O Sondermission im Land des Mondes 1 & 2

NARUTO – THE MOVIE: SHIPPUDEN

von Masashi Kishimoto
€ 12,95 (D) / € 13,40 (A)
O Naruto - The Movie: Shippuden
O Naruto - The Movie: Shippuden-Fesseln
O Naruto - The Movie: Shippuden - Die Erben des Willens des Feuers
O Naruto - The Movie: Shippuden - Lost Tower

NEON GENESIS EVANGELION

von Gainax & Yoshiyuki Sadamoto
€ 6,95 (D) / € 7,20 (A)
O Band 1 bis 14
In 14 Bänden abgeschlossen

NO EXIT

von Haruhi Seta
€ 6,99 (D) / € 7,20 (A)
O Band 1 bis 13
In 14 Bänden abgeschlossen

OKITENEMURU

von Hitori Renda
€ 7,99 (D) / € 8,20 (A)
O Band 9
In 9 Bänden abgeschlossen

OLD BOY

von Tsuchiya Garon & Minegishi Nobuaki
€ 12,00 (D) / € 12,40 (A)
O Band 1 bis 4
In 4 Bänden abgeschlossen

MURCIÉLAGO

von Yoshimura Kana
€ 7,99 (D) / € 8,30 (A)
O Band 1 bis 14
O Band 15 06/21
Bislang 17 Bände in Japan

MY HERO ACADEMIA

von Kohei Horikoshi
€ 6,99 (D) / € 7,20 (A)
O Band 1 bis 27
O Band 28 08/21
Bislang 30 Bände in Japan
€ 10,00 (D) / € 10,30 (A)
O My Hero Academia - Ultra Archive
€ 12,99 (D) / € 13,40 (A)
O My Hero Academia - Ultra Analysis

MY HERO ACADEMIA SMASH

von Kohei Horikoshi & Hirofumi Neda
€ 5,00 (D) / € 5,20 (A)
O Band 1 bis 5
Bislang 5 Bände in Japan

MY HERO ACADEMIA TEAM UP MISSION

von Kohei Horikoshi & Yoko Akiyama
€ 7,00 (D) / € 7,20 (A)
O Band 1
Bisher 2 Bände in Japan

MY ROOMMATE IS A CAT

von Tsunami Minatsuki & Asu Futatsuya
€ 7,00 (D) / € 7,20 (A)
O Band 1 bis 4
O Band 5 06/21
O Band 6 09/21
Bislang 7 Bände in Japan

MY SECRET WHICH I CANNOT TELL YOU

von Kyoko Aiba
€ 6,99 (D) / € 7,20 (A)
O Einzelband

NARUTO

von Masashi Kishimoto
€ 6,50 (D) / € 6,70 (A)
O Band 1 bis 72
In 72 Bänden abgeschlossen
O Der siebte Hokage und der scharlachrote Frühling

MERMAID PRINCE

von Kaori Ozaki
€ 8,00 (D) / € 8,30 (A)
O Einzelband

MOB PSYCHO 100

von ONE
€ 6,66 (D) / € 6,90 (A)
O Band 1 bis 15
€ 7,77 (D) / € 8,00 (A)
O Band 16
In 16 Bänden abgeschlossen

MONSTER – PERFECT EDITION

von Naoki Urasawa
€ 20,00 (D) / € 20,60 (A)
O Band 1 bis 8
€ 24,00 (D) / € 24,70 (A)
O Band 9 08/21
In 9 Bänden abgeschlossen

MORIARTY THE PATRIOT

von Takeuchi & Miyoshi
€ 9,99 (D) / € 10,30 (A)
O Band 1 bis 9
O Band 10 06/21
O Band 11 08/21
Bislang 13 Bände in Japan
€ 16,00 (D) / € 16,50 (A)
O Band 10 mit Extra – limitierte Auflage 06/21
€ 99,00 (D) / € 101,80 (A)
O Band 1 bis 10 im Sammelschuber – limitierte Auflage 06/21

MOTHER'S SPIRIT

von Enzo
€ 7,99 (D) / € 8,30 (A)
O Band 1 & 2
Bislang 2 Bände in Japan

MOTOKARE RETRY

von En Hanaya
€ 6,99 (D) / € 7,20 (A)
O Band 1 bis 7
In 7 Bänden abgeschlossen

MOVING FORWARD

von Nagamu Nanaji
€ 5,00 (D) / € 5,20 (A)
O Band 1
€ 7,00 (D) / € 7,20 (A)
O Band 2 bis 7
O Band 8 08/21
In 11 Bänden abgeschlossen

MAID-SAMA

von Hiro Fujiwara
€ 5,95 (D) / € 6,20 (A)
O Band 1 bis 18
In 18 Bänden abgeschlossen
O Maid-sama Marriage

MANGA LOVE STORY

von Katsu Aki
€ 6,95 (D) / € 7,20 (A)
O Band 70 bis 76
Bislang 81 Bände in Japan

MANGA-ZEICHENSTUDIO

von Kaneda Koubou u.a.
€ 19,90 (D) / € 20,50 (A)
O Hände und Füße
O Gesichter und Emotionen
O Manga Master Book
O Mädchen in coolen Posen
O Emotionen und Mimik ausdrucksstark zeichnen
O Manga Basics
O Figuren & Hintergründe
€ 20,00 (D) / € 20,60 (A)
O Charmante Charaktere
€ 24,90 (D) / € 25,60 (A)
O Spannende Geschichten erzählen

MANN MEINES BRUDERS, DER

von Gengoroh Tagame
€ 10,00 (D) / € 10,30 (A)
O Band 1 bis 4
In 4 Bänden abgeschlossen

MASHIMA HERO'S

von Hiro Mashima
€ 7,00 (D) / € 7,20 (A)
O Einzelband
€ 10,00 (D) / € 10,30 (A)
O Einzelband Limitierte Edition

MEINE LESBISCHE ERFAHRUNG MIT EINSAMKEIT

von Kabi Nagata
€ 15,00 (D) / € 15,50 (A)
O Einzelband

MELANCHOLISCHER MORGEN, EIN

von Shoko Hidaka
€ 9,95 (D) / € 10,30 (A)
O Band 8
In 8 Bänden abgeschlossen

CARLSEN MANGA! CHECKLIST

ROSEN BLOOD
von Kachiru Ichizue
€ 10,00 (D) / € 10,30 (A)
O **Band 1**
O **Band 2** 07/21
Bisher 3 Bände in Japan

RYUKO
von Eldo Yoshimizu
€ 14,99 (D) / € 15,50 (A)
O **Band 1 & 2**
In 2 Bänden abgeschlossen

SACRIFICE TO THE KING OF BEASTS
von Yu Tomofuji
€ 6,99 (D) / € 7,20 (A)
O **Band 1 bis 11**
O **Band 12** 06/21
O **Band 13** 09/21
In 15 Bänden abgeschlossen

SAKURA – I WANT TO EAT YOUR PANCREAS
von Yoru Sumino
€ 7,99 (D) / € 8,20 (A)
O **Band 1 & 2**
In 2 Bänden abgeschlossen

SAKURA DREAMS BUCH UND TERMIN-KALENDER 2022
von Melanie Schober
€ 10,00 (D) / € 10,10 (A)
O **Kalender** 06/21

SAMURAI8
von Masashi Kishimoto & Akira Okubo
€ 7,00 (D) / € 7,20 (A)
O **Band 1 bis 5**
In 5 Bänden abgeschlossen

SANTA MARIA HEARTLAND
von Rise Torio
€ 8,50 (D) / € 8,80 (A)
O **Einzelband**

SARABA, YOKI HI – SOLANGE WIR ZUSAMMEN SIND
von Yuki Akaneda
€ 7,00 (D) / € 7,20 (A)
O **Band 1**
O **Band 2** 08/21
Bisher 6 Bände in Japan

PLUTO: URASAWA X TEZUKA
von Tezuka, Urasawa & Nagasaki
€ 14,90 (D) / € 15,30 (A)
O **Band 1-3, 6-7**
€ 12,90 (D) / € 13,30 (A)
O **Band 4-5**
€ 16,90 (D) / € 17,40 (A)
O **Band 8**
In 8 Bänden abgeschlossen

POISON CITY
von Tetsuya Tsutsui
€ 7,99 (D) / € 8,30 (A)
O **Band 1 & 2**
In 2 Bänden abgeschlossen

PONE – POSUKA DEMIZU ARTBOOK
von Posuka Demizu
€ 20,00 (D) / € 20,60 (A)
O **Artbook**

Q (KU)
von Tatsuya Shihira
€ 7,99 (D) / € 8,30 (A)
O **Band 1 bis 3**
€ 8,99 (D) / € 9,30 (A)
O **Band 4**
In 4 Bänden abgeschlossen

REAKTOR 1F – EIN BERICHT AUS FUKUSHIMA
von Kazuto Tatsuta
€ 12,99 (D) / € 13,40 (A)
O **Band 1 bis 3**
In 3 Bänden abgeschlossen

RENTAL GIRLFRIEND
von Reiji Miyajima
€ 7,00 (D) / € 7,20 (A)
O **Band 1 bis 8**
O **Band 9** 07/21
O **Band 10** 09/21
Bislang 16 Bände in Japan

REQUIEM OF THE ROSE KING
von Aya Kanno
€ 9,99 (D) / € 10,30 (A)
O **Band 1 bis 12**
O **Band 13** 08/21
Bislang 14 Bände in Japan

OUR SUMMER HOLIDAY
von Kaori Ozaki
€ 7,99 (D) / € 8,30 (A)
O **Einzelband**

OVERLORD
von Maruyama & Miyama
€ 6,99 (D) / 7,20 (A)
O **Band 1 bis 12**
€ 7,99 (D) / € 8,30 (A)
O **Band 13**
O **Band 14** 09/21
Bislang 15 Bände in Japan

OVERLORD Official Comic À La Carte Anthology
von Kugane Maruyama, diverse
€ 7,00 (D) / € 7,20 (A)
O **Band 1 bis 3**
Bislang 3 Bände in Japan

PANDORAHEARTS
von Jun Mochizuki
€ 6,95 (D) / € 7,20 (A)
O **Band 1, 5-6, 10-15, 17, 19**
€ 7,95 (D) / € 8,20 (A)
O **Band 18**
€ 8,95 (D) / € 9,20 (A)
O **Band 22**
€ 10,00 (D) / € 10,30 (A)
O **Band 2-4, 7-9, 16, 20-21, 23**
€ 14,00 (D) / € 14,40 (A)
O **Band 24**
In 24 Bänden abgeschlossen

PERSONAL PARADISE NEUEDITION
von Melanie Schober
€ 6,99 (D) / € 7,20 (A)
O **Band 1 bis 7**
O **Brave Brother 1.0 lim. Ausgabe mit Schuber**

PLEASE LOVE ME
von Aya Nakahara
€ 5,00 (D) / € 5,20 (A)
O **Band 1**
€ 7,00 (D) / € 7,20 (A)
O **Band 2 bis 8**
O **Band 9** 06/21
O **Band 10** 09/21
In 10 Bänden abgeschlossen

ONE PIECE
von Eiichiro Oda
€ 6,50 (D) / € 6,70 (A)
O **Band 1 bis 97**
O **Band 98** 09/21
Bislang 99 Bände in Japan

ONE PIECE: FLUCH DES HEILIGEN SCHWERTS
von Eiichiro Oda
€ 7,95 (D) / € 8,20 (A)
O **Band 1 & 2**
In 2 Bänden abgeschlossen

ONE PIECE PARTY
von Andoh & Oda
€ 6,50 (D) / € 6,70 (A)
O **Band 1 bis 6**
Bislang 6 Bände in Japan

ONE PIECE – SANJIS LECKERE PIRATENREZEPTE
von Eiichiro Oda
€ 24,90 (D) / € 25,60 (A)
O **Kochbuch**

ONE PIECE QUIZ BOOK
von Eiichiro Oda
€ 14,00 (D) / € 14,40 (A)
O **Einzelband**

ONE PIECE Z
von Eiichiro Oda
€ 9,95 (D) / € 10,20 (A)
O **Band 1 & 2**
In 2 Bänden abgeschlossen

ONE WEEK FRIENDS
von Matcha Hazuki
€ 6,99 (D) / € 7,20 (A)
O **Band 1 bis 7**
In 7 Bänden abgeschlossen

OPUS
von Satoshi Kon
€ 14,90 (D) / € 15,40 (A)
O **Band 1 & 2**
In 2 Bänden abgeschlossen

ORANGE
von Ichigo Takano
€ 7,99 (D) / € 8,30 (A)
O **Band 1 bis 6**
Bislang 6 Bände in Japan

CARLSEN MANGA! CHECKLIST

SUPER DRAGON BALL HEROES UNIVERSE MISSION
von Yoshitaka Nagayama
€ 6,50 (D) / € 6,70 (A)
O **Band 1**
O **Band 2** 08/21
Bislang 2 Bände in Japan

TAKANE UND HANA
von Yuki Shiwasu
€ 5,00 (D) / € 5,20 (A)
O **Band 1**
€ 6,99 (D) / € 7,20 (A)
O **Band 2 bis 14**
O **Band 15** 07/21
In 18 Bänden abgeschlossen

TANIGUCHI, JIRO
von Jiro Taniguchi
€ 12,90 (D) / € 13,30 (A)
O **Der Gourmet 2**
€ 14,90 (D) / € 15,40 (A)
O **Der Gourmet**
€ 16,00 (D) / € 16,50 (A)
O **Der Kartograph**
O **Die Schrift des Windes**
€ 16,90 (D) / € 17,40 (A)
O **Ihr Name war Tomoji**
€ 20,00 (D) / € 20,60 (A)
O **Im Jahrtausendwald**
€ 22,00 (D) / € 22,70 (A)
O **Unruhige Geister und stille Gefährten**
€ 25,00 (D) / € 25,70 (A)
O **Der spazierende Mann (erw. Neuausgabe)**
€ 28,00 (D) / € 28,80 (A)
O **Der Himmel ist blau, die Erde ist weiß – Gesamtausgabe**

TEMPEST CURSE
von Martina Peters
€ 6,95 (D) / € 7,20 (A)
O **Band 1 bis 3**
In 3 Bänden abeschlossen

THE ART OF SPLATOON
von Nintendo
€ 40,00 (D) / € 41,20 (A)
O **Artbook**

THE BOOK OF LIST - GRIMM'S MAGICAL ITEMS
von Izuco Fujiya
€ 6,95 (D) / € 7,20 (A)
O **Band 1 bis 5**
€ 8,95 (D) / € 9,20 (A)
O **Band 6**
In 6 Bänden abeschlossen

SOUL EATER MASSIV
von Atsushi Ohkubo
€ 5,00 (D) / € 5,20 (A)
O **Band 1**
€ 8,00 (D) / € 8,30 (A)
O **Band 2 bis 4**
O **Band 5** 06/21
O **Band 6** 08/21
In 12 Bänden abgeschlossen

SOUL EATER GUIDE BOOK
von Atsushi Ohkubo
€ 8,95 (D) / € 9,20 (A)
O **Einzelband**

SOUL EATER SOUL ART
von Atsushi Ohkubo
€ 24,90 (D) / € 25,60 (A)
O **Band 2**

SPLATOON
von Sankichi Hinodeya
€ 6,99 (D) / € 7,20 (A)
O **Band 1 bis 10**
O **Band 11** 07/21
Bislang 13 Bände in Japan

STILLE WASSER
von Kan Takahama
€ 16,90 (D) / € 17,40 (A)
O **Einzelband**

SUNNY
von Taiyo Matsumoto
€ 16,00 (D) / € 16,50 (A)
O **Band 1 & 2**
O **Band 3** 07/21
In 6 Bänden abgeschlossen

SÜSSE KATZE CHI: CHI'S SWEET ADVENTURES
von Konami Kanata & Kinoko Natsume
€ 8,00 (D) / € 8,30 (A)
O **Band 1 bis 4**
In 4 Bänden abgeschlossen

SUPER DRAGON BALL HEROES
von Yoshitaka Nagayama
€ 6,50 (D) / € 6,70 (A)
O **Band 1 bis 3**
Bislang 3 Bände in Japan

SHERLOCK
von Jay, Gatiss & Moffat
€ 12,99 (D) / € 13,40 (A)
O **Band 1, 2 und 4**
€ 14,99 (D) / € 15,50 (A)
O **Band 3**
€ 39,99 (D) / € 41,20 (A)
O **Band 1 bis 3 im Schuber**
Bislang 4 Bände in Japan

SHIBA – EIN HUND ZUM VERLIEBEN
von Mayumi Muroyama
€ 7,00 (D) / € 7,20 (A)
O **Einzelband**

SHIKIGAMI
von Yasaiko Midorihana
€ 10,00 (D) / € 10,30 (A)
O **Einzelband**

SKETCH EVERY DAY
von Simone Grünewald
€ 20,00 (D) / € 20,60 (A)
O **Zeichenbuch**

SKIP BEAT!
von Yoshiki Nakamura
€ 6,95 (D) / € 7,20 (A)
O **Band 1-8, 10-17, 19-21, 24-33, 35-37, 41-45**
€ 8,00 (D) / € 8,30 (A)
O **Band 9, 18, 22-23, 34, 38-40**
Bislang 45 Bände in Japan

SKULL PARTY
von Melanie Schober
€ 6,95 (D) / € 7,20 (A)
O **Band 1 bis 4**
In 4 Bänden abgeschlossen

SNACK WORLD
von Level-5, & sho.t
€ 7,00 (D) / € 7,20 (A)
O **Band 1 & 2**
In 2 Bänden abgeschlossen

SOUL EATER
von Atsushi Ohkubo
€ 6,50 (D) / € 6,70 (A)
O **Band 2, 4, 6-11, 13-18 & 24**
€ 7,95 (D) / € 8,20 (A)
O **Band 25**
In 25 Bänden abgeschlossen

SCHATTENARIE
von Zofia Garden & Anne Delseit
€ 6,95 (D) / € 7,20 (A)
O **Band 1 & 2**
In 2 Bänden abgeschlossen

SCHNEEBALLEN
von Inga Steinmetz
€ 12,00 (D) / € 12,40 (A)
O **Schneeballens Fall**
€ 14,00 (D) / € 14,40 (A)
O **Schneeballen – Verliebt in Japan**

SCHOKOHEXE, DIE
von Rino Mizuho
€ 6,50 (D) / € 6,70 (A)
O **Band 1-3, 5-7, 10-17**
O **Band 18** 07/21
€ 10,00 (D) / € 10,30 (A)
O **Band 4, 8-9**
Bislang 20 Bände in Japan

SEARCH AND DESTROY
von Osamu Tezuka & Atsushi Kaneko
€ 15,00 (D) / € 15,50 (A)
O **Band 1 & 2**
€ 18,00 (D) / € 18,50 (A)
O **Band 3** 09/21
In 3 Bänden abgeschlossen

SEKAIICHI HATSUKOI
von Shungiku Nakamura
€ 6,95 (D) / € 7,20 (A)
O **Band 1, 3, 8-12**
€ 10,00 (D) / € 10,30 (A)
O **Band 2-7**
€ 6,95 (D / € 7,20 (A)
O **Band 13** 06/21
Bislang 15 Bände in Japan

SEVEN DEADLY SINS
von Suzuki Nakaba
€ 6,50 (D) / € 6,70 (A)
O **Band 1 bis 37**
O **Band 38** 07/21
O **Band 39** 09/21
In 41 Bänden abgeschlossen

CARLSEN MANGA! CHECKLIST

YAMADA-KUN AND THE SEVEN WITCHES
von Miki Yoshikawa
€ 5,95 (D) / € 6,20 (A)
O **Band 1-5, 7-8, 10-17, 19-28**
€ 10,00 (D) / € 10,30 (A)
O **Band 6, 9, 18**
In 28 Bänden abgeschlossen

YOKOHAMA STATION FABLE
von Gonbe Shinkawa & Yuba Isukari
€ 8,00 (D) / € 8,30 (A)
O **Band 1** 06/21
In 3 Bänden abgeschlossen

YUNAS REISE ZUM ICH ODER MY SEX CHANGE EXPERIENCEE
von Yuna Hirasawa
€ 10,00 (D) / € 10,30 (A)
O **Einzelband** 08/21

ZWEI ESPRESSO
von Kan Takahama
€ 12,90 (D) / € 13,30 (A)
O **Einzelband**

ZOMBIE 100 - BUCKET LIST OF DEAD
von Makoto Yukimura
€ 7,00 (D) / € 7,20 (A)
O **Band 1**
O **Band 2** 08/21
Bisher 7 Bände in Japan

VIGILANTE – MY HERO ACADEMIA ILLEGALS
von Horikoshi, Furuhashi & Court
€ 6,99 (D) / € 7,20 (A)
O **Band 1 bis 8**
O **Band 9** 06/21
Bislang 11 Bände in Japan

VINLAND SAGA
von Makoto Yukimura
€ 7,95 (D) / € 8,20 (A)
O **Band 1 bis 23**
O **Band 24** 09/21
Bislang 25 Bände in Japan

WALKINDER, DIE
von Abi Umeda
€ 6,99 (D) / € 7,20 (A)
O **Band 1 bis 14**
O **Band 15** 07/21
Bislang 18 Bände in Japan

WEEKLY SHONEN HITMAN
von Kouji Seo
€ 7,00 (D) / € 7,20 (A)
O **Band 1 bis 3**
O **Band 4** 06/21
O **Band 5** 08/21
Bislang 13 Bände in Japan

WER BIST DU ZUR BLAUEN STUNDE
von Yuhki Kamatani
€ 10,00 (D) / € 10,30 (A)
O **Band 1 bis 3**
€ 12,00 (D) / € 12,40 (A)
O **Band 4**
In 4 Bänden abgeschlossen

WET MOON
von Atsushi Kaneko
€ 19,90 (D) / € 20,50 (A)
O **Band 1 & 2**
€ 24,90 (D) / € 25,60 (A)
O **Band 3**
In 3 Bänden abgeschlossen

YAKUZA GOES HAUSMANN
von Kousuke Oono
€ 7,50 (D) / € 7,80 (A)
O **Band 1 bis 4**
O **Band 5** 06/21
Bislang 6 Bände in Japan

3/11 – TAGEBUCH NACH FUKUSHIMA
von Yuko Ichimura & Tim Rittmann
€ 12,90 (D) / € 13,30 (A)
O **Einzelband**

TO THE ABANDONED SACRED BEASTS
von Maybe
€ 6,99 (D) / € 7,20 (A)
O **Band 1 bis 9**
€ 7,99 (D) / € 8,30 (A)
O **Band 10**
O **Band 11** 09/21
Bislang 12 Bände in Japan

TORIYAMA SHORT STORIES
von Akira Toriyama
€ 5,95 (D) / € 6,20 (A)
O **Band 2 bis 4, 7**
€ 6,95 (D) / € 7,20 (A)
O **Band 6**
€ 7,95 (D) / € 8,20 (A)
O **Band 5**
Bislang 8 Bände in Japan

TRIAGE X
von Shouji Sato
€ 6,95 (D) / € 7,20 (A)
O **Band 1 bis 5**
€ 7,95 (D) / € 8,20 (A)
O **Band 6 bis 20**
O **Band 21** 09/21
Bislang 22 Bände in Japan

UNLUCKY YOUNG MEN
von Fujiwara & Otsuka
€ 19,90 (D) / € 20,50 (A)
O **Band 1 & 2**
In 2 Bänden abgeschlossen

UNSERE FARBEN
von Gengoroh Tagame
€ 10,00 (D) / € 10,30 (A)
O **Band 1 & 2**
O **Band 3** 06/21
In 3 Bänden abgeschlossen

VAMPIRE KNIGHT – MEMORIES
von Matsuri Hino
€ 6,99 (D) / € 7,20 (A)
O **Band 1 bis 5**
Bislang 6 Bände in Japan

THE CASE STUDY OF VANITAS
von Jun Mochizuki
€ 7,99 (D) / € 8,30 (A)
O **Band 1 bis 8**
Bislang 9 Bände in Japan

THE DEMON PRINCE
von Aya Shouoto
€ 6,95 (D) / € 7,20 (A)
O **Band 1 bis 16**
In 16 Bänden abgeschlossen

THE GOLDEN SHEEP
von Kaori Ozaki
€(D) 8,00 / €(A) 8,30
O **Band 1 bis 3**
In 3 Bänden abgeschlossen

THE HEROIC LEGEND OF ARSLAN
von Yoshiki Tanaka
€ 6,99 (D) / € 7,20 (A)
O **Band 1 bis 12**
O **Band 13** 09/21
Bislang 13 Bände in Japan
€ 7,50 (D) / € 7,80 (A)
O **Doppelpack 1+2**

THE KILLER INSIDE
von Hajime Inoryu & Shota Ito
€ 7,50 (D) / € 7,80 (A)
O **Band 1** 08/21
Bislang 9 Bände in Japan

THE PROMISED NEVERLAND
von Shirai & Demizu
€ 6,99 (D) / € 7,20 (A)
O **Band 1 bis 17**
O **Band 18** 06/21
O **Band 19** 09/21
In 20 Bänden abgeschlossen

THE ROYAL TUTOR
von Higasa Akai
€ 6,99 (D) / € 7,20 (A)
O **Band 1 bis 13**
O **Band 14** 09/21
Bislang 16 Bände in Japan
€ 7,50 (D) / € 7,80 (A)
O **Doppelpack 1+2**

HALT.

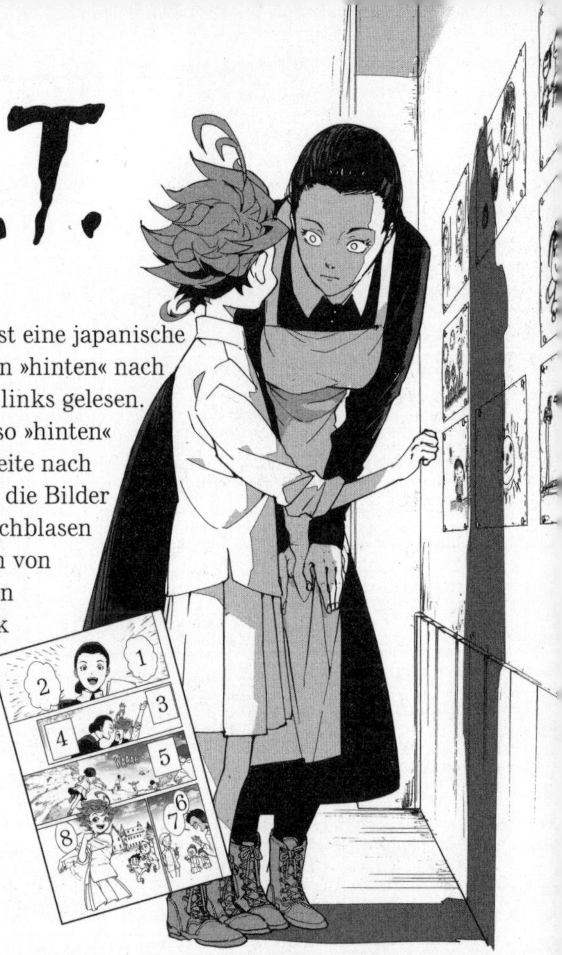

»THE PROMISED NEVERLAND« ist eine japanische Serie, und in Japan wird von »hinten« nach »vorn« und von rechts nach links gelesen. Man muss diesen Manga also »hinten« aufschlagen und Seite für Seite nach »vorn« weiterblättern. Auch die Bilder auf jeder Seite und die Sprechblasen innerhalb der Bilder werden von rechts oben nach links unten gelesen, so wie in der Grafik gezeigt. Viel Spaß mit »THE PROMISED NEVERLAND«!

CARLSEN MANGA
Deutsche Ausgabe/German Edition

Aus dem Japanischen von Luise Steggewentz

First published in Japan in 2016 by SHUEISHA Inc., Tokyo.
German translation rights in Germany, Austria, Luxembourg and German-speaking Switzerland arranged by SHUEISHA Inc. through VME PLB SAS, France.
Redaktion: Philipp Nakata
Textbearbeitung: Steffi Korda
Herstellung: Tobias Hametner

ISBN: 978-3-551-73916-2